新世纪高等学校教材
历史学系列教材

# 中国近代史

（第4版）

ZHONGGUO
JINDAISHI

郑师渠◎主　编

北京师范大学出版集团
BEIJING NORMAL UNIVERSITY PUBLISHING GROUP
北京师范大学出版社

**图书在版编目(CIP)数据**

中国近代史/郑师渠主编. —4版. —北京：北京师范大学出版社，2016.6(2023.7重印)
新世纪高等学校教材. 历史学基础课系列教材
ISBN 978-7-303-19755-2

Ⅰ. ①中… Ⅱ. ①郑… Ⅲ. ①中国历史—近代史—高等学校—教材 Ⅳ. ①K25

中国版本图书馆CIP数据核字(2015)第273372号

营　销　中　心　电　话　010-58808006
北京师范大学出版社新史学策划部微信公众号　新史学1902

ZHONGGUO JINDAISHI
出版发行：北京师范大学出版社　www.bnup.com
北京市西城区新街口外大街12-3号
邮政编码：100088
印　　刷：北京溢漾印刷有限公司
经　　销：全国新华书店
开　　本：730 mm×980 mm　1/16
印　　张：20.75
字　　数：380千字
版　　次：2016年6月第4版
印　　次：2023年7月第25次印刷
定　　价：45.00元

策划编辑：李雪洁　刘东明　刘松弢　　责任编辑：王艳平
美术编辑：王齐云　　装帧设计：王齐云
责任校对：陈　民　　责任印制：马　洁　赵　龙

# 前　言

本教材初版于1994年，除供北京师范大学历史学院本科学生使用外，国内其他兄弟院校也有选用者。教材定名《中国近代史》，涵盖1840年鸦片战争以降至1919年五四运动前共79年的中国历史。这是按其时学界关于近现代通史的分期传统来定义的。1919年五四运动至1949年新中国成立前的历史，称中国现代史；而新中国成立后的历史则称中华人民共和国史。后来，随着中华人民共和国史日渐加长，学界遂将中国近代史延长至新中国成立前，即将原来称现代史的部分涵盖在内；而将新中国成立后至今的历史称中国现代史，中华人民共和国史作为专史，自然不变。这已渐成新的共识。但这是本教材出版多年以后的事情。当下本教材仍保持原有关于中国近代史的定义，书名不变。

历史是民族、国家的共同记忆，是维护民族、国家认同的活水源头。中国具有五千年的文明史，华夏文明源远流长。中华民族所以生生不已，这与中国自古有重史传统，以史为鉴，有密切的关系。中国共产党从来重视历史，自党的十八大以来，随着中国特色社会主义进入新阶段，更将之提高到了治国理政的战略高度。习近平总书记指出："了解历史才能看得远，理解历史才能走得远。要教育引导全党胸怀中华民族伟大复兴战略全局和世界百年未有之大变局，树立大历史观，从历史长河、时代大潮、全球风云中分析演变机理、探究历史规律，提出因应的战略策略，增强工作的系统性、预见性、创造性。"[1]又指出："要深入了解中华文明五千多年发展史，把中国文明历史研究引向深入，推动全党全社会增强历史自觉、坚定文化自信，坚定不移走中国特色社会主义道路，为全面建设社会主义现

① 习近平：《在党史学习教育动员大会上的讲话》，14页，北京，人民出版社，2021。

代化国家、实现中华民族伟大复兴而团结奋斗。"①

古代中国文明强盛，但是1840年鸦片战争之后，中国不断遭受帝国主义列强的侵略，国势陵夷，开始逐步陷入半殖民地半封建社会。"国家蒙辱、人民蒙难、文明蒙尘，中国人民和中华民族遭受了前所未有的劫难。"②然而，历史的发展从来都是体现为多样化统一的辩证过程。近代民族危亡惊醒了国人，不同阶级阶层的志士仁人奋起探索救亡图存之路，提出了种种不同的方案，前仆后继，不断推动了社会的变革与发展。近代中国不只是经受了深重的苦难，同时更主要的还是积极奋起，即催生了推动民族、国家由苦难走向辉煌的觉醒。进入20世纪，马克思主义传入中国，新文化运动兴起，中国工人阶级开始登上政治舞台，终为1921年中国共产党的诞生提供了必要的精神与物质条件，国人在探索救亡图存与民族复兴的道路上，逐渐找到了新的方向。近代历史承前启后，是中国由古代转到现代必经的过渡时期。只有了解近代史，才能更好地理解当下中国人民正为最终实现中华民族伟大复兴而奋斗所表现出的崇高历史使命感与由衷的民族自豪感；才能更好地理解中华优秀的传统文化如何经由现代性转换和实现内在超越，而为今天所发扬光大。习近平总书记指出："观察历史的中国是观察当代的中国的一个重要角度。不了解中国历史和文化，尤其是不了解近代以来的中国历史和文化，就很难全面把握当代中国的社会状况，很难全面把握当代中国人民的抱负和梦想，很难全面把握中国人民选择的发展道路。"③

意大利历史学家克罗齐的名言"一切历史都是当代史"，自有其合理性。人们总是从身在其中的时代出发，不断地重新省察与书写历史，并从中引出教训，助益现实。故其历史的认知与时俱进，愈趋深化。今天的中国已然世界大国，习近平总书记从统揽实现中华民族伟大民族复兴战略全局与世界百年未有之大变局出发，不断强调必须重视中国历史文化研究，把握历史发展规律，从对历史的思考中汲取智慧，走向未来。他提出的一系列

---

① 习近平：《把中国文明历史研究引向深入　推动增强历史自觉坚定文化自信》，载《人民日报》，2022-05-29。

② 习近平：《在纪念辛亥革命110周年大会上的讲话(2021年10月9日)》，2页，北京，人民出版社，2021。

③ 习近平：《习近平致第二十二届国际历史科学大会的贺信》，载《光明日报》，2015-08-24。

重要的理论观点关乎国家发展的战略决策；同时，也助益了学界对近代历史认知的进一步深化。

例如，关于辛亥革命的评价，习近平总书记在纪念辛亥革命110周年大会上指出，辛亥革命“推翻了清朝政府，结束了在中国延续几千年的君主专制制度，近代以来中国发生的深刻社会变革由此拉开了序幕。这是中国人民和中国先进分子为实现民族独立、人民解放进行的一次伟大而艰辛探索”①。又说：“1911年10月10日，武昌城头枪声一响，拉开了中国完全意义上的近代民族民主革命的序幕。辛亥革命极大促进了中华民族的思想解放，传播了民主共和的理念，打开了中国进步潮流的闸门，撼动了反动统治秩序的根基，在中华大地上建立起亚洲第一个共和制国家，以巨大的震撼力和深刻的影响力推动了中国社会变革，为实现中华民族伟大复兴探索了道路。”②显然，这较此前学界既有的评价更高、更全面和更合乎历史实际。它启发了人们对辛亥革命历史的再认识。

又如，党的十八大后，习近平总书记提出了“铸牢中华民族共同体意识”的重要原创性理论观点，强调“在百年抗争中，各族人民血流到了一起，心聚在了一起，共同体意识空前增强，中华民族实现了从自在到自觉的伟大变化”③。“铸牢中华民族共同体意识是实现中华民族伟大复兴的必然要求”④。近代史正是中华民族由自在转为自觉的重要时期，限于时代的局限，以往的近代史书写与教学皆未能突出这一重大的命题。有了此一新视角，我们对于近代史的理解，无疑更进一步深化了。

再如，习近平总书记在庆祝中国共产党成立100周大会上的讲话中，谈到要以史为鉴、开创未来时，这样说：“以史为鉴、开创未来，必须坚持中国共产党坚强领导。办好中国的事情，关键在党。中华民族近代以来180多年的历史、中国共产党成立以来100年的历史、中华人民共和国成立以来70多年的历史都充分证明，没有中国共产党，就没有新中国，就没有中华民族伟大复兴。历史和人民选择了中国共产党。中国共产党领导是中国特

---

① 习近平：《在纪念辛亥革命110周年大会上的讲话(2021年10月9日)》，1页。

② 习近平：《在纪念辛亥革命110周年大会上的讲话(2021年10月9日)》，3页。

③ 习近平：《在全国民族团结进步表彰大会上的讲话(2019年9月27日)》，6页，北京，人民出版社，2019。

④ 习近平：《以铸牢中华民族共同体意识为主线　推动新时代党的民族工作高质量发展》，载《人民日报》，2021-08-29。

色社会主义最本质的特征，是中国特色社会主义制度的最大优势，是党和国家的根本所在、命脉所在，是全国各族人民的利益所系、命运所系。”①习近平总书记对鸦片战争以来180年历史经验的总结，高屋建瓴，十分精辟，这应当成为我们理解近代史必须把握的一个纲。

近代历史跌宕起伏，丰富多彩。其展开的过程呈现了“古今中西”的冲撞与融合，新政治、新经济、新文化与新思想、新观念缘此而起，传统社会也因之解纽并向近代转型。青年学生坚持马克思主义唯物史观去学习这段历史，不仅可以更好地养成自己正确的世界观、人生观、价值观、国家观、历史观；而且可以拓展视野、开阔心胸，更好地融会贯通各相关学科的知识，提升自身各方面的素养，成为自觉投身实现中华民族伟大复兴事业的新生力量。

本教材初版于改革开放的前期，至今近30年，其间中国发生了翻天覆地的变化，中华民族的伟大复兴从来没有像现在这样接近于自己的目标。令人欣慰的是，与此同时，本教材4次再版，重印了近20次，说明其基本理论框架与基本观点经受住了时间的检验，故一直受到学界的欢迎。此次再版对照习近平新时代中国特色社会主义思想作了局部调整，全面修订，有待他时。

**郑师渠**

**2022年6月9日**

---

① 习近平：《在庆祝中国共产党成立100周年大会上的讲话(2021年7月1日)》，10～11页，北京，人民出版社，2021

# 目　　录

# 第一章　西方资本主义的东侵与中国的应对

## 第一节　清政府的禁烟运动

### 一、鸦片战争前的中外大势

我们伟大的祖国是一个具有悠久历史和由众多民族组成的东方文明古国。中国人民在漫长的历史岁月里，以自己的聪明才智，创造了光辉灿烂的古代文明，为人类文明的发展作出了巨大的贡献。然而，17 世纪以后，欧美各国由于资本主义迅速发展，后来居上，而中国社会仍旧停滞在农耕文明时代。这种状况一直延续到近代。

鸦片战争以前，中国是被清王朝统治着的、独立的封建国家①。其时，尽管一些少数民族地区还停留在较为低级的社会发展阶段，长江流域及东南沿海一些地区出现了资本主义生产关系的萌芽，但就中国社会总体而言，小农业和家庭手工业紧密结合的自给自足的自然经济仍旧占据着统治地位。延绵数千年之久的中国封建时代的全部上层建筑、意识形态，都建立在这种经济结构的基础之上。

清王朝的封建统治经过“康乾盛世”的发展，到 18 世纪后期已经步入衰途。政治腐败、经济衰退、财政拮据、军务废弛，王朝统治危机四伏。官僚、贵族、地主等统治者利用封建特权，对广大人民百般盘剥，使社会危

---

① 所谓封建大致有两种含义：狭义的封建是指“分封制”的社会结构，特指西欧中世纪的国家结构。中国先秦时期也存在类似的结构。广义的封建是马克思指称的，特指以地主阶级剥削农民为经济基础的社会形态，中世纪的欧洲和公元前 475 年至 1840 年的中国符合这一标准。

机与阶级矛盾日益激化。乾嘉时，大学士和珅拥有土地 8 000 余顷。他的家人刘全也占地 600 余顷。[①] 道光时，大官僚琦善有地 256 万多亩。[②] 可见土地兼并现象的严重。由于地主阶级疯狂地兼并土地，大批农民或降为佃农，或沦为流民，生活更为艰难困苦。“其得以暖不号寒，丰不啼饥，而可以卒岁者，十室之中无二三焉。”[③]农民阶级与地主阶级的矛盾日益尖锐，直接导致了广大下层民众反抗斗争的不断爆发。1796 年，鄂、川、陕等省发生了声势浩大的白莲教大起义，卷入民众数百万。起义军转战湖北、四川、陕西、河南、甘肃等地，震撼了清王朝的统治。清政府花了 9 年的时间，耗费军费 2 亿两白银，才残酷地镇压了这次起义。1813 年，属于白莲教一支的天理教在河南滑县发动起义。它的队伍曾一度打进京师皇宫，使清朝最高统治者惊恐万状。这些起义尽管一一失败，但都有力地冲击了清王朝的统治，表明清朝衰世的到来。当时的著名思想家龚自珍(1792—1841)已经敏锐地看到了这一点，一针见血地指出：清王朝统治下的中国已经“日之将夕”，处于大乱将起的“衰世”。他用犀利的笔调描绘出清王朝江河日下的没落景象，说：“乾隆末年以来，官吏士民，狼艰狈蹶，不士不农不工不商之人，十将五六。……自京师始，概乎四方，大抵富户变贫户，贫户变饿者。四民之首，奔走下贱。各省大局，岌岌乎皆不可以支月日，奚暇问年岁？”[④]龚自珍的感慨道出了当时有识之士的共同心声。

与清王朝的日趋衰落形成鲜明对照的是西方资本主义国家的迅速崛起。英国在 17 世纪中期实现了资产阶级革命，18 世纪后期又开展工业革命，到 19 世纪，各主要工业部门都采用了机器生产，极大地提高了生产力，成为世界上头等资本主义强国。在法国，爆发于 18 世纪末的资产阶级革命为资本主义发展开辟了道路，促进了产业革命的开展，使法国发展成为仅次于英国的资本主义国家。建国较晚的美国到 19 世纪初，工业规模虽不及英、法，但生产发展的速度相当快。它步英、法后尘，积极向海外扩张。

---

① 薛福成：《庸庵笔记》，第 3 卷，见《笔记小说大观》，第 27 册，15 页，扬州，江苏广陵古籍刻印社，1983。

② 德庇时：《战时与和平后的中国》，见《中国近代农业史资料》，第 1 辑，69 页，北京，生活·读书·新知三联书店，1957。

③ 章谦：《备荒通论》，见《皇朝经世文编》，第 39 卷，951 页，北京，中华书局，1992。

④ 龚自珍：《西域置行省议》，见《龚自珍全集》，106 页，上海，上海古籍出版社，1975。

资本主义一开始就与殖民主义紧密相连。“不断扩大产品销路的需要，驱使资产阶级奔走于全球各地。它必须到处落户，到处开发，到处建立联系。”①疯狂的殖民掠夺，为西方资产阶级带来了高额利润，促进了资本主义的发展；资本主义的发展又刺激资产阶级更疯狂地对海外进行殖民掠夺。18世纪后，实现了资产阶级革命的英国取代了葡萄牙、西班牙、荷兰等老牌殖民主义国家的地位，掌握了海上霸权，奉行侵略扩张的炮舰政策。英国资产阶级历来对中国和其他东方国家抱有侵略野心。17世纪初，英国侵占印度并建立了英国东印度公司，以掠夺印度和垄断东方贸易。之后，英国又对波斯、阿富汗、缅甸、印尼等国进行侵略，同时又把地大物博、人口众多的中国视为重要的侵略目标。1689年，在清朝开放海禁后，英船“防御号”首航广州，开始对华贸易。1715年，英国在广州开设商馆，对华贸易额扶摇直上。1793年和1816年，英国两次派特使来华，向清政府提出允许英国使臣驻北京、开辟通商口岸、割让岛屿等要求，但遭到拒绝。然而，英国侵略者并不死心，决心诉诸武力。1827年，鸦片贩子马地臣在《广州记事报》上公开煽动武装侵华。19世纪30年代以后，英国更加紧了对华侵略的步伐。1832年，英国当局派胡夏米、郭士立等，多次到我国东南沿海各口岸测绘地形，搜集军事情报。1835年，胡夏米把在中国沿海进行侦察活动后制定的对华作战方案，包括动用的舰只、炮火、兵力及进军计划、部署等内容，呈交英国政府参考。次年，英国政府代表、驻华商务监督义律发出对中国动武的战争叫嚣。同年，英国资本家在伦敦成立“印度和中国协会”，以敦促英国政府加紧对中国的扩张。

在英国东侵的同时，法国、美国及沙俄不甘示弱，也把侵略矛头指向中国和远东地区。1698年，法国商船“安菲得里蒂号”来华。1728年法国在广州设立商馆。美国在独立战争后着手开辟对亚洲的贸易。到19世纪初，美国趁欧洲因拿破仑战争陷入困顿，大力发展对华贸易，成为仅次于英国的对华贸易大国。在清朝前期，沙俄与中国签订了《尼布楚条约》等几个条约，确定了中俄两国的东段和中段边界。但这并未能遏阻沙俄的侵略野心。尼古拉一世在位期间(1825—1855)，沙俄加快了对华侵略的步伐，多次派人深入我国黑龙江地区，刺探情报，违约入侵事件不断发生。

然而，当时的中国统治者对西方各国发生的重大变革和中国所处国际环境的险恶，茫然无知。清政府在衰弊陵夷之际，害怕外国势力与国内反

---

① 《马克思恩格斯选集》，第1卷，276页，北京，人民出版社，1995。

对势力相结合，实行了严厉的“闭关政策”，把中外接触限制在狭小的范围内，企图通过这种自我封闭的办法维持封建专制统治。1793年，乾隆皇帝在《致英王第二道敕谕》中说：“天朝物产丰盈，无所不有，原不藉外夷货物以通有无。”[①]反映出清朝统治者自我封闭的保守心态。闭关政策固然是清政府在遇到外来威胁的情况下采取的一种民族自卫政策，在一定的时期内也起到了某种抵御外侵的作用，但从历史发展来看，它的消极作用大于积极意义。实行这种政策的结果，是不仅切断了中国与世界的联系，阻碍了中外的经济文化交流，而且严重地束缚了国人的眼界和思想，助长了夜郎自大、愚昧无知腐朽观念的蔓延。正由于此，西方资本主义东侵之势咄咄逼人，清朝统治者却依然故我，麻木不仁，沉溺在“天朝上国，万邦来朝”的梦呓中。

山雨欲来风满楼。鸦片战争前的清王朝好比一条庞大而破旧的船只，漂荡在疾风暴雨到来之前的大海中。

## 二、非法的鸦片贸易

为了开辟中国这个广阔的市场，以英国为首的西方资本主义国家以贸易为武器，试图打开中国的大门。然而，鸦片战争以前，中国在中英贸易中一直处于出超的有利地位。例如，1765年至1768年间，中国对英贸易出超白银997 704两；1795年至1799年间，出超346 957两；1830年至1833年，更出超2 615 263两。[②] 许多运往中国的英国工业产品难以推销。1786年，东印度公司试销棉纺织品，结果“随便哪一种都卖不出去”。1821年运至广州的英国剪绒、印花布亏本达60%以上。直至1827年，英国输华的棉纺织品才获得利润，但销量极其有限。为了抵补巨额的贸易逆差，英国每年不得不向中国运来相当数量的白银。这显然不符合英国资产阶级的利益。造成这种情况的原因，主要是由于中国社会自给自足的自然经济对西方资本主义工业品的入侵有着顽强的抵抗力。此外，清政府在对外关系中实行的限制和防范政策，也影响了英国商品的销售。为了改变入超的不利地位和最终打开中国的市场，英国资产阶级不惜从事可耻的鸦片贸易。

---

① 梁廷枏：《粤海关志》，第33卷，8页，1935。

② 严中平等编：《中国近代经济史统计资料选辑》，4～5页，北京，科学出版社，1955。

鸦片，学名罂粟，又名阿芙蓉，俗称“大烟”，是用罂粟汁液熬制而成的一种毒品，具有强烈的麻醉性，兼有催眠、镇静、止痛等作用。自明代以来，鸦片一直作为药材少量进口。17 世纪前后，吸食鸦片的恶习由南洋传入中国，逐渐流行开来。吸食成瘾者，身体逐渐衰弱，精力耗散，神志萎靡，久成废人。鸦片主要产自孟加拉、爪哇、土耳其及波斯等地。西方殖民国家向中国贩卖鸦片，最早有葡萄牙和荷兰，但它们贩运鸦片的数量不大。英国则后来居上。1757 年英国占领孟加拉，1773 年英属印度政府给予东印度公司在印度的鸦片专卖权，1797 年又授以制造鸦片的特权，从此，在这个垄断机构的操纵下，英国对华鸦片贸易迅速发展起来。

东印度公司强迫当地农民种植罂粟，设立专门的加工厂，调制成适合中国吸食者口味的鸦片。由于鸦片贸易获利丰厚，东印度公司以 10 倍于成本的垄断价格把鸦片卖给走私贩，鸦片贩子又以 50％以上的获利率在中国进行销售，赚取高额利润。于是，英国输华的鸦片数量直线上升。18 世纪 60 年代，每年输入中国的鸦片一般不超过 200 箱，60 年代以后上升到 1 000 箱，1786 年达到 2 000 箱。19 世纪以后，增长更加迅猛。1800—1801 年为 4 570 箱，1830—1831 年增至 21 849 箱，而在 1838—1839 年竟飙升到 35 000 箱左右。①

这些数量庞大的鸦片，是通过走私非法进口的。清政府鉴于鸦片的危害，早在雍正年间就已下令禁止。其后，嘉庆、道光朝又反复重申禁令。但是，英国鸦片贩子无视中国政府的禁令，通过逃避检查、贿赂官员等方式，偷运鸦片进口，甚至凭借快船利炮，公开进行武装走私。他们用“快蟹”“扒龙”（帆张三桅，左右快桨各二三十，配备枪炮，航行快速的走私船）等特制快艇，从停泊伶仃洋面的趸船起运鸦片，向澳门、广州等地走私鸦片。到 19 世纪 30 年代，走私范围又从珠江口扩大到东南沿海，甚至北及直隶和奉天海岸。

除了英国之外，美国、俄国也加入了向中国走私鸦片的行列。美国主要是从土耳其贩运鸦片到中国来。为了对付中国水师的缉私，美国的鸦片贩子专门制造了一种配有大炮的“飞剪船”装载鸦片，在中国沿海贩卖。鸦片战争前，美国是仅次于英国的对华鸦片输出国。从 19 世纪 30 年代起，俄国也开始从中亚向中国输入鸦片。

---

① 据刘鉴唐《鸦片战争前四十年间鸦片输入与白银外流数字的考察》（载《南开史学》1984 年第 1 期）考证，1800—1839 年间各主要资本主义国家输华鸦片合计高达 638 119 箱，共计外流白银 6 亿两。

**图 1.1　1839 年英国停泊在广东伶仃洋的贩卖鸦片的趸船**

罪恶的鸦片贸易给东印度公司、英国政府以及鸦片贩子们带来了巨大的利益。英印政府按鸦片成本 300%以上的税率抽税，税额总量不断上升。1792 年鸦片税占到岁入的 5.2%，1812 年上升至 7%，1822 年更占到全年财政总收入的 10%左右。由于鸦片走私的猖獗，中英贸易发生了根本性的逆转，英国由原先的入超转为出超，白银源源不断地流向了英国。1837—1838 年间，广州从英国进口的货物中，仅鸦片一项就达 337 万英镑，抵销当年全部中国对英出口额 314 万英镑还有余，而这还不包括走私的那一部分。难怪英国的孟买商会这样说："输出鸦片对于商务是有重大利益的，这就是把那个人口最多、资源最富的帝国的财富吸收出来。而用鸦片换来的白银，则使英属印度的大片土地喜气洋洋，人丁兴旺，也使得英国制造品对印度斯坦的输出大为扩张，更使得这方面的海上航运与一般商务大为兴盛，并且还给英属印度的国库带来一笔收入，其数超过整个孟买全省的田赋总额。"①据统计，1840 年前的 40 年间，西方资本主义国家从中国共掠去 26 000 多万银元的财富，相当于清政府一年财政总收入的 8 倍多。英国资产阶级利用肮脏的鸦片贸易开辟了中国市场，同时又发展了印度市场。英国在印度大量销售工业品以购买鸦片，然后再用这些鸦片到中国换取他们所需要的丝、茶等物。在英—印—中三角贸易关系中，英国资产阶级利用鸦

① [英]格林堡：《鸦片战争前中英通商史》，128～129 页，北京，商务印书馆，1961。

片走私获得了双重的利益。正如马克思所说："英国政府在印度的财政，实际上不仅要依靠对中国的鸦片贸易，而且还要依靠这种贸易的不合法性。"①

**图 1.2　英国在印度设立的鸦片制造厂仓库**

西方列强的鸦片输入给中国带来了巨大的社会灾难。鸦片吸食者往往"瘾至，其人涕泪交横，手足委顿不能举"。"故久食鸦片者，肩耸顶缩，颜色枯羸，奄奄若病夫初起。"②1829 年，吸食鸦片者已滋蔓至十几个省。据估计，到 1835 年前后，全国吸食鸦片的人数达 200 万之众，"上自官府缙绅，下至工商优隶，以及妇女、僧尼、道士，随在吸食"③。其中，包括农民、手工业者、轿夫、水手等在内的劳动者，也为数甚巨。其恶果，不仅大量吸收了中国有限的社会购买力，造成工商业的普遍萧条和衰落，而且毒害了中国人民的身心健康，摧残了社会生产力。

鸦片贸易使中国在中英贸易中由出超变为入超，造成大量白银外流。据估计，1830—1840 年的 10 年间，中国平均每年外流白银达七八百万元。白银大量外流，造成银荒，导致了银贵钱贱的现象日趋严重。道光朝初年，每两白银折换铜钱 1 000 文左右，到 1838 年每两银子竟换钱 1 638 文。而同一时期的农产品和手工业品的价格并没有变动。广大劳动人民出售有限的农产品，只能换回制钱，而他们缴纳赋税时却须折合成银两。过去农民卖

① 《马克思恩格斯选集》，第 1 卷，719 页。

② 雷瑨：《蓉城闲话》，见中国史学会主编：《中国近代史资料丛刊·鸦片战争》(以下简称为《鸦片战争》)，第 1 册，296 页，上海，神州国光社，1954。

③ 黄爵滋：《请严塞漏卮以培国本折》，见《鸦片战争》，第 1 册，485 页。

一石谷可纳税银一两，而今差不多要卖两石谷，才可纳同样的税银，农民的实际负担大大加重，生活更趋恶化。

鸦片贸易也严重地威胁了清王朝的统治。白银外流，银贵钱贱，不仅增加了人民的负担，而且也使各省拖欠的赋税日益增多，造成了清政府的财政危机。在八旗、绿营的官兵中，不少人也手持烟枪，吞云吐雾，军纪因之废弛，战斗力愈形下降。鸦片走私中的行贿受贿，导致清朝本已腐败的吏治更加败坏。马克思指出："中国人的道义抵制的直接后果就是，帝国当局、海关人员和所有的官吏都被英国人弄得道德堕落。侵蚀到天朝官僚体系之心脏、摧毁了宗法制度之堡垒的腐败作用，就是同鸦片烟箱一起从停泊在黄埔的英国趸船上被偷偷带进这个帝国的。"①鸦片走私削弱了清政府的统治力，也削弱了它抵御外敌的能力。同时，它给中华民族造成的巨大灾难，又使中国人民与西方资本主义侵略势力间的矛盾迅速尖锐起来。

## 三、林则徐与禁烟运动

鸦片的走私和泛滥造成的严重危害，激起了中国各阶层人民的强烈愤慨，他们纷纷起来要求禁绝鸦片。1838 年夏秋，广东民众在城乡遍贴戒烟劝善的布告，谴责外国鸦片贩子的罪行。同年 12 月，广州地方当局准备处决一名中国鸦片贩子，但英美侵略者竟然无视中国主权，冲入刑场，袒护鸦片贩子。愤怒的群众不约而集，聚众万余人，包围了洋馆，举行了一次声势浩大的示威。英美商人吓得躲在洋馆里不敢出来。这次示威集中反映了中国人民强烈的禁烟要求，显示了正义的力量。

面对烟毒泛滥愈演愈烈和民众强烈的禁烟要求，清朝统治阶级内部在要不要禁烟的问题上，形成了弛禁和严禁两种意见。

1836 年 6 月，太常寺少卿许乃济向道光皇帝上《鸦片例禁愈严流弊愈大亟请变通办理折》，主张取消鸦片输入禁令，准许公开买卖。针对鸦片输入，道光朝以前采取的手段不外"塞源"(禁止鸦片输入)、"遏流"(查禁内地私销)两个办法，道光朝又加上了"正本"(禁止官民吸食)。许乃济提出："准令夷商将鸦片照药材纳税"进口，除了"文武员弁士子兵丁"应严禁吸食外，民间吸食可以"一概勿论"②。但公开允许鸦片贸易毕竟有损国体，所以

① 《马克思恩格斯选集》，第 1 卷，717 页。

② 《鸦片战争》，第 1 册，473 页。

许乃济的主张遭到许多人的反对。内阁学士朱嶟，兵科给事中许球，御史袁玉麟、朱成烈等人纷纷上书，驳斥许乃济，请严禁鸦片。袁玉麟批驳说：如果采取“禁官弁士兵，不禁小民”的办法，会导致“坏政体而伤治化”的后果；如果把抽鸦片税当成国家财政收入的来源，“是见小利而伤大体”①。这些言论狠狠批驳了弛禁官员的荒谬说法，以至在此后一段时期内，朝野上下无人再敢公开主张弛禁。

1838年6月，鉴于鸦片泛滥日益严重，鸿胪寺卿黄爵滋上《清严塞漏卮以培国本折》，痛陈鸦片为害之烈，以为鸦片非不能禁，历年屡禁无效的原因在于稽查官员贪图利益，不能认真查办，以致积重难返。他指出，只是禁止鸦片进口不解决问题，根本办法是禁止吸食鸦片。他说：“无吸食，自无兴贩，则外夷之烟自不来矣。今欲加重罪名，必先重治吸食。”②具体办法是限吸食者一年戒除，逾期不戒者处以死刑，官吏吸食则照常人加等治罪。道光帝下令盛京、吉林、黑龙江将军和各省总督、巡抚各抒己见。围绕着黄爵滋的建议，不同意见的争论再起。

在参加讨论的大臣中，直隶总督琦善、云贵总督伊里布等20人，对禁烟不持异议，但认为严刑禁烟是法重情轻，要求“照定例”禁烟，实际上是反对重治吸食者的严禁措施。湖广总督林则徐等8人坚决支持黄爵滋的主张，力主严禁鸦片。林则徐在有名的《钱票无甚关碍宜重禁吃烟以杜弊源片》中，详细阐述了鸦片泛滥的危害和严禁的必要。他驳斥主张弛禁的论调说：“或谓重办开馆兴贩之徒，鸦片自绝，不妨于吸食者稍从未减。似亦持平之论。而臣前议条款，请将开馆兴贩，一体加重，仍不敢宽吸食之条者，盖以衙门中吸食最多，如幕友、官亲、长随、书办、差役，嗜鸦片者十之八九，皆力能包庇贩卖之人，若不从此严起，彼正欲卖烟者为之源源接济，安肯破获以断来路?”他明确指出：照旧例执行，弊病太多，“与其用常法而有名无实，讹诈正无了期，何如执重法而雷厉风行，吸食可以立断”。他大声疾呼：“若犹泄泄视之，是使数十年后，中原几无可以御敌之兵，且无可以充饷之银。”③他还草拟了《严禁鸦片章程》6条，对黄爵滋的建议作了重要补充。林则徐等人的严禁主张虽然出于维护清朝统治的考虑，但在鸦片流毒天下害国害民的严峻形势下，完全符合中华民族的利益。

---

① 《筹办夷务始末》(道光朝)，第1卷，12～16页，北京，中华书局，1964。

② 《黄少司寇奏疏》，见《鸦片战争》，第1册，487页。

③ 《林则徐集·奏稿中》，600～601页，北京，中华书局，1962。

一直被鸦片问题困扰着的道光皇帝痛感鸦片泛滥已经造成政府财源枯竭、军纪废弛的严重后果，决定采纳林则徐等人的严禁主张。1838 年 12 月，道光下令将许乃济革职，特命林则徐进京陛见，商讨禁烟事宜，并发谕旨，要各省“同心合意，不分畛域，上紧查拿，毋得稍行松动”①。12 月 26 日，林则徐抵京，经过多次召见，被任命为钦差大臣，节制广东水师，前往广州厉行禁烟。然而在统治阶级中，当政的穆彰阿等“保位贪荣，妨贤病国”的满汉权贵多是禁烟政策的反对者，长期为道光帝所宠信，后者的态度随时会因他们的影响而改变。林则徐的广州之行，险象环生。然而他毕竟是一位意志坚定而有远见的政治家，明知前途坎坷，却抱定为国为民铲除巨患的决心，知难而进。

图 1.3　林则徐

林则徐(1785—1850)，字少穆，福建侯官(今福州市)人，少负经世之志。1811 年中进士，历任江苏按察使、陕西和湖北布政使、东河总督、江苏巡抚、湖广总督等职，以关心民生疾苦、办事干练著称。在湖广总督任内，他就曾力禁鸦片，成绩卓著，对这次查禁鸦片，更充满信心。

1839 年 1 月，林则徐离京南下，3 月，抵广州。当地人民群众高昂的反侵略斗志，使林则徐深受鼓舞。他说：“察看内地民情，皆动公愤，倘该夷不知改悔，惟利是图，非但水陆官兵，军威壮盛，即号召民间丁壮，已足制其命而有余。”林则徐会同两广总督邓廷桢、广东水师提督关天培加紧整顿水师，加强海防，一再晓谕鸦片吸食者立即呈缴烟土烟具，限期戒绝，并发布谕帖，勒令外国烟贩将存储于趸船的鸦片“尽数缴官”，并具结保证“嗣后来船永不敢夹带鸦片，如有带来，一经查出，货尽没官，人即正法”。林则徐还严正声明：“若鸦片一日未绝，本大臣一日不回，誓与此事相始终，断无中止之理。”②广东民众积极支持林则徐的禁烟措施。城乡各地纷纷呈缴烟膏烟具，揭发检举鸦片贩子。虎门附近的群众自发组织起来，一发现走私鸦片的商船，立即吹响螺号，出动船只缉捕，并纵火将其焚毁。在广大民众的支持下，禁烟运动迅速走向高潮。

---

① 《筹办夷务始末》(道光朝)，第 5 卷，124 页。

② 《谕各国夷人呈缴烟土稿》，见《鸦片战争》，第 2 册，243 页。

英美烟贩则极力阻挠，破坏禁烟。林则徐到达广州之前，他们闻讯即把鸦片趸船转移到外洋，躲避风头。英国驻华商务监督查理·义律有意抗拒，3 月 24 日，他从澳门赶到广州商馆，煽动烟贩们拒缴鸦片，指使大烟贩颠地逃出广州。由于林则徐事先作了周密的布置，颠地出逃未能得逞，被截回广州商馆内。随后，林则徐下令包围商馆，撤出其中的中国雇员，断绝了广州和澳门之间的交通，并根据违例封舱的惯例，下令停止中英贸易。义律无计可施，于 27 日被迫同意呈缴鸦片。但他却以英国政府代表的身份命令英商缴烟，并鼓动美商缴烟，保证烟价由英国政府赔偿，故意把鸦片纠纷扩大为中英两国政府之间的矛盾，为英国发动的侵略战争制造借口。英美烟贩先后被迫缴出鸦片 19 187 箱，又 2 119 袋(其中美国烟贩缴出 1 540 箱)，共计 2 376 254 斤。

1839 年 6 月 3 日至 25 日，林则徐会同两广总督邓廷桢、广东水师提督关天培等至虎门，督令将收缴的鸦片全部当众销毁。这就是著名的“虎门销烟”。销毁办法系在太平镇海滩高地挑挖两个纵横各 15 丈、底部平铺石板的大池以便交替使用。销烟时，先由沟道车水入池，撒盐成卤，抛入切开的烟土泡浸，再抛下石灰，顷刻汤沸。鸦片一遇灰盐，立成渣沫，颗粒悉化。等到海水退潮时，启放涵洞，随浪入海。广州人民满怀对禁烟斗争的胜利喜悦，涌向虎门海滩观看销烟壮举。外商也多到现场参观，他们“摘帽敛手”，向林则徐表示敬意。虎门销烟维护了中华民族的尊严，打击了外国侵略者的气焰，以实际行动向全世界表明了中国人民反对外侮的决心。

虎门销烟后，林则徐宣布开放中英贸易，但要求进口商船出具甘结，保证永不夹带鸦片。义律则不甘心失败，百般阻挠英商具结，竭力制造事端。1839 年 7 月，英国水手在九龙尖沙咀行凶，殴毙村民林维喜。林则徐多次要求义律交出凶手，义律不但拒不交凶，而且一再进行军事挑衅。英国侵略军先后在九龙、穿鼻、珠江口海面袭击中国水师，但均被击退。

面对英国侵略者的武装挑衅，林则徐与关天培等官员一道，积极筹备战守。他们抓紧对各处炮台进行加固或改造，在虎门的上下横档一带，增设两道拦江铁排链，并从国外购进 200 门新式大炮，分列两岸。林则徐相信“民心可用”，他在大力整顿水陆官兵的同时，积极倡导“由民间自行团练，以保村庄”①，并招募渔民、蛋户丁壮 5 000 人，编为水勇，日夜操练，以配合水师对敌作战。他还公开发出号召，一旦敌人兵船进入内河，人人可以

① 《议复团练水勇情形折》，见《林则徐集·奏稿中》，881 页。

持刀痛杀。在林则徐、关天培的部署下，广东军民同仇敌忾、众志成城，与英国侵略者展开英勇斗争。

为了在对敌斗争中做到知己知彼，林则徐注意了解外情。他组织人员不仅翻译了“澳门新闻纸”，以掌握侵略者的动态，而且还翻译了其他一些西方出版物，以了解世界大势。林则徐还很注意把握对敌斗争的策略。他反对西方殖民者一切危害中国利益的侵略行径，但并不禁止外国商人进行正当的贸易，提出了“奉法者来之，抗法者去之”的正确方针。虎门销烟后，林则徐在香山县(今中山市)宣布了对外贸易新规定，强调“一切未带鸦片之夷船应声明愿即开进黄埔，一俟验讫，即行卸货。……一切私行夹带鸦片之夷船应即遵令呈缴鸦片，可免议处；一俟悉数缴实，可准进口开舱贸易”①。这种规定受到一些正直外商的称赞。当义律在这些外商中挑拨离间时，他们不为所动，转而支持林则徐维护正当的中外贸易。到 1839 年年底，具结后开进广州贸易的外国商船已有 62 艘，其中有美国船 45 艘。林则徐还不顾清政府高级官员不得与外国人往来的惯例，直接与外国人接触，征询意见，向他们宣讲清政府的禁烟政策，沟通了中外之间的必要联系。实践证明，林则徐的这些开明与理智的主张、做法在当时的禁烟运动和对外交涉中起到了积极的作用。

## 第二节　鸦片战争

### 一、英国挑起鸦片战争

虎门销烟之后，英国侵略者一方面连续不断地在广州进行武装挑衅，一方面酝酿发动大规模的侵华战争，企图用武力打开中国的大门。1839 年 9 月 4 日，英国军舰“路易沙”号、“珍珠”号及一艘快艇，突然窜入九龙湾，袭击中国水师，中国军队奋起还击，将其击退。11 月 3 日，装备有 28 门大炮的英国巡洋舰“窝拉疑”号在穿鼻洋面挑起冲突，受挫而退。随后，英军又在官涌发动了 6 次进攻，均以失败而告终。然而，英国侵略者并不甘心，执意扩大事态。对华发动全面战争的计划正在伦敦酝酿形成。

---

① 转引自[英]马士：《中华帝国对外关系史》，第 1 卷，271 页，上海，上海书店出版社，2000。

1839年8月初，中国禁烟的消息传到伦敦，在英国国内引起了很大的震动。此时，英国国内舆论反对鸦片贸易的呼声尚高，不少人指责贩卖鸦片是可耻行为。剑桥大学三一学院布道士地尔洼(A. S. Thelwall)撰写了《在中国做鸦片贸易罪过论》一书，批评鸦片贸易给英国带来耻辱，要求国会公开调查。上下议院中的有识之士还上书"请国王将鸦片贸易停止"①。然而，英国的鸦片商人及与鸦片贸易有关的社会集团不顾公众舆论的反对，发出狂热的对华战争叫嚣。英国的一些城市，如伦敦、曼彻斯特、格拉斯哥、利物浦等地商会歇斯底里地宣称，中国的禁烟运动"给了我们一个战争的机会。这对英国是很有利的，因为这可以使我们终于乘战胜之余威，提出我们自己的条件，强迫中国接受。这种机会也许不会再来，是不能轻易放过的"②。在英—印—中三角贸易体系中扮演主要角色的英国纺织工业资本家集团，也在积极煽动对华开战。英国纺织业中心曼彻斯特与对华贸易有关的39家制造商联合致函外交大臣巴麦尊，百般攻击中国禁烟是"侵略行为"，要求英国政府立即对中国采取"迅速的、强有力的、明确的对策"，要"利用这个机会，将对华贸易置于安全的、稳固的、永久的基础之上"③。伦敦98家商人也上书英国政府，要求早日决定政策，"若加拖延，深恐这项贸易落于别国商人之手"④。他们还要求获得巴麦尊的接见，面陈发动对华战争的必要性。直接抗拒中国禁烟的义律也向英国政府提交了关于中国禁烟的正式报告。这份报告不惜歪曲事情的真相，公然诬蔑中国的禁烟运动是"侵犯"英国人的生命财产，要求英国政府对中国实行"迅速而沉重的打击"⑤。巴麦尊看到义律报告后立即表示，对付中国唯一的办法，"就是先揍它一顿，然后再作解释"⑥。

1839年10月1日，英国政府在一片对华开战的喧嚣声中召开内阁会议，讨论侵略中国的问题。外交大臣巴麦尊、陆军大臣麦考莱都持强硬立场，主张对中国采取军事行动。内阁会议经过讨论作出决定，"派遣一支舰队到中国海去，并训令印度总督对于我们兵船司令所采取的任何必要行动

---

① 《澳门月报》，见《鸦片战争》，第2册，535页。

② 《英国蓝皮书》，见《鸦片战争》，第2册，661页。

③ 《英国蓝皮书》，见《鸦片战争》，第2册，634页。

④ 《英国蓝皮书》，见《鸦片战争》，第2册，636页。

⑤ 《义律致巴麦尊》，见《近代史资料》，1958(4)，17页，北京，科学出版社。

⑥ 转引自丁名楠等：《帝国主义侵华史》，第1卷，38页，北京，科学出版社，1985。

予以合作”[1]。1840 年 2 月，英国政府任命乔治·懿律和查理·义律分别为正副全权代表，懿律为侵华英军总司令。懿律（George Elliot，1784—1863）出身英国贵族，是义律的堂兄，早年入海军服役，升为军官，1834 年任海军部秘书、海军委员会委员，1837 年晋升好望角舰队总司令。1840 年 4 月英国议会正式通过发动侵华战争的决议案时，懿律已经组织起一支由 16 艘军舰、4 艘武装汽船、28 艘运输船及 540 门大炮和 4 000 名士兵组成的所谓“东方远征军”。其中，“尼米西斯”号战舰是英国为适应亚洲河流而特制，以蒸汽机为动力，能够逆风行驶、吃水浅、速度快的全新铁制战舰。[2]

同年 6 月，这支远征舰队侵入中国广东海面。一场由英国资产阶级发动的侵华战争终于爆发了。

## 二、战争经过

第一次鸦片战争始自 1840 年 6 月，止于 1842 年 8 月，持续了两年多，经历了三个阶段。

战争的第一阶段，自 1840 年 6 月英军封锁广州洋面始，至 1841 年 1 月义律单方面公布《穿鼻草约》时止，历时 7 个月。

1840 年 6 月，英国侵略军到达广州洋面后，立即对广州实行了封锁，但因无隙可乘，便按原计划北上。7 月，犯厦门，未能得逞，遂北犯浙江，攻陷定海。8 月，抵天津白河口，京畿震动。懿律向直隶总督琦善递交巴麦尊致清朝宰相照会，提出赔款、割地、通商等无理要求，并威胁说，如果不满足要求，必“相战不息”[3]。

定海失陷和英国兵舰驶抵天津海口，令清政府惶恐不安。当时的沿海各省督抚，除了林则徐和邓廷桢等人外[4]，大都没有作任何军事部署。作为北京门户的天津，负责防卫的兵丁仅 800 余名。山海关的守军纪律松弛，武器钝陋，甚至连一尊可用的大炮都没有。面对耀武扬威的侵略军，主张妥

---

① 严中平：《英国资产阶级纺织利益集团与两次鸦片战争史料》，见列岛编：《鸦片战争史论文专集》，49 页，北京，生活·读书·新知三联书店，1958。

② 参见[美]罗伯特·B. 马克斯：《现代世界的起源——全球的、生态的述说》，夏继果译，158～159 页，北京，商务印书馆，2006。

③ 《鸦片战争》，第 4 册，50～51 页。

④ 1840 年 1 月邓廷桢调任闽浙总督，林则徐接任两广总督。

协的官员乘机散布流言蜚语，中伤林则徐。他们扬言："夷兵之来，系由禁烟而起。"①"上年广东缴烟，先许价买，而后负约，以至激变。"②因此，唯有将林则徐治罪，才能平息事端，否则，"边衅一开，兵结莫释"。道光帝很快从强硬转向妥协。在接到英方照会的第二天，他即授命琦善向英军表示：林则徐上年禁烟"措置失当"，"必当逐细查明，重治其罪"。只要英军退回广东，"听候钦派大臣驰往广东，秉公查办，定能代伸冤抑"③。懿律得到琦善的保证，又鉴于天气渐冷，北方港口将封冻，不宜于军舰行动，遂于 9 月中旬折回广东。

9 月 17 日，道光帝任命琦善为钦差大臣，赴广东与英国侵略者举行谈判。同时，又以"办理不善"的罪名，下令将林则徐、邓廷桢革职查办，由琦善署理两广总督。不久，清廷又将林、邓发往新疆，"效力赎罪"。至此，抵抗派受到沉重打击，妥协势力开始占据上风。

1840 年 11 月底，琦善到达广州，力反林则徐所为，实行取媚于敌人的方针。他斥责副将陈连升在磨刀洋击退英军的袭击中，不应施放大炮，"惊动洋人，致令生气"，欲斩陈连升以谢敌。陈虽未被斩，但广东水陆军士气却受到打击。为了向英人表明谈判的诚意，琦善下令遣散林则徐招募的壮丁、水勇，裁减兵船，拆除广州海口的防御工事，撤去木排铁链。甚至凡有报称捉拿汉奸、缉拿鸦片烟贩者，"辄被呵斥曰：'汝即汉奸。'有探报夷情者，则拒曰：'我不似林总督，以天朝大吏，终日伺探外夷情事'"④。琦善对坚持禁烟和抵抗的广州文武官员，一概排斥，而对被林则徐通缉的原英国大鸦片贩子颠地的买办鲍鹏，则言听计从。这些行径都大大助长了英国侵略者的嚣张气焰。

同年 12 月，中英双方开始谈判。由于懿律因病回国，英方全权代表由义律接任。会谈中，琦善对义律提出的各项侵略要求，均一一应允，只对割让香港一事不敢做主，答应代为转奏朝廷。为了迫使琦善完全屈服，义律决定施加军事压力。1841 年 1 月 7 日，英军突袭虎门外的沙角、大角炮台。守将陈连升率部坚决抵抗，终因孤军无援，壮烈牺牲，炮台失陷。

1 月 20 日，义律单方面公布了《穿鼻草约》，其主要内容包括割让香港、

---

① 《林则徐集·奏稿中》，884 页。

② 《夷艘入寇记》，见《鸦片战争》，第 6 册，112 页。

③ 《筹办夷务始末》(道光朝)，第 14 卷，32 页。

④ 《夷艘入寇记》，见《鸦片战争》，第 6 册，113～114 页。

赔偿烟价 600 万元、恢复广州通商等条款。琦善因未获奏准，不曾在草约上盖用钦差关防。但英军却据此无效的草约，于 1 月 26 日强占了香港。

战争的第二阶段，自 1841 年 1 月 27 日清政府对英国宣战始，至 5 月 27 日《广州和约》签订为止，历时 4 个月。

琦善的投降卖国行径激起了国内各阶层民众的强烈义愤。广东爱国绅民集会反对琦善擅自割地求和，要求“痛剿”英军，收复香港。许多官员上书朝廷，弹劾琦善，呼吁重新起用林则徐抵抗外敌。道光帝原以为只要处分了林则徐、邓廷桢，允许英国照旧在广州通商，英军就会交还定海，停止战争，不料英人不仅不还定海，反而连陷大角、沙角炮台。1841 年 1 月 27 日，道光帝接到有关报告，极为震怒，当即下令对英宣战，并令将琦善交部议处。30 日派皇侄、御前大臣奕山为靖逆将军，户部尚书隆文、湖南提督杨芳为参赞大臣，调集军队 17 000 人，驰赴广东作战。2 月，广东巡抚怡良揭发琦善私割香港的奏报到京，怒不可遏的道光帝下令将琦善革职拿问。

当奕山一行尚未到达广州时，义律先下手为强，于 2 月 23 日率兵船进攻虎门炮台。水师提督关天培率部英勇抵抗。尚在广州的琦善竟拒绝增援，致使关天培与守军 400 多人全部牺牲。英舰驶入省河，广州告急。

奕山沿途饮酒作乐，迟至 4 月 14 日才到达广州。他认定“患不在外而在内”，诬蔑“粤民皆汉奸，粤民皆贼党”，极力推行“防民甚于防寇”的方针。5 月 21 日，奕山等人在未作充分准备的情况下，贸然决定夜袭英军。结果，第二天英军反攻，占领了城郊的泥城、四方等炮台，包围了广州城，并开炮轰击城内。奕山等乱作一团，急忙在城头竖起白旗，并派广州知府余保纯出城向英军乞降。

5 月 27 日，奕山与英军订立了屈辱的《广州和约》，规定：清军在 6 天内撤驻广州城外，7 天内缴纳 600 万元的“赎城费”，赔偿英国商馆损失 30 万元。款项交清后，英军归还炮台，退出虎门。事后，奕山等欺骗清廷，把大败说成大胜，把自己乞降说成英人乞求通商，把兵败赔款说成归还历年“商欠”。昏聩的清廷竟然批准了《广州和约》。

就在奕山向英国侵略者屈膝投降之时，广州北郊的民众却发动了大规模的抗英斗争。

1841 年 5 月 29 日，小股英军窜到广州城北 5 里的三元里村抢掠，村民奋起抗击，当场毙敌数人，其余英军狼狈逃去。为了对付侵略者的报复，村民在三元古庙集会，议定以庙中三星旗为令旗，“旗进人进，旗退人退”，

“打死无怨”。同时又联络附近各乡群众，共同对敌。参加斗争的除了农民、丝织工人、打石工人外，还有部分士绅。

5 月 30 日凌晨，三元里及各乡群众数千人进攻英军盘踞的四方炮台，然后迅速退却，诱敌至三元里牛栏岗，即行包围。中午，恰好大雨倾盆，敌军火药尽湿，枪炮皆哑。手持刀、矛、锄耙的民众乘势猛攻。附近农民从四面八方赶来，人数越聚越多，“刀斧犁锄，在手即成军器；儿童妇女，喊声亦助兵威”①。英军拼命突围，“无奈人如山积，围开复合，各弃其鸟枪，徒手延颈就戮，乞命之声震山谷”②，敌军增援部队到达后，被围英军才得以撤回四方炮台。这次战斗给侵略军以重击，并缴获了不少战利品。

31 日，三元里一带人民再次将四方炮台重重包围。龟缩在四方炮台中的英军派奸细混出重围，向清政府求救。奕山立即派广州知府余保纯带领南海、番禺知县出城为英军解围。余保纯等用威胁利诱的手段强迫解散了群众队伍。6 月 1 日，英军撤出了虎门。义律竟恬不知耻地发出告示，恫吓中国人民“后勿再犯”。人民群众当即在商馆前贴出《申谕英夷告示》，痛斥英国侵略者，并警告他们，若敢再来，“不用官兵，不用国帑，自己出力，杀尽尔等猪狗，方消我各乡惨毒之害也!”③

三元里人民的抗英斗争与清朝统治者的妥协投降，形成了鲜明的对照。它充分显示了中国人民不甘屈服的革命传统和敢于斗争的英雄气概。

战争的第三阶段，从 1841 年 8 月英军扩大侵略战争、再次进攻厦门起，到 1842 年 8 月签订《南京条约》为止，历时一年。

1841 年 4 月，英国政府接到义律关于订立《穿鼻草约》的报告，十分不满，认为条约获取的侵略权益太少，不予批准，并决定召回义律，改派曾在印度任职的璞鼎查为侵华全权代表，更换军队司令官，扩大侵华战争。临行前，巴麦尊指示璞鼎查：只有得到中国皇帝对英国政府提出的一切要求无条件依允时，英国才能停止军事行动，并要璞鼎查迫使中国政府承认鸦片为合法贸易。8 月，璞鼎查到达广东，声言要出兵北上，用武力强迫中国满足英国在上一年提出的全部要求。随后，英国侵略军便在福建、浙江、江苏等地燃起了更大的战火。

璞鼎查率兵船 26 艘，士兵 3 500 人，从香港北上，进犯厦门。8 月

① 李福祥：《平海心筹》，见《鸦片战争》，第 4 册，600 页。

② 梁廷枏：《夷氛闻记》，见《鸦片战争》，第 6 册，43 页。

③ 《鸦片战争》，第 4 册，20 页。

26 日，厦门陷落。总兵江继芸率兵御敌，力战牺牲。9 月，英军犯定海。总兵葛云飞、王锡朋、郑国鸿等率 5 000 守军与敌人血战六昼夜，最后壮烈牺牲，定海再陷。接着，英军进攻镇海，浙江提督余步云不战而逃，两江总督裕谦坚决抵抗。10 月 10 日镇海陷落，裕谦愤而投水自尽。英军随即占宁波。

英军在进犯浙江的同时，多次出动兵船侵扰台湾。台湾兵备道姚莹和总兵达洪阿在广大民众的支持下，英勇抵抗，击退了英军的进攻。

英军侵占定海、镇海、宁波，激起了浙江人民的反抗。当地民人徐保、张小伙、钱大才等组织黑水党，神出鬼没，专门袭击小股英军。据史料记载，"两月之中，擒斩数百，英人大恐"①。

浙东三城的失陷，极大地震动了清政府。为了挽回败局，保住江南财富之区，道光帝决心再次对英开战。10 月 18 日，他派皇侄奕经为扬威将军，侍郎文蔚和副都统特依顺为参赞大臣，从江西、湖北、安徽、四川、河南、陕西、甘肃等省抽调军队近 2 万人，赶赴浙江作战。奕经一路花天酒地，游山玩水，需索地方。随员杨熙、联芳、阿彦达及侍卫容照等，"皆纨绔少年，所至索供应，征歌舞，纵樗蒲，揽威福"②。他们流连苏州，多日不进，直到人言藉藉，言官弹劾，才离开苏州，于 1842 年 2 月到达绍兴。3 月 10 日，奕经为邀功请赏，企图侥幸取胜，在完全不了解敌情和未作认真准备的情况下，分兵三路向宁波、镇海、定海进攻。英军早有准备，结果清军惨败而归。英军乘势攻陷慈溪，奕经则溃退杭州，从此不敢再战。

浙江战争失败后，道光帝无心再战，决意求和。他下令前线清军停止进攻，同时任命盛京将军耆英为钦差大臣，和已被革职的两江总督伊里布赶赴浙江，办理议和事宜。

清政府虽然转向妥协，但此时的英国侵略者却认为议和的时机未到，不足以"强迫中国政府签订一个令人满意的条约"③，决定增派军队，按照原计划，攻打清政府的心腹要地——长江流域。5 月，英军退出宁波、镇海，集中兵力攻陷江浙海防重镇乍浦。6 月，英军进入长江，直取吴淞炮台。江南提督陈化成请两江总督牛鉴作后援，自己亲至炮台，冒着敌人密集的炮

---

① 《定海直隶厅志》，见《鸦片战争》，第 4 册，382 页。

② 《夷艘入寇记》，见《鸦片战争》，第 6 册，157 页。

③ [英]马士：《中华帝国对外关系史》，第 1 卷，331 页，上海，上海书店出版社，2000。

火指挥守军猛烈还击。敌兵伤亡颇重，不敢正面突进，转攻东炮台。不料牛鉴临阵逃脱，致使炮台失守，陈化成腹背受敌，处于险境。陈化成坚守不退，虽身负重伤，仍奋力杀敌，力竭殉国。吴淞炮台失守，宝山、上海相继陷落。英军溯江西上，于7月下旬进攻镇江，但遇到了副都统海龄率领的守军的顽强抵抗。镇江保卫战打得异常激烈。中国军队表现出宁死不屈的战斗精神。侵略分子柏纳德在《“复仇神”号轮舰航行作战记》中说：“镇江府是满军认为一个坚强的据点……他们难以忍受失败，不能容许这班来历不明而且可恶透顶的野蛮人来亵渎他们的家园，来践踏他们的土地，因而每一家房子里，都有它的殉难者。”“很多满兵直向我军的刺刀冲上前来；有的时候，满军冲到我军警卫哨来，将我方士兵捉住，然后抱起来一起跳下城墙去。”①7月21日，镇江失守，海龄在衙署自焚殉国。英军也付出了惨重的代价。就在镇江失陷当天，侵略军死亡37人，伤128人，失踪3人。入城后，英军大肆杀戮抢掠，镇江城顿成一片废墟。连侵略分子也不得不承认：“即使是心肠最硬、资格最老、以杀人越货为生的人，看到这种悲惨景象，也不能无动于衷的。”②

英军侵入长江后，道光帝完全丧失了抵抗的信心，急忙催促耆英、伊里布速向英军求和。8月初，英国军舰开到南京下关江面。耆英、伊里布先后赶到南京，向侵略者乞降。8月29日，耆英、伊里布等与英国全权代表璞鼎查在英舰康华利号上签订了丧权辱国的《南京条约》。历时两年多的第一次鸦片战争至此结束。

**图1.4　1842年8月29日，中英代表在英舰“皋华丽”号上签订《南京条约》的情景**

---

① 中国科学院上海历史研究所筹备委员会编：《鸦片战争末期英军在长江下游的侵略罪行》，91～100页，上海，上海人民出版社，1958。

② ［英］利洛：《英军在华作战末期记事》，见《鸦片战争末期英军在长江下游的侵略罪行》，164页。

中英之间的鸦片战争，对于中国来说，是正义的自卫战争。但是，由于中国封建制度的腐朽，社会经济技术落后，再加上清朝统治者的昏聩愚昧和所采取的妥协投降政策等因素，尽管广大人民群众和爱国官兵与侵略者进行了顽强的战斗，也取得了某些局部的胜利，但却无法扭转整个战争的失败结局。这是中国在鸦片战争中最后失败的根本原因。从此，古老的中国在西方资本主义侵略势力的驱使下，开始卷入资本主义世界的旋涡，经历着深刻的变化。

# 第三节　战后的中国社会

## 一、第一批不平等条约的订立

《南京条约》是中国近代历史上第一个丧权辱国的不平等条约。它是外国资本主义侵略势力通过炮舰政策强加在中国人民头上的枷锁。这个条约共计 13 款，主要内容是：

(1)割让香港。从此香港沦为英国殖民地，成为英国对华侵略的重要基地。

(2)五口通商。条约规定中国开放广州、厦门、福州、宁波、上海五地为通商口岸，英国可在这五口派驻领事等。从此中国东南沿海门户洞开，外国资本主义侵略势力源源东来。

(3)中国赔偿鸦片烟价 600 万元、商欠 300 万元、兵费 1 200 万元，三项总计 2 100 万元(其中不包括广州“赎城费”600 万元，以及英国侵略军四处抢掠勒索的银两)。条约规定赔款分 4 年还清，未付清之前，英军继续占领舟山群岛和厦门鼓浪屿(直至 1847 年，英军始退出这两个地方)。

(4)协定关税。条约规定，居住五口的英国商民缴纳进出口货税，“均宜秉公议定则例”，破坏了中国的关税自主权。

(5)废除公行制度。条约规定，英国商民在华贸易无须与例设公行打交道，可以任意与华商直接交易。这就为西方列强在中国培植买办势力开通道路。

有关关税税率、开埠通商等问题在《南京条约》中还未作明确规定。对此，中英双方继续在广东谈判。1843 年 10 月，璞鼎查又强迫清政府签订了中英《五口通商章程》《五口通商附粘善后条款》(即《虎门条约》)，作为《南京条约》的补充条款。英国侵略者通过这两个约章又取得以下权益：

(1)领事裁判权。《五口通商章程》规定，中国人与在华英人打官司，英人如何定罪，“由英国议定章程、法律发给管事官照办”。这项规定严重地侵犯了中国的司法主权。

(2)片面最惠国待遇。《虎门条约》规定，中国将来“有新恩施及各国，亦应准英人一体均沾，用示平允”。这条规定后来被侵略者广泛利用，只要一国与中国签订不平等条约，其他国家都可分享其中特权，对中国造成的危害极其严重。

(3)低关税。《五口通商章程》附带的《海关税则》，把中国的海关税率大幅度压低，将其减少到 5%～6%，这种低关税率极大地削弱了中国海关对民族经济的保护作用，便利了西方资本主义各国在中国倾销商品和掠夺原料。

(4)在华租赁土地。《虎门条约》规定，英人可在通商口岸租赁土地、房屋，永久居住。使之成为日后西方殖民势力在华设立“租界”的口实。

鸦片问题虽然是导致这场战争的导火线，但在《南京条约》及其附件中却并没有提及。因为清朝官吏认为这用不着明文写入条约，他们曾向璞鼎查作过保证：无论外国商船是否载有鸦片，中国政府都不会查问，也不采取任何行动。

继英国之后，美国、法国接踵而来，先后强迫清政府签订了中美《望厦条约》和中法《黄埔条约》。

1844 年 7 月 3 日，美国专使顾盛和清政府钦差大臣耆英在澳门附近的望厦村签订了中美《望厦条约》(即中美《五口贸易章程》)。这是中美两国缔结的第一个不平等条约。《望厦条约》共 34 款。美国除了依据利益均沾的原则取得了英国在《南京条约》中所攫取的同等特权外，还以欺诈的手段取得其他一些权益，主要包括：扩大领事裁判权，美国兵船在中国沿海各港口的航行权，美国可在通商口岸修建教堂和医院，变更税例须与美国领事等官商议，所订条款如有变通之处可在 12 年后由两国派员议商修订等。这些条款进一步侵犯了中国的司法主权、领海权、关税自主权，并为其日后向中国作进一步勒索埋下了伏笔。顾盛在条约签订后得意扬扬地宣称：“美国及其他国家必须感谢英国，因为它订立了《南京条约》，开放了中国门户。但现在，英国及其他国家也须感谢美国，因为我们将这门户开放得更宽阔了。”①

1844 年 8 月，法国政府派专使拉萼尼率 8 艘兵船到达澳门。9 月，拉萼

① 转引自卿汝楫：《美国侵华史》，第 1 卷，79 页，北京，生活 · 读书 · 新知三联书店，1952。

尼会见耆英，百般威胁利诱。10月24日拉萼尼与耆英在停泊于黄埔的法国军舰上签订了中法《黄埔条约》(即中法《五口贸易章程》)。法国通过这个不平等条约，不仅取得了《南京条约》《望厦条约》规定的各种侵略权益，还使法国人获得在五口建造教堂和墓地的特权。它实际上迫使清政府承担了保护法国教堂和教会的义务，为在中国扩张其宗教势力打开了方便之门。1846年2月，法国又强迫清政府正式取消了百余年以来对天主教的禁令。

其后，葡萄牙、比利时、荷兰、西班牙、丹麦、普鲁士、瑞典及挪威等欧洲国家纷纷东来，相继与清政府签订条约。葡萄牙还在1849年驱逐中国在澳门的官吏，停付租金，强占澳门。

西方列强通过发动鸦片战争和签订不平等条约强行打开了中国的门户，迫使这个长期封闭的东方古国向世界开放，并给它套上沉重的殖民枷锁。这场战争对中国历史的影响是深远的。它使中国社会发生了根本性的变化。战前，中国是一个独立的主权国家；战后，中国的关税、司法和领土主权开始遭到破坏，逐渐丧失了政治上的独立地位，被迫走上了半殖民地的道路。战前，中国是一个自给自足的自然经济占统治地位的封建国家；战后，传统的自然经济日益解体，中国逐步成为资本主义世界的商品市场和原料产地。总而言之，战后的中国，一步一步地变成了一个半殖民地半封建的社会。于是，中国社会的主要矛盾也发生了变化。战前，中国社会的主要矛盾是封建主义和人民大众的矛盾；战后，外国资本——帝国主义和中华民族的矛盾不仅成为中国社会的另一主要矛盾，而且是各种矛盾中最主要的矛盾。因此，中国人民不能不同时肩负起双重历史任务，即反对外国资本——帝国主义的侵略和国内封建主义的压迫，以实现民族的独立和社会的进步。为此，近代中国人民进行了百折不挠的探索、抗争，付出了巨大的代价，也写下了可歌可泣的历史篇章。

## 二、战后中国社会的变化

鸦片战争后，在西方资本主义势力的冲击下，中国社会发生了重大变化。

1. 殖民地、半殖民地城市的出现

英国割占香港后，推行了一整套殖民主义的政治、经济制度，很快把这个荒凉的渔岛变成了它侵略中国的军事基地、物资转运站和自由贸易港。与此同时，各国也纷纷在这里建立商行、银行、船坞、集市、码头等设施，使它迅速繁荣起来。按照《南京条约》第 2 款的规定，从 1843 年起，广州、福州、厦门、宁波、上海五口相继开放。英、美、法等国的商人、传教士及形形色色的投机者、冒险家大批涌入五口，在这里开设商行，兴办企业，占地造屋，建立和经营各自的势力范围，逐步使五口成为我国东南沿海第一批半殖民地性质的城市。五口当中，上海凭借其优越的地理位置，再加上西方殖民势力的着力经营，很快取代了广州，成为最重要的通商口岸。到了 19 世纪 50 年代初，南部中国的贸易中心已逐渐由广州移向上海。为了巩固自己的在华利益，西方各主要国家争先恐后在开放口岸建立租界。

上海开埠后，英国第一任驻沪领事巴富尔立即着手勒索土地。1845 年，他迫使苏松太道宫慕久签订《上海租地章程》，划定洋泾浜（今延安东路）以北、李家庄（今北京东路）以南、黄浦江以西的地区为英国租借居留的地区。这块总面积 830 亩的土地被称为英租界。这是西方列强在中国勒索到的第一块租界。英国人并不就此满足。1848 年，英国驻沪领事阿礼国再次逼迫清朝地方当局签订扩界新约，把租界的西边划到泥城浜（今西藏中路），北边划到苏州河。这使英租界的总面积扩展到了 2 820 亩。

1848 年，美国代理领事文惠廉借口修建教堂，用低价在苏州河北岸虹口一带购占土地。1863 年，美国领事迫使清朝上海当局把苏州河北岸 7 856 亩土地划为美租界。同年，英美租界合并为上海公共租界。1849 年，法国驻上海领事敏体尼得到苏松太道允准，划北门外一带为法租界。

1854 年 7 月，英、美、法三国领事乘上海小刀会起义之机，大行敲诈勒索，与苏松太道订立《上海英法美租界租地章程》，规定外国人在上海租界内享有行政、税收、财政、警政等权利及行使司法权。外国侵略者还在租界内成立被称为“工部局”的机关，下设警务、司法、行政、财务、学务等机构，在租界实行完全独立于中国行政系统和法律制度以外的一套统治制度，把租界变成了“国中之国”。此后，随着西方资本主义侵略势力在中国不断扩张，租界制度推广到其他通商口岸，成为中国沦为半殖民地的一种政治象征。

来华的外国不法分子在本国政府的支持下，走私贩毒，掠卖华工，巧取豪夺，无所不为。鸦片走私以香港为中心，以上海和广州为最大输入口岸，运往南起广东、北至奉天的大小港口。由于清政府在战后不敢再提“禁烟”，鸦片走私恶性膨胀。19 世纪 40 年代，仅从印度输入中国的鸦片，平均每年已超过 37 000 箱；50 年代，平均每年高达 68 000 箱。商品走私也十分猖獗。各国不法商人大多以租界为据点，在侵略特权的庇护下，进行大规模的商品走私活动。此种走私活动不仅在开放的五口大肆泛滥，而且蔓延到东南沿海各大小港口和城镇，使中国原有海关和关税制度几近瓦解。

西方殖民者掠卖华工的罪行尤其骇人听闻。早在鸦片战争以前，西方殖民者就利用葡萄牙占据的澳门拐卖中国的人口。战后，他们在厦门、广州、汕头、上海、港澳等地更加肆无忌惮地从事这种罪恶勾当。外国人口贩子利用他们豢养的地痞流氓，使用各种卑鄙凶残的手段，绑架、捕掠和诱拐华民，把他们当作“猪仔”，运往海外。据估计，1801—1850 年，被掠卖出国的华工总数约 32 万人，多数被贩往南北美洲和英属西印度群岛，也有贩往东南亚地区的。被掠卖的华工完全失去人身自由，像奴隶一样被关进密闭的船仓内，受尽非人的折磨，致使华工在航行途中死亡率高达 40%～50%。运送华工的船只因此被称为“浮动地狱”。掠卖华工实质上就是奴隶贸易，是西方国家资本原始积累的惨剧在中国的重演，充分暴露出西方殖民侵略的野蛮性、残酷性。

2. 传统自然经济初步解体

鸦片战争后，西方资本主义各国对中国进行经济侵略，使中国自给自足的自然经济受到严重的冲击。

《南京条约》签订后，璞鼎查曾向国内吹嘘说，他已为英国的生意“打开了一个新世界，这个世界是这样的广阔，倾兰开夏全部工厂的出产也不够供给她一省的衣料”①。英国资本家也相信，“只消中国人每人每年需用一顶棉织睡帽，不必更多，那英格兰现有的工厂就已经供给不上了”②。英美资产阶级兴奋不已，立即掀起了一个向中国倾销商品的狂潮。1837—1839 年，英国输华货物总值平均每年不到 100 万镑，1845 年则增长到 239 万多镑。其中主要工业产品棉布棉纱的输华总值，从 1842 年的 70 多万镑增长到 1845 年的 173 万多镑。③ 美国的对华贸易也有很大的增长。1831 年，美国本国产品输华货价为 24 万多美元，1843 年增加到 175 万多美元，到 1845 年则激增至 207 万多美元。然而，这种对华倾销商品行为带有很大的盲目性，并没有直线性地持续增长，从 1846 年起开始下降。这一年英国输

① 《英国资产阶级纺织利益集团与两次鸦片战争史料》(下)，见列岛编：《鸦片战争史论文专集》，71 页。

② 香港《中国邮报》，1847 年 12 月 2 日社论，转引自《鸦片战争史论文专集》，63 页。

③ 《英国资产阶级纺织利益集团与两次鸦片战争史料》(下)，见列岛编：《鸦片战争史论文专集》，59 页。

华货物总值为179万镑，比1845年降低了1/4。直到1854年，英国输华货物总值也只有100万镑，甚至低于鸦片战争前的一些年份。显然，中国自给自足的自然经济结构对于外国商品的容纳有限，而改变这种经济结构却需要相当长一段时间。尽管如此，在战后十余年间，中国沿海和长江下游一些地区的自然经济还是受到了强烈的冲击。

由于输入的洋货为机器制品，物美价廉，竞争力强，使不少土货滞销。如东南沿海一带盛产土布、土纱，而洋纱洋布的剧增使这些土货陷于困境。上海附近的嘉定县，"往者匹夫匹妇，五口之家，日织一匹，赢钱百文。自洋布盛行，土布日贱，计其所赢，仅得往日之半耳"①。在广州、厦门一带，也出现因倾销洋布导致妇女纺织半数停工的情况。这些表明，在洋货倾销的狂潮中，中国东南沿海一带的自然经济首先解体。

欧美各国在对华倾销商品的同时，加紧掠夺中国的原料和农产品。1842—1846年，茶的出口增长了一倍，达到8 400多万磅，丝的出口增长近5倍，达到18 000多包。1846—1856年，茶的出口再增长55%，达到13 000万磅，丝的出口又增3倍多，达到79 000多包。丝茶等农产品的大量出口，扩大了部分地区农业生产中商品经济作物的比重，减少了农业经济中的自给成分。这些产品经过商贩、大商人和买办之手，最终进入国际市场，成为工业国的重要原料。而国际市场的需求又反转来影响和制约着中国国内农产品的生产。此时，丝茶的出口贸易几乎全部掌握在外商手中，由他们支配着数量和价格。这就不能不使这些生产部门产生对外国资本的依赖性。

在近代中国，自然经济的解体和商品经济的发展带有两重性。它给中国资本主义生产的产生和发展创造了客观条件和可能，然而由于这种变化是外国资本在中国扩展殖民地贸易和实行经济侵略强行促成的，因此又不可避免地要服从西方资本主义总体的政治经济利益的需要，成为它们的附庸。这种变化深深地打上了半殖民地经济的烙印，呈现出一种畸形状态。

3. 买办势力和早期产业工人的出现

鸦片战争以后，中国社会的阶级结构也开始发生变化，主要表现在买办势力和早期产业工人的出现。

买办原指在广州充当外商译员或助手的人员。这些人由中国公行雇用并控制，外商不得自行雇用。鸦片战争后，公行制度被取消，外商可以在

---

① 杨震福等：《嘉定县志》，第8卷，16～17页，光绪八年刊本。

中国自由雇用买办，通过他们做生意或办理其他交涉事务。这时的买办已与战前截然不同，完全为外商所控制，成为西方殖民势力侵华的重要工具。五口通商后，买办势力迅速发展形成一个新兴的阶层。他们当中，有的是从行商转化而来，有的原是旧式商人，有的则是由外商直接培养起来的雇员。买办在外国人的洋行、公司、银行中充当经纪人，有的则是自己另开商号，专门从事进出口贸易。他们依附于外国资本势力，主要通过收取佣金等方式，迅速积累起巨额财富。

在上海，“百货阛集，中外贸易，惟凭通事(即买办)一言，顷刻之间，千金赤手可致”①。随着西方资本主义侵略势力在华不断扩大，买办阶层不但经济实力日益增长，而且开始向政治领域渗透，逐渐成为沟通外国资本主义和本国封建势力的重要桥梁。例如上海美商旗昌洋行买办吴健彰(1815—1870)就出资捐纳道员，于1848年在英美支持下出任苏松太道。另一位买办杨坊(？—1865)以贩卖鸦片致富，入江苏巡抚吉尔杭阿幕府，由同知升为道员。他们后来在中外势力共同镇压上海小刀会起义和组织华尔洋枪队攻打太平天国的行动中，都扮演了重要的角色。

鸦片战争结束后，外国资本家在开放口岸积极投资办厂，建立了一些近代企业，如厦门船厂(英)、下海浦船厂(美)、柯拜船坞(英)、老德记药房(英)、望益纸馆(葡)、浦东铁厂(英)、埃凡馒头店(英)等。它们的规模都不大，多属加工性质；但这毕竟是外资在中国创办的最早一批近代企业。在这些企业中雇用了第一批中国产业工人。破产的农民和手工业者及其他城乡无业劳动者是近代产业工人的主要来源。在这个时期，产业工人数量少，影响小，尚处于阶级形成的萌芽状态，但它的出现却显示了中国社会阶级结构的新变动。

## 三、民众反侵略斗争的继续

英国侵略者虽然以武力迫使清政府屈服，但是却未能摧垮中国人民反对外来侵略的坚强意志。在战后的几年中，广州、厦门、福州、上海等地接连爆发规模不等的民众自发的反侵略斗争。其中，尤以广州人民的斗争最激烈，规模也最大。

经过鸦片战争的劫难，广州人民对英军的暴虐无不切齿痛恨，但又不

① 王韬：《杂志》，第1卷，8页，光绪元年刻本。

满官府的软弱无能，因此决心以自己的力量继续坚持反侵略斗争。“社学”成为发动、领导民众进行抗英斗争的重要组织形式。所谓“社学”，又称“义学”“书院”，形成于明初，沿至清代，原为民间学人、绅耆进行学术交流、道德教育的组织。清代中叶后逐渐变为地主绅士兴办团练维持地方治安的团体。鸦片战争爆发后，各阶层人民普遍参加了抗英斗争，社学就成为团结和组织乡勇进行抗英武装斗争的合法形式。1841 年夏，三元里抗英斗争结束不久，广州人民就在广州北郊石井设立升平社学。随后，东北各乡建立起东平社学，城南建立起南平社学，河南成立了隆平社学，广州城里也出现了城厢社学。继广州之后，在南海、番禺、从化、花县、增城等地，也都组织起名目不同的社学，动员的民众多达数十万人。参加社学的基本群众是农民，其次是手工业工人和店员，还有不少爱国士绅。他们“踵寓兵于农之法”，“无事则负耒力田，闻警则操戈御侮”。① 这些社学组织并无统一的领导机构，只是在抵御外侮、保卫家乡的共同目标下，相互联络，守望相助。1842—1849 年间，广州人民在社学组织领导下掀起了一系列抗击英国侵略者的斗争。

1842 年 11 月，广州城内的明伦堂贴出了《全粤义士义民公檄》，揭露英国侵略者侵华罪行，呼吁民众起来抗英。12 月初，广州民众烧毁“夷楼”。1844 年 5 月，英国侵略者企图在广州强租河南地区，当地民众 3 000 余人于 5 月 23 日集会抗议，阻止了侵略者的行动。此后不久便发生了规模更大的反入城斗争。本来，外商来广州贸易一向住在城外珠江畔的洋馆，《南京条约》也未允许英人进入广州城。但是在《南京条约》签订后，英国侵略者硬要进入广州城，多次交涉，均未得逞。1846 年 1 月，英国香港总督兼驻华公使德庇时率兵船直闯珠江，胁迫两广总督耆英和广东巡抚黄恩彤发布告示，准许英人进入广州城，并派广州知府刘浔与英人密商入城日期。告示贴出后，立即被群众撕毁。民众在社学的组织下张贴揭帖，痛斥官吏误国殃民，约定“洋人入城之日，闭城起事”②。1 月 14 日，数千民众冲入刘浔府署，烧毁了他的公服朝珠，吓得他从后院翻墙逃走。德庇时见众怒难犯，只好暂时放弃入城的打算，退回香港。1847 年 4 月，英国侵略者以几名英人遭到石块袭击为借口，出动 20 余艘舰船，1 000 多名军人，再次闯入珠江，炮击广州城，提出包括进城在内的 7 项要求。畏敌如虎的耆英与英国秘密谈判，

---

① 《创建西湖社学碑记》，见《近代史资料》，1956(2)，83 页。

② 夏燮：《中西纪事》，第 13 卷，2 页，长沙，岳麓书社，1988。

约定两年后允许入城。次年，徐广缙继任两广总督。1849 年春，英国新任驻华公使文翰乘兵船开进省河，要求履行两年前耆英准允英人入城的密约。徐广缙在英国的威胁面前举棋不定。在这种情况下，广州民众紧急动员起来，严阵以待。徐广缙亲至英船谈判，省河两岸群众环列示威，以壮声势。徐婉言拒绝了英人的要求。这时社学已经组织起 10 万人的团练义勇，从 2 月到 4 月每晚操练游行，显示出强大的力量。文翰慑于广州民众的反抗威力，不敢轻举妄动，被迫放弃了入城要求。

广州人民万众一心，挫败了侵略者强行入城的计划，表现了中国人民不甘受辱的斗争精神，也使西方侵略者再次看到中国民众中蕴藏的巨大力量。文翰在给其上司的报告中不得不承认："我绝对认为附近民众和团勇会坚决抵抗我们入城，结果使我们非用极大的武力不能达到目的，因为他们的抵抗力量比 1841 年第一次抵抗时要强得多。"①

## 四、阶级矛盾的激化

鸦片战争后的十年间，中国社会民族矛盾与阶级矛盾并存。中国人民开始了同时遭受外国资本主义和本国封建主义双重压迫的悲惨过程。马克思指出："中国在 1840 年战争失败以后被迫付给英国的赔款、大量的非生产性的鸦片消费、鸦片贸易所引起的金银外流、外国竞争对本国工业的破坏性影响、国家行政机关的腐化，这一切造成了两个后果：旧税更重更难负担，旧税之外又加新税。"②战后，西方殖民势力采用政治、经济等相对温和的手段侵略中国，固然暂时缓和了中外民族矛盾，但它却促使地主阶级加重了对农民阶级的封建压迫和剥削的强度，从而又进一步激化了中国国内的阶级矛盾。

鸦片战争后，由于西方资本主义商品的冲击，中国自给自足的自然经济日渐瓦解，造成了广大农民和手工业者纷纷破产。而鸦片贸易的进一步泛滥，造成白银大量外流，又使银贵钱贱的现象更趋严重。1844 年时，银一两折制钱已至 1 700 余文；到 1850 年，更增至 2 300 余文。农民的负担大大超过了战前。1850 年曾国藩奏称：由于银贵钱贱，农民"昔日卖米三斗，输一亩之课而有余。今日卖米六斗，输一亩之课而不足。朝廷自守岁取之

① 转引自丁名楠等：《帝国主义侵华史》，第 1 卷，99 页，北京，科学出版社，1985。

② 《马克思恩格斯选集》，第 1 卷，692 页。

常，小民暗加一倍之赋”①。

在鸦片战争中，清政府耗去的兵费，加上《南京条约》规定的赔款，总数约在7 000万元，相当于清政府一年半的财政收入。这一笔额外的支出，战后都转嫁到了广大劳动人民的头上。因此，清政府普遍加重了地丁漕赋的征收科派。而各级官吏更乘机下手，横征暴敛。如江浙一带的漕赋，若征收本色(直接征收钱粮)，正额一石，农民需纳米二石五六斗，甚至三四石；若征收折色(按米价折算为银两)，一石稻米市价为2 000文，折色竟高达8 000文。此外还有“粮耗”“火耗”等名目，随意加征。如此繁重的捐税，又往往是富者可以隐匿，贫者分厘必科，致使广大劳动人民濒于绝境。

战后清朝的吏治愈加腐败。各级官吏不仅在征收钱粮上浮收勒折、欺压百姓，在其他方面也一样无恶不作。例如，遇有词讼，为勒索钱财，“案中生案，枝外生枝”，不到当事者倾家荡产不办。“遇缉凶则人皆正犯，不将附近村庄资产荡尽不已。”②官府历来站在地主一边，一旦农民起来抗捐抗税，官府便鞭扑枷禁。所以，天地会的《万大洪告示》说：“天下贪官，甚于强盗，衙门污吏，何异虎狼!”“富贵者纵恶不究，贫贱者有冤莫伸!”“民之财尽矣，民之苦极矣!”③

鸦片战争后，由于外国资本主义的入侵和清朝封建统治阶级的残酷压迫与剥削，广大劳动人民的生活迅速恶化。他们无法照旧生活下去了，被迫起而反抗。据《清实录》记载，1842—1850年，全国各族人民的反清起义约在百次以上。例如，其中较大规模的起义有：1842年初，湖北崇阳爆发钟人杰领导的农民起义，2月攻占崇阳、通城，杀死知县，举旗称王。参加起义群众增至万余人，清政府调集数省军队镇压，3月起义失败。同年安徽亳州捻党首领马宗禹起义。1843年3月，云南腾越南甸彝人刁承绪起义。6月，湖南武冈州曾如炷领导的起义。8月，广东香山县天地会首领高明远等起义。1844年6月，四川马边彝族起义。7月，湖南耒阳杨大鹏领导的起义。1845年7月，山东曹州捻党举事。西宁藏民起事。10月，浙江奉化县群众抗粮暴动。1846年2月，云南永昌府回民起事。10月，云南顺宁府细

① 曾国藩：《备陈民间疾苦疏》，见《曾国藩全集·奏稿一》，29～30页，长沙，岳麓书社，1987。

② 《鸦片战争》，第3册，469页。

③ 荣孟源编：《中国近代史资料选辑》，115页，北京，生活·读书·新知三联书店，1954。

宁回民起义。1847 年 9 月，喀什噶尔回民起事。10 月，湖南新宁县雷再浩等起义。1848 年 1 月，湖南乾州苗民抗租暴动。广东钦州秦香晚起义。1849 年 3 月，四川中瞻对藏民起义。江苏松江人民抗粮暴动。广东阳山、英德群众举事。11 月，湖南新宁李沅发起义，等等。

广西地处边陲，贫瘠穷困，又是多民族杂居的地区，清朝统治力量相对薄弱。由于毗邻广东，广西受鸦片战争的影响较大。洋货、鸦片充斥，造成了当地劳动人民的破产，而战后清政府裁撤的大批壮勇又多流入广西，在这里形成了格外庞大的失业者队伍。广西吏治黑暗，地方大员粉饰太平，封建压迫与剥削也更残酷，因此，这里成了各种矛盾的集合点，社会急剧动荡。反清的秘密结社组织天地会，在广西有着悠久的历史传统和深厚的群众基础。在鸦片战争前，天地会的活动早已遍布全省。战后，天灾人祸并行，以天地会为主的武装起义便在广西四处爆发，形成了较其他诸省更为浩大的声势。

1845 年，广西藤县邓立奇称平地王，钟敏和称高山王，在赤水圩起义。

1846 年，广西桂平县爆发了李观保起义。起义军活跃在浔江及其两岸，形成了著名的水上武装。

1847 年，湖南新宁与广西全州交界处黄背峒瑶族雷再浩起义，转战湘桂交界各地，震动了两省。同年，罗大纲在广西荔浦县发动天地会起义。

1848 年，广西武宣县陈阿贵起义。同年，湖南道州李魔旺率领的起义军攻入广西灌阳。

1849 年，由于灾荒严重，广西全省大多数府县都发生了民众暴动。其中，张嘉祥活跃于梧、浔、宾、横诸州，大头羊张钊、大鲤鱼田芳等则活跃于梧州、平南等地，陈亚贵在武宣县举事，王锡彬等则攻掠贵县的蒲塘圩。

1850 年，广西天地会起事，在各地蔓延益广。千人以上的起义队伍即达 20 余股。例如，庆远有张家福、钟亚看，柳州有陈东兴、陈亚贵等，武宣有梁亚九、刘官生，象州有区振组，浔州有谢江殿等大股。

鸦片战后十年间的民众起义已显示出了以下特点：其一，民众起义不仅遍及川、滇、湘、桂、粤、浙、苏、鲁、新疆等全国大多数地区，而且包括了汉、藏、回、苗、瑶、彝等各民族人民在内，呈现出全国各族人民反清斗争日趋高涨的发展态势；其二，湘、桂、粤是民众起义的热点地区，所以，毫不奇怪，这里成为太平天国革命的策源地；其三，各地民众起义虽然为数甚多，但都缺乏严密的组织和明确而远大的斗争目标。例如，在广西，天地会势力虽盛，但内部山堂林立，彼此互不统属，且各派起义军多满足于劫掠富户。惟其如此，各地起义军易被清军各个击破，形成旋起旋灭的局面。这些特点又表明，革命的时机虽已成熟，但全国各族人民反清斗争形势高涨的最终形成，还有待于出现一支新的农民起义队伍，去开拓宏大的局面。

# 第二章　太平天国起义的勃兴

## 第一节　太平天国的兴起和发展

### 一、洪秀全反清起义思想的形成

鸦片战争后的十年间，中国社会急剧动荡。西方资本主义势力的入侵，加速了中国社会阶级矛盾的激化，各地人民群众的起义此起彼伏。进入19世纪50年代后，由于太平天国运动的推动，最终汇成了全国各族人民反清斗争的高潮。太平天国的最高领袖是洪秀全。

洪秀全(1814—1864)，原名火秀，谱名仁坤，广东花县官禄村人，出身农民家庭。幼年入私塾读书，聪敏勤奋，“五六年间，即能熟诵《四书》《五经》《孝经》及古文多篇，其后更自读中国历史及奇异书籍，均能一目了然”①。因家庭生活困难，16岁时被迫辍学，在家中助父兄务农或到山野放牛。18岁时曾受聘为本村塾师。从此，他一面教书，一面继续研读中国古代典籍。

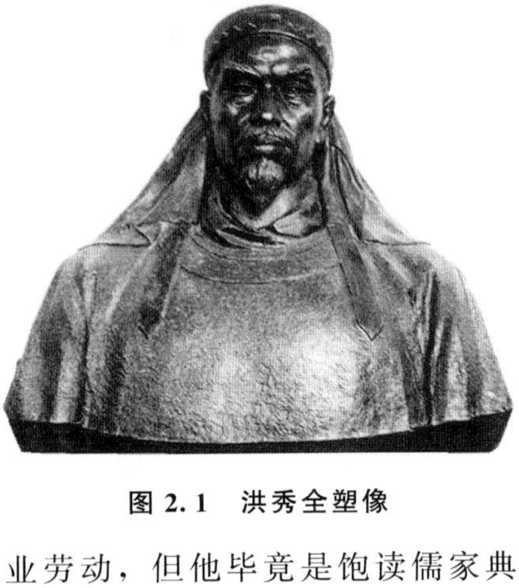

**图 2.1　洪秀全塑像**

洪秀全虽然出身农民家庭，参加过农业劳动，但他毕竟是饱读儒家典籍的士人，相信“学而优则仕”，追求功名利禄，光宗耀祖，是人生应有的

① 韩山文：《太平天国起义记》，见中国史学会主编：《中国近代史资料丛刊·太平天国》(以下简称为《太平天国》)，第6册，838页，上海，上海人民出版社，1957。

选择。所以，约从 16 岁开始，他便参加了科举考试，但屡试不第。1837 年，洪秀全第三次赴广州应试，结果又名落孙山。他经受不住多次科场失意的打击，回家后曾大病一场，40 余日神智昏迷，时有梦幻，口说呓语。但是，尽管如此，洪秀全仍未忘情于功名。所以，6 年后，即 1843 年，洪秀全再次赴广州应试，结果又一次失败。

洪秀全几次到广州应试，正值鸦片战争前后。他耳闻目睹了英国侵略者的暴行，清政府的腐朽卖国，和广州及东南沿海人民轰轰烈烈的反侵略斗争，心中大受震撼，渐渐生成了忧国忧民的胸襟。他蒿目时艰，每每"慷慨激昂，独恨中国无人，尽为鞑妖奴隶所惑矣"。他斥责清朝统治者，"每年花中国之金银几千万为烟土，收花(华)民之脂膏数百万回满洲为花粉。一年如是，年年如是，至今二百年，中国之民富者安得不贫，贫者安能守法"①。1843 年最后一次参加科考的失败，不仅使洪秀全对科考的弊端愤懑不已，从此绝意于仕途，而且使洪秀全由此摆脱了个人科场失意的痛苦，转而以救世救民为己任，走上了新的人生道路。

促成洪秀全此种思想转变的重要中介，是他无意中得到的一本基督教布道小册子《劝世良言》。1836 年，洪秀全第二次到广州应试，在广州藏龙街从两位基督教传教士手里得到了这本小册子。当时他并未在意，只稍作浏览，便放置于书箧中。1843 年应试失败后，他才仔细地阅读《劝世良言》，顿觉心中豁然开朗，"大觉大悟"。这本小书布道的大意是："上帝"是唯一真神，其他人们所顶礼膜拜的偶像都是妖魔；人人都是"上帝"的子女，都是平等的；"上帝"派遣他的儿子耶稣下凡，替世人赎罪；人人都要遵守十戒等。洪秀全将这一切与他 1837 年科考失败后大病中的梦幻异象相比附，自谓曾被天使接引上天，见到了上帝，上帝赐予他一口宝剑和一颗印，命他下凡做太平真主，斩杀妖魔。因此洪秀全把《劝世良言》认作是上帝赐给他的天书，自信"已获得上天堂之真路，与及永生快乐之希望，甚为欢喜"，遂开始信奉上帝。为避上帝耶和华名讳(当时译为爷火华)，改名火秀为秀全。洪秀全首先向族弟洪仁玕、表弟冯云山(皆屡试不中的失意下层知识分子)传教，并在村边的小河中自行宗教洗礼，自称已经"洗除罪恶，去旧从新"②。

---

① 洪仁玕：《钦定英杰归真》，见《太平天国》，第 2 册，570 页。

② 韩山文：《太平天国起义记》，见《太平天国》，第 6 册，846 页。

洪秀全等人拜上帝后，便将私塾中的孔子牌位毁弃，结果遭到乡里众人的反对，以为“大逆不道”。洪秀全与冯云山缘此失去了塾师职业。1844年4月，二人离开花县，辗转到达广西贵县赐谷村洪秀全的表兄家，并在那一带宣传拜上帝思想。10月，冯云山离开赐谷村，深入到桂平县紫荆山区。洪秀全则于11月回到了花县。

洪秀全在花县撰写了《原道救世歌》《原道醒世训》等文章。《原道救世歌》宣传“皇上帝”是古今中外的独一真神，人人都必须敬拜，劝诫人们要反对“奸淫”“忤父母”“行杀害”“为盗贼”“为巫觋”“行赌博”等“六不正”。其旨趣在于强调个人的道德净化，尚属宗教的说教。

在《原道醒世训》中，洪秀全谴责“世道乖离”“人心浇薄”，批评了现实社会中国家间、省府州县及各种姓家族间“相陵相夺相斗相杀”的现象，指出：“天下凡间，分言之则有万国，统言之则实为一家”，“天下多男人，尽是兄弟之辈；天下多女子，尽是姊妹之群”，呼吁建立《礼记·礼运篇》所描绘的“天下有无相恤，患难相救，门不闭户，道不拾遗，男女别涂(途)，举选尚贤”的大同社会。这反映出洪秀全的思想已开始从抽象的宗教说教转向了不平的现实社会。但是，他并没有把社会的黑暗不平、“陵夺斗杀”的根本原因同腐朽的封建社会制度和清王朝的反动统治联系起来，而是笼统地将其归结为人们的“所爱所憎，一出于私”和“见小故量小”。因此，他所开出的救世救民的药方是要人们“相与淑身淑世，相与正己正人”①，仍不外强调个人的道德自律。这说明，洪秀全虽以救世为己任，但受儒学和基督教教义的束缚，至此尚未走上反清起义的道路。

1847年3月，洪秀全去广州，在美国传教士罗孝全处习学基督教。他第一次认真阅读了《旧约》和《新约》圣经，并请求罗孝全为其洗礼。但罗孝全认为洪秀全“对于圣经之知识无多”，拒绝给予洗礼。洪秀全愤而离去，并于是年8月重返广西，在紫荆山地区会见了冯云山。

紫荆山位于桂平县西北，是一个纵横约270平方公里的大山区。这里地势险要，群山环抱，重峦叠嶂，易于出没。在此居住的多是汉、壮、瑶等族的贫苦农民。1844年冯云山来到紫荆山区后，脱掉长衫，身着短袄，打工拾粪，千方百计与劳苦群众打成一片，宣传拜上帝。在他的艰苦努力下，

---

① 《原道醒世训》，见《太平天国》，第1册，91～92页。

到 1847 年上半年，紫荆山地区已有信徒 2 000 多人，建立了“拜上帝会”组织。① 参加拜上帝会的群众主要是汉、壮、瑶等族农民和烧炭工，杨秀清、萧朝贵是他们中的杰出人物。冯云山不仅首创紫荆山革命根据地，且胸怀大局，号召信徒共尊洪秀全为教主。因此，广大会众对洪秀全十分尊敬，“称为洪先生，奉之若神”②。

1847 年秋，洪秀全到达紫荆山。他看到冯云山开创了如此大好的局面，备受鼓舞。同时，在深入劳苦群众和领导他们斗争的实践过程中，洪秀全的反清起义思想迅速确立，并日益坚定。他在此间写的《原道觉世训》及《太平天日》，就集中反映了这一点。

《原道觉世训》把社会划分为根本对立的两个营垒：一边是“皇上帝”和“皇上帝子女”，一边是“阎罗妖”和“妖徒鬼卒”。先前洪秀全把社会的黑暗不平归于世人的“私心”和“量小”，因而强调个人的道德修养和自律，“改邪归正”；现在则把问题归结为“阎罗妖”的“作怪多变，迷惑缠捉凡间人灵魂”，因而号召人们独尊“皇上帝”，“斩邪留正”，击灭“阎罗妖”及一切鬼怪。他特别把“皇上帝”与人间的封建皇帝对立起来，他指出：“皇上帝乃是帝也，虽世间之主称王足矣，岂容一毫僭越于其间哉！”“他是何人，敢靦然称帝者乎！只见其妄自尊大，自干永远地狱之灾也。”洪秀全借助“皇上帝”与“阎罗妖”的对立，指出了现实社会中农民阶级与地主阶级的对立。他号召人们独尊“皇上帝”，迅速起而共灭“阎罗妖”，实际上是在号召人们站到“拜上帝会”的旗帜下，向以道光皇帝为首的清王朝宣战。

《太平天日》是一篇政治性神话文字。在此文中，洪秀全把自己说成是上帝的次子，亲受上帝之命下凡斩邪留正，建立地上天国的太平天王。在

---

① 洪秀全、冯云山等人是否建立过“拜上帝会”，史学界有不同意见。有学者认为，“并不是洪秀全建立了‘拜上帝会’，而是别人用‘拜上帝会’这个名称称呼经常在一起举行宗教仪式的拜上帝人”。“‘拜上帝会’是地主阶级强加给拜上帝人的一个称号。”“太平天国官书、文件及诸王自述中”，都“没有出现过‘拜上帝会’的名称，更没有关于该组织的建立过程及其形式、功能的记述”，“到金田起义为止，太平天国从未有过任何一种‘会’的组织”。但是，有的学者根据韩山文《太平天国起义记》中有关云山在紫荆山一带，热心传教，“逾数年”，发展信徒甚众，“此等新教徒即自立一会结集礼拜，未几远近驰名，而成为‘拜上帝会’”的记载，认为冯云山在紫荆山地区传教时，确曾建立起“拜上帝会”这一斗争组织。

② 半窝居士：《粤寇起事记实》，见《太平天国史料丛编简辑》，第 1 册，4 页，北京，中华书局，1961。

这里，洪秀全决心发动武装起义，推翻清王朝统治，建立太平盛世的远大抱负，已得到了充分的表露。

为了扩大拜上帝会的力量和声威，洪秀全、冯云山一面制定了各种仪式和十款天条，加强会众内部的纪律和团结；一面派人四出宣传拜上帝，尤其是率众赶至象州捣毁了有名的甘王庙，及各处庙宇、偶像。拜上帝会的活动遭到了当地地主豪绅势力的敌视和反对。1847 年 12 月和 1848 年 1 月，当地劣绅王作新两次出动地主团练逮捕冯云山等，并向桂平县官府控告拜上帝会，“借拜上帝妖书，践踏社稷神明”，“不从清朝法律”①。

桂平知县找不到冯云山等的反清证据，采取息事宁人态度，将冯云山以“无业游民”论处，押解回广东。

冯云山被捕后，洪秀全立即赶回广东营救。广西的拜上帝会群众一时群龙无首，人心惶惶，“时有分裂之象”。在这紧急时刻，杨秀清、萧朝贵先后利用当地降僮巫术，自称天父、天兄下凡附体，以天父、天兄名义发号施令，稳定了会众。1849 年 7 月，洪秀全、冯云山重回紫荆山。他们为团结教众，共同对敌，认可了杨、萧代天父、天兄传言的做法。这样，拜上帝会最高领导中枢的权力结构发生了重大变化，洪、冯的领导地位受到削弱，杨秀清等掌握了很大权力，为日后洪、杨间的矛盾发展留下了祸根。

经洪秀全、冯云山的数年努力，拜上帝势力在紫荆山地区迅速壮大起来。桂平县地主出身的韦昌辉和贵县地主出身的石达开等，皆因受到当地其他地主豪绅及官府的倾轧，率本族人参加拜上帝活动。逐渐形成了由洪秀全、杨秀清、萧朝贵、冯云山、韦昌辉、石达开六人组成的领导核心。

1848—1850 年，广西灾荒频仍，饥民遍野。广大的贫苦农民被迫铤而走险，天地会起事，随处都有。地主阶级中有人惊呼：“粤西近日情事，如人满身疮毒，脓血所至，随即溃烂，非得良药重剂，内扶元气，外拔毒根，则因循敷衍，断难痊愈，终必有溃烂不可收之一日。”②这表明阶级矛盾与冲突已趋激化。1850 年春，道光帝驾崩，其子奕詝继位，年号咸丰。洪秀全看到起义时机已经成熟，赋诗述怀：“近世烟氛大不同，知天有意启英雄。神州被陷从难陷，上帝当崇毕竟崇。明主敲诗曾咏菊，汉皇置酒尚歌风。古来事业由人做，黑雾收残一鉴中。”③

---

① 方玉润：《星烈日记》，见《太平天国史料丛编简辑》，第 1 册，82～83 页。

② 龙启瑞：《上某公书》，见《经德堂文集》，第 6 卷，4～5 页，光绪四年京师刻本。

③ 韩山文：《太平天国起义记》，见《太平天国》，第 6 册，869 页。

1850年7月，洪秀全发布总动员令，命各地拜上帝会众于11月4日前到达广西桂平县金田村“团营”。洪秀全将聚集金田村的1万余人，按性别分别编入男营女营，广大分散的农民被组织成为一个严密的武装集团。他还命所有来金田的人，将个人私有财物全部交入公库，实行个人不许私留财物，一切由公库统一供给的公库制度。一场大规模的农民起义即将爆发。

## 二、金田起义与定都天京

清廷鉴于广西各地不断发生武装起义，先后将广西提督闵正凤、巡抚郑祖琛革职，命原固原提督向荣任广西提督，起用辞官在籍的林则徐为钦差大臣兼广西巡抚(林在赴桂途中病逝，改派前两江总督李星沅)，企图尽快将广西的各路农民起义军镇压下去。1850年12月和1851年1月初，拜上帝会众在思旺村和蔡村江两次击败清军，击毙清军副将伊克坦布，揭开了金田起义的序幕。

1851年1月11日，洪秀全在金田村宣布起义，建号“太平天国”，全军将士皆蓄留长发，红巾包头，以示与清王朝誓不两立，波澜壮阔的太平天国农民战争正式爆发。洪秀全颁布《天命诏旨书》，作为太平军的简明军令：(1)遵条命；(2)别男行女行；(3)秋毫莫犯；(4)公心和傩，各遵头目约束；(5)同心合力，不得临阵退缩。这五条军纪与《十款天条》相比，宗教道德色彩淡薄，更具有适应战争需要的约束力，对保证太平军的集中统一，维护良好的军风军纪，提高战斗力，起到了极重要的作用。

金田起义后，太平军挥师东进。3月23日，洪秀全在武宣县东乡称天王。这时，清政府发现太平军远非天地会起义武装可比，“实为群贼之尤”，命大学士、军机大臣赛尚阿为钦差大臣，调集皖、滇、贵、湘、粤、川等省军队赴桂“全力攻剿”。7月，太平军回师金田地区。9月，在平南县官村一带大败向荣所部清军，缴获大批枪炮军械。25日攻克永安州(今广西蒙山县)。这是太平军攻克的第一座州城。

永安州三面环山，易守难攻。太平天国在此驻守半年时间，进行了各项政权建设。12月17日，洪秀全颁布封王诏令，封杨秀清为东王、萧朝贵为西王、冯云山为南王、韦昌辉为北王、石达开为翼王，同时规定西王以下俱受东王节制。由此，正式确立了太平天国的领导核心和各王的地位，形成天王领导于上，东王总理军政，诸王集议决策的权力运作体制。这一封王建制完全是依照封建王朝的旧蓝图设置的，各王的分封和世袭制，导致了后来各王府均设六部，各有卫队，形成相对独立的派系，埋下了权力冲突的潜因。同时，太平天国再次重申了“凡一切杀妖取城，所得金宝绸帛宝物等项，不得私藏，尽缴归天朝圣库”的规定；教育全体将士“立志顶天，真忠报国”①；颁布了冯云山制定的新历法——天历。此外，还清除了暗中投敌的周锡能反叛集团。

太平军屯驻永安时，数万名清军将永安团团包围。太平军米粮将尽，弹药缺乏。1852年4月5日夜，太平军避实就虚，突破了清军防御力量较薄弱的古苏冲北上。帮办广西军务、广州副都统乌兰泰，穷追不舍。8日凌晨，太平军在大山山谷设下埋伏，将清军“前后围裹，肉搏鏖战”。斩杀清军四总兵及兵勇四五千人，乌兰泰滚落崖涧受伤，仅率数十骑狼狈而逃。从此，清军只是随后尾追，而不敢认真地阻截了。太平军则摆脱了被动防御的局面，开始了胜利进军的阶段。

4月18日，太平军直逼省城桂林。由于城内清军得到向荣各部的增援，太平军多次猛攻未克。5月19日，太平军撤围北上。6月3日，攻占全州，但冯云山在战斗中不幸中炮受伤，不久在蓑衣渡去世。太平军遂由桂入湘，相继克道州、江华、郴州等地。同时，杨秀清、萧朝贵联衔发布《奉天讨胡檄布四方谕》《奉天讨胡救世安民谕》《救一切天生天养中国人民谕》，指斥清廷“纵贪官污吏，布满天下，使剥民脂膏”，号召人们“各各起义，大振旌旗”，“上为上帝报瞒天之仇，下为中国解下首之苦，务期肃清胡氛，同享太平之乐”。② 这一有力的号召，鼓舞了沿途的各族人民，他们纷起响应，使太平军队伍迅速扩大，并组建了以挖煤工人为主的“土营”，专挖地道轰城，增强了自己的攻坚能力。

9月12日，萧朝贵率林凤祥、李开芳等猛攻湖南省城长沙。萧朝贵不幸中炮牺牲。太平军久攻长沙不下，于11月30日撤围，继续北上，克益阳，取岳州(岳阳)。在岳州太平军获得大批军火、船只，建成“水营”。于是，太平军水陆并进，直取武汉三镇。有人写道：“千舸健将，两岸雄兵，鞭敲金蹬响，沿路凯歌声。”③足见其军威之盛。

12月下旬，太平军相继攻克汉阳、汉口。1853年1月12日，太平军挖掘地道至武昌城下，放置炸药炸毁文昌门城墙20余丈，攻入武昌。湖北巡

---

① 《天命诏旨书》，见《太平天国》，第1册，64～65页。

② 《颁行诏书》，见《太平天国》，第1册，162、160、164页。

③ 李汝昭：《镜山野史》，见《太平天国》，第3册，56页。

抚常大淳、提督双福等败死。

武汉为长江中游的政治、经济中心和军事重镇。太平军攻占武汉，使清廷大为惊恐。咸丰帝令将钦差大臣、署湖广总督徐广缙革职拿问，命向荣为钦差大臣，专办两湖军务，并破例增设两位钦差大臣：命署河南巡抚琦善为钦差大臣，率军进驻信阳、新野一带，防太平军继续北上；命两江总督陆建瀛为钦差大臣，督师扼守江皖，扼阻太平军东下。企图“约期会剿，三路并进”①，将太平军围歼于武汉附近。

太平天国的决策是夺取南京，“踞为根本，徐图进取”。2 月 10 日，20 余万太平军(包括随军家属)放弃武汉，顺江东下，直趋南京。水师战船万艘，“帆幔蔽江，衔尾数十里”；陆军步骑于两岸夹江而行，千军万马，旌旗蔽日，进军场面极为壮观。向荣慑于太平军声势，只能尾随，不敢追击，被讥为“跟将军”。太平军几乎不战而克军事重镇九江和安徽省城安庆。3 月 7 日，太平军兵临南京城下，“横广十余里，直望无际”，清军“望之夺气”。② 19 日，太平军穴地炸毁仪凤门城墙二丈许，攻入南京城，斩两江总督陆建瀛。20 日，破旗营，斩江宁将军祥厚等。太平天国遂改南京为天京，正式定都，建立起与清王朝对峙的农民政权。

接着，太平军乘胜东进，相继攻克仪征、金山、镇江、瓜洲、扬州等地。通过水师的沟通，天京、镇江、扬州联为统一的防御体系，切断了清王朝的漕粮水道，这样，既可北伐中原，又可继续东进苏浙，太平天国结束了起义以来流动作战的局面。

## 三、太平军的北伐和西征

太平天国的胜利进军和定都天京，沉重地打击了清王朝的统治。清政府为了挽救自己灭亡的命运，急忙在全国范围内调集军队，妄图集中力量一举消灭太平天国。

太平军占领南京不到半个月，从广西跟踪而来的钦差大臣向荣，即率 1.4 万余名清军在南京城外紫金山孝陵卫建立起江南大营，伺机反扑，并分兵镇江等地，防堵太平军继续东向。另一钦差大臣琦善和帮办军务胜保，率领直隶、陕西、黑龙江马步各军 1.8 万余人在扬州城外建立起江北大营，

---

① 《钦定剿平粤匪方略》，第 21 卷，13 页，扬州，江苏广陵古籍刻印社，1985。

② 谢介鹤：《金陵癸申纪事略》，见《太平天国》，第 4 册，650 页。

扼阻太平军北上。为阻遏太平军进攻北京，清朝统治者又陆续从西北和东北各地征调大批军队集结于山东、河南一带；调黑龙江、盛京防军驻扎北京附近。这样，清政府几乎从全国调集了所有能调集的八旗、绿营军来对付太平军。但两年多来，太平军所向披靡、势如破竹，八旗、绿营军望风而逃、一触即溃的事实，也使清朝统治者看到，仅靠正规军扑灭太平天国已无济于事，因此他们又把希望寄托于地主团练。早在1851年清政府已令广西筹办团练。1853年太平天国定都南京后，清政府更下令各省速办团练。是年二三月间，在湖南、安徽、江苏、直隶、山东、浙江、河南、江西、福建、贵州等省，先后任命了43名督办团练大臣。这些团练大臣多是从六部九卿到督抚提镇的在籍官员。不久，各省地主阶级的团练武装就陆续发展起来。

在众多的地主团练中，曾国藩编练的湘军最为凶悍。

曾国藩(1811—1872)，字伯涵，号涤生，湖南湘乡人，出身地主家庭。道光朝进士，官至礼部右侍郎。他推崇程朱理学，常以维护封建纲常名教相标榜。1852年太平军入湖南时，他适因丧母回籍，被清政府任命为帮办团练大臣，在湖南兴办团练。曾国藩在湘乡地主罗泽南、王鑫招募的千名团勇的基础上，练成湘勇，后称“湘军”。

湘军与其他团练武装不同，不是只活动于本地区或本省内的地方性武装。曾国藩创办湘军之初，就决心独树一帜，要将湘军办成由他控制的新型武装集团，着眼于出省发展势力。

湘军也不同于清常备军。在军制上，湘军以营为基本单位，每营500人，分为4哨；全军由陆军13营、水师10营组成，共计1.7万余人。作战时，水陆相依，互为支持。在组织上，选择中下层地主知识分子为营官，下属哨官、什长及丁勇士卒，均由营官自行招募；丁勇士卒不用“滑弁游卒及市井无赖”，专募当地年轻的“朴实少心窍之人”，及闭塞无知的“农夫牧竖”①，以便于军事上的训练指挥和思想上的愚弄控制。曾国藩以同族、同乡、同学、师生、亲友等封建关系为纽带，控制各营将领，建立起严格的封建个人隶属关系，故其他省区将帅绝难指挥调动湘军。在思想上，曾国藩以封建理学为精神支柱，向湘军士兵灌输“忠信”“忠义”思想，诱导他们为维护封建统治而卖命。

---

① 王定安：《求阙斋弟子记》，见沈云龙主编：《近代中国史料丛刊》，第6辑，1779页，台北，文海出版社，1967。

1853 年夏，部分湘军赴南昌一带作战。从 1854 年起曾国藩率水陆两路湘军 1.7 万余人，在湖南、湖北、江西、安徽等地与太平军抗衡。湘军成为维护清王朝统治和镇压太平天国最重要的一支地主阶级武装力量。

清政府在全国征调军队，军需粮饷耗费极大，在财政上也陷入了困境。据不完全统计，自金田起义至 1853 年 7 月，清政府共拨军饷 2 960 余万两白银，户部库存正项待支银仅余 22 万两，兼之各省或战争激烈，或天灾频仍，清廷财政收入年年减少，"度支万分窘迫，军饷无款可筹"。[①] 清廷为摆脱窘境，除了百计搜刮之外，又创设了厘金制度。

1853 年，清江北大营军务帮办雷以諴在扬州仙女庙首先设卡抽厘，试行开征，名义是"捐厘助饷"，对商货物价课以 1%的捐税。厘金分为两种，一种是行厘(又称活厘)，是抽取于行商货物的通过税；一种是坐厘(又称板厘)，是抽取于坐商的买卖交易税。雷以諴奏称，设卡抽厘，"细水长流，源远不竭，于军需实有裨益"。清政府遂下令将厘金制度推广到全国各地。于是，城乡要道、水旱码头，税卡林立，"奉宪抽厘"的旗号比比皆是，每年可搜刮数千万两白银。厘金制度演变为清政府的一项重要税收制度，成为清政府镇压太平天国起义的重要军饷来源。它不但增加了广大人民的经济负担，而且严重阻碍了商品经济和民族工商业的发展。

在清政府采取上述种种镇压措施的同时，定都天京后的太平天国决定暂置驻扎于孝陵卫和扬州附近的清江南、江北大营于不顾，分兵进行北伐和西征，力图将战争引向外线。

1853 年 5 月 8 日，天官副丞相林凤祥、地官正丞相李开芳奉命率军自扬州回天京，在浦口与春官副丞相吉文元会师，率 9 个军共 2 万余人北伐。北伐军的战略目标是攻占北京，推翻清朝统治。临行时奉到的指示是先"到天津驻扎"，回报天京，"再发兵来"。[②] 杨秀清又指示林凤祥等，"务宜身先士卒，格外放胆灵变，赶紧行事，共享太平"[③]。

北伐军坚决遵行这些指示，长驱北上。6 月中旬，经皖北进至河南重镇

---

① 王先谦：《东华续录》(咸丰朝)，第 24 卷，北京，全国图书馆文献缩微中心，2004。

② 《李开芳又供》，见《清代档案史料丛编》，第 5 辑，167 页，北京，中华书局，1982。

③ 太平天国历史博物馆编：《太平天国文书汇编》，175 页，北京，中华书局，1979。

归德府(今商丘)。北伐军原想在附近的刘家口渡黄河，经山东直逼津、京。由于清军加强了黄河防务，把船只收拢在北岸，太平军无法渡河，遂折向西北，在巩县附近利用运煤船渡过黄河。7月8日，进围并竭力攻打豫北重镇怀庆府(今沁阳县)，但久攻不克，遂撤围西进山西，复折向东，经豫北入直隶，克临洛关(永年县)，长驱北上，由栾城东至深州稍停。

清廷震惊，“都中大员家眷及官绅无不各鸟兽散，正阳门大市若荒郊”①。咸丰帝一面准备逃往热河，一面实行京师戒严，命惠亲王绵愉为奉命大将军，科尔沁郡王僧格林沁为参赞大臣，督率北京、察哈尔、蒙古等地军队，会同胜保军队阻遏北伐军的北进。

北伐军东趋运河，连克献县、交河、沧州、静海、杨柳青等地。10月30日，前锋抵达距天津10里处。天津知县谢子澄组织地主团练及壮勇6 000余人，配合清军，掘开运河，使天津“环城数里地洼下，皆成巨浸”②。北伐军攻势受阻，遂根据从天京出发时奉到的指示，在天津附近的独流、静海驻扎，等候天京“再发兵来”。北伐军在此停留了三个月，使清军有时间集结兵力加强抵御，因而失去了战场上的主动权。

僧格林沁和胜保的两支清军先后赶至天津附近，防止北伐军前进，特别是向北京进攻。此时已届冬季，北伐军大多为南方人，不习惯于北方干燥寒冷气候，加之棉衣、粮草、枪械等极为缺乏，开始陷入被动。1854年2月，北伐军南撤迎接援军，路上冻死和被清兵追杀者甚多。先至束城镇，又退至阜城，吉文元在战斗中阵亡。5月退至东光县连镇坚守。

在北伐军南撤待援的同时，太平天国派夏官又副丞相曾立昌、夏官又副丞相陈仕保、冬官又副丞相许宗扬率军增援。北伐援军沿途大量吸收捻党和溃勇，虽壮大了声势，但军纪较差。1854年3月抵达山东临清时，新参军者不愿继续北上，援军被迫于4月中旬南撤溃退，沿途屡遭清军及地主团练截击，伤亡惨重，结果仅有少数人回到天京。

由于消息阻隔，北伐军5月下旬才得知北伐援军到达山东的消息。李开芳率马队600多人突围南下迎接，途中知援军已在临清败退，遂率部拒守于高唐州。胜保追来围攻，久不能克。

林凤祥部在连镇坚守近一年。僧格林沁利用附近州县政权力量征夫筹

① 邓文滨：《醒睡录》，第3卷，上海，申报馆，民国间铅印本初集。

② 缪荃孙：《续碑传集》，第57卷，见沈云龙主编：《近代中国史料丛刊》，第79辑，台北，文海出版社，1967。

款，在连镇周围挖沟筑墙，长期围困。至 1855 年 3 月初，太平军绝粮，饥疲不能再战，遂被清军攻破营垒，最后尚有 2 000 余人全部牺牲。林凤祥负伤被俘，槛送北京，遭杀害。

李开芳见僧格林沁率部来取代胜保，断定林凤祥部已败亡，遂率余部突围南下。在茌平县冯官屯被僧格林沁所部包围，坚持至 5 月底，终败，李开芳被俘，解送北京后被处死。北伐彻底失败。

北伐军在短短两年中纵横六省，转战 5 000 余里，有力地打击了清王朝的统治，表现出太平军英勇无畏的气概。但是，由于太平天国领导集团的战略错误，加之未能密切联系和发动沿途的群众，使北伐军陷于孤立而遭到失败，损失精锐数万，是为太平天国前期军事上的最大挫折。

北伐军出征不久，太平天国又派春官正丞相胡以晃、夏官副丞相赖汉英、殿左一检点曾天养等率船千余艘，溯长江而上开始西征。其战略目标是攻取安徽省城安庆、江西省城南昌、江防重镇九江及湖北省城武汉，控制长江中游地区，为首都天京树立起军事屏障，然后进兵湖南，平定两广，统一南部中国。

1853 年 5 月 19 日，西征军由天京出发。6 月 10 日再克安庆，随即西进，由湖口南下进围南昌。西征军与清军激战三个月，但未能攻克南昌，遂于 9 月下旬撤围北上，攻取九江。从此，西征军兵分两路。一路由胡以晃、曾天养率领进军皖北，1854 年 1 月攻克庐州(今合肥)，新任安徽巡抚江忠源兵败投水自杀。太平军占领二十二州县。另一路由石祥祯、韦志俊率领西上，10 月中旬再克汉口、汉阳。后因兵力不足，退守黄州一带。1854 年 2 月，西征军得到增援，兵力达 4 万余人，在黄州大败清军，湖广总督吴文镕投水自尽，西征军三占汉口、汉阳。接着，韦志俊率万余人围攻武昌，并于 6 月克之，是为太平军第二次攻占武昌；曾天养率万余人向荆襄发展；石祥祯等率 2 万余人挺进湖南，连克岳州、湘阴、靖港、宁乡等地，但随即遭到了曾国藩率领的湘军的顽抗。

1854 年春，曾国藩发布《讨粤匪檄》，攻击太平天国“窃外夷之绪，崇天主之教”，“举中国数千年礼义人伦诗书典则，一旦扫地荡尽”。[①] 号召一切缙绅士民起而对抗太平天国。4 月底，曾国藩率湘军水师进攻靖港，但遭惨败。曾国藩惭愤交加，投水自杀，被部下救起，率余部退回长沙。但另

---

① 《讨粤匪檄》，见《曾文正公全集·文集》，第 3 卷，1 页，上海，东方书局，1935。

一支太平军在湘潭被湘军打败，退守岳州，给了湘军以喘息的机会。

经过三个月的休整补充，湘军的战斗力得到恢复。7月，曾国藩指挥湘军攻陷岳州，西征军多次接战失利。10月，武昌、汉阳失守，1 000余只战船被湘军焚毁。11月下旬，西征军在半壁山、田家镇与湘军激战，再次失利，又损失船只4 000余艘。1855年1月，曾国藩指挥湘军反扑九江，扬言要“肃清江面，直捣金陵”。

太平天国派翼王石达开、冬官正丞相罗大纲率军西上增援，在湖口、九江与湘军主力激战。石达开利用湘军胜后兵骄将傲，求战心切的弱点，于1月29日将湘军水师的舢板快船诱入鄱阳湖内，然后沉毁大船，封锁湖口，将湘军水师截为两段。留在长江江面的湘军水师的笨重大船，因无舢板快船的协防，运转不灵，被太平军潜袭焚毁40余艘。2月11日晚，西征军复夜袭湘军水师，焚敌战船百余只，还夺得了曾国藩的座船。湘军大败，曾国藩又欲投水自杀，被部下劝阻，逃回南昌。2月底，西征军反攻，四占汉阳、汉口。4月，三占武昌。11月，石达开指挥西征军进军江西，至1856年3月，已控制了江西13府中的8府50余州县，曾国藩被困于南昌城内，呼救无从，魂梦屡惊。

这时，天京附近的军事形势愈加严峻起来。早在1853年11月，太平军在清江北大营的围攻下，就曾被迫放弃扬州，退守瓜洲。1855年清军又加紧围困镇江和瓜洲。1856年在西征战场取得重大军事胜利，稳固了天京上游的屏障后，太平天国即决定组织天京破围战。

1856年2月，燕王秦日纲率冬官正丞相陈玉成、地官副丞相李秀成等东援镇江。陈玉成乘一快船，冲破清军水师防线，进入镇江，与守将吴如孝会合。3月19日，秦日纲率大军与镇江城内守军内外夹击，大败清军，解镇江之围。4月初，太平军乘胜渡江，在扬州附近的土桥大败清江北大营托明阿部，连破虹桥、朴树湾一带清军兵营120余座，再克扬州。5月底，秦日纲回师江南，在高资又破清军兵营数十座，江苏巡抚吉尔杭阿、京口副都统绷阔等毙命。6月中旬，由西征战场回师天京的石达开，会同秦日纲及天京城内的太平军猛攻清江南大营，歼敌1 000余人，江南大营被打垮。向荣率残部逃至丹阳，不久自缢而死，天京解围。

太平天国定都天京后，分兵进行了北伐、西征和天京破围三次重大战役。北伐虽遭到失败，但却打击了清王朝在北方的统治，牵制了清军，具有重大的政治军事影响。西征的胜利，使太平天国控制了天京上游的安庆、九江、武昌三大军事重镇，占据了安徽、江西、湖北的大部分地区，为太平天国农民战争的发展提供了可靠的根据地和物质基础。特别是天京外围的战斗，打垮了威胁天京三年之久的清江北、江南大营，解除了肘腋之患，使太平天国政权更加巩固。太平天国控制了从长江中游的武汉至下游的镇江这一广大地区，军事上达到了全盛时期。

## 第二节　太平天国的纲领和政策

### 一、《天朝田亩制度》

太平天国定都天京后，为巩固政权，建立起地上“天国”，洪秀全于1853年下半年颁布了以解决农民土地问题为中心，包括政治、经济、军事、文教和社会生活各方面内容的纲领性文件——《天朝田亩制度》。

《天朝田亩制度》的基本内容是：(1)平均分配土地。具体办法是，先将全国土地按年亩产的高低，分为上中下三级九等。上上田亩产为1 200斤，以下各等以100斤递减，第九等以下田亩产为400斤。然后好田、次田互相搭配，按照每家人口的多少、年龄的大小进行分配。凡16岁以上的男女，每人皆可分得一份数量相同的土地，15岁以下者减半。土地所有权归天国所有，“凡天下田，天下人同耕，此处不足，则迁彼处；彼处不足，则迁此处。天下丰荒相通，此处荒，则移彼丰处以赈此荒处；彼处荒，则移此丰处以赈彼荒处”。(2)农副业的生产和产品分配原则。

图 2.2　《天朝田亩制度》封面

《天朝田亩制度》规定，每25家为一社会组织的基层单位，称作“两”，由两司马督理农民进行生产。“力农者有赏，惰农者有罚。”“凡天下，树墙下以桑。凡妇，蚕绩缝衣裳。凡天下，每家五母鸡、二母彘，无失其时。”“凡二十五家中，陶冶木石等匠，俱用伍长及伍卒为之，农隙治事。”每年收获后，“除足其二十五家每人所食接新谷外，余则归国库”。凡有“婚娶弥月喜事，俱用国库”，皆“给钱一千，谷一百斤，通天下皆一式”。凡鳏寡孤独废疾者，亦由国库供养。力图借此防止贫富两极分化，建立“有田同耕，有饭同食，有衣同穿，有钱同使，无处不均匀，无人不饱暖”的理想社会。(3)建立兵农合一的军政制度。《天朝田亩制度》规定，每户需出一人为兵，每5人为一伍，设伍长一人；5个伍为一两，设两司马一人；4个两为一卒，设卒长一人；5个卒为一旅，设旅帅一人；5个旅为一师，设师帅一人；5个师为一军，设军帅一人。“通军人数，共13 156人。”这些伍卒，亦农亦兵，“有警则首领统之为兵，杀敌捕贼；无事则首领督之为农，耕田奉上”。另外，《天朝田亩制度》还对司法、职官、文教等方面问题作了具体的规定。

《天朝田亩制度》提出平分土地、平均分配生活资料的方案，否定了封建地主土地所有制，反映了广大农民渴望获得土地，要求摆脱地主阶级的压迫与剥削，和追求政治上平等、经济上平均的强烈愿望，具有鲜明的反封建的意义。《天朝田亩制度》是农民阶级与地主阶级激烈斗争的产物，也是中国历代农民战争所提出的“等贵贱、均贫富”“均田免赋”等思想的丰富和发展。作为农民小生产者的代表，太平天国起义者受阶级的局限，没有也不可能提出一种新的社会制度以代替封建制度。恩格斯在论及德国农民领袖闵采尔时曾指出：“他所幻想的社会变革，在当时的物质条件中过于缺乏基础，甚至这些物质条件正在准备着的一种社会制度和他所梦想的社会制度是刚刚相反的。”①《天朝田亩制度》试图在否定封建土地所有制后，在维持小农经济的基础上，实现消灭阶级，财产公有，“无处不均匀，无人不饱暖”的绝对平均平等的理想社会。但是，它违反社会经济发展的客观规律，因而是根本无法实现的空想。

《天朝田亩制度》由于自身的空想性，在实际社会生活中未能付诸实施，因此太平天国领导人“不得不退到当时条件所容许的有限范围以内来”②。1854年夏秋之际，杨秀清、韦昌辉、石达开等，将太平军在江西实行的“计亩征粮”“举乡官，征租赋”政策发展为“照旧交粮纳税”政策。他们联名上奏洪秀全说：“建都天京，兵士日众，宜广积米粮，以充军储而裕国课。弟等细思，安徽、江西米粮广有，宜令镇守佐将在彼晓谕良民，照旧交粮纳税。”洪秀全随即批示：“胞等所议是也，即遣佐将施行。”③太平天国以天王批示的法令形式，正式承认了“照旧交粮纳税”的赋税政策。也就是说，在承认旧有的地主土地占有制的前提下，肯定了“佃户交租，业主完粮”“粮由

---

① 恩格斯：《德国农民战争》，99、38页，北京，人民出版社，1975。

② 《马克思恩格斯全集》，第7卷，405页，北京，人民出版社，1985。

③ 张德坚：《贼情汇纂》，见《太平天国》，第3册，203～204页。

租出”的旧有租佃关系和制度，承认地主向佃户收租的合法性，由地主按照清王朝规定的田赋定额和办法，向太平天国交纳土地税。

太平天国前期虽实行了“照旧交粮纳税”的政策，但对地主阶级在政治和经济上的打击仍是沉重的。太平军“目官为妖”，所到之处，摧毁各级官府，严厉镇压各级官吏和地主团练头目，没收地主富豪的土地及庵观寺庙田产，在一定程度上减缓了农民与土地分离的过程，缓和了生产力与生产关系间的尖锐矛盾。这也正是太平军受到人民群众的热烈拥护，取得节节胜利的重要原因。

## 二、各项内政措施

驻留永安之时，太平天国已初步确立了军政合一的政权模式。定都天京后，太平天国的各级政权机构和职官制度日趋完备。

太平天国虽因袭了封建君主政体，天王洪秀全为国家最高领袖，但他只临朝而不理政。天王之下，设有王、侯两等爵位①，可以世袭。各王王府均设有吏、户、礼、兵、刑、工六部及尚书。因各王政治地位不同，所以各王府六部的设置规模及职能差异很大。石达开翼王府六部，各有尚书1人；韦昌辉北王府六部，各有尚书6人；而东王杨秀清的地位仅次于天王洪秀全，其他各王均受其节制，因此东王府六部各有尚书12人，成为总理天国军政的实际权力机关。各级官员除奏谢恩赏可直达天王外，其他军政要事皆需先由东王裁定，凡认为可议行者，才转奏天王裁可。

太平天国共设有军师、丞相、检点、指挥、将军、总制、监军、军帅、师帅、旅帅、卒长、两司马等12级职官。无论是爵位还是职官，一律文武不分，具有明显的军政合一的特点。自军师至将军的五级职官，称为朝内官，为中央政权的官员。地方政权分为省、郡、县三级。省级最高官长由王、侯兼任，郡设总制，县设监军，既是地方行政首长，又有武装守土之责，称为守土官，皆由中央政府任命。县以下分设一军至三军不等，每军设有上自军帅，下至两司马的五级职官，称为乡官。乡官大多由本地人担任，阶级成分比较复杂，既有地主文人诬为“市井无赖及蛮横仆妇”的劳动人民及其他下层群众，也有“本地绅民”“士民”“绅衿”等地主士绅。乡官的主要职责是催征钱粮，供给军需；团集乡兵，协助太平军作战；管理民事，

① 1856年天京变乱后，在王之下改增义、安、福、燕、豫、侯六等爵位。

清查户口，维护地方秩序等。

定都天京后，太平天国试图遵循绝对平均主义的原则，将太平军的男女别营和圣库制度全面推行到天京广大居民生活之中，实行类似军事共产主义的社会改革。

首先，太平天国下令废除原有的家庭制度，将全体居民分别男行女行，编入男馆女馆。除各王之外，其他军民将士一律暂时停止婚娶，虽原为夫妻，亦不得同居，否则视为"犯天条"，要从严治罪。凡 16 至 50 岁的男子，皆编入"牌面馆"，承担参军作战及修筑工事等工作。老弱病残者，皆编入"牌尾馆"，由国库供养，从事"扫街、拾字纸、看鱼塘菜园、割菜子蚕豆"①等工作。将有一技之长的手工业者分类编入诸匠营和百工衙。诸匠营按太平军军制编组，计有木营、土营、织营、金匠营、镌刻营、金靴营、绣锦营(其中大多为善于女红的女子)等。百工衙包括典炮衙、红粉衙、战船衙、舂人衙、豆腐衙、宰夫衙、织锦衙、缝衣衙、国帽衙、典木衙、油漆衙等约 40 种，涉及军工与民用的各个部门。诸匠营、百工衙属官营手工业性质，其产品不参加市场交换，而是由国家直接调拨分配，满足对敌作战和人民生活的需要。

其次，太平天国根据"凡物皆天父赐来，不须钱买"②，和"天下农民米谷，商贾资本，皆天父所有，全应解归圣库"③的思想，下令没收商贾的私人资本货物，废除了商业贸易，在天京水西门灯笼巷设立"天朝圣库"，总管天朝公共财物。规定个人一切财产及战利品皆应上缴圣库，人们的日常生活所需由圣库供给。凡私藏金一两、银五两者，一经查出，金银没收，人即治罪。后因天京城内各种生活物资严重匮乏，太平天国开办了官营商业。

以上社会经济改革措施对维护太平军军纪和提高战斗力，集中人力、物力、财力支持长期的农民战争，具有积极的作用，特别是诸匠营、百工衙制度集中大量手工业工人从事集体生产，"凡军中所需，咄嗟立办"④，有力地保证了太平军的各种军事需要。但就社会发展和社会生活的全过程来看，废除家庭，悖逆人情；取消商业贸易，实行圣库制度，不合现实生活

---

① 佚名：《金陵记事》，见《太平天国史料丛编简辑》，第 2 册，46 页，北京，中华书局，1961。

② 张汝南：《金陵省难纪略》，见《太平天国》，第 4 册，716 页。

③ 张德坚：《贼情汇纂》，见《太平天国》，第 4 册，275 页。

④ 张德坚：《贼情汇纂》，见《太平天国》，第 4 册，716 页。

需要；诸匠营、百工衙制度，违背了社会经济发展的客观规律，导致大批工匠逃亡。所有这一切，都必然要引起人们的普遍不满和造成经济的萧条。东王杨秀清在发布的诰谕中也承认说，天朝分别“男行女行，以杜淫乱之渐，不过暂时分离，将来罪隶诛锄，仍然完聚。在尔民人，以为荡我家资，离我骨肉，财物为之一空，妻孥忽然尽散，嗟怨之声，至今未息”。① 由于广大居民的抵制，太平天国当局不得不于1855年初下令解散女馆，恢复家庭。伴随家庭制度的恢复，个人不许私留资财，平均分配的圣库制度，诸匠营、百工衙制度及废止私人商业贸易的政策也逐渐瓦解。后来，为解决物资供应困难，稳定人心，太平天国对私营商业采取了某些保护和奖励措施，使太平天国统治区内出现了“农工商贾各安其业，俨然有王者风”②的兴盛景象。

太平天国还猛烈冲击了传统的儒家思想和孔子的权威。太平天国起义前，洪秀全等从独尊真神皇上帝，反对其他一切偶像的宗教立场出发，曾撤去了私塾中的孔子牌位。金田起义后，太平军所到之处，又无不将孔庙及其他各种庙宇一起捣毁。定都天京后，太平天国对孔子及儒家经书的冲击愈加猛烈。天京的孔庙被拆毁，孔子牌位被劈坏后抛入马粪堆中，江宁的“学宫”被改为“宰夫衙”，“以壁水圜桥之地，为椎牛屠狗之场”③。同时，复明令规定：“凡一切孔孟诸子百家妖书邪说者，尽行焚除，皆不准买卖藏读也，否则问罪也。”④时人记载当时天京城内搜禁“妖书”情形时说：“搜得藏书论担挑，行过厕溷随手抛，抛之不及以火烧，烧之不及以水浇。读者斩，收者斩，买者卖者一同斩。”⑤太平天国在天京还成立了删书衙，依据拜上帝的思想原则删改图书典籍，尤其是那些专讲“吉礼”和“鬼神丧祭者”，统统予以删除。太平天国对孔子及儒家经书的冲击和否定，客观上有助于削弱封建统治的精神支柱，即孔孟之道的传统权威，这是有积极意义的。但是，太平天国对儒家典籍的焚禁、删改，只是出于宗教宣传的需要。它对封建孔孟之道的冲击只停留在形式上，没有也不可能对儒家的思想体系进行实质性的批判和作科学的扬弃。所以，不久太平天国又明确宣布：“孔

---

① 《杨秀清诰谕天京人民》，见金毓黻、田余庆编：《太平天国史料》，134页，北京，中华书局，1959。

② 李汝昭：《镜山野史》，见《太平天国》，第3册，10页。

③ 张德坚：《贼情汇纂》，第12卷，见《太平天国》，第3册，327页。

④ 黄再兴：《诏书盖玺颁行论》，见《太平天国》，第1册，313页。

⑤ 马寿龄：《金陵癸甲新乐府》，见《太平天国》，第4册，735页。

孟非妖书。”儒家思想中的三纲五常、等级思想、天命论等，都被当作“天情道理”保留了下来。

定都天京后，太平天国建立起正式的考试制度。考试分为县试、省试、京试(天试)三级，文武考试合格者，有“信士”“艺士”，“秀士”“英士”，“俊士”“毅士”，“约士”“猛士”，“国士”“威士”，“达士”“壮士”等名目，大致相当于清廷的秀才、举人、进士等。京试一甲的前三名，亦分别称为状元、榜眼、探花。太平天国的考试制度废除了门第出身等种种封建限制，规定“无论何色人，上至丞相，下至听使，均准予考”①，体现了平等精神。考试试题不是取自儒家的四书五经，而是出自太平天国自己刊印的文献，如《旧遗诏圣书》《新遗诏圣书》《天命诏旨书》等。自天历癸丑三年(1853 年)至壬戌十二年(1862 年)，共开十科。每试取中名额较多，以便争取知识分子，满足天朝对人才的迫切需要问题。

太平天国在起义之初，根据“男呼兄弟，女呼姊妹，不别尊卑，不分贵贱”②的朴素平等思想，允许女子同男子一样参与社会政治生活，参军参政，因而天朝设有女官和女军。《天朝田亩制度》规定：“分田照人口，不论男妇。”男女在经济上是平等的。同时，严禁封建买卖婚姻，“凡天下婚姻不论财”。对结婚男女发给结婚证书——“合挥”，认为“一夫一妇，理所宜然”。此外还废除娼妓、纳妾、买卖奴婢、缠足等摧残妇女身心健康的封建陋习。太平天国的这些主张和措施，冲击了男尊女卑的传统观念，使妇女在某些方面冲破了封建礼教的束缚。因此，妇女在太平天国的政治、经济、军事等许多方面，都发挥了积极作用。

但是就太平天国妇女政策的整体来看，并未摆脱传统封建思想和封建夫权的影响。尤其是太平天国的领袖们，仍沿袭着历代封建帝王的嫔妃制度，实行着一夫多妻制。尚在起义之初，洪秀全即公然以上帝的名义发布《多妻诏》，声称“妻子应该是多个”，具体规定“东王、西王各十一妻，自南王至豫王等各六妻，高级官员三妻，中级官员二妻，低级官员以及其余人等各一妻。自高而低，依级递减，上多下少，切莫妒忌”。③

太平天国十分重视对广大太平军将士、人民群众进行政治和宗教思想的

---

① 张汝南：《金陵省难纪略》，见《太平天国》，第 4 册，721 页。

② 王永年：《紫苹馆诗钞》，见《太平天国史料丛编简辑》，第 6 册，393 页。

③ 《多妻诏》，见广东太平天国研究会、广州市社会科学研究所编：《洪秀全集》，206 页，广州，广东人民出版社，1985。

宣传和教育。太平军每到一处，必"搭高台于旷野……屡讲道理示人"。《天朝田亩制度》规定："凡礼拜日，伍长各率男女至礼拜堂，分别男行女行，听讲道理。"借助群众集会和用讲道理的方式，对广大人民群众进行政治与宗教思想教育，是太平天国的一种创造。在天京，太平天国还开办有育才院，设育才官，教育官员及将士的子女。所用教材，为太平天国自己编印的《旧遗诏圣书》《新遗诏圣书》《天命诏旨书》以及《御制千字诏》《三字经》《幼学诗》等。

## 三、对外政策

太平天国的起义和胜利进军，在西方各国政府和各阶层人士中引起了很大的反响，起初他们大多把这次起义看作是中国的基督教徒起义。商人们在推测这一起义对中外商业贸易的影响；传教士们讨论起义与推广福音的密切关系；而各国政府则盘算着如何趁火打劫，从中国获取更多的政治、经济等方面的利益。他们表面上声称将在太平天国与清政府之间保持中立，实则推行双向外交政策，即一方面继续与清政府保持外交关系，向其提出各种侵略要求，另一方面又与太平天国进行外交接触和种种外交试探。

太平天国定都天京仅一个月，即 1853 年 4 月底，英国驻华公使文翰就首先乘军舰抵达天京，要求太平天国承认《南京条约》等不平等条约，表示英国"绝不左袒中国政府"(即清政府)，将恪守"中立"的立场，并探询太平军是否将进军苏南和上海，及太平天国对西方各国的外交政策等。他还公开威胁说："如贵军或其他人等在任何形式之下，对英侨生命财产有所侵害"，英国将像鸦片战争期间那样，"将镇江、南京及其附近各城占据，并签订和约"。① 其后，法国公使布尔布隆(1853 年 12 月)，美国公使麦莲(1854 年 5 月)，英国继任公使包令的儿子卢因、包令及其翻译官麦华陀(1854 年 6 月)，也先后乘军舰到达天京。他们的共同目的都是要求太平天国承认他们的在华侵略权益，窥探太平军的军事实力与今后的进军方向，以便确定他们的具体对华政策。正如美国公使麦莲所说，是为了决定"在什么时候对目前正在中国发展的重大事件可以乘机取利"②。

太平天国领导人在与外国使节的多次接触中，坚持了独立自主的立场，

---

① 《英国政府蓝皮书中之太平天国史料》，见《太平天国》，第 6 册，910 页。

② 转引自卿汝楫：《美国侵华史》，第 1 卷，115 页，北京，生活·读书·新知三联书店，1952。

警告外国人不要帮助清政府，“如帮助满人，真是大错，但即令助之，亦是无用的”①。同时又明确指出：太平天国统一中国后，“不惟英国通商，万国皆通商……立埠之事，俟后方定，害人之物为禁”②，表明了太平天国主张推进正当的中外商贸易，但反对贩卖鸦片的正确立场。但是，太平天国领导人对世界大势了解甚少，也缺乏外交经验，因而未能认识外国侵略者的本质。相反，因与外国的宗教形式相同，把他们看作是自己的“洋兄弟”，表示“吾等今后不特彼此相安无事，而且还可以成为亲密的朋友”③。

允准英国人在太平天国统治区内“自由出入，随意进退”，对其丧失了必要的警惕性。与此同时，太平天国在对外关系方面，也表现出盲目虚骄和妄自尊大的思想，时时以天朝上国自居，坚持认为天王洪秀全是天下万国真主，因此要求各国公使来天京时，必须“备办奇珍宝物”进贡，对天王洪秀全“跪具禀奏”，否则即是“大胆强蛮无礼”。

外国侵略者通过与太平天国领导人的几次外交接触，认定太平军是“无知的和不文明”的叛党，既不信仰也不了解基督教，太平天国统一中国后，绝不会承认清政府与各国签订的条约。英国在上海的喉舌——《北华捷报》于1861年1月4日发表的中国军事综述，露骨地攻击太平天国称：“太平革命运动是一场血污的运动，我们认为这个观点是正确的。它不是反清的革命，而只是反对一切安乐的、富有的以及和平的人民的血腥的‘十字军’。”④他们认为清朝当局对待各国比太平军更为友好。西方各国政府经过一段时间的试探和观望，终于决定放弃所谓“中立”政策，公开支持清王朝。太平天国面临着中外反动派联合绞杀的危险。

---

① 《英国政府蓝皮书中之太平天国史料》，见《太平天国》，第6册，903页。

② 《东王杨秀清答复英人三十一条并质问英人五十条诰谕》，见太平天国历史博物馆编：《太平天国文书汇编》，300页，北京，中华书局，1979。

③ 《英国政府蓝皮书中之太平天国史料》，见《太平天国》，第6册，909页。

④ 转引自茅家琦：《太平天国对外关系史》，235页，北京，人民出版社，1984。

# 第三章　第二次鸦片战争和太平天国的败亡

## 第一节　第二次鸦片战争

### 一、英法挑起战端和《天津条约》的签订

正当清政府忙于和太平天国作战之际，英国、法国在俄国和美国的支持下，发动了新的侵华战争。这场侵略战争以扩大《南京条约》所取得的权益为目的，实际上是第一次鸦片战争的继续，史称第二次鸦片战争。

第一次鸦片战争打开了中国的大门，英国资产阶级一度兴奋不已。他们满以为中国从此以后就会变成自己一劳永逸的商品市场，带来巨额利润，于是，源源不断地把本国商品运到中国来销售。但事与愿违，英国商品在中国很快陷于滞销。英国对华贸易在1846年出现下降趋势，直到1856年前夕，一直未能恢复到1845年前的水平。出现这种情况的原因，不仅在于英国商品遭到中国传统自然经济的抗拒，而且还在于增长迅速的鸦片贸易对其他商品销售的排斥。但是，英国侵略者无视事实，认定原因在于中国通商口岸开放得太少，于是不惜诉诸武力，逼迫中国开放全境。

1849年，英国在华外交官阿礼国曾上书香港总督兼驻华公使文翰说："我们的政策就是面向那些必然引起改变现状的纠纷，制造那些纠纷，从而试图获得更多的利益。"①这表明，西方列强发动第二次鸦片战争完全是蓄谋已久的。

本着扩大在华侵略权益的宗旨，英、法、美三国先后向清政府提出"修

---

① 引自严中平：《英国资产阶级纺织利益集团与两次鸦片战争的史料》，见列岛编：《鸦片战争史论文专集》，67页。

约”的要求，企图通过外交途径达到其侵略目的。1854年，英国驻华公使包令根据中美《望厦条约》中关于12年后“所有贸易及海面各款，恐不无稍有变通之处”的文字表述，援引所谓利益“一体均沾”的条款照会清政府，首先提出全面修改条约的无理要求。随后，美国公使麦莲、法国公使布尔布隆也随声附和，要求修约。他们提出的要求包括：允许外国人进入中国的整个内地，至少允许进入长江流域和沿海各城市；实行鸦片贸易的合法化；改订税则；外国公使驻北京等。由于当时清朝统治集团对西方国家存在着很大的疑惧，严词拒绝了各国的“修约”要求。咸丰皇帝在上谕中明确表示：“至该夷呈出变通清折，所开各条，均属荒谬已极！必须逐层指驳，以杜其无厌之求。”①两广总督叶名琛、两江总督怡良也分别在与各国代表的会谈中采取了拒绝态度。“修约”交涉失败后，包令和麦莲分别报告本国政府，强调如果不使用武力就不可能达到全面“修约”的目的。只因当时英、法正同俄国为争夺克里米亚打得不可开交，无力东顾，大规模的侵华战争才没有立即爆发。1856年，英、法、美三国再次提出“修约”要求，又被拒绝。这年3月，克里米亚战争以英、法的胜利而告结束，英、法两国便借口“亚罗号事件”和“马神甫事件”，悍然发动了一场新的侵华战争。

1856年10月8日，广东水师千总梁国定接到报告，发现几名海盗躲在停泊在黄埔的“亚罗”号船上。这是一艘鸦片走私船，虽然曾在香港注册，但已过期。梁国定率领兵丁立即赶到黄埔，上船逮捕了12名船员，其中包括2名海盗和10名嫌疑犯。广东水师缉查中国船只，本是中国的内政，即使按照不平等条约中有关领事裁判权的规定，英国也无权过问。然而英国驻广州代理领事巴夏礼存心挑起事端，致函两广总督叶名琛，要求释放人犯，并编造中国士兵捕人时扯落英国国旗的谎言，无端要求向英方赔礼道歉。叶名琛复函据理驳斥，但为息事宁人，同意并把人犯送交英国领事馆，而巴夏礼拒不接收。10月23日，三艘英舰在英国海军上将西马糜各里的指挥下，突然进犯广州，挑起了第二次鸦片战争。

对于敌人的进犯，叶名琛事先未作战守准备，临时应敌，张皇失措，致使猎德、龟江、东安、海珠等沿江炮台接连失陷。不久，英军攻破广州外城，并一度攻入内城，抢掠了总督衙门。由于广州军民奋起抵抗，同时英军也没有久占广州的实力，侵略者被迫于10月29日晚撤出了广州，退据虎门。

---

① 《筹办夷务始末》(咸丰朝)，第1册，342页，北京，中华书局，1979。

1857年春，英国政府决计扩大侵华战争，任命前加拿大总督额尔金为全权专使，率领一支远征军来华。为了壮大声势，英国分别向法、美、俄三国发出照会，提议联合出兵。同年10月，法国政府以"马神甫事件"为借口，决定出兵参战。拿破仑三世任命葛罗为全权专使，带领侵华军，尾随英军来到中国。所谓"马神甫事件"是指1856年2月广西当局处死非法潜入该省西林县为非作歹的法国天主教神甫马赖一案。美国积极支持英、法，但因国内处于南北战争前夕，政局动荡，没有出兵，而是派出全权大使列卫廉来到远东。俄国与英、法虽是宿敌，但在侵略中国的问题上却携手联合。1857年初，沙皇派海军上将普提雅廷为公使来华，先向清政府提出在中国东北扩张领土的侵略要求，遭到拒绝后，立即南下香港，充当英法联军侵华的帮凶。至此，英、法、美、俄四国相互勾结，狼狈为奸，暂时结成了一个野心勃勃的侵华联盟。

1857年12月，英法两国在中国海域集结了5 000多人的侵略军，准备进攻广州。12月，额尔金和葛罗向两广总督叶名琛递交了照会，要求入城及赔偿损失，并限期10日内答复。26日，敌人发出最后通牒。28日晨，英法联军登陆，开炮猛攻广州城。清军猝不及防，连失珠海等炮台。29日，侵略军攻陷广州，叶名琛被俘，广东巡抚柏贵、广州将军穆克德纳投降。英、法侵略者派英国人巴夏礼、哈罗威上校和法国修莱海军大佐组成所谓"联军委员会"，对广州实行占领，并让柏贵在三人委员会的控制下担任原职，为其侵略效劳。这是外国侵略者在近代中国最先扶植的一个傀儡政权。

英法联军占领广州后，复于次年4月到达天津大沽口外，照会清政府，要求派全权大臣举行谈判。清政府派直隶总督谭廷襄前往大沽接洽。英、法代表声称谭廷襄非全权大臣，无便宜行事之权，拒绝会谈。俄、美公使则假充"调停人"，出面与谭斡旋，麻痹了清政府。在俄、美公使的掩护下，英法联军于5月20日突袭大沽炮台得逞，随即溯白河直抵天津城下，并发出攻打北京的叫嚣。

清军败北的消息传到北京，清廷震动，忙派大学士桂良、吏部尚书花沙纳为全权大臣，前往天津议和。6月4日，桂良、花沙纳和额尔金、葛罗等人开始在天津城南海光寺谈判。俄、美公使则以"调停人"自居趁火打劫。在俄、美的要挟下，清政府于6月13日、18日，分别签订了中俄、中美《天津条约》。6月26日中英《天津条约》签订，共56款。27日中法《天津条约》签订，共42款。这两个条约的主要内容是：英、法公使驻北京；增开牛庄(后改营口)、登州(后改烟台)、台湾(台南)、淡水、潮州(后改汕头)、琼州、汉口、九江、南京、镇江等地为通商口岸；允许外国人到内地游历、传教和通商；外国商船自由航行长江各口岸；修改关税税则；中国向英国、法国分别赔款银 400 万两和 200 万两。同时规定，条约的批准书一年以后在北京互换。同年 11 月，清政府又分别和英、法、美三国在上海签订了《通商章程善后条约》，主要内容有：海关聘用英国人办理税务；进出口货物一律按时价值百抽五征税；洋货运销内地或外商从内地购土货出口，只纳 2.5％的子口税，不再纳厘金；鸦片贸易合法化等。《天津条约》及《善后条约》基本上包括了英、法等国"修约"要求的主要内容。

## 二、战争的再起和《北京条约》的签订

对于《天津条约》的签订，侵略者和被侵略者双方都不满意。英、法等国欲壑难填，蓄谋在换约之际再节外生枝，勒索更多的权益。清政府则认为条约款项对中国太苛刻，尤其是外国公使驻京和外国人入内地游历传教，会严重威胁自身的统治，难以接受。在朝廷中主战言论的影响下，咸丰帝的对外态度又开始强硬起来。他一方面下令训练水师，修筑炮台，加强津沽一线的防御，另一方面又设法阻止外国公使来北京换约，命令桂良、花沙纳在上海等候，打算英、法公使来华后就地换约。1859 年初，英、法政府分别派遣普鲁斯和布尔布隆为驻华公使，到中国赴任。普鲁斯还率领着一支"足够有力的舰队"，以便用武力相威胁。6 月初，英、法公使到达上海，与美国公使华若翰会合。清政府闻讯后，要桂良等作最后的努力，以便实现在上海换约的目的。三国公使以强硬的态度拒绝了桂良等人的要求。清政府不得不作出退让，同意公使进京，但要求英、法公使由北塘登陆进京，随行人员不得超过 20 人，不准携带武器。普鲁斯对这些合理要求蛮横地加以拒绝，坚持要从大沽口溯白河带兵进京，并无理要求清政府撤除白河防御。6 月 17 日，英国海军司令何伯率舰队到大沽口外示威，24 日向清政府提出"让路"的最后通牒。25 日，何伯率领由千余名侵略军组成的英法联合舰队突然闯进白河，强行拆毁防御工事。下午 2 时半，敌舰向大沽炮台发动猛烈攻击。大沽守军在直隶提督史荣椿的指挥下奋起还击，经过一昼夜的激战，击退了敌人的进攻，胜利地守住了炮台。激战中，停泊在附近的美国舰队撕下"中立"的伪装，公开援助英法军队，接应、掩护战败的英法军队撤出大沽口。但在英法联军战败逃走之后，充当帮凶角色的美使华若翰，却悄悄由北塘登陆换约。此役，英、法侵略者伤亡惨重。清军共击

沉击伤英、法兵舰10余艘，毙伤敌军400多人。英军司令何伯受重伤，其副手伤重毙命。法军司令也负了伤。但是清军爱国将领史荣椿、副将龙汝元等36名官兵也壮烈牺牲。

大沽口之役后，清政府并不想把与英、法的关系搞僵，而希望乘胜议和，“息事罢兵”。咸丰皇帝在上谕中强调：“惟驭夷之法，究须剿抚兼施，若专事攻击，恐兵连祸结，终无了期，不如乘此获胜之机，设法抚驭，仍令就我范围，方为妥善。”①当英、法公使返回上海后，咸丰即令两江总督何桂清与之谈判，仍欢迎英、法公使经北塘来京换约。

联军败北的消息传回英法两国后，对华用兵的声浪再次在统治阶级中掀起。两国的一些报刊和政客摇唇鼓舌，叫嚣要对中国实行大规模的报复，声称要把中国皇帝逐出皇宫，夺取北京，让西方人成为中国人的主人。在这种舆论的推动下，英、法政府于1860年2月再次分别任命额尔金、葛罗为全权专使，以克灵顿和孟斗班为两国军队总司令，率领更为庞大的联军(舰只200多艘，军队2.5万多人)卷土重来。4月，联军陷舟山，进占清泥洼(大连)和烟台，7月抵达大沽口。俄、美公使仍以“调停人”的身份暗为联军出力，并提供清军在天津和北京的军事情报。

《天津条约》签订后，清政府命科尔沁亲王僧格林沁负责大沽口一带防务。他到任后，修炮台，设障碍，购巨炮，又调来蒙古骑兵，加强了防御阵地。他的这些努力为清军在大沽口之战的胜利奠定了基础。但在此后，他只把兵力集中于守卫大沽，而忽视了对北塘的设防，使防线出现了漏洞。清军防务上的这一疏忽被俄使伊格那提耶夫侦知，他把这些情报传递给英法联军，成为联军选择战争突破口的重要依据。8月1日英法联军出动30多艘军舰，由俄人带路，袭击不设防的北塘，打破了清军的防线。占据北塘后，联军分两路进兵，攻占了新河、军粮城、塘沽，同时把军舰集结到大沽口外，从水陆两面夹击大沽炮台。8月21日联军猛攻大沽炮台。直隶提督乐善率众死守，奋勇迎战，但因寡不敌众，炮台失守，乐善及全体官兵阵亡。大沽失守使天津失去屏障，联军长驱直入，攻陷天津。天津失守后，咸丰帝命令僧格林沁率部向北京方向撤退，试图在通州一带建立起防线。俄国公使伊格那提耶夫为联军献策，要他们尽快进军通州，不使清军有布防的机会。联军遂由河西务进犯通州。清政府一面命令僧格林沁加强防守，同时派怡亲王载垣、兵部尚书穆荫为钦差大臣到通州与联军议和。

---

①《筹办夷务始末》(咸丰朝)，第4册，1459页。

双方各执己见，相持不下。联军代表坚持进京面见清帝递交国书，载垣等根据咸丰帝的谕令不接受这一条件，以维护天朝至尊的体面。谈判破裂后，清方将英、法代表巴夏礼等 39 人扣押为人质，送到北京囚禁。这一错误做法不仅没有阻止联军的军事行动，反而给敌人造成借口。9 月 18 日，英法联军立即向张家湾的清军阵地发动攻击，清军溃败。21 日，联军又发动了对通州城西八里桥的进攻。清军在僧格林沁和朝廷派来的大学士瑞麟、副都统胜保等人的指挥下，英勇作战，顽强地阻击敌军。但由于部分清军溃散，主将非伤即走，动摇了清军的防线，使八里桥失守。此役，清军虽败，但也使联军受到重创。张家湾和八里桥失陷后，咸丰帝知无力再战，于 22 日率后妃及亲信大臣出逃热河，留下他的异母弟恭亲王奕䜣“督办和局”。在英法联军兵临北京之际，伊格那提耶夫又为联军提供了清军在北京布防的重要情报。据此，联军绕抄安定门、德胜门进犯圆明园，并于 10 月 13 日占领安定门，控制了北京城。

此间，英法联军对圆明园大肆洗劫。圆明园是融会中西建筑风格，聚集古今艺术珍品，经过康熙、雍正、乾隆三朝历时百余年扩建始成的壮丽宫苑。园内收藏有大量珍宝、古玩、图书和中外珍贵的历史文物。侵略者闯入圆明园，在疯狂抢掠之后，又纵火焚烧。大火三日不熄，致使这座举世闻名的“万园之园”尽成残垣断壁。

**图 3.1 焚烧后的圆明园残迹**

奕䜣在侵略者的压力下屈服了，于10月24、25日，分别与英、法代表交换了《天津条约》，并另订立了中英、中法《北京条约》(即《续增条约》)。《北京条约》除承认《天津条约》有效外，其内容还有：开放天津为商埠；准许华工出国；割让九龙司给英国；交还教产予天主教堂，准许法国传教士在各省租买田地建造房屋；赔偿英、法兵费各800万两，“恤金”英国50万两，法国20万两。11月初，清政府与英、法公使先后换约。约文公布后，英法侵略军退出北京。沙俄借口“调停”有功，要求订立新约。同年11月14日沙俄强迫清政府订立了《北京条约》。美国虽然没有签订新约，但根据“一体均沾”的条款，同样可以得到其他列强获取的利益。至此，历时4年之久的第二次鸦片战争宣告结束。

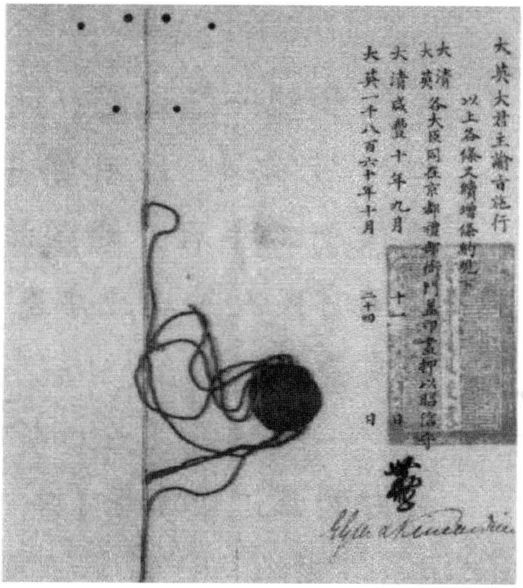


**图3.2　中英《北京条约》签字页(原件藏于英国国家档案馆)**

通过发动第二次鸦片战争，西方侵略者不仅从中国获取了更多的权益，而且借助公使驻京可以直接从政治和外交上影响清政府，中国的半殖民地危机更加严重了。同时，因为战败的打击，清政府抵抗外来侵略的信心空前低落，更倾向于奉行妥协求和的对外政策。西方侵略者也在自己的利益暂时得到满足之后，改变了与清政府对立的立场，转而对它进行扶植。双方在牺牲中华民族利益的基础上，携手合作，出现了所谓“中外和好”的局面。

## 三、沙俄侵吞中国大片领土

在第二次鸦片战争中，俄国不仅充当了英法联军的帮凶，而且趁火打劫，侵吞了大片的中国领土。

沙皇俄国对中国东北及西北地区领土的侵略野心，由来已久。鸦片战争以后，沙俄利用清政府衰弱的机会加紧了对中国的侵略。早在 19 世纪 40 年代，沙俄就曾多次派人潜入中国的黑龙江境内进行窥伺。1847 年 9 月，沙皇尼古拉一世任命穆拉维约夫为东西伯利亚总督，授意他加紧侵占中国的黑龙江地区。穆拉维约夫上任后很快提出一整套侵略计划，积极部署推行。在他的支持下，沙俄海军军官涅维尔斯科伊等乘炮舰从海上侵入黑龙江口和库页岛地区，并把黑龙江河口湾附近北岸的两处港湾非法命名为“幸福湾”和“圣尼古拉湾”。此后，沙俄相继侵占了黑龙江口的重镇庙街、库页岛等地，其侵略魔爪已经伸到了兴河和黑龙江下游一带。1854 年，穆拉维约夫开始实行“武装航行黑龙江”计划。他率领 70 余艘军舰，强行越过石勒喀河中俄边界，通过雅克萨、瑷珲等地，横穿中国领土 2 000 多公里，并在黑龙江下游地区建立军人“村屯”，迁来大批移民，强行建立俄国居民点。1856 年 12 月，沙俄宣布成立以庙街为中心的所谓滨海省，公然把中国的黑龙江下游地区划为该省辖境。1857 年，穆拉维约夫更加肆无忌惮地派兵向黑龙江中下游推进，在沿江遍设哨所。沙俄在向中国东北地区扩张的时候，并没有放松对中国西北地区的侵占。1846 年，沙俄入侵中国巴尔喀什湖东南的库克乌苏河地区，不断对这个地区进行蚕食。到第二次鸦片战争前夕，巴尔喀什湖以东以南的大片中国领土已经落入沙俄之手。

第二次鸦片战争爆发后，清政府陷于内忧外患，自顾不暇。沙俄乘机加快了向中国黑龙江地区扩张的步伐。沙俄政府一方面派普提雅廷为公使，展开外交攻势；另一方面指使穆拉维约夫积极进行军事渗透，不断向黑龙江下游和中上游北岸移民增兵，实行非法的武装占领。1858 年 5 月 22 日，就在英法联军攻陷大沽的第三天，穆拉维约夫率领数百名官兵，乘两艘炮舰，气势汹汹地直趋瑷珲，向黑龙江将军奕山提出重划中俄边界的无理要求。谈判开始后，他就拿出一份事先准备好的条约草案，以最后通牒的口气强迫奕山签字画押，并调军队示威，施加压力。奕山经不起恫吓，在没有得到清政府允许的情况下，于 5 月 28 日签订了中俄《瑷珲条约》。该约共三款，主要内容：(一)黑龙江以北、外兴安岭以南的大片中国领土(约 60 多万平方公里)划归俄国，仅江东六十四屯仍由中国人“永远居住”，归中国官员管理，俄人“不得侵犯”；(二)乌苏里江以东，包括吉林省全部海岸线及海参崴海口，划为中俄“共管”；(三)黑龙江、乌苏里江只准中俄两国船只航行；(四)准许俄国商人在黑龙江、乌苏里江、松花江一带自由贸易。通过这一条约，俄国不仅割占了中国黑龙江以北、外兴安岭以南的大片领土，而且还为其进一步侵吞乌苏里 231 江以东的所谓“共管之地”铺平了道路。《瑷珲条约》曾经受到马克思、恩格斯的严厉谴责。马克思说：“而通过进行第二次鸦片战争，又帮助俄国获得了鞑靼海峡和贝加尔湖之间价值无量的地域——这是俄国无限垂涎的一块地方，从沙皇阿列克谢·米哈伊洛维奇到尼古拉，一直都企图把它弄到手。”[①]恩格斯也指出，俄国“夺取了中国的一块大小等于法德两国加在一起的领土和一条同多瑙河一样长的河流”。[②]

《瑷珲条约》签订后，沙俄又诱迫清政府签订了中俄《天津条约》。俄国公使普提雅廷费尽心机，抢在英、法、美等国之前签订了这项条约。中俄《天津条约》的主要内容有：俄国享有在上海、宁波、福州、厦门、广州、台湾、琼州等 7 处口岸通商特权，若他国增开新口岸，准俄国一律照办；俄国可在各通商口岸设立领事，停泊兵船；扩大领事裁判权；扩大陆路通商；俄人可在中国内地游历、传教；中俄从前未经定明的边界，由两国派员查勘。其中查勘边界的规定为沙俄后来继续侵吞中国领土埋下了伏笔。

中俄《瑷珲条约》《天津条约》订立后，沙俄迫不及待又开始了对中国乌苏里江以东地区的领土扩张。其手法依旧是：先以军事占领造成既成事实，再继之以外交谈判，逼签条约以为确认。自 1858 年 6 月起，穆拉维约夫多次率领兵船闯入乌苏里江东岸，解除江岸的清军哨所，驱逐那里的中国居民与官员，用武力占领了乌苏里江口的伯力。1860 年 6 月，沙俄派军占领了海参崴，改名为符拉迪沃斯托克(寓意统治东方)。与此同时，沙俄把大批军队和移民派到江东，建立起军人村镇，实现了对乌苏里江以东地区的军事占领。剩下的问题只是从条约上获得对所占地区的法律确认了。

1859 年 4 月，沙俄政府全权代表彼罗夫斯基趁与清政府互换中俄《天津条约》之机，企图诱逼清政府承认《瑷珲条约》，遭到清政府代表、户部尚书肃顺的严词拒绝。接着沙俄政府新任驻华公使伊格那提耶夫赶到北京，除了要清政府承认《瑷珲条约》外，还提出割占乌苏里江以东地区，开放库伦、

---

① 《马克思恩格斯选集》，第 1 卷，732 页。

② 《马克思恩格斯选集》，第 1 卷，734 页。

张家口、北京等地及允许俄国在这些地区设立领事馆等要求。肃顺再一次加以拒绝，语气坚决地表示："朝廷万难允许俄国侵占满洲寸土，为了满洲，我们不惜开战。"伊格那提耶夫恼羞成怒，公然以武力相威胁，扬言："我国与中国的边界绵亘达 7 000 俄里，俄国较之其他任何海上强国都更易于随时随地给中国以有力的痛击。"①这样，中俄在北京的外交谈判陷于僵局。然而，沙俄并不死心，当英法再组联军，对中国大动干戈的时候，伊格那提耶夫又活跃起来。他一方面与英法联军勾结，为之提供情报，出谋划策；另一方面又把自己装扮成"调停人"，继续讹诈清政府。联军攻陷北京后，清政府决意屈服，伊格那提耶夫见时机已到，借口"调停有功"，竭尽恐吓、要挟之能事，终于迫使清政府签订了中俄《北京条约》，即中俄《续增条约》。该约共 15 条，除了规定《瑷珲条约》有效外，还规定：乌苏里江以东的所谓中俄"共管"的 40 万平方公里的中国领土划归俄国；中俄西部未定边界，"此后应顺山岭、大河之流，及现在中国常驻卡伦（哨所）等处，及 1728 年（雍正六年）所立沙宾达巴哈之界牌末处起，往西直至斋桑淖尔湖，自此往西南，顺天山之特穆尔图淖尔（伊塞克湖），南至浩罕边界为界"②；增开喀什噶尔为商埠，允许沙俄在喀什噶尔、库伦设领事，俄人在中国享有领事裁判权。沙俄通过中俄《北京条约》不仅侵吞了乌苏里江以东的大片中国领土，而且还为它后来于 1864 年强迫清政府订立中俄《勘分西北界约记》，割占巴尔喀什湖以东、以南 44 万平方公里的中国领土，制造了根据。

总之，在第二次鸦片战争期间，沙俄通过强加给中国的一系列不平等条约，共侵吞了中国 100 多万平方公里的领土。此外，它还取得除了赔款以外的英、法等列强从中国所夺取的其他权益，成为第二次鸦片战争中的侵华暴发户。

---

① ［俄］A. 布克斯盖夫登：《1860 年〈北京条约〉》，11～13 页，北京，商务印书馆，1975。

② 《中国近代对外关系史资料选辑》，上卷，第 1 分册，197 页，上海，上海人民出版社，1977。

# 第二节　咸同时期的朝局

## 一、满汉势力的消长和湘淮地方势力的扩张

声势浩大的太平天国农民起义沉重地打击了清王朝的腐朽统治，同时也引起了清朝统治阶级内部权力结构的重大变化。其结果不仅影响了咸同时期的朝局，而且对整个晚清政局都产生了深远的影响。

清王朝是一个由满汉地主阶级联合实行统治的封建政权，但是，长期以来满洲贵族掌握军政实权，居于主导地位，对汉族官员多有猜忌和限制。太平天国起义爆发后，八旗、绿营官兵的不堪一击和满洲官员的庸碌无能已暴露无遗，岌岌可危的时局迫使清廷不能不把维护统治地位的希望寄托在汉族地主阶级方面。满洲贵族中的一些要员就曾公开主张重用汉臣。当满洲统兵大员赛尚阿、纳尔经额兵败被黜之时，大学士、军机大臣文庆就曾谏道："欲办天下事，当重用汉人。彼皆从田间来，知民疾苦，熟谙情伪。岂若吾辈未出国门一步，懵然于大计者乎?"[①]他力排众议，肯定曾国藩的作用，保荐胡林翼、袁甲三、骆秉章等汉臣。继文庆而起的肃顺也持相同观点。他把王闿运、郭嵩焘、高心夔等人视为"时贤"，延至门下，对曾国藩、胡林翼等人也十分欣赏。

至1859年，咸丰帝已采纳肃顺等人的意见，认定不重用曾国藩、左宗棠等汉臣不足以镇压太平天国。1860年，江南大营被太平军摧毁，咸丰帝即不再恢复江南大营，而任命曾国藩为两江总督、钦差大臣，把镇压太平天国的重任交给了曾国藩及其湘军。这个消息曾使湘军将帅兴奋不已。其后，慈禧、奕䜣虽然扳倒了肃顺等人，上台执政，但却不能不因袭后者重用汉人的做法，继续支持以曾国藩为首的湘军势力。1861年11月20日，逮捕肃顺等人不到20天，清廷便任命曾国藩统辖江苏、安徽、江西、浙江四省军务，打破了两江总督只辖苏、皖、赣三省的惯例，命令所有四省巡抚、提镇以下文武各官悉归其节制。这是曾国藩自出师以来受到的最大恩宠。授予汉官如此重大的权力，在清朝历史上也实属罕见。所以时人称：

① 薛福成：《书长白文端公相业》，见《薛福成选集》，250页，上海，上海人民出版社，1987。

“恭邸当国，阴行肃顺政策，亲用汉臣。”“朝用端华、肃顺等遗策，用曾氏节制诸军。”①

曾国藩在受任两江总督前，只有军事指挥权而无地方行政权，长期遭受倾轧，客寄虚悬，一筹莫展；今既军政大权在握，遂得发舒。他排斥异己，安插亲信，不仅使湘军势力迅速膨胀，而且还扶植起了淮军势力。1861 年冬，曾国藩派他的得意门生李鸿章赴安徽招募练勇，准备增援沪、苏、常。李鸿章依照湘军的营制及组建方法，于 1862 年春编成一支拥有 6 500 余人的淮军，由英船运至上海，接受外国人的援助，成为继湘军之后又一支重要的地主军阀武装。

1860 年后，湘淮军取代八旗、绿营兵，成为清军主力。随着湘淮军转战南北，各地的军政大权多落入湘淮系势力的手中。据统计，仅湘系集团，官至总督、巡抚、尚书、侍郎、提督者即有数十人之多，官至道员、总兵以上者又有 100 多人，官至武职三品以上者竟多至数万人。② 此外，仅以 1864 年计，全国绝大多数督抚出自湘淮系。例如：两江总督曾国藩、直隶总督刘长佑、陕甘总督杨岳斌、四川总督骆秉章、闽浙总督左宗棠、两广总督毛鸿宾、江苏巡抚李鸿章、安徽巡抚乔松年、山东巡抚阎敬铭、陕西巡抚刘蓉、浙江巡抚曾国荃、江西巡抚沈葆桢、湖北巡抚严树森、湖南巡抚恽世临、广东巡抚郭嵩焘等。其势力从长江中下游各省扩展至华南、西南及直隶、山东、河南、陕西等北方省份。

湘淮势力的崛起，显示了清朝统治阶级内部权力结构的重要变化，影响晚清政局。

湘淮系的扩展，从根本上说是反映了汉族地主阶级在权力结构中地位的上升，它透露出满汉势力此消彼长的历史信息。地方督抚中满汉比例的变动，尤其集中地反映了这一点。为了维护满洲贵族的利益和特权，清廷历来注重提高地方督抚中满员的比例，出任总督的旗员(包括满旗、蒙旗和汉军)比例尤高。以 1837 年为例，先后任总督者共 10 人，其中有 7 位旗人，占 70%。同年任巡抚者共 20 人，其中有 8 位旗人，占 40%。而在 1864 年，在 10 名总督中，旗员只有 3 人，占 30%。在担任过巡抚的 19 人中，则是清一色的汉员。可见，从道光至同治，在封疆大吏中，满族官员的比例大幅度下降，汉族官员的比例迅速上升，满汉势力的起落消长出现了根本性

---

① 转引自《文史》，第 16 辑，172 页。

② 罗尔纲：《湘军兵志》，195 页，北京，中华书局，1984。

的变化。

湘淮势力控制地方权力，削弱了清王朝的中央集权，使晚清政治出现了内轻外重、“督抚专政”的局面。在咸丰朝以前，无论是八旗还是绿营，其兵权都是直隶于中央的，决非将帅可得而私有。但是，湘淮军则是由将帅自行招募的私家军队。王闿运说：“曾国藩既请练军长沙，奋然以召募易行伍，尽废官兵，使儒生领农民，各自成营。”又说：“从湘军之制，则上下相维，将卒亲睦，各护其长。其将死，其军散；其将存，其军完。”[①]故自湘军起，兵归国有的局面便一变而成兵为将有的局面。同时，湘淮军的饷需也由将帅“就地筹划”得来，而非由清廷户部调拨。此种筹饷办法进一步巩固了兵归将有，各私其军的格局。湘淮军将帅既得总督、巡抚的地位，他们就利用手中的兵权，独揽地方上的民政、财政、司法诸大权。承宣布政使司与提刑按察使司，原是中央用以掌管一省要政的大员，即借以牵制督抚的权力，现在却被他们任意改置，降为巡抚的属员，两司的事权皆入其手中。于是中央设官定制的用意尽失。他们上分中央的权力，下专一方的大政，便造成了督、抚专政的局面。当时有人论湖南巡抚骆秉章的专政情形说：“湘军日强，巡抚亦日发舒，体日益专，至庭见提镇，易置两司，兵饷皆自专。”[②]骆秉章不过沾湘军的余润，尚且自专如此，至于湘淮军将帅中出任督、抚的人，更不待说了。

咸、同后，此种局面益甚。到光绪末年，朝廷一兵一卒、一饷一粮，都不得不仰求于督、抚。而为督、抚者，都各专其兵，各私其财，唯知自固疆圉，不知有国家。所以，湘军开启的督、抚专政的局面，实开其后北洋军阀割据纷争的先河。

## 二、北京政变

第二次鸦片战争后，引动朝局剧变的事件是北京政变。这次政变是清朝最高统治集团的政争在新的历史条件下发展的结果。

咸丰帝在位时，清朝最高统治集团内部就存在着深刻的矛盾。咸丰帝与其弟恭亲王奕䜣因皇位继承问题彼此不和。奕䜣遭到罢斥后，咸丰帝转而重用肃顺，把他从御前侍卫提升为户部尚书、协办大学士，视作股肱之

---

① 王闿运：《湘军志·营制篇》，158、163页，长沙，岳麓书社，1983。

② 王闿运：《湘军志·湖南防守篇第一》，1页。

臣。肃顺精明强干，但为人专横跋扈，排斥异己。他与怡亲王载垣、郑亲王端华等人结党操纵朝政。肃顺等人常以除弊为名，屡兴大狱，株连百官，结果不仅未能制止官场上的腐败现象，反而闹得众怨鼎沸，人人自危，使自己处于孤立无援的境地。

1860 年 9 月，英法联军攻陷北京。咸丰帝在出奔热河前，谕令奕䜣留在北京负责与联军议和。留守京城的大臣还有大学士桂良，协办大学士、户部尚书周祖培，吏部尚书全庆及潘祖荫、宋晋等人。通过签订《北京条约》和处理一系列善后事项，奕䜣不仅逐渐笼络了留守京城的王公大臣及僧格林沁、胜保等统兵大员，树立起自己的威信，而且也开阔了眼界，改变了某些诸如“夷夏大防”等传统僵化的观念，因而获得了外国人的好感。英法联军撤出北京后，奕䜣等人一再奏请咸丰帝回京，肃顺等人却竭力阻挠。这样，在清朝中央实已形成了热河和北京两个权力中心。

1861 年 8 月 22 日，咸丰帝病逝于热河，年仅六岁的皇子载淳继位，改年号为“祺祥”。咸丰帝遗诏命载垣、端华、肃顺和御前大臣景寿，军机大臣穆荫、匡源、杜瀚、焦佑瀛等八人为“赞襄政务王大臣”，总摄朝政。八大臣秉政完全把留守北京的奕䜣排斥在外，又不许慈禧太后干预政事，终使清朝最高统治集团内部的权力斗争激化起来。

慈禧太后叶赫那拉氏（1835—1908），满洲镶黄旗人，安徽徽宁池广太道惠征之女。1852 年被选入宫，册封为兰贵人。1856 年生载淳，即日晋懿妃，得咸丰帝宠幸，常代批阅奏章。载淳继位后，被尊为圣母皇太后，徽号慈禧。因在热河行宫住烟波致爽殿西暖阁，又称为西太后。慈禧是一个权力欲极强的女人，想乘载淳年幼夺取最高权力。她把东宫慈安太后拉到自己一边，暗中联络在京的奕䜣为后援。1861 年 9 月 14 日，御史董元醇在慈禧、奕䜣的支持下奏请皇太后垂帘听政，并派近支亲王辅政，但被肃顺等人以“本朝无太后垂帘故事”驳回。在取得外国势力的支持后，奕䜣借奔丧之名，前往热河，与两宫太后密谋政变，旋即返京进行布置。

在两宫太后的催促下，八大臣被迫同意回銮北京。10 月 26 日，两宫太后偕幼帝载淳启程回京，肃顺护送咸丰帝灵柩在后。11 月 1 日慈禧等人抵京。次日即发动政变，免除肃顺等人的赞襄政务王大臣的职务。不久，诏赐载垣、端华自尽，肃顺处斩，景寿、匡源、杜瀚、焦佑瀛褫职，穆荫戍军台。同时，宣布“两太后垂帘听政”，命奕䜣为议政王，入军机处。桂良、文祥、沈兆霖、宝鋆、曹毓瑛等人也被任命为军机大臣，改年号“祺祥”为“同治”。慈禧从此掌握了清朝中央大权。此次政变史称北京政变，又称“辛西政变”或“祺祥政变”。

北京政变是一场由清王朝内外矛盾激化和最高统治层权力斗争而演变成的宫廷政变。政变者由于得到多数文武大臣的支持，又采取了不事株连的明智政策，在政局没有发生重大动荡的情况下完成了权力的转移。慈禧、奕䜣上台后，继续依赖曾国藩的湘军镇压太平天国。在对外问题上，他们改变了道、咸两朝和战不定、疑惧重重的政策，实行以和为主，保持中外“和局”的新政策。慈禧在处死载垣等人时，特别把“不能尽心和议”①列为罪状，显然意在讨好外国侵略者。西方侵略者对政变的结果表示满意。英国公使普鲁斯向国内报告说：“这次危机之决定转向有利于我们在华利益的方向，实受我们所执行的路线的极大影响。”②英国在华办的《北华捷报》也写道：“在这个特别的关头，我们要比我们同中国发生联系的其他任何时期，更有必要去支持帝国的现存政府。”③

北京政变后，清王朝实现了与西方资本主义侵华势力的“合作”，这使太平天国面临着更加严峻的局面。同时，慈禧从此执掌清王朝的最高权力近半个世纪之久，其专制腐朽的统治给中华民族造成了无穷的灾难。

## 第三节　太平天国的后期斗争及其失败

### 一、天京变乱

1856年上半年，太平军征湖北，战江西，击溃江北、江南大营，接连取得对敌作战的重大胜利，从而达到了军事上的全盛时期。就在太平天国顺利发展的情况下，起义队伍中的各种矛盾和弱点也逐渐暴露出来，终于酿成了一场史之罕有、自相残杀的内乱悲剧。

太平天国定都天京后，泥沙俱下，一些敌对分子也混入了起义队伍。

---

① 翁同龢：《翁文恭公日记》，见《中国近代史资料丛刊·第二次鸦片战争》，第2册，103页，上海，上海人民出版社，1928。

② 《普鲁斯致罗素函》，转引自严中平：《1861年在北京政变前后中英反革命的勾结》，载《历史教学》，1952(4)。

③ 《北华捷报》，1861-12-21，转引自马士：《中华帝国对外关系史》，第2卷，68页，上海，上海书店出版社，2000。

他们散布谣言，挑拨离间，甚至暗通清军，策划叛变。1854 年天京曾发生过一起由内奸张继庚策划的叛乱事件。张继庚原为清朝廪生，太平军围攻南京时，他在城内帮助清军抵抗。南京被攻克后，他化名叶芝发，混入太平军北典舆衙，作为清军的内奸潜伏下来。他到处窥探消息，联络同党，拉拢收买了土营、木营、织营中的少数人员以及水西、太平、朝阳等城门的部分守军，并与江南大营的向荣取得联系，约期在清军攻城时充当内应，企图帮助清军里应外合攻破天京。1854 年 3 月，太平天国当局及时破获了这起叛乱案件，将张继庚及其同伙逮捕处死。张继庚谋叛案的发生，说明太平天国定都后内部成分的复杂和组织上的严重不纯。

太平天国能够铲除像张继庚这样明火执仗的内奸，但因囿于农民小生产者的阶级局限性，它却不能对由于环境和地位的改变而出现的阶级斗争新形势作出清醒的判断和处置。建都天京后，太平天国处于封建主义的包围之中，无时不面临着封建地主阶级意识形态的侵袭。太平天国无法抗拒腐朽的封建思想的诱惑，无法保持自身思想的纯洁性，其濡染的封建性与日俱增。太平天国实行了一套“分贵贱”，“判尊卑”的礼制，从天王、诸王、各级将官，直至一般士兵，等级森严，礼仪烦琐，甚至连称呼、服饰、仪卫、舆马等都区分明确，不准逾越。天王及诸王、侯爵位都可以世袭。

太平天国封建性的增长，还表现在各级领导人普遍抛弃了过去的朴素作风，滋长起享乐思想，追求穷奢极欲的糜烂生活。攻占南京后，洪秀全、杨秀清等人不仅把清朝的总督、将军衙门等占为王府，而且还征调工匠，大兴土木，为自己建造新宫殿。洪秀全等人还沿用封建帝王的嫔妃制度，强选民间秀女入宫，以至天王、诸王无不妻妾成群。天王及诸王出行，都有规模庞大的仪仗队护驾。天王的轿夫有 64 人，东王的轿夫有 48 人。东王出巡，“役使千数百人，如赛会状”①。官兵必须回避道旁，高呼千岁，违者要受严惩。起义队伍中昔日所提倡的那种兄弟姐妹平均平等的人际关系，已荡然无存。

政治上的倒退和生活上的腐化，必然导致组织上的宗派主义和离心倾向。太平天国定都后，从天王到东、北、翼各王，均有千人以上的亲信官员和侍从人员，形成各自的利益集团，彼此钩心斗角。在这当中，杨秀清势力的膨胀及其本人的恶劣作风，打破了诸王间权力的平衡，使彼此间的关系日趋紧张。杨秀清虽然对太平天国的发展贡献甚大，但他居功自傲，

---

① 张德坚：《贼情汇纂》，第 6 卷，见《太平天国》，第 3 册，180 页。

专横跋扈，成为众矢之的。他掌握了天朝军政实权后意犹未尽，还要取得与洪秀全平起平坐的地位。杨的所作所为使其他各王暗中联合起来，形成一个反杨联盟。太平天国诸王剑拔弩张，其矛盾的尖锐化，至此已成一触即发之势。这一点连他们的敌人都已然觉察。一位地主文人说：太平天国诸王间势同水火，“往之倚为心腹股肱者，今乃彼此暌隔，猜忌日生”①。

1856年太平军在战场取得节节胜利，杨秀清被胜利冲昏了头脑，想乘机进一步逼洪秀全让权。他诡称天父下凡，逼洪秀全亲到东王府封其万岁。洪秀全无奈，只好承诺加封，但约期在9月23日即杨秀清生日时正式晋封万岁，争取到应付事变的时间。他随即密诏远在江西的韦昌辉、在湖北的石达开起兵勤王。9月2日，韦昌辉率亲兵3 000人奔赴天京，会同从金坛赶来的秦日纲包围了东王府，将东王杨秀清及其家属、侍从全部杀害。诛杨后，韦昌辉控制了天京，大肆搜捕杨秀清余党。在处置杨党问题上，洪与韦意见相左。洪主张赦免无辜，韦要求全部处死，双方相持不下。利令智昏的韦昌辉不顾天王反对，与秦日纲、陈承镕一起组织策划了对东王余党惨绝人寰的大屠杀。天朝两万多忠勇将士死在韦昌辉等人的屠刀之下，观音门江面漂浮着无数被害者尸体，昔日繁荣似锦的天京笼罩在一派恐怖的气氛之中。

石达开获悉洪秀全密诏后，于9月5日离开前线，经九江来到安庆，逗留观望。后来洪秀全害怕韦昌辉杀红了眼，会伤害自己，要石达开起兵讨韦。但石达开却主张劝韦和解，只带两名随从于9月26日赶回天京，谴责韦昌辉的暴行。丧心病狂的韦昌辉竟然要加害于石达开。石达开闻讯于当晚只身逃出天京，但其家属惨遭杀害。石达开在安庆调集所部，进驻宁国附近，拟讨韦复仇。韦昌辉的倒行逆施激怒了天京广大将士，洪秀全接受众人的强烈要求，于11月初把韦昌辉及其家小亲信200余人擒杀。韦昌辉对天京实行的长达两个月的血腥恐怖统治至此才告结束。

韦昌辉被诛后，天朝的悲剧并没有完结。11月底，石达开返回天京，被天王任命“提理政务”。石达开文武兼备，屡立战功，是天朝深孚众望的一位统帅。由他主政，满朝文武无不欢悦。但是，洪秀全经过变乱后，不再信任外姓大臣，对石达开心存疑忌。他封少功无才的长兄洪仁发为安王、次兄洪仁达为福王，以牵制石达开。于是，“翼王与安、福王二人结

---

① 张德坚：《贼情汇纂》，第6卷，见《太平天国》，第3册，172页。

怨”。[①] 石达开发现自己主持朝政、大展雄图的道路已被阻断，又不愿重蹈杨、韦的覆辙，于是选择了避祸出走、自立门户的道路。1857 年 6 月，他离开天京，愤然出走，与洪秀全分道扬镳，并以通军主将的名义向全军发布谆谕，说明与洪分手的原因。不少太平军将士对洪氏兄弟排斥异己深表不满，纷起响应。10 月，石达开率领 10 余万人马自安庆出发，进军江西，开始了独立的军事行动。石达开的出走，使太平天国的力量再次受到严重的削弱。

石达开率军远征，最初在江西、浙江、福建等地活动，战事不利，继而转战于湖南、广西。1860 年复准备从广西远征四川。一部分太平军认识到分裂出走没有前途，要求返回天京，共扶天朝。他们在吉庆元、朱衣点等率领下，毅然“万里回朝”。1861 年石达开率部出广西，攻入湖南、湖北，后流动作战于川、黔、滇诸省，沉重地打击了清朝统治，支持了西南各省人民的反清斗争。1863 年 5 月，石达开在四川大渡河紫打地(安顺场)被清军包围，数战不利，伤亡惨重，陷入绝境。他在绝望中写信给四川总督骆秉章，要求：“宥我将士，请免诛戮。”[②]随后自带 5 岁的儿子石定忠、宰辅曾仁和等人赴清营。他想以牺牲自己来换取保全余部，当然是一厢情愿的幻想。就在石达开一行被押往成都的次日，清军以火箭为号，把石达开部将 200 余名、士卒 2 000 余名围杀殆尽。其余已经遣散者也陆续被杀。石达开被解至成都，敌人曾对他劝降。他“辞气不卑不亢，不作摇尾乞怜乞语”，最后被凌迟处死。“临刑之际，神色怡然”[③]，时年仅 33 岁。

天京变乱是太平天国由盛而衰的转折点。由于自相残杀和分裂，太平天国损失了大批优秀骨干和久经考验的战士，极大地削弱了自己的力量，损伤了元气，在政治上、思想上造成极大的混乱。尤其在军事上丧失了乘胜歼敌的大好时机，导致清军乘机反扑，出现了全面性的退却。洪、杨内讧后，太平天国先后丢失了湖北、安徽、江西及江苏的镇江、句容等广大地区，天京再度被重建后的清军江南、江北大营包围，陷入了新的危机之中。

---

① 《李秀成自述》，见《太平天国》，第 2 册，792 页。

② 《石达开致唐友耕书》，见《太平天国》，第 2 册，760 页。

③ 刘容：《复曾沅浦中丞书》，见《养晦堂文集》，第 6 卷，35 页，光绪三年思贤讲舍校刊。

## 二、重振天朝的努力

为了挽救太平天国的危局，洪秀全采取了一系列补救措施。他先是削去洪仁发、洪仁达的王爵，以争取石达开回朝辅政。在遭石达开拒绝后，又于1857年10月任蒙得恩为正掌率，陈玉成为又正掌率，李秀成为副掌率，主持朝政。次年又恢复五军主将制度，封陈玉成为前军主将、李秀成为后军主将、李世贤为左军主将、韦志俊为右军主将、蒙得恩为中军主将(后改由杨辅清出任)。陈玉成(1837—1862)、李秀成(1823—1864)都是早年参加太平军，英勇善战的后起之秀。他们被提拔重用，充实了天朝的领导力量，在收揽人心、重振太平军等方面都起到重大作用。

天京事变后，太平天国朝政混乱，诸弊层出，亟待整顿。1858年春，身任副掌率佐理朝政的李秀成，犯颜直谏，奏请天王采取有力措施，兴利除弊，重振衰颓的国势。其大要为："恳我主择才而用，定制恤民，申严法令，肃正朝纲，明正赏罚，依古制而惠四方，求主礼而恤下，宽刑以待万方，轻世人粮税，仍重用于翼王，不用安、福王。"①这些主张大都切中时弊，反映了天朝军民殷切求治的共同愿望。因其中提到"重用于翼王，不用安、福王"，触犯了天王大忌，李秀成受到革职处分。但是在朝臣不满情绪的压力下，天王又不得不恢复了他的职位，派他出外统兵作战，并部分采纳了他的一些改革意见。

1859年4月，洪秀全的族弟洪仁玕(1822—1864)备历艰辛，从香港来到天京。洪秀全大喜，立即封他为开朝精忠军师顶天扶朝纲干王，总理朝政。洪仁玕成为太平天国后期的重要领导人之一。洪仁玕就任不久，便向天王提出了一个带有资本主义色彩的改革纲领——《资政新篇》。这个纲领分"用人察失""风风类""法法类""刑刑类"四个部分，涉及政治、经济、文化、外交等方面的改革问题。

在政治方面，纲领针对天朝当时存在的宗派主义、分散主义现象，提出"禁朋党之弊"，反对"结盟联党"，要求统一号令，加强中央集权，并强调"用人之得其当"。为了清明政治，建议设立带有资产阶级民主色彩的新闻官、新闻馆。

在经济方面，纲领主张发展近代工业交通，包括兴建铁路、公路，制

---

① 《李秀成自述》，见《太平天国》，第2册，795～796页。

造轮船；允许民间雇工开矿，奖励发明创造；鼓励富民投资，兴办银行，发行纸币等。

在文化方面，纲领力主破除封建迷信和陈规陋俗，提倡办学馆、医院及跛盲聋院、育婴堂、鳏寡孤独院等社会福利事业，禁庙宇寺观及买卖人口、溺女婴、贩卖和吸食鸦片。

在外交方面，纲领主张同资本主义国家平等交往，自由通商，交流文化，但郑重申明外人不得干涉天朝内政。

《资政新篇》明确提出中国要向西方国家学习，发展资本主义，是一个以先进的资本主义生产方式来取代落后的封建生产方式，以模糊的资产阶级理想来取代农民平均主义理想的改革方案，合乎历史发展的潮流，具有进步意义。纲领的基本内容得到洪秀全的首肯，并下令镌刻颁行。然而，《资政新篇》并未在天朝内部引起广泛的响应，原因是发展资本主义的构想超越了太平天国农民战争的范围。《资政新篇》未能反映广大农民所关心的土地问题，不为多数来自陇亩的将士所接受。此外，险恶多变的战争环境也使它缺乏实行的客观条件。《资政新篇》并没有给太平天国后期政治带来重大变化，但它的思想意义大于实际意义。

在整顿内政的同时，太平军向敌人发起一系列攻势，取得了辉煌的战绩。

1858 年 8 月，根据洪秀全的诏旨，陈玉成、李秀成在安徽枞阳镇(今枞阳县)会集诸将召开军事会议，制定了合力击破清江北大营的作战方针。会后，陈玉成率部从鄂、皖边界东进，与李秀成部会师于滁州乌衣镇，合击江北大营德兴阿、胜保军，歼敌 4 000 余人。继而陈、李军又击败江南大营的援兵，乘胜攻打浦口，歼敌万余人，彻底打垮了江北大营，解除了天京北面的威胁。洪秀全把江浦改为天浦省，设官安民，练兵筹饷，以拱卫天京。

当太平军全力破除江北大营时，湘军李续宾部从九江进犯安徽，连陷太湖、桐城、舒城，前锋直抵庐州南部要冲三河镇。洪秀全急令陈玉成、李秀成率兵回援。太平军采取迂回包抄战术，把湘军合围于三河，并于 11 月 14 日发起猛烈攻击。经数日激战，湘军 6 000 余人全部被歼，统帅李续宾自杀，曾国藩之弟曾国华被击毙，太平军获全胜。三河大捷重创湘军，震动全局。敌酋胡林翼哀叹："三河败溃之后，元气尽伤，四年纠合之精锐，覆于一旦。"①

① 胡林翼：《复胜克斋钦使》，见《胡文忠公全集》，第 61 卷，17 页，同治年间刻本。

三河之战后，太平军士气大振，接连收复舒城、桐城等失地，解除了安庆之围。李世贤在皖南也大败清军邓绍良部，扭转了不利的局势。在江西，杨辅清于1858年12月攻占景德镇，收复多处失地。由于天朝将士的浴血奋战，天京上游的局势暂时得到稳定。1859年下半年，陈玉成、李秀成以战功卓著，分别被封为英王和忠王。

清朝江北大营被击破，但江南大营仍然直接威胁着天京。1859年年底，和春、张国梁指挥江南大营清军加固防御阵地，与太平军对抗。1860年1月，洪仁玕与李秀成商定"围魏救赵"的作战方案，奇袭杭州，以解天京之围。李秀成依计出兵，于3月19日攻占杭州，迫使和春派张玉良带兵出援。李秀成见诱敌分兵的目的达到，主动撤兵，回师天京。4月，李部与陈玉成、杨辅清、李世贤、刘官芳等军合围江南大营。4月28日，大战开始。城内外的太平军密切配合，全力猛攻，战斗激烈。至5月5日，太平军突破敌军所筑长壕，横扫敌军营垒50余座。江南大营土崩瓦解。和春狼狈出逃，于苏州浒墅关畏罪自杀，张国梁逃到丹阳，落水身亡。

太平军统帅部在二破江南大营后，商议新的战略部署。鉴于湘军对安庆的围攻，陈玉成主张增援安庆，解皖省之危；洪仁玕和李秀成则提出先东征苏、常，后西进援皖取鄂的战略方案。天王洪秀全批准了后者，否决了前者，决定先由李秀成率军夺取江南富庶地区，然后回师与湘军争夺上游。1860年5月25日，李秀成率数万大军从天京出发，直取常州、无锡，势如破竹。6月，相继攻下苏州、嘉兴、江阴、昆山、太仓、嘉定等地。7月初，夺取松江，逼近上海，开辟了苏南根据地。太平天国遂以苏州为首府，建立苏福省，鼓励发展生产和贸易，使之成为太平天国后期的战略要区。另一支太平军在陈玉成的指挥下，经宜兴入浙江，逼近杭州。

太平军东征，江南震动。麇集于上海的东南官僚、地主、买办在惊恐之余，急忙筹划上海的防守事宜。由于缺少兵力，他们不惜与外国侵略者勾结，策划所谓"联防"。1860年6月，由苏松太道吴煦和候补道杨坊出资，雇用美国流氓华尔招募在上海的外国亡命之徒200多人，组建"洋枪队"，以"保卫"上海地区。7月初，"洋枪队"配合清军进犯松江，8月再犯青浦，均遭太平军英勇还击，大败而归。太平军收复松江后，乘胜进兵上海。由于对外国侵略者的本质缺乏认识，李秀成曾致函各国公使，希望他们保持中立，不要帮助清军，想与"洋兄弟"达成谅解。但英法联军置之不理，猛烈向太平军开火。这时传来清军围攻嘉兴的消息，李秀成只好从上海退兵，驰援嘉兴。

在天京事变后的数年间，经过广大军民的努力奋斗，太平天国充实了领导核心，治理内部积弊，在军事上成功地发动了一系列攻势，不仅收复了因内讧而失去的大片地区，还开辟了新的根据地。所有这些成绩，都使处于衰落总趋势中的太平天国出现了短暂的“中兴”局面。

## 三、太平天国的败亡

安庆是天京上游最后一道屏障，处于联结太平天国和皖北捻军的要冲。因此，太平天国和清朝方面都把安庆视为各自争夺的目标。1861 年，双方在这里进行了一场生死攸关的战略决战。

三河大败后，湘军一度退出皖北战场。曾国藩根据以往作战失利的教训，调整了军事部署，提出“剪除枝叶，并捣老巢”①的战略方针，即先夺取安庆、庐州等天京外围城市，最后攻打天京。他把夺取安庆看作实施这一战略方针的关键所在，说：“自古平江南之贼，必踞上游之势，建瓴而下，乃能成功。……欲复金陵，北岸则须先克安庆、和州，南岸则须先克池州、芜湖，庶得以上制下之势。……安庆一军目前关系淮南之全局，将来即为克复金陵张本。”②1860 年春，曾国藩趁太平军东征之际，指挥湘军分三路围攻安庆，设大营于皖南祁门。这一作战方针抓住了战争全局的关键问题，使湘军取得了战略决战的主动权。

太平军领导人同样高度重视安庆在战略上的重要地位。洪仁玕指出：“长江者，古号为长蛇，湖北为头，安省为中，而江南为尾。今湖北未得，倘安徽有失，则蛇既中折，其尾虽生不久。”③1860 年 9 月，安庆形势紧急，陈玉成到苏州与李秀成计议，决定分南北两路援皖，于次年 3 月在武汉会师，直捣湘军老巢，达到解安庆之围的目的。陈玉成部在 9 月底渡长江西进，欲解安庆之围，未成，转由桐城、霍山入湖北，于 1861 年 3 月攻克距武汉仅百里之遥的黄州。当时清军主力都被调去攻打安庆，武昌守备空虚，一片惊慌。然而，英国参赞巴夏礼从汉口赶到黄州会见陈玉成，以维护英

---

① 曾国藩：《遵旨会筹规剿皖逆折》，见《曾国藩全集·奏稿二》，1025 页，长沙，岳麓书社，1987。

② 曾国藩：《苏常无锡失陷遵旨通筹全局并办理大概情形折》，见《曾国藩全集·奏稿二》，1145～1146 页。

③ 《洪仁玕自述》，见《太平天国》，第 2 册，852 页。

国商务为由阻止太平军进攻武汉。由于外国侵略者的干涉，加之李秀成部尚未赶到，陈玉成被迫放弃了对武昌的军事行动，独自率师回救安庆。李秀成则行动迟缓，1860年11月始从芜湖出师，12月进抵黟县，在祁门与湘军接战，仅受小挫，即撤出战斗，绕道经浙江转入江西、湖北，迟至次年6月才到达武昌县(今湖北鄂城县)。此时，陈玉成部虽已撤走，但赖文光部仍驻守黄州，如果李秀成与赖联络，南北夹击，夺取武汉仍有可能。然而李秀成把经营江浙看得比援救安庆更重要，竟放弃进攻武汉，于7月从湖北撤军。太平军西征武汉的计划至此未能实现。曾国藩遂集中兵力猛攻安庆。陈玉成等虽全力援救，但终因兵力不足而失败。1861年9月5日，湘军用炸药轰倒北门城墙，安庆陷落，守将叶芸来等一万多人全部战死。安庆失守使天京失去了重要屏障，直接暴露在湘军的攻击矛头之下，岌岌可危。

陈玉成虽然在安庆会战中损失了大量精锐部队，但他随即广招人马，图谋恢复。1862年2月，他派部将陈得才、赖文光等率部配合捻军进军河南，自己在庐州策应。后湘军围攻庐州，陈玉成援绝城危，向北突围，逃到寿州，不幸被反复无常的团练首领苗沛霖诱捕，解至颍州清军胜保大营。在敌人的威胁利诱面前，陈玉成大义凛然，坚贞不屈，痛斥敌人的卑鄙无耻，表现出视死如归的英雄气概。1862年6月4日，陈玉成就义于河南延津，年仅26岁。陈玉成是太平天国后期最优秀的青年统帅，他的牺牲使天朝大厦一半倾圮。当陈玉成在安徽苦斗的同时，李秀成进军浙江，并于1861年12月29日攻破杭州，巡抚王有龄自杀。不久浙江大部分地区尽被太平军攻占。然而，太平军在苏浙战场上的进展不足以抵消因安庆失守而造成的损失，无法改变军事上的被动局面。

太平天国后期，尽管一度整饬朝政，但始终未能阻止腐化现象的蔓延和内部危机的恶化。洪秀全意志衰退，深居简出，终日沉溺于宗教迷信之中，信天不信人，信宗亲不信将帅。他所重用者除其长兄、次兄外，还有外甥幼西王萧有和、女婿钟万信、黄栋梁、黄文胜及洪仁玕。除洪仁玕外，其他宗亲既无才情，又无谋略，把天朝后期朝政搞得乌烟瘴气。陈玉成、李秀成诸将对此深表不满，曾多次直言具奏，但均被洪秀全拒绝。天朝官制在后期更加紊乱，滥设官爵，滥封诸王，愈演愈烈。先在王爵之下设义、安、福、燕、豫、侯六等爵位，后又在王爵之下、六爵之上增添了天将、朝将、神将、主将、佐将等官阶。进入19世纪60年代后洪秀全大封诸王，到太平天国败亡前，封王多达2 700余人。其结果使太平天国内部的宗派主义、分散主义恶性膨胀。诸将拥兵自重，各自为政，不顾大局，甚至在重大军事行动上也不配合。此外许多将帅广蓄财货，安富尊荣。李秀成在天京、苏州均建有豪华府第。每逢生日，他都要大事铺张，接收礼物。1862年常州守将钱桂仁以祝寿为名，聚敛民间黄金，打成金狮、金凤各一对，献给忠王。太平天国领导人的这种作风在广大官兵中产生了恶劣影响，中下级军官纷纷效尤，奢靡之风日炽。于是太平军纪律废弛，贪污、行贿、赌博、吸鸦片等恶行在军中蔓延，极大地削弱了战斗力。太平天国昭王黄文英谈到天朝后期政治时说："到后来就乱了，由广东跟出来的都封王，本家亲戚也都封王，捐钱粮的也都封王，竟有2 700多王。……天朝的事越做越坏。"①

太平天国开辟苏浙地区，建立政权，恢复秩序，发展经济，取得了可观的成绩，对于支持后期局势起到了重要作用，但也存在着严重问题。如实行招抚政策固然给太平天国带来一些实际利益，却使不少异己分子控制了地方政权。清朝寿州知州熊万荃、候补道李文炳被"招抚"后，李秀成都委以重任，分别让他们主管苏州、昆山政务。而他们则与地主分子徐佩瑗及钱桂仁、骆国忠等沆瀣一气，组成阴谋集团，策划在苏州发动叛乱。乡官成分更形驳杂，相当一部分由地主士绅充任，有的与盗匪、团练串通，鱼肉乡民，为害一方。在经济上，苏浙太平天国当局仍旧实行"照旧交粮纳税"的政策，承认过去的地主土地所有制，通过地主领凭收租、设局收租和"着佃交粮"等方式向农民收取租税。各地不断发生抗租斗争，不满的民众甚至捣毁收租局，杀死催租派捐的师帅、旅帅。每逢事发，当地乡官往往带兵弹压。太平天国统治地区内阶级矛盾十分尖锐，政局极不稳固。

攻占安庆后，曾国藩实现了其战略部署的关键性一步，立即筹划天京会战。他分兵三路对太平天国实行战略围攻，指派曾国荃攻天京，左宗棠图浙江，李鸿章取苏南。围攻重点是天京，浙江和苏南是牵制战场。

1862年5月，曾国荃率湘军自安庆沿江东下直抵天京，在雨花台扎营。彭玉麟所部水师泊护城河口，保护水上交通，湘军三万余众兵临城下，再次对天京构成威胁。洪秀全急令李秀成驰援。六七月间，李秀成在苏州召开军事会议，决定调动大军援救天京。10至11月间，李秀成指挥十余万太平军在天京外围同湘军大战44天，虽然重创敌军，击伤曾国荃，但是终未击破湘军的包围。11月底，太平军久战无功，士气低落，加之后援不继，被迫撤出战斗。为了挽回败局，洪秀全命令李秀成渡江执行"进北攻南"的

① 《黄文英自述》，见《太平天国》，第2册，857～858页。

计划，目的是要联合活动在湖北、河南一带的赖文光、陈得才部，攻湘军后方，迫使曾国荃回援，以解天京之围。但曾国藩不为所动，令皖北守军固守顽抗，并推行坚壁清野政策，使太平军处处碰壁，无以立足。1863 年 6 月，湘军攻陷雨花台。洪秀全召李秀成回师救援。渡长江时，恰逢江水猛涨，太平军又遭湘军水师截杀，损失惨重。

在苏南战场，英人戈登率领的"常胜军"和李鸿章的淮军协同作战。1863 年 1 月，太平军常熟守将骆国忠叛降。之后，清军连陷太仓、昆山，包围了苏州。在主将谭绍光的率领下，苏州军民作了顽强的抵抗。同年 12 月，叛徒部永宽等刺杀了谭绍光，开城降敌，苏州失守。1864 年 5 月，双方在常州展开激战，11 日，常州陷落。至此，天京失去了东南的最后一道屏障，太平天国的苏南战场宣告解体。

湘军左宗棠部于 1862 年初由皖赣边境入浙，联合清军其他各部及"常捷军"攻打李世贤部。1862 年 5 月，清军在英法军队的支援下攻占宁波。清军及外国侵略者的联合进攻遭到太平军的有力回击。常胜军统领华尔、常捷军统领勒伯勒东及其继任者达尔第福等，均在战斗中被击毙。但这未能挽回太平军的败局。1864 年 3 月，被清军包围的杭州粮尽援绝，守将陈炳文被迫撤出，杭州陷落。太平军浙江战场全线崩溃。

由于江浙战场的溃败，曾国荃部湘军围攻日紧，天京内缺粮草，外无救兵，危在旦夕。1863 年 12 月，李秀成从苏南前线赶回天京，向洪秀全提出"让城别走"的建议。在当时敌强我弱的情况下，这是唯一可行的办法。但是洪秀全坚持固守孤城，拒不突围，并斥责李秀成说："朕奉上帝圣旨、天兄耶稣圣旨下凡，作天下万国独一真主，何惧之有？……朕铁统江山，尔不扶，有人扶。尔说无兵，朕之天兵，多过于水，何惧曾妖者乎？"① 1864 年 6 月 3 日，洪秀全病逝。天朝群臣拥幼天王洪天贵福登基，以定人心。7 月 19 日，湘军从地道轰塌地堡城附近城墙 20 余丈，攻入城内。天京守军与敌人短兵相接，展开血战，绝大部分壮烈牺牲。湘军入城后，劫掠奸淫，无恶不作，为掩盖抢劫丑行，竟纵火焚烧。昔日繁华的东南名城变成一片废墟。

城破当晚，李秀成保护幼天王逃出天京，并把自己的坐骑让与幼主，后与幼天王失散，被清军俘获。在囚禁期间，他写下长达数万言的供词。这份供词既保存了太平天国的许多史实，总结了经验教训，又充满了谀辞，

---

① 《李秀成自述》，见《太平天国》，第 2 册，827 页。

提出了“招降十要”，以取悦于曾氏兄弟。这无疑成为他一生中的污点。曾国藩取得李秀成供词后，对内容作了删改，委人誊写上报清廷，并在8月7日擅自将李秀成处死。

幼天王突围到安徽广德，与洪仁玕会合，转战湖州一带。10月在江西石城遭清军袭击，洪仁玕、幼天王先后被俘，遇害。洪仁玕临刑前慷慨吟诗：“我国祚虽斩，有日必复生”，满怀对天朝事业的坚定信念，从容就义。

天京失陷，是太平天国失败的标志。但其时在大江南北仍然有数十万太平军余部和捻军，继续坚持反清斗争。

在长江以南，李世贤部于1864年7月从江西经广东入福建，占漳州为根据地。在清军的攻击下，太平军寡不敌众，撤出漳州。李世贤投奔康王汪海洋，不幸被害。1866年2月，汪海洋重伤牺牲。诸将推举偕王谭体元为首领，退走黄沙嶂。谭督后队掩护撤退，中弹受伤，怒马跳崖自尽。余部被湘军全歼。

长江以北的太平军和捻军有相互合作的传统。捻军首领张洛行被洪秀全封为沃王，其他将领也多受太平天国的封号。1862年陈玉成曾派陈得才、赖文光等会同捻军，远征西北。天京危急时，西北太平军回师援救，转战于鄂皖之间。1864年11月，陈得才兵败自杀，赖文光收领太平军余部及捻军任化邦、张宗禹等部数万人，按照太平军的兵制编练捻军，提高了战斗力。次年5月，在山东菏泽痛歼清军，击毙清军统帅僧格林沁。清廷急调曾国藩为钦差大臣，督办剿捻事宜。随后，捻军以灵活机动的战术，多次重创清军，使曾国藩剿捻计划一筹莫展。清政府不得不改令李鸿章接替曾国藩为剿捻统帅。1866年10月，捻军在河南许州分兵两支：一支由赖文光、任化邦率领，在中原地区活动，称为东捻军；一支由张宗禹率领，进军西北，称为西捻军。东捻军曾大败淮军，但在1867年12月被淮军包围于山东寿光，大部战死。赖文光突围入江苏，行至扬州东北湾头瓦窑铺遭袭击被俘，于1868年1月10日在扬州就义。西捻军先在陕西活动，后回师增援东捻军，转战于山西、河南、直隶、山东等地。1868年8月，西捻军在山东境内黄河、运河、徒骇河之间的狭窄地带被清军包围，全军覆没。

太平天国是一场伟大的农民革命战争。尽管因阶级的局限，在中外反动势力联合镇压下，太平天国无法避免最终失败的命运，但它在历史上留下了英勇悲壮的一页，具有重要的历史意义。

太平天国是中国历史上规模最大的一次农民起义。它不仅组建了强大的武装力量，转战18省，攻克了600多座城镇，势力波及全中国，而且建立起与清王朝对峙达 14 年之久的政权，颁布了一系列纲领、政策和法令，第一次把几千年来农民阶级所追求的理想与愿望表达得淋漓尽致。尤其难能可贵的是，洪仁玕还提出了近代中国第一个具有资本主义性质的社会改革方案——《资政新篇》。它是其时先进中国人向西方寻求真理的智慧结晶，顺应了近代历史发展的潮流。太平天国起义其规模之大，历时之久，影响之深远，都是历史上任何一次农民战争所无法比拟的，它把历代农民战争推至最高峰。

太平天国沉重地打击了清王朝的腐朽统治。在长达十余年的时间里，太平军驰骋疆场，歼灭了成千上万的清朝军队。太平军所到之处，推倒官府，扫荡封建秩序，冲击纲常名教。昔日骑在人民头上作威作福的官绅地主无不威风扫地。这些都有力地削弱了清朝封建统治的基础。

太平天国在打击清王朝的同时，还与外国侵略者进行了坚决的斗争。太平天国起义者虽然还不可能真正认清西方侵略者的本质，但他们在对外交涉中不卑不亢，维护了国家的主权和尊严。在上海、江苏、浙江等战场上，太平军屡屡重创侵略者，使他们领教了中国人民的正义惩罚。太平天国与中外反动派的英勇斗争表明：农民阶级蕴藏着巨大的革命力量，是近代中国进行反帝反封建斗争的主力军。

太平天国的业绩鼓舞了近代中国人民反帝反封建的斗争。后来的孙中山等革命党人，正是以太平天国事业的继承者自居，掀起了最终埋葬清王朝和千年封建专制制度的辛亥革命洪波巨澜。

## 第四节　太平天国时期各地民众的反清斗争

太平天国时期，全国各地民众的反清斗争风起云涌。这些斗争沉重地打击了清王朝的统治，有力地支持了太平天国革命。

### 一、两广、两湖的民众起义

两广、两湖是太平天国早期活动的主要地区。天地会在这里一向有雄厚的群众基础。太平天国起义后，两广、两湖的民众揭竿而起，纷纷响应。这些起义大多是由天地会发动的。起义者或者直接参加太平军，或者自立旗号，和太平军互相声援。其中广西浔州大成国的影响最大。1854 年 7 月，陈开、李文茂在广东佛山举行起义，次年进占广西浔州，建立大成国，改浔州为秀京，吸收广西义军李文彩等部，声势大振。起义军主动出击，打击清军，到1857年底控制了广西40个州县和广东的部分地区，拥兵数十万。1858年湘军入广西“会剿”，连陷梧州、柳州。李文茂退往贵州，病死山中。1861年8月，清军攻陷秀京，陈开被俘牺牲。李文彩部曾配合石达开作战，活动于黔南，1872年在思州战死，余部败亡。除了大成国外，桂南的延陵国和桂北的升平天国也有很大影响。吴凌云在广西新宁发动起义后，控制了左、右江大部分地区。1861年2月，起义军在太平府建延陵国，吴凌云称延陵王。吴在1863年3月的突围中负伤，被俘后牺牲。余部由吴之子亚终率领作战，一度诈降清军，复起后退入越南境内。1869年10月吴亚终战死，余众归刘永福率领，成为后来著名的黑旗军。升平天国的领导人是朱洪英和胡有禄。他们在1852年9月起义后，活动于湘桂边界，1854年10月，在湘桂交界的灌阳县城称王建号，树起“升平天国”的旗帜。他们曾连续5次进军湖南，以联络太平天国，但均遭失败。胡、朱相继牺牲后，余部加入广东红巾军。1834年7月，广东天地会发动了震撼全省的大起义。起义军以红旗、红头巾为标志，被称为红巾军。数月之内，几百支义军在广东绝大部分州县举起义旗，分途进袭广州，声势波及广西及五岭南北。由于义军配合不善，后被清军各个击破。

太平军进入长江流域时，两湖地区的天地会起义响应，不少人直接参加了太平军，独立作战的也为数不少。势力较大者，在湖南有郴州的刘代伟、安仁的李光德、道州的何文秀等，在湖北除了有通城刘立简、崇阳陈北斗、广济宋关佑等天地会起义外，还有活动于襄阳、樊城一带的白莲教起义。

## 二、西南诸省的反清斗争

包括云南、贵州、四川在内的我国西南诸省，是多民族杂居地区，在太平天国的影响下，这里各族人民的反清起义连绵不绝。

1856年滇西南爆发了回族人民的大起义。起义军分成两支活动，一支以马复初、马如龙为首，在滇南；另一支以杜文秀为首，在滇西。马复初、马如龙后来投降清朝，成为统治者镇压云南起义的工具。杜文秀于1856年10月在大理建立政权，被拥为“总统兵马大元帅”，得到回、汉人民的拥护，声势日壮。1867年杜文秀调集20万兵马，分4路进取昆明。其时，大理政权占有全省的53个州县，发展到它的鼎盛时期。1869年起义军作战失利，退守大理。1872年底清军围攻大理。在弹尽粮绝的情况下，杜文秀服毒后自赴清营，要求保全百姓性命，结果被杀。大理随即失陷，滇西回民起义至此失败。在回民起义期间，英、法势力曾经笼络义军首领。1870 年 10 月，杜文秀义子刘道衡进呈《上杜公书》，提出借英、法力量推翻清朝，夺取天下的主张，但未成事实。

在云南回民起义的同时，哀牢山彝、傣等族人民也发动了起义。1856 年 5 月，彝民李文学在云南赵州弥渡县瓦卢村集众 5 000 人起义，被推为兵马大元帅。起义军迅速扩大，控制了巍山、弥渡、南华等十余县。1870 年后，清政府用重兵进攻哀牢山，李文学兵败被俘，于 1874 年 3 月牺牲。余部在李学东率领下退入山中。1876 年 6 月李学东病逝，起义最后失败。

在贵州，1853 年首先发生了由岩大五领导的苗民起义和由刘老领导的榔党起义，接着，各地义军蜂起。到 1860 年，贵州逐渐形成 5 个起义中心：以台拱为中心的张秀眉领导的苗民起义；以都匀、八寨为中心的柳天成领导的苗、侗、布依、水族起义；以兴义、新城为中心的张凌翔领导的回民起义；以威宁、毕节为中心的陶新春领导的苗、布依、彝族起义；以石阡、平越为中心的刘义顺领导的号军起义。全省大部分地区都掌握在起义军手里，清贵州巡抚的号令不出贵阳百里。张秀眉领导的苗民义军是各支起义军中影响较大的一支。这支义军联络侗族、水族，及汉族号军等其他义军，多次打败清军，势力波及数十州县，使黔东南大片地区尽归其手。1864 年天京陷落后，清政府调湘军入黔，贵州义军处境困难。张秀眉指挥苗民军英勇抵抗，后被迫退到雷公山。1872 年 4 月张秀眉等不幸被俘遇害，坚持斗争 18 年的苗民起义归于失败。

号军，又被称为“教军”，是白莲教支派组织发动的起义队伍。1855 年，黔东北铜仁府一带的白莲教徒在徐廷杰领导下发动起义，他们用红布包头，被称为红号军。1857 年贵州白莲教首领刘义顺在思南县以“反对捐输”为名起义，用白旗、白头巾为标志，称为白号军。此外，还有活跃在瓮安、黄平一带的黄号军和活跃于川黔边界的青号军。在各支号军中，白号军声势最为壮大。白号军以石阡荆竹园为根据地，建立政教合一的政权机构，联合其他义军，连克湄潭、仁怀、大定等州县。1866 年清政府调派重兵进犯贵州，镇压各路义军。1868 年清军围攻荆竹园，刘义顺因叛徒出卖被俘，在成都遇害。白号军余部继续抵抗，直到 1872 年 7 月最后一个堡垒上大坪被攻破才完全失败。

## 三、东南及东部各省的人民反抗

太平天国革命在我国东南及东部各省也得到了广泛的响应。广大民众的反清斗争在上海、江苏、浙江、福建和山东等地如火如茶地开展起来。

1853 年 9 月 7 日，在太平军定都天京之后，上海小刀会在刘丽川等领导下举行了起义。起义者占领了上海县城，推举刘丽川为“大明国总理政教招讨大元帅”。刘丽川曾上书洪秀全，表示愿接受太平天国领导。但由于当时太平军正进行北伐、西征，无力东顾，未能增援小刀会。清政府与外国侵略者联合起来镇压义军，包围了上海县城。1855 年 2 月义军被迫突围，刘丽川不幸牺牲。坚持了 17 个月的上海小刀会起义终归失败。

在上海小刀会起义前后，福建、台湾的天地会也发动了起义。在福建，小刀会领袖黄威、黄德美于 1853 年 5 月在海澄举行起义，攻占厦门、安溪、同安等地。同年 9 月，天地会成员林俊领导农民组织抗租暴动，攻占德化县城，又占仙游山区为根据地，纵横数十州县。黄威等于当年 11 月失败，林俊一直坚持到 1858 年。在台湾，由天地会领导的起义主要有李石和杨文爱在台湾湾里街的起义、林恭和罗沙阿在凤山县的起义、戴潮春（八卦会领导人）在彰化县的起义等。

在浙江，起义首先发生在浙南。1855 年 1 月，瞿振海在乐清县虹桥起义，虽然仅有 7 天，但在群众中产生了震动。继瞿振海起义后，还有赵启（起）和朱秀三的金钱会起义、何文庆领导的诸暨莲蓬党起义、黄春生发动的余姚十八局抗租斗争等。起义烽火从浙南蔓延到浙东、浙北。何文庆领导的莲蓬党还与太平军取得联系，彼此协同作战，击毙常胜军头子华尔，痛击常捷军。何文庆被太平天国封爵志天义。

在山东、江苏境内，沿运河一线，义军纷起，分属不同的秘密团体，其中以幅党和白莲教影响最大。幅党是以苏鲁两省运河沿岸的一些船民、纤夫为主的秘密团体，形成于康熙年间，并以布幅包头为标志。自 19 世纪 50 年代初起，苏鲁运河沿途民众标幅为军，聚众起义者层出不穷。1858 年春，捻军第一次进军苏鲁边界，幅军的活动从分股走向联合，队伍日益壮大。势力较大的有：刘双印、牛闺女占据峄县云谷山，李如林、殷运占据龟山，黄山、孙茂庚占据马头圩，孙化清、孙化祥兄弟占据岐山区，宋三冈占据蒙山地区等。义军大者数万，小者数千，彼此呼应，给清军以重大打击。1863 年 4 月，岐山、云谷山等地幅军与僧格林沁部会战失利，各据点先后失陷，幅军起义终至失败。

白莲教系统的起义也相当活跃。1860 年白莲教支派文贤教首领宋继鹏、冯开疆、郭凤冈等，经过多年筹备在山东邹县揭竿而起，自立“天纵”年号，屡挫清军，转入云山据守。1863 年与僧格林沁部在云山展开大战，宋继鹏等牺牲，大批教徒被杀，起义失败。在鲁西，黄旗教军张继善、绿旗教军杨泰、黑旗教军宋景诗、蓝旗教军左临时等相继在山东邱县、冠县起义。义军转战数月，扩展到 10 万之众，共推张继善为总首领。1863 年清政府调集重兵前来镇压，再加上义军内部分裂，张继善等领导人先后牺牲，起义归于失败。

## 四、西北及北方地区的人民起义

反抗清王朝的起义不仅在中国南方各省形成燎原之势，而且发展到陕西、甘肃、新疆、内蒙、东北等西北及北方广大地区。

1862 年春，扶王陈得才率领的太平军西征逼近西安，蓝大顺部义军也从四川撤到陕西，关中大震。同年 6 月，陕西渭南回民在赫明堂、任武的领导下，处死团练大臣张芾，在仓头镇宣布起义。随后，大荔、华州、华阴、长安等十几个县的回民起义响应，逐渐形成了渭南的仓头镇、大荔的王阁村和羌白镇三个中心。起义军编为 18 大营，拥众 30 多万，推举任武、洪兴为元帅，对西安形成包围之势。清政府急调胜保从河南入关进剿，结果屡战屡败，胜保终因“拥兵纵寇，欺罔贻误”的罪名，被清廷处死。后来清军多隆阿部采取抚剿并用的策略，稍稍得逞。陕西义军被迫向西北方向撤退，伺机反攻。从 1865 年起，义军三次反攻入陕，均遭失败，伤亡惨重。1873 年，余部由白彦虎带领入新疆，投阿古柏。阿古柏败亡后，白彦虎等人逃入俄境。

在清代，甘肃省除了本省区域外，还包括宁夏、青海在内。在陕西回民大起义的影响下，自 1862 年起，甘肃回民在宁夏(今银川)、平凉、肃州(今酒泉)、庆阳等府举行起义。影响较大的有宁夏金积堡的马化龙部，西宁的马文义部，河州(今临夏)的马占鳌部和肃州的马文禄部等四支部队。但起义军的首领多数是回族上层人物，立场动摇不定，给清军分化瓦解以可乘之机。1869 年左宗棠在镇压了西捻军和陕西回民义军之后，出兵镇压甘肃回民义军。湘军刘松山部首先攻击宁夏金积堡，被义军击溃，刘松山丧命。清军再以重兵围攻，使义军陷于困境，马化龙献出金积堡投降，宁夏回民起义遂告失败。1872年春，左宗棠移师攻打河州。义军在太子寺(今广河县境)大败敌军，杀死清军提督傅先宗。但马占鳌贪图荣华富贵，乘胜求降，导致河州起义军失败。1872年9月，湘军攻占西宁。次年7月，左宗棠以60营的兵力围攻义军的最后一个据点肃州。经两月激战，城中粮绝，马文禄投降。甘肃回民起义完全失败。

在19世纪50年代，新疆曾发生多次各族人民的反抗斗争，60年代以后规模越来越大。影响较大的起义有1864年爆发的库车起义、奇台起义，清军军官兰春发、王德春联合当地回民举行的喀什噶尔起义。然而，沙俄和西方侵略势力怀着向中国新疆地区扩张的野心，对一些起义部队的上层人物进行笼络，唆使他们进行分裂活动。后来出现了阿古柏入侵和沙俄侵占伊犁事件，使新疆的主要矛盾由阶级矛盾转化为民族矛盾。

内蒙古人民的反清斗争到50年代有了较大发展，影响较大的有"独贵龙"运动、"老人会"运动和白凌阿起义。

东北地区的农民和矿工也频繁进行了反抗和暴动。

太平天国时期，全国各地民众的反清起义，分布地区广泛，声势浩大，但起义军大多缺乏明确的斗争纲领，内部成分复杂，难以保持团结。太平天国也未能主动与之联络，进行积极的组织、引导，故各地义军普遍处于分散活动的状态，未能摆脱被清军各个击破的命运。

# 第四章　19世纪中期的思想文化

## 第一节　思潮与学术

### 一、经世思潮的兴起与发展

鸦片战争前夜的思想界和学术界，万马齐喑，少有生气。多数士人沉溺在八股制艺、汉学宋学中，于国计民生，渺不相涉。但一些有识之士看到社会险象环生，"山雨欲来风满楼"，常聚首宏议，慷慨悲歌。他们以天下为己任，不满于汉宋学的空疏无益，主张关心民瘼，开始提倡经世致用思想。嘉道时期，经世思潮的兴起已经引人注目。1826年，由贺长龄、魏源编纂的《皇朝经世文编》问世，集中反映了经世思潮的发展成果。到第一次鸦片战争前后，推动倡导经世思潮的代表人物，除了贺、魏外，还有陶澍、林则徐、龚自珍、姚莹、包世臣、何秋涛、张穆、徐继畬等人，形成了地主阶级中的经世派。

经世派倡导经世思想，其着力点有二：一是讥切时弊，二是倡言社会改革。

经世派怀着忧国忧民的心情，对社会的积弊沉疴进行了深入而广泛的抨击。他们用笔描绘清王朝吏治败坏、军备废弛、社会经济凋零、道德沦丧的真实情景，反映出广大人民对清朝腐朽统治的强烈不满。其中，龚自珍的抨击最具力度。龚自珍(1792—1841)，字璱人，号定盦，浙江仁和(今杭州)人。他不仅无情地鞭挞清朝统治的黑暗腐朽，而且进一步把批判的矛头指向了封建君主专制制度。龚自珍认为，"左无才相，右无才史，阃无才将，庠序无才士，陇无才民，廛无才工，衢无才商"①，即人才的枯竭，是

---

① 《乙丙之际箸议第九》，见《龚自珍全集》，6页，上海，上海古籍出版社，1975。

当时社会衰堕的主要征候；而造成人才枯竭、道德沦丧的原因，是君主的“乾纲独断”。他说：“昔者霸天下之氏，称祖之庙，其力强，其志武，其聪明上，其财多，未尝不仇天下之士。去人之廉，以快号令；去人之耻，以嵩高其身；一人为刚，万夫为柔，以大便其有力。”[①]这种批判触及了封建社会的实质性问题。

在讥切时弊的同时，经世派还探讨了如何使国家振衰起弊的问题。他们根据儒学的“变易”观，提出了“变法”主张。龚自珍大声疾呼：“一祖之法无不敝，千夫之议无不靡，与其赠来者以劲改革，孰若自改革？”[②]魏源也强调：“变古愈尽，便民愈甚。”[③]他们试图在不根本变革封建制度的前提下，通过实行局部性的社会改革来兴利除弊，使清王朝摆脱危机。具体地说，提倡“实政”“实学”，企求匡世济民的实效。所谓“实政”“实学”，是指与国计民生息息相关的一切政务和学问，诸如漕运、盐政、农事、河工、兵制、刑律、吏治、科举及边疆地理等。所以龚自珍的《农宗》《平均篇》、吴铤的《因时论》、汤鹏的《浮邱子·医贫》等，都提出了各具特色的“均田”“限田”主张，以期缓和当时愈演愈烈的土地兼并问题。包世臣在《说储》《青口议》《庚辰杂著》等著作中，主张在发展农业的同时，也要重视发展工商业，阐述了“本末皆富”的道理；魏源的《筹漕篇》《筹鹾篇》《筹河篇》，以及林则徐的《畿辅水利议》等，都对治理漕、河、盐三大政作了有益的探讨。至于何秋涛的《朔方备乘》、张穆的《蒙古游牧记》等书，则对我国的边疆地理及与邻国的关系作了开拓性的研究，提醒国人加强边疆建设，抵御外来之敌。

鸦片战争后，中国面临着西方的侵略，民族危机日亟；同时，欧风美雨东渐，又为时人提供了开眼看世界的机会。于是，经世派中一部分人开始向西方寻求救国之道，从而为传统的经世思想注入了新的时代精神。在这方面，林则徐、魏源、姚莹、徐继畬最具建树。

林则徐作为地主阶级杰出的政治家和爱国者，不仅主张坚决抵抗外国侵略，而且成为近代中国开眼看世界的第一人。他在广东主持禁烟的过程中，较早地摆脱了封建士大夫盲目虚骄的心理，为了解“夷情”，“日日使人刺探夷事，翻译夷书，又购其新闻纸”。[④] 林则徐主持翻译了《澳门新闻纸》

① 《古史钩沈论一》，见《龚自珍全集》，20 页。

② 《乙丙之际箸议第七》，见《龚自珍全集》，6 页。

③ 《默觚下·治篇五》，见《魏源集》，上册，48 页，北京，中华书局，1976。

④ 《夷艘入寇记》，见《鸦片战争》，第 6 册，111 页。

《华事夷言》，又把有关外国史地的资料译成《四洲志》。他还注意学习西方船炮技术，不仅购置西方船炮以为我用，而且组织人力摘译有关船炮操作的资料，以便仿造西式战船。林则徐以钦差大臣之尊，力倡探求域外新知，开风气之先。他被清政府遣戍新疆伊犁后，亲自踏勘天山南北，积极组织当地群众兴修水利，发展农业生产，并以兵农合一、屯垦戍边的办法，谋求增强西北边疆的防御力量。

魏源(1794—1857)，字默深，湖南邵阳人。他与龚自珍、林则徐等交往甚密，提倡经世之学。他曾代江苏布政使贺长龄编辑《皇朝经世文编》，助两江总督陶澍筹议漕运、盐政、水利诸政。鸦片战争期间，他参加浙东抗英斗争，后退而著述，在《四洲志》的基础上增补中外资料，于1842年撰写成著名的《海国图志》50卷(后扩为100卷)。这部著作较为系统地介绍了世界各国的地理、历史、政情，总结了鸦片战争的经验教训，并提出了“师夷长技以制夷”的主张。魏源批评守旧者虚骄尚气，“徒知侈张中华，未睹寰瀛之大”。他认为，要强国御侮，首先要“洞悉夷情”，了解世界。应当放下天朝大国的架子，面对现实，承认西方有值得中国学习的“长技”。他说：“夷之长技三：一战舰，二火器，三养兵练兵之法。”[①]魏源建议，在中国设立兵工厂和造船厂，聘请“洋匠”来华施教；同时，译西书，改革科举考试制度，培养新式人才。他期待这样就可使西方“长技”尽为中国所得。魏源肯定人民群众在反侵略斗争中所起的重要作用，热情赞扬了三元里人民的抗英斗争。他对在战争中暴露出的清朝统治者的腐败无能，深为不满，要求改革内政，“去伪，去饰，去畏难，去养痈，去营窟”，做到“以实事程实功，以实功程实事”。[②] 魏源最早提出和阐述了“师夷长技以制夷”的爱国主张，对其时和后来的思想界都产生了深远的影响。《海国图志》流传到日本，也助益了日本的维新事业。

姚莹(1785—1853)，字石甫，安徽桐城人。鸦片战争期间任台湾兵备道，为抵御英军侵略做出了贡献。战后，他积极探求域外新知，“筹制夷之策”。1845年写成《康辖纪行》一书，介绍中国西南边疆及外国一些地区的史地风情，告诫国人警惕英国侵略野心，主张加强沿海与边疆防务，学习西方的数学、天文学等“长技”。姚莹自谓，“喋血饮恨”著《康辖纪行》，目的在于“欲吾中国童叟，皆习见习闻，知彼虚实，然后徐筹制夷之策”，“冀雪中国

---

① 魏源：《筹海篇三》，见《鸦片战争》，第5册，567页。

② 《海国图志叙》，见《魏源集》，上册，208页。

之耻，重边海之防，免胥沦于鬼域”。[①] 这与魏源著《海国图志》的爱国动机是一样的。

徐继畬(1795—1873)，字健男，山西五台人。1848年于福建巡抚任上成《瀛环志略》10卷。全书以图为纲，依次介绍世界各国的疆域形胜、风土人情及历史变迁。卷帙虽远逊于《海国图志》，但选材更为翔实精当。《瀛环志略》是继《海国图志》之后出现的又一部介绍世界史地的重要著作。王韬说："近来谈海外掌故者，当以徐松龛中丞之《瀛环志略》，魏默深司马之《海国图志》为嚆矢……此诚当今有用之书，而吾人所宜盱衡而瞩远者也。"[②]

## 二、汉宋学的合流

在鸦片战争后很长的一段时间里，由封建统治阶级支持的汉学和宋学仍然在学术领域占据着主导地位。汉学又称考据学、朴学，曾在乾嘉时期鼎盛一时，成为清代的显学。嘉道以后，汉学弊端尽露，受到广泛的批评，开始步入衰途。不过，它余威尚炽，仍然保持着一支人数可观的著者队伍，在经学、小学等研究领域中，有影响的学术著作不绝于世。宋学，又称理学、义理之学，或性理之学，开创于宋代。由宋至明，这一学派分为程朱派和陆王派。自南宋后，程朱理学被奉为官方哲学，受到历代统治者的扶植。清初，理学在清王朝的支持下一度显赫，后因汉学的冲击，被多数士人所冷落，沉寂了百余年。但到嘉道年间，理学士人承汉学衰落之际，大力倡导，又使程朱理学出现了复兴的局面。许多理学家把汉学看作理学复兴的最大障碍，不遗余力地予以抨击，重新挑起了汉宋之争。方东树(1772—1851)的《汉学商兑》(成书于1826年)是抨击汉学最激烈的著作。作者在书中用程朱理学的观点对汉学进行了全面、系统的批判，斥责汉学"启后学空疏之陋"，危害胜于"洪水猛兽"。[③] 在《汉学商兑》的影响下，一些理学中人纷纷著书立说，抨击汉学，扬宋抑汉的风气在学界形成。

19世纪50—60年代，全国各族人民的反清起义打乱了封建统治秩序，清朝统治者大力提倡程朱理学，试图以此收揽人心，挽救统治危机。北京

---

① 姚莹：《复光律原书》，引自《东溟文后集》，第8卷，同治年间重刻本，见沈云龙主编：《近代中国史料丛刊续集》，第6辑，771页，台北，文海出版社，1974。

② 《弢园文录外编》，第9卷，273页，北京，中华书局，1959。

③ 方东树：《汉学商兑》，下卷，29页，光绪八年刻本。

政变后，清政府为了树立“正人立朝”的形象，大量起用讲求理学的大臣。曾被闲置的倭仁、李棠阶、吴廷栋等标榜理学的官员先后调入中央，委以重任。学宗程朱的曾国藩被授为钦差大臣、两江总督，掌握了很大的军政权力。各地也都出现了不少理学名士，于是理学势力益盛。

此期的理学营垒大致分为两个主要的派别：一是以倭仁、李棠阶、吴廷栋为首的理学主敬派；一是以曾国藩为首的理学经世派。

理学主敬派是理学营垒中的正统派，以儒学正宗自居，主张以程朱的道德论为中心来发挥理学思想。他们认为，天下国家是靠人心来维系的，而人心的善恶则取决于学术的正邪。他们把程朱理学视为唯一的“正学”，试图以此统一整个学术界。由于过分强调道统、学统的纯洁性，主敬派带有较强的门户之见。他们论学除了探讨道德修养的一些问题外，就是热衷于各种学术上的论辩，如程朱陆王之辩、君子小人之辩、“夷夏”之辩、义利之辩等。在思想方法和治学方法上，他们表现得比较拘谨和守旧，满足于重复程朱的一些思想结论，缺乏理论上的创新精神。

理学经世派就是理学中的革新派。早在嘉道年间，活跃在湖南的理学士人如贺长龄等就开始倡导“义理、经济”合一的主张，企图以经世之学的“实”，来济程朱理学的“虚”。曾国藩后来进一步发挥了这种观点，成为晚清理学经世派的代表人物。他把“经济”从“义理”中独立出来，将它与“义理”“考据”“辞章”相并列，成为一门独立的学问。他说：“为学之术有四：曰义理，曰考据，曰辞章，曰经济。”①从而对姚鼐曾经提出的儒学由义理、考据、辞章三大部分组成的观点作了重要的发展。理学经世派具有地主阶级改革派的思想特征，知权达变、崇尚实务、注重事功。此外，他们为学少门户成见，主张对程朱以外的各学兼容并包。他们中的一些人还能在一定程度上接纳西学(主要是西方的自然科学)，体现出一定的时代眼光。

汉宋学由对峙走向合流，是同光时期学术领域出现的新动向。这是由双方有识之士共同促成的。宋学方面的曾国藩、朱琦等提出了以下汉宋调和的理由：一、汉宋学都是孔门儒学的一部分，二者殊途同归，都能通向“圣人之道”。朱琦说：“学之为途有三：曰义理也，考订也，词章也。三者皆圣之道也。”②二、汉宋学宗旨相同。曾国藩把汉学宗旨概括为“实事求是”，把宋学宗旨概括为“即物穷理”，认为二者的基本精神都是“务实”，他

① 曾国藩：《劝学篇示直隶士子》，见《曾国藩全集·诗文》，442页。

② 朱琦：《辩学上》，见《怡志堂集》，第1卷，1页，咸丰七年刻本。

说："实事求是非即朱子所称即物穷理者乎。"又说："即物穷理云者，古昔贤圣共由之轨，非朱子一家之创解也。"①他们对以往旷日持久的汉宋之争表示厌倦，主张通过调和汉宋学来解救儒学面临的危机。汉宋调和的观点在汉学营垒中同样得到响应。不少汉学家放弃了固守门户的立场，开始对乾嘉汉学进行反省，肯定在经学研究中有必要借鉴宋学的某些方法。陈澧、黄式三、王先谦等人都是汉学派中主张汉宋调和的代表人物。

在汉宋调和的学风影响下，一些学者著述兼采汉宋，体现了同光时期传统儒学发展的新趋向。

## 第二节　诗歌与散文

### 一、宋诗运动与桐城派古文的复兴

鸦片战争后，雄踞文坛、左右着士大夫文学趋向的是宋诗派和桐城派。

在道光、咸丰年间，清代诗坛出现了学习宋诗的潮流，形成了一个所谓学人与诗人之诗合一的流派——宋诗派，又称"宋诗运动"。祁寯藻(1793—1866)、程恩泽(1785—1837)、郑珍(1806—1864)等是此诗派的健将。他们写诗学杜甫、韩愈、苏轼、黄庭坚。后曾国藩出，专宗黄庭坚，"宋诗运动"得到进一步发展，蔚然成风。

"宋诗运动"的出现不是偶然的，它反映了清代诗人因不满意明代文人一味模拟盛唐，走向形式主义的倾向，企图另辟蹊径。但因生活贫乏，思想平庸，他们的创新仅限于形式上创作。他们标新立异，以生涩为贵，以险怪为新，避熟就冷；而他们又多是显赫的官僚和考据名家，喜欢从经史乃至训诂考据中寻找诗材，这样他们的创作便又走上了模拟宋诗形式主义的歧途。

程恩泽的诗文集、祁寯藻的《䜌䜌亭集》《勤学斋笔记》、郑珍的《巢经巢诗集》、何绍基的《东洲草堂诗集》等，是这一时期宋诗派的代表作。他们的诗作多是些模山范水、官场唱和、描摹个人日常琐事的作品，追求闲情雅趣，缺乏思想内容。还有一些攻击太平天国，阿谀朝廷的作品。但其中有些山水游记写得自然、生动。他们中的个别人物，如郑珍写了不少关心民

① 曾国藩：《书学案小识后》，见《曾国藩全集·诗文》，165、166页。

间疾苦，反映现实生活，富有其家乡贵州风俗民情特色的诗篇。

桐城派是清代影响最大的散文流派。它由康熙时期的方苞所开创，经刘大櫆、姚鼐等人的发展而臻于成熟，称雄文坛。乾嘉时，桐城派一度衰落，至道光朝又有复兴的趋势。在此期，桐城派作家主要是以姚鼐的四大弟子管同(1780—1831)、梅曾亮(1786—1856)、方东树、姚莹为中心的一批学者。桐城派主张“文以载道”和“义理、考据、辞章”合一的思想原则，强调孔孟程朱的“道统”与韩、柳、苏、欧阳和归有光的“文统”之间的紧密结合，为清王朝的政治统治服务，具有明显的封建性和保守性。但桐城派在继承中国古典散文艺术传统方面也取得一定的成绩。如方东树提出为文要“善因善创，知正知奇”①；梅曾亮主张真情实感，要写“人之真”②；鲁一同强调达性明事等，都是富有积极意义的文学命题。在散文风格上，他们追求简洁明快、气象恢宏的阳刚之美，而且身体力行，留下不少传世佳作。此外，桐城派的不少作者具有关心现实，忧国忧民的思想感情，其作品议论不离“经济”。管同、鲁一同的不少文章敢于批评时政，揭露时弊，具有一定的思想性，反映了对鸦片战争前后社会问题的深切关注。

咸同以后，随着清朝统治的稳定，桐城派有了进一步发展，进入晚清的鼎盛期。由于曾国藩为该派盟主，此期的桐城派又被称为湘乡派。曾国藩自诩为姚鼐的继承者，网罗贤才，广结名士，形成一个规模颇大的文学集团。其中，吴敏树、吴嘉宾、钱应溥、刘庠、俞樾、张裕钊、黎庶昌、薛福成、吴汝纶等，均为古文高手。为救古文流弊，曾国藩提出“并功、德、言为一涂”的创作理论，用以纠正桐城派传统的“文以载道”“道艺合一”旧说的偏颇，从而进一步扩大了桐城古文的范围。黎庶昌说：百余年来桐城古文“有文敝道丧之患。至湘乡曾文正公出，扩姚氏而大之，并功、德、言为一涂。……使司马迁、班固、韩愈、欧阳修之文绝而复续。”③曾国藩还提出“以形写神”、文史并修、兼采百家的创作方法，倡导“雄奇瑰玮”“光明俊伟”④的文风。他的主张在晚清桐城古文的“中兴”过程中起到重要作用。

---

① 方东树：《答叶溥求论古文书》，见《仪卫轩文集》，第 7 卷，22 页，同治七年刻本。

② 梅曾亮：《太乙舟山房文集叙》，见《柏枧山房文集》，第 5 卷，19 页，咸丰六年慎修书屋刻本。

③ 黎庶昌：《续古文辞类纂序》，见《拙尊园丛稿》，第 2 卷，11 页，光绪十九年醉六堂石印本。

④ 曾国藩：《鸣原堂论文》，见《曾国藩全集·诗文》，554 页。

这个时期的桐城派作家留下了大量的作品，其中既有宣扬封建道统的平庸之作，也有反映现实，忧国忧民的佳构良篇。郭嵩焘、黎庶昌、薛福成、吴汝纶等人，或充驻外使节，或曾出国游历，其眼界、心胸之开阔，已与嘉道时期的宿儒不可同日而语。他们以桐城派的“义法”和风格写下的许多日记、游记、政论类文章，海外见闻与奇思异想交织在一起，读后使人耳目一新。他们的创作扩大了古文的题材范围，为旧文体表现新事物作了有益的尝试。薛福成的《观巴黎油画记》、吴敏树的《君山泛舟》、张裕钊的《北山独游》等文，都写得情景交融，引人入胜。

桐城派文法在学界产生了广泛的影响，对戊戌维新运动以后脱颖而出的新派学者仍具吸引力。著名翻译家严复和林纾为文皆宗桐城，造诣高深，译作全用古文，译笔简洁、流畅、生动、传神，较好地发挥了桐城派古文在文字表达方面的优点。这些表明，在近代白话文产生以前，以桐城派古文为代表的旧文体还不乏生命力。

## 二、进步的文学潮流

早在鸦片战争前，文坛的一些有识之士不满正统文派造成的“万马齐喑”的沉闷局面，就已酝酿着改革文风，而真正打破此种沉闷局面，首开近代文学新风的人物是龚自珍。

龚自珍是力主“经世致用”和具有叛逆性格的著名思想家。他的文学创作，体现了自己的思想与风格。龚自珍的诗作，勇于面对现实，大胆揭露了封建社会的黑暗面，因而成为他讥切时弊、倡言改革的有力武器。其《己亥杂诗》不仅指出外国侵略势力对中国的威胁，而且对广大人民遭受封建剥削的苦难表示同情。他写道：“不论盐铁不筹河，独倚东南涕泪多。国赋三升民一斗，屠牛那不胜栽禾。”[①]龚自珍的散文继承了我国现实主义的文学传统，其《明良论》《乙丙之际箸议》《古史钩沉论》《尊隐》等作品，以生动形象、寓意深刻的文字，抨击了清王朝的腐朽，尤其对封建官僚贪黩聚敛、寡廉鲜耻的刻画，更是栩栩如生，入木三分，富有战斗性。他不满正统文派“文以载道”的诗文理论，鄙视那些一味对封建当权者歌功颂德、粉饰太平的无聊文字，主张为文作诗要直抒胸臆，表达真情实感。他说：唐以来

---

① 龚自珍：《己亥杂诗》，见《龚自珍全集》，521页。

的大诗人“皆诗与人为一，人外无诗，诗外无人，其面目也完”[①]。龚氏的诗文不仅与社会现实紧密结合，带着浓厚的时代气息，而且想象丰富，风格多样，洋溢着浪漫主义精神，有力地冲击了其时文坛上拟古主义和形式主义的颓靡风气，首开一代关心国事民瘼的新文风。

1840年英国侵略者发动的鸦片战争，激起了中国人民的强烈反抗，也激发了广大爱国诗人的创作热情。他们以饱蘸民族义愤的笔墨，创作出大量反映鸦片战争时期军民同仇敌忾、英勇抗敌的文学作品，使爱国主义的文学蔚为大观，在中国近代文学史上产生了积极的影响。

在这类作品中，反映鸦片战争题材的诗作占有重要地位，如林昌彝的《射鹰楼诗话》，张维屏的《三元里》《三将军歌》，梁信芳的《牛栏冈》，贝青桥的《咄咄吟》，魏源的《寰海十言》等。林昌彝的《射鹰楼诗话》，书名之“鹰”是“英”的谐音，即取“射击”英国侵略者之意，包含了诗人对侵略者的正义声讨。他用激愤的笔调揭露了西方殖民势力东侵的祸心，写道：“包藏祸心英吉利，七万里外轮船至。互市高楼鬼岛连，挟山奇货通天智。洋烟流毒剧堪哀，茶药曷换洋米来。”[②]诗人们还用艺术的语言对清朝统兵大员的昏庸无能作了辛辣的讽刺，揭露了封建统治者的腐朽无能。贝青桥的《咄咄吟》描写了奕经部下将领张应云在大敌当前仍卧吸鸦片的丑态，他写道：“瘾到材官定若僧，当前一任泰山崩。铅丸如雨烟如墨，尸卧穹庐吸一灯。”[③]诗人们用更多的笔墨热情地讴歌了广大军民的抗敌斗争。朱琦的《关将军歌》、张维屏的《三将军歌》，都以炽烈的激情表彰了关天培、葛云飞等爱国将领身先士卒，奋勇杀敌，为国捐躯的英雄事迹，塑造了民族英雄的艺术形象。这些作品字里行间洋溢着爱国主义精神，具有较强的艺术感染力。

除了诗歌之外，此期还涌现出大量表达国人抗敌决心的文告、檄文、揭帖及民谣。广东人民及三元里民众曾张贴、散发过大量这类宣传品，如《全粤义士义民公檄》《粤民檄英夷文》《乡民讨英檄》《粤民示谕英夷》《三元里居民示谕英夷》《阖省城铺户居民等公启》《致英吉利国领事官信稿》《告谕英商大略》等。它们一般出自下层文人之手，内容爱憎分明，感情真切，文字

---

① 龚自珍：《书汤海秋诗集后》，见《龚自珍全集》，241页。

② 林昌彝：《广州采风杂感》，见《林昌彝诗文集》，194页，上海，上海古籍出版社，1989。

③ 《鸦片战争》，第3册，159页。

通俗易懂，直接反映了下层民众爱憎分明的爱国立场。

席卷大江南北的太平天国革命不仅在军事上、政治上沉重地打击了清王朝，而且在思想文化方面也颇有建树。太平天国的领导人都很重视文学的作用，其颁行的文告强调："文艺虽微，实关品学，一字一句之末，要必绝乎邪说淫词而确切于天教真理，以阐发乎新天新地之大观。"①意思是要使文学成为反对清王朝的"邪说淫词"的武器，服务于反清斗争。太平天国对清朝文坛盛行的腐败文风深恶痛绝，揭露在封建文化专制统治下，"文士之短简长篇，无非空言假话；下僚之禀帖面陈，俱是谗谄赞誉"，文人"甘居鞑妖之下，不务实学，专事浮文"。② 提倡"文以纪实""言贵从心""朴实明晓"的文风。1861 年洪仁玕等发布《戒浮文巧言谕》，要求合朝内外官员士人为文必须"弃伪从真，去浮存实"，所有"文移书启，总须切实明透，使人一目了然，才合天情，才符真道"。③ 这些精神基本上在实践中得到贯彻。通观太平天国发布的诏书、檄文和其他文件，多文字朴实，通俗易懂。其领导人还通过诗歌的形式传达命令，鼓舞士气，其文写得感情充沛、朗朗上口，便于在民众中流传。

## 第三节　科技与译书

鸦片战争以后，中国传统自然科学在新的历史条件下继续向前发展，取得成就较大的领域有数学、物理学、天文学、植物学及工艺制造。

在数学领域，学者辈出，著述如林，卓有建树的数学家主要有：罗士琳（1789—1853）、项名达（1789—1850）、顾观光（1799—1862）、徐有壬（1800—1860）、戴煦（1805—1860）、李善兰（1811—1882）、汪日桢（1812—1881）等。他们继承了中国古代数学的传统，在整理前人研究成果的基础上有所创新，填补了某些数学研究的空白领域。有的还借鉴了西方数学的成果与方法，把传统数学研究引入一个新的境界。例如，罗士琳曾用 12 年的时间写成《四元玉鉴细草》24 卷，对几乎成为绝学的元代朱世杰的《四元玉鉴》作了深入的研究和阐释，把中国数学界对级数的研究向前推进了一步。清代以前，始终没有一本全面反映我国数学研究成果的专著。直

① 《太平天国》，第 2 册，551 页。

② 《太平天国》，第 2 册，525 页。

③ 《太平天国文书汇编》，101 页。

到清嘉道年间阮元主编的《畴人传》问世，才填补了这一空白。1840年罗士琳继阮元之后，编著《续畴人传》六卷，对前书作了进一步的补充。在40年代，一些中国数学家在没有接触西方数学的情况下，以自己独特的思维方式，取得了接近西方微积分学的研究成果，再次证明了中国人的聪明才智。1845年，数学家李善兰写成《方圆阐幽》《弧矢启秘》《对数探源》等三部著作，创立了“尖锥求积术”，列出了十条概括性命题来阐述尖锥术的基本原理。他用尖锥的面积来表示 $x^n$，用求诸尖锥之和的方法来解决各种数学问题，实际已经得出了有关定积分公式。项名达在1848年写成《象数一原》六卷，通过科学分析和逻辑推理，在中国数学史上第一次提出求椭圆周长的正确方法，与西方近代数学用椭圆积分法所得相同。这说明，如果没有西方微积分的传入，中国数学家也能通过自己的努力，实现传统数学从初级向高级的转变。

在物理学方面，郑复光经过十年时间写成我国近代第一部系统的光学专著《镜镜詅痴》，并于1846年付梓刊行。这部专著不仅从理论上论证了几何光学的基本原理，而且介绍了各种类型的光学仪器、器具的制作方法。尽管他对有些问题的论述不尽符合科学原理，但就全书而言，则以独特的表达方式，说出了与西方近代几何光学本质上一致的结论，从而将我国古代光学研究水平推进到一个新的高度。

在天文学方面，顾观光撰写了《周髀算经校勘记》《读周髀算经书后》等论著，不仅对《周髀算经》这部产生于公元前100多年的天文学名著作了订正，而且发挥了他对此书中天文学观点的见解，有助于后人对我国古代天文学的研究。顾氏还写成《开元占经鲁历》，详细地将我国历代的历法与西历、回历加以比较，探讨了用新的方法来计算古历法中闰年误差日的数值计算。

在植物学方面，吴其濬前后用了7年时间，于1847年写成《植物名实图考》一书。全书7万余字，凡38卷，分12大类，记载植物达1 714种，附图1 800多幅，涉及的学科门类有植物学、农学、药学、林学、园艺学诸方面，内容极为翔实丰富。与《本草纲目》相比，该书所收录的植物品种增加了519种，可以说是集中国传统植物学之大成。《植物名实图考》还受到国外学者的重视，曾经传入日本，受到日本学界的高度评价。至今许多国家的图书馆都藏有此书。

在工艺制造方面，著名的工艺师丁拱辰、龚振麟对于新式火炮的制造技术贡献尤大。在鸦片战争期间，他们都参加了清政府改进武器的工作。

丁拱辰发明了滑车绞架，增强了火炮移动的灵活性。又发明了实心弹和通心弹，减轻了弹体重量，增加了射程。龚振麟在兵器制造方面的最大贡献是发明铁模铸炮法和枢机炮架。此外，他们还在中西结合的基础上写成有关火器制造方面的著作。如丁拱辰撰有《演炮图说》《演炮图说辑要》，龚振麟著有《铸炮铁模图说》《枢机炮架图说》《铁模铸炮法》等。其水平远远超过明末出版的铸炮名著《则克录》。铁模铸炮为龚振麟首创，西方国家在30年后才采用此法。

译介西方自然科学的著作，是鸦片战争后中国科技界出现的一件大事。这项工作的开展对中国科技从传统走向近代，起到了积极的推动作用。

在19世纪40—50年代，中国学者李善兰、王韬、张福僖等人在上海先后与外国传教士伟烈亚力、艾约瑟、韦廉臣等通力合作，翻译出版了一批重要的西方科学著作。由李善兰参与翻译的有：《几何原本》(后九卷)《代数学》《代微积拾级》《植物学》《谈天》《重学》等；王韬参与翻译的有：《西国天学源流》《西学图说》《重学浅说》《华英通商事略》等。张福僖译有《光论》。此外，英国教会医生合信在这个时期出版了《西医略论》《妇婴新说》《内外科新说》等医学著作。这些可以说是鸦片战争后20年间译介西方科技的主要成果。这些著作在鸦片战争后第一次较为系统地将西方近代代数、几何、微积分、物理学、天文学、植物学及医学等自然科学的知识引进了中国。尽管这些科学新知还十分有限，但它毕竟开阔了国人的眼界，促进了中国与世界科学文化的交流，推动了中国科技事业的进步。

# 第五章 洋务运动和中国资本主义的产生

## 第一节 清政府应付变局的抉择

### 一、洋务运动的兴起

洋务，又称夷务，其时泛指包括通商、传教、外交等在内与西方资本主义有关的一切事务。洋务运动，则是指清政府为挽救统治危机，自上而下推行的一场以引进西方的军事装备、机器生产和科学技术为主要内容，以富国强兵为目的的自救运动。

1861 年 1 月，清政府设立总理各国事务衙门(简称总理衙门)，总揽与洋务有关的各类事务，标志着洋务运动的正式启动。洋务运动涉及的范围十分广泛，包括购买和制造枪炮船舰、编练新式海陆军、兴办近代工矿交通企业、举办新式学堂、向海外派遣留学生等。随着形势的发展和主持者对西方国家以及西学认识的深化，洋务运动的重点前后有所不同。前期(60 年代至 90 年代)以"自强"为主，重在创办使用机器生产的军事工业和训练新式军队，力图建立一套新的防务体系；后期(70 年代至 90 年代)除继续进行"自强"活动外，又在"求富"的口号下，逐渐兴办工矿、轮船、电报、铁路和纺织等民用工业。同时，还举办了一批新式学堂，向海外派遣留学生和翻译西方书籍，等等。

洋务运动的兴起是国内阶级矛盾激化和世界资本主义潮流冲击诸多因素汇聚的结果。作为一场自救运动，它体现了清政府应付历史变局的一种抉择。

1860 年前后，太平天国克服了内部危机重新振作起来，并在长江下游地区接连重创清军；北方捻军也在江淮地区日趋活跃，成为太平天国的有力盟军。农民革命运动重新高涨，使清朝政权再度岌岌可危。与此同时，《北京条约》订立后，英法等国的侵略者获得了新的权益，便抛去“中立”的假面具，明确表示愿意帮助清政府镇压太平天国。法国公使向奕䜣提出，“愿为中国攻剿发逆”，所有该国停泊各口之船只兵丁，悉听调遣。英俄公使也有类似的表示。于是，清政府度过了第二次鸦片战争的危机，迎来了“中外和好”的新局面。

1861 年 1 月(咸丰十年十二月)，奕䜣等上《统筹全局折》，“综计天下大局”，提出了应付时局的根本战略思想。他们认为，“自换约以后，该夷退回天津，纷纷南驶，而所请尚执条约为据，是该夷并不利我土地人民，犹可以信义笼络，驯服其性，自图振兴，似与前代之事稍异”。因之，英俄诸国乃是“肢体”“肘腋”之患，尚可妥协；但“发、捻交乘，心腹之害也”，却是无可妥协的。奕䜣等人将“今日之势”比作魏蜀吴三国鼎立，他们主张联吴伐魏，即联合西方侵略者共同镇压太平天国，故其设定的战略重点是：“灭发、捻为先，治俄次之，治英又次之”[①]。

清政府要联合英法诸国镇压太平天国，说到底，就是想借助西方先进的军事装备。经过两次鸦片战争，清朝大吏对西方船炮乃战守利器这一点，已看得十分清楚。他们深信，没有西方的洋枪洋炮，是无法战胜太平军的。曾国藩在创办湘军之初即采用洋炮装备其水师，由两广总督叶名琛源源供应“真正洋装，选验合用之炮”。在总结湘潭、岳州两个战役湘军取胜的原因时，曾国藩认为“实赖洋炮之力”，并要求清廷“尤须有洋炮继续接济，乃能收越战越精之效”。[②] 稍后，他在安庆设军械所，开始竭力仿造西洋船炮。1862 年李鸿章率淮军到上海，曾登上英法兵舰参观，更叹服不已。他说：“其大炮之精纯、子药之细巧、器械之鲜明、队伍之雄整，实非中国所能及。”[③]李鸿章购置西洋船炮的愿望，随着太平军越来越多地使用洋枪洋炮，变得愈加急切。当时，“忠王军三分之一均有洋枪”。李秀成解天京之围时，带有“开花炮多尊及洋枪二万杆”，其火器精利“远优于湘军百倍”[④]。李鸿章

---

① 中国史学会主编：《中国近代史资料丛刊 · 洋务运动》(以下简称为《洋务运动》)，第 1 册，6 页，上海，上海人民出版社，1961。

② 转引自贾熟村：《太平天国时期的地主阶级》，449 页，南宁，广西人民出版社，1991。

③ 《李文忠公全书 · 朋僚函稿》，第 2 卷，46 页，光绪乙巳金陵刻本。

④ 简又文：《太平天国全史》，下册，2217 页，香港，简氏猛进书屋，1962。

向曾国藩建议，“李秀成所部最重，洋枪最多”，“欲剿此贼，非改小枪队为洋枪队不可”①。惟其如此，当英法等国表示愿意帮助镇压太平天国时，清政府从中央到地方便都出现了“借兵助剿”的鼓噪。肇端于购置洋枪洋炮的洋务运动，最初的动因之一，就是要联合西方侵略势力共同镇压太平天国农民起义。

洋务运动同时还包含着强国御侮的目的。奕䜣等人在上述的奏文中也指出：“窃为夷情之强悍，萌于嘉庆年间，迨江宁换约，鸱张弥甚，至本年直入京城，要挟狂悖，夷祸之烈极矣。”他们虽然主张当务之急在联合各夷镇压太平天国，但也没忘记指出，“该夷”毕竟为“仇敌”，不能“忘其害而全不设备”，正确的策略是：“以和好为权宜，战守为实事。”②后来这一策略思想被奕䜣、曾国藩诸人越来越明确地表述为：应充分利用剿灭“发匪”的名义，掌握西洋船炮技术，以为长远御侮之计。奕䜣说：“现在江浙尚在用兵，托名学制以剿贼，亦可不露痕迹，此诚不可失之机会也。若于贼平之后始筹学制，则洋匠虽贪重值而肯来，洋官必疑忌而挠阻，此又势所必至者。是宜趁南省军威大振，洋人乐于见长之时，将外洋各种机利火器实力讲求，以期尽窥其中之秘。有事可以御侮，无事可以示威。”③曾国藩、李鸿章也持同样的看法。

马克思、恩格斯在《共产党宣言》中论述资产阶级按照自己的面貌改造世界历史时说：“资产阶级，由于一切生产工具的迅速改进，由于交通的极其便利，把一切民族甚至最野蛮的民族都卷到文明中来了”，“它迫使一切民族——如果它们不想灭亡的话——采用资产阶级的生产方式；它迫使它们在自己那里推行所谓文明制度，即变成资产者。”④从更大的历史场景看，归根结底，洋务运动又是世界资本主义潮流的冲击所引起的积极回应。

在第一次鸦片战争中，“天朝大国”竟败于西方“蕞尔小夷”，已反映了在世界资本主义潮流的冲击下，清朝封建统治之腐败及其岌岌可危。时人惊呼是为“千古未有之奇变”，说明已依稀感受到了历史潮流的涌动。以魏源为代表的一些志士仁人，急起“筹制夷之策”，他们大声疾呼放弃无益的虚骄心理，面向世界，研究夷情，尤其要以购买和研制西洋先进的船炮为

① 《李文忠公全书·朋僚函稿》，第1卷，62页。

② 《洋务运动》，第1册，5页。

③ 《洋务运动》，第1册，6页。

④ 《共产党宣言》，单行本，31～32页，北京，人民出版社，1997。

急务。魏源更明确提出了“师夷长技以制夷”的主张，并建议设立造船厂和火器局，雇用外国工匠制造新式船炮。这已是力图对依稀感受到的历史潮流的涌动做出积极的回应。但因清朝统治者颟顸腐朽，魏源等人的主张不被重视，故“廿余载事局如故”。

经第二次鸦片战争，英法侵略军直入京师，咸丰帝逃死热河，这在清廷内外引起极大震动，“夷祸之烈极矣”，“实为数千年未有之变局”。许多人痛切地认识到，中国已处于世界大潮之中，“夷夏”大防已变为“华、洋”并列，清王朝面临着受制于“四夷”的危局。于是，人们重新想起了魏源“师夷长技以制夷”的主张。李鸿章说：“师彼（西方）之长，去我之短，今及为之，而已迟矣。若再因循不办，或旋作旋辍，后患殆不忍言。”①奕䜣则强调指出：“治国之道，在乎自强，而审时度势，则自强以练兵为要，练兵又以制器为先。”②这话集中概括了洋务运动的目的、基本内容和实施步骤。不仅如此，它强调“审时度势”，应将“师夷长技”当作自强之本、治国之道，又说明洋务运动的主持者们与林则徐、魏源的思想一脉相承，他们对世界资本主义潮流冲击的回应，愈显自觉和积极。

洋务运动肇端之时，中国已沦为半殖民地半封建社会，外国资本主义侵略势力为了确保其在华的利益，也要求清政府稍能振作有为，以便承担起代理人的职责，维持半殖民地半封建的秩序。所以它们极力想影响和控制洋务运动，将之纳入自己所需要的轨道。1866年（同治五年），英驻华使馆参赞威妥玛和总税务司赫德，分别向清廷提出了名为《新议略论》与《局外旁观论》的条陈。二人在条陈中不仅威胁清廷必须遵守和议，不然中华日后不能“保其自主”，而且又都提出了“代谋变通之法”，即要求次第举办“如水陆舟车，工织器具，寄信电机，银钱式样，洋火兵法等”。他们强调，中外既结为一体，“盖其内政外交两节，今已互结，不能分论”。清政府若“不肯借取新法，平治内乱”，其时外国利益不保，不能不自行干涉，瓜分之事便难避免。③ 清廷虽不满威妥玛、赫德的咄咄逼人，于所论“代谋新法”，却持肯定态度，以为“亦间有谈言微中之事”。但上谕是这样提出问题的：二人“总以将来不能守信为疑，所陈轮车、电机等事，虽多窒碍难行，然有为各国处心积虑必欲力争之事，尤恐将来以保护洋商为词，即由通商口岸而

① 《洋务运动》，第1册，154页。

② 《筹办夷务始末》（同治朝），第25卷，1页，台北，文海出版社，1971。

③ 《筹办夷务始末》（同治朝），第40卷，24～27页。

起……应如何设法自强使中国日后有备无患，并如何设法预防俾各国目前不致生疑之处”①，曾国藩、左宗棠、李鸿章等当统筹全局，陆续勘办。原来，讲“自强”还有迎合外人不使“生疑”的一面，意思是：中国有能力自强，以保证外人在华的利益。所以，洋务运动的产生，虽然反映了洋务派对世界资本主义潮流冲击的一种积极回应，但是，由于洋务派身处半殖民地半封建的中国，却又力主“曲全邻好”，承诺从根本上保证外国侵略势力在华的权益，这就使得他们倡导的洋务运动不能不带上了半殖民地化的色彩。

1866 年，在赫德的活动下，清政府派总理衙门章京斌椿及同文馆学生数人随同他去英国考察。1868 年，清政府又在离任的美国驻华公使蒲安臣的怂恿下，派他率领“中国代表团”赴欧美访问。该团共 5 人，竟有 3 人是外国人。代表团抵美后，蒲安臣擅自代表清政府与美国政府签订了《中美续增条约》(亦称《蒲安臣条约》)，承认美国享有掠夺华工以及在中国各通商口岸设立学校的权利。

## 二、洋务派

在清政府内部，一部分倡导和推动洋务运动、具有资本主义倾向的官僚，被称为洋务派。

洋务派在清朝中央以军机大臣兼总理衙门大臣恭亲王奕䜣、户部侍郎文祥等人为代表，后期则以醇亲王奕譞及其领导下的总理衙门、海军衙门大臣等为洋务派在中央的核心；在地方上则以曾国藩、左宗棠、李鸿章等人为代表。后者多是在长期镇压农民起义的过程中掌握了地方实权的汉族封疆大吏。湘淮军阀在办洋务的过程中，也逐渐形成两大洋务集团：以曾国藩、左宗棠为首的湘系集团和以李鸿章为首的淮系集团。

曾国藩是最早由封建官僚转化为洋务派的人物。早在 1854 年，他就竭力购置洋枪洋炮装备湘军，以镇压太平天国。1860 年后，他奏称：“目前资夷力以助剿济运，得纾一时之忧，将来师夷智以造炮制船，尤可期永远之利。”②已明确提出了“师夷智”制船炮、开展洋务活动的思想主张。所以，他的洋务实践也由单纯购买西洋枪炮发展到了仿制西洋船炮的阶段。曾国藩不仅广泛网罗懂科技的专门人才，而且重用和提拔了一大批包括左宗棠、

① 《洋务运动》，第 1 册，16 页。

② 《洋务运动》，第 1 册，16 页。

李鸿章、郭嵩焘、丁日昌、沈葆桢等在内推进洋务运动的中坚和骨干。曾国藩去世较早，所办洋务项目有限，但他在开创风气、培养人才等方面建树颇著，因而成为公认的洋务派首领之一。

曾国藩由一个著名理学家演变为洋务派，但并未与过去的思想割断联系。理学家忠君卫道、修身养性等传统观念和思想作风，仍在他的洋务思想中留下了烙印。例如，“求强求富”讲究“铢积寸累”的方式；办理对外交涉强调“守定和议，绝无改更”，“坚持一心，曲全邻好”的所谓“忠信”原则，就反映了这一点。前者使之满足于仿制西洋船炮，而缺乏进一步创办近代化工业的宏大魄力；后者则使之面对外国侵略，终归妥协退让。

左宗棠在洋务派首领中独具个性。早在第一次鸦片战争时期，他就不仅指出英国“包藏祸心”，是个积极的抵抗派，而且主张改造中国的旧式船炮，是魏源“师夷长技以制夷”思想的积极拥护者。经第二次鸦片战争，其洋务思想已十分鲜明。他说：“自海上用兵以来，泰西诸邦以机器轮船横行海上，英、法、德、俄又各以船炮互相矜耀，日竞其鲸吞蚕食之谋，乘虚蹈瑕，无所不至，此时而言自强之策，又非师远人之长还以治之不可。”①左宗棠的洋务活动以造船为中心，旁及制造枪炮弹药和举办新式学堂。他认为，中国海防师船落后，致启外人轻视之心，因之，“东南要务，以造船为先著”②。他提出了“借不如雇，雇不如买，买不如自造”的名言，力主设立中国新式的造船厂，且谓“内纾国计利民生，外销异患树强援，举在乎此”③。左宗棠富有爱国激情，在反侵略斗争中卓有建树，此为曾国藩、李鸿章所望尘莫及。但他久处西北，对世界大势的了解又明显逊于李鸿章。

李鸿章是举办洋务事业最多、成绩最为显著的洋务派官僚。1862 年他率淮军到上海后，目睹西洋船炮之精良，慨叹不已，以为“中国文武制度，事事远出西人之上，独火器不能及”④，于是便以倡导洋务为己任。他曾对人说：“处今日喜谈洋务乃圣之时，人人怕谈、厌谈，事至非张皇即卤莽，甚少不误国。公可不喜谈，鄙人若亦不谈，天下赖何术以支持耶？中国日弱，外人日骄，此岂一人一事之咎，过此以往自强者尽可自立，若不强则

---

① 《左宗棠全集·扎件》，605 页，长沙，岳麓书社，1986。

② 《洋务运动》，第 5 册，19 页。

③ 《左文襄公书牍》，第 8 卷，44、60 页，清刻本。

④ 《筹办夷务始末》(同治朝)，第 25 卷，9 页。

事不可知。”[1]反映了他举办洋务的责任意识和使命感，这正是他办洋务成绩显著的原因之一。

19世纪70年代后，李鸿章的洋务思想得到了深化，视野愈发开阔。他认为，“必先富而后能强，尤必富在民生而国本乃可益固”[2]。自通商以来，洋货充斥，利权大量外溢；中国既不能禁洋货不来，又不能禁民间不用，不若“亦设机器自为制造，轮船铁路自为转运”。于是其洋务活动便超越了仿制西洋船炮的阶段，而进入了办工厂、开矿山、修铁路以及举办轮船航运、电报通讯等民用工业更为广阔的新阶段。同时，李鸿章将办洋务与“变法”即内政改革联系起来，强调唯有“稍变成法”，才能出人才，精制造，“转贫弱而为富强”[3]。尽管他的所谓“变法”还仅限于改革科举制度一类具体问题，远未触及封建制度本身，但毕竟反映其洋务思想变得深刻和丰富了。

大学士、军机大臣宝鋆认为，在洋务派中，丁日昌“能致其精”，沈葆桢“能尽其实”，而李鸿章则“能见其大”。[4] 所谓“能见其大”，就是具宏观构想，能谋划大局。李鸿章说的“外须和戎，内须变法”一句，将“和戎”“变法”与洋务联为一体，最能体现其洋务思想的总体架构。但其弱点也集中反映在这里。“外须和戎”，固然包含着为推进洋务事业和内政改革应允许与外国侵略势力作必要妥协，以争取和平的外部环境这一合理的思路；但是，更为本质的问题在于，李鸿章畏敌如虎，“和戎”实成了对外一味妥协退让的代名词。他说，西洋“轮船电报之速，瞬息千里；军器机事之精，工力百倍；炮弹所到，无坚不摧；水陆关隘，不足限制；又为数千年来未有之强敌”。中国即与之抗，“彼之军械强于我，技艺精于我，即暂胜必终败”[5]。李鸿章是战争必败论者，故时人说：“议和则李鸿章必占人先，议战则李鸿章必落人后。”[6]李鸿章既无意触动腐朽的封建制度，又试图在对外退让、屈和的基础上，实现“求强求富”的洋务事业，这是其洋务指导思想的根本失误。

19世纪80年代中期，随着左宗棠的去世，湘系集团的势力衰落，洋务

① 《李文忠公全书·朋僚函稿》，第16卷，30页。
② 《李文忠公全书·奏稿》，第43卷，43页。
③ 《洋务运动》，第1册，54页。
④ 郭嵩焘：《养知书屋文集》，第11卷，10页，光绪壬辰刻本。
⑤ 《洋务运动》，第1册，43页。
⑥ 《洋务运动》，第3册，18页。

集团形成了淮系一枝独秀的局面。清中央统治者慈禧、奕譞乃取扶植洋务派后起之秀张之洞的政策，以期牵制淮系势力。张之洞原为清流派健将，以批评朝政著称，1881 年外放山西巡抚，思想开始发生变化。中法战争爆发后调任两广总督，在实践中深感中国军事和工业的落后，便大力办厂、开矿、筑路、练兵、建立新式学堂，迅速组成了一个新的实力雄厚、自成系统的洋务集团，在铁路、钢铁、军工、纺织等业颇有建树。张之洞撰写《劝学篇》，提出“旧学为体、新学为用”的原则，是洋务运动基本经验的经典表述。

## 第二节　洋务运动的展开

### 一、创办军事工业

洋务派认定“自强以练兵为要，练兵又以制器为先”，所以，他们大力仿照西方设厂制造新式枪炮和兵舰，着意于创办近代军事工业。这构成了早期洋务运动的基本内容和重点。

这一活动肇始于 19 世纪 60 年代初。1861 年，湘军陷安庆，曾国藩在这里设立内军械所，主要生产子弹、火药和炸炮。几个月之后，李鸿章到上海，他很快就着手创办洋炮局，一共三所，分别由英国人马格里，以及韩殿甲、丁日昌主持。但是安庆内军械所和上海洋炮局规模都很小，设备简陋，除马格里主持的炮局后来购入很少一部分机器外，基本上采用手工生产，效能很低。所以，从严格意义上讲，还不能算作近代意义上的军事工业，只能视为近代军事工业的滥觞。

1864 年，湘军攻陷天京，太平天国失败，清王朝的统治危机暂告缓解，洋务派可以腾出手来把更多的人力物力投入建立军事工业的活动。他们引进机器设备，招募工人，聘用外国技术人员，近代军事工业于是迅速兴起。1865 年至 1894 年甲午战争爆发前，洋务派共兴建了二十余个制造枪炮、弹药和船舰的军工厂。其中有的规模较大，能够制造枪炮弹药，有的还能造轮船机器，并附设炼钢厂；有的规模较小，只能造子弹、火药，且时开时停。下面是规模较大、比较典型的几个军事工业。

1. 江南制造总局

曾国藩在创办安庆内军械所的过程中，发现手工生产效率低，质量也很差。1863年，从美国留学归来的容闳来到安庆，向曾国藩建议购买机器进行生产。曾国藩欣然接受，并派容闳携款赴美选购。李鸿章则主张就近议购，他认为这样做不仅方便，而且“进退之权，既仍在我，转移之间，即资应用”①。1865年，他派丁日昌访购机器。这年夏天，丁日昌访得上海虹口有美商设立的旗记机器铁厂愿意出售。在征得李鸿章同意后，他以六万两白银购下该厂及所存铜、铁、木料等。李鸿章将苏州洋炮局的部分机器和容闳从美国买回的机器，以及上海洋炮局并入铁厂，成立了江南机器制造总局(简称“沪局”)。1867年又因虹口地方狭小，洋商麇集，易生事端，迁至上海城南高昌庙，规模也大大扩充了，占地400余亩，到1891年已有13个分厂和一个工程处。

**图 5.1 江南制造局的制炮厂炮房**

江南制造局的产品主要有五类。一是枪支弹药。初期只能生产旧式前膛枪，19世纪70年代以后开始制造林明敦式后膛枪。至80年代后期林明敦式后膛枪也落后了，特别是常有走火的毛病，于是开始仿德国新毛瑟枪，研制新枪。90年代研制成功沪局自制的快利新枪。弹药的种类很多，并不限于本厂制造的枪炮的规格。火药有黑色火药、栗色火药，1893年又研制成功最先进的无烟火药。此外还生产地雷、水雷等。二是大炮。初期仅能生产旧式劈山炮和生铜炮。70年代中期以后开始生产熟铁前膛大炮，90年

① 《总理各国事务衙门清档·海防档(丙)·机器局(一)》，21页，台北，艺文印书馆，1957年影印本。

代以后又仿制全钢后膛快炮。至1895年共生产各式大炮三百尊左右，主要供南北洋海防和长江沿岸的炮台使用。三是造船。1867年设立船厂和船坞，次年造成第一艘轮船“恬吉”号(后改名“惠吉”)，至1885年共制造各类轮船十余艘。此后因经费问题停造，专事修理南北洋各省船舰。四是钢铁。1890年以前，生产所需的钢料、钢管等都要从外洋购进，洋商往往哄抬价格，乘机敲诈。为此，沪局于1890年设立炼钢厂，设备购自英国。除炼钢外，还可压轧钢板、钢轴、枪坯、炮坯等。这是近代中国生产的第一批熟钢和钢材，迈出了中国钢铁工业的第一步。五是机器。洋务派很重视“制器之器”，力图避免受制于洋人。容闳从美国购买的机器大多是供制造之用的工作母机，而非专为军工生产，沪局因此得以生产各种机器，有车床、刨床、钻床、汽锤、砂轮机、锯床、翻砂机、起重机、汽炉等，还有各种机器零件和工具，除自用外，还有调拨或卖给其他机器局的，亦有售给民间工厂的，开近代中国机器制造之先河，对工业技术发展的推动作用是不可忽视的。

2. 金陵制造局

1863年，淮军联合“常胜军”攻陷苏州。马格里主持的洋炮局随李鸿章迁往苏州，改称苏州炮局。不久，购买了“阿思本舰队”配备的一套制造枪炮子弹的机器，成为近代中国第一个采用机器生产的军事工厂，生产能力有所提高。但机器不全，规模仍然十分有限。1865年，李鸿章署理两江总督，苏州炮局又随之迁往南京，改称金陵机器局(简称“宁局”)。厂址选定在南京雨花台，1865年动工建厂，次年8月建成。以后曾多次扩建，是清政府举办的军事工业中较重要的一个。

金陵机器局的产品主要是大炮和弹药，19世纪80年代中期曾制造过两艘小轮船。在中法战争和中日战争期间，宁局曾日夜加班，扩大生产，以供前方军需之用，在对外反侵略战争中发挥了一定作用。

主持宁局的英国人马格里盛气凌人，飞扬跋扈，经常与总办刘佐禹发生龃龉，甚至私设由30名士兵组成的武装卫队，并且拒绝李鸿章解散卫队的命令。他的技术水平很低，他指导下生产出来的大炮质量低劣，1875年1月在大沽炮台试放时发生爆炸，炸死士兵5人，炸伤官兵13人。7月，李鸿章撤销了马格里的职务。此后，金陵机器局一直由中国人主持，不再雇用洋匠。

3. 福州船政局

1866年，左宗棠设立福州船政局(简称“闽局”)，专门制造和修理船舰，是当时中国人创建的规模最大的船舶修造厂。

左宗棠很早就关注外国的船舰，极力强调制造轮船对巩固国防的作用。1864 年他曾觅匠用手工生产的方式仿造一艘小轮船，但在西湖试航时行驶缓慢，于是决心引进机器生产。

1866 年 6 月，左宗棠奏请设立船政局，得到批准后与法国人日意格、德克碑签订合同，议定自船厂开工之日起，5 年内由他们监造大小轮船 16 艘，并负责训练中国的技术人员，合同期满时，后者应具备独立担任造船及驾驶工作的能力。随后，日意格、德克碑被派赴法购买机器、轮机、钢铁等件。这年 9 月，左宗棠调任陕甘总督，他在离闽前，推荐前江西巡抚沈葆桢任总理船政大臣，并要求颁发关防，准其专折奏事。

船政局设于福州马尾罗星塔地方，1866 年冬开始施工，次年 10 月第一批机器运抵，开始设备安装。至 1873 年共建有十四个厂，形成了一座以造船为中心的大型机器厂。又附设船政学堂(也称“求是堂艺局”)，培养轮船和驾驶的技术人员以及技工。

第一艘轮船“万年青”号于 1869 年 6 月下水。至 1874 年第一期合同期满，共制造各种轮船 15 艘，日意格等法籍技术人员照合同所订悉数撤退，由船政学堂培养的学生接管技术工作。后来闽局又陆续雇用过洋匠，但为数很少，期限也很短。随着时间的推移，闽局的造船技术逐渐有所提高，至 1887 年已能造铁甲船。

4. 天津机器局

为了改变以曾国藩、李鸿章为代表的汉族地方武装迅速膨胀的局面，清廷急于建立由中央直接控制的军事工业。1866 年，恭亲王奕䜣奏准在天津设局制造各种军火，由三口通商大臣崇厚负责筹划。崇厚奉旨后，一面觅雇工匠，购地建厂，一面购买机器。他首先委托英国人密妥士赴英采购机器，不久又听取了就近采办的建议，在上海、香港等地也购买了一部分机器。1870 年，筹建工作基本完成，自英国购买的机器安置在天津城东贾家沽，是为东局，规模较大；自上海、香港等地购置的机器安置在城南海光寺，是为西局。两局都是天津机器局的一部分(简称“津局”)。

不久，天津教案发生，崇厚被派赴法国“道歉”。是年冬，新任直隶总督李鸿章接管津局。为了牢牢控制局面，李鸿章从江南制造局调来了沈葆靖总理局务，还换上了不少南方工人。又嫌津局规模过小，先后增设了洋枪厂、枪子厂等，至 1875 年基本完成，生产能力提高了三至四倍。

天津机器局主要生产各种枪弹火药，以及地雷、水雷等。还制造各种军用器具，如炮车、炮架等。1887年兴建栗色火药厂，开始制造最新式火药。1891年又动工建设炼钢厂，1893年正式投产。

5. 湖北枪炮厂

湖北枪炮厂是张之洞创建的。1884年中法战争爆发，张之洞调任两广总督，主持广东防务。当时沿海各地同时告急，沪、津等局虽日夜加班生产军火，仍供不应求。张之洞不得不向洋商购买，洋商乘机哄抬物价。张之洞颇多感触，认识到“自强之本，以权操在我为先，以取用不穷为贵”①。战争结束的第二年，张之洞开始了设厂制械的活动。

1889年，张之洞调任湖广总督。筹建中的枪炮厂发生去留问题。继任两广总督李瀚章对办洋务不热心，不愿接办，却积极建议将枪炮厂移往北洋，由胞弟李鸿章接管，李鸿章立即响应。总理海军衙门大臣、醇亲王奕譞对淮系势力过分膨胀十分担忧，有意扶植张之洞，以便与之抗衡，乃暗示张之洞续办枪炮厂。张之洞随即要求枪炮厂移鄂，所需款项仍由粤省垫付。海军衙门会同户部批准了张之洞的要求。最后，厂址选在汉阳大别山麓。1893年全部建成。

湖北枪炮厂的设备最新，规模庞大，能够生产当时世界上最新式的小口径步枪和新式快炮，以及各种大炮、炮架、弹药等。后来还筹建了无烟火药厂。1894年7月中日战争爆发前夕，湖北枪炮厂发生火灾，损失约达白银30万两，至重新修复开工时，战争已基本结束，没有在中日战争中发挥作用。

洋务派创办的军事工业已初步具备了资本主义性质。这些企业一般都采用了机器生产，把大批工人组织在机器周围，实现了生产技术的根本转变，这是区别于中国封建社会传统的旧式官办手工业的根本点。马克思说：“手推磨产生的是封建主的社会，蒸汽机产生的是工业资本家的社会。”②新的生产力被引入中国，必然会引起生产关系的相应变化。军事工业较普遍地采用了雇佣劳动制，各局厂的工人大都是自由出卖劳动力的雇佣劳动者，他们的工资大体是由技术熟练程度决定的，还要受到劳动力市场价格和供求关系的制约。如福州船政局木排工的工资较高，是由于木排工的工资在福州的劳动力市场上高于其他工种。这说明劳动力已具有了商品的特性，不同于封建的从属关系。军事工业的生产已开始受到价值规律的制约，特

---

① 《张文襄公全集》，第11卷，16页，戊辰年刻本。

② 《马克思恩格斯选集》，第1卷，142页。

别是受到国际军火市场价格浮动的影响，从外洋采办机器物料时，一般都要考虑是否“省费”的问题。江南制造局和天津机器局创办时，按照“就近采办”的原则，在上海、香港等地访购机器，很重要的一个原因就是考虑了购买价可以低于外洋。

军事工业的经费，最初一律采取官办模式，由政府拨给，主要来自海关关税、厘金和军饷等。产品不是商品，不参加市场交换，不计算价格，由清政府调拨给湘淮各军，以及沿江沿海各省使用。但是，19 世纪七八十年代以后，随着清政府财政困难的加剧和经费来源的日益拮据，不计成本的现象逐渐有所改变。例如，80 年代南洋和广东先后向福州船政局订造轮船，均需交付船价一半的定金。江南制造局和天津机器局每年的“岁入”中，也都列有“各省解还奏调军火价”项目，说明各局厂已具有企业独立核算的雏形。

但是，洋务派举办的军事工业的资本主义性质并不完整，仍存在很浓厚的封建性。军事工业出现的时候，中国资产阶级还没有在工业领域产生，管理的任务历史地落到了具有一定开明倾向的地主阶级洋务派身上。这些封建官僚执掌管理大权，必然会把封建的衙门作风带进生产领域。军事工业采用官办模式，每一个厂局就是政府的一个分支机构，缺乏作为生产企业的独立性。它上面有总督、巡抚的监督，还要受总理衙门节制。主管各厂局的总办、会办要由政府任命，下设提调、委员、司事等，与厘金局、善后局等行政部门几乎没有区别。衙门化的管理带来了诸多封建弊端：

机构臃肿，冗员充斥。由于主管各局厂的大多是既不懂技术又不懂管理的政府官员，因此，在主管官员之外，还必须另外设置一批管理人员和技术人员，如监督、总考工、监工、总工程师、领工等。封建官僚还把裙带风带了进来，每个局厂都有一批挂名支薪、无所事事的闲散人员。这就使得各局厂的大部分经费要用于开支薪水和工食。如江南制造局和金陵机器局这类开支每年都要占到总支出的一半以上，导致添购机器、原材料和燃料的经费减少，生产成本提高而产量下降。

经营管理腐败，贪污浪费严重。进入各局厂的封建官僚按照他们原有的思维方式对待企业，视企业为肥己渊薮，各局厂虚报冒领、挪用公款成风。他们又不懂管理，或以钻研八股为主，将进入军事工业视为进一步升迁的跳板；或整日吃喝玩乐，以打盹睡觉打发时光。这就造成了企业管理的极端腐败混乱，生产消耗高而效率低。如江南制造局枪厂生产每支步枪的成本是白银 17.4 两，而同期国外的生产成本仅为 10 两左右。该厂共有员工 415 人，每天只能造枪 5 支，全年共造枪 1 500 支，平均每人每年造枪不到 4 支。

生产规模无常，严重违反大生产必须遵循的均衡性原则。军事工业的生产经费由清政府拨给，这使得各局厂无法自主安排生产，难以不断扩大生产规模，提高技术水平。清政府从海关税、厘金中拨付的经费是按成划拨的，如江南制造局是从江海关洋税中每年划拨二成，天津机器局是每年从津海、东海两关划拨洋税四成。但是海关税收每年多寡不定，得到的经费也就变化无常。江南制造局自 1874 年至 1895 年间，岁入最高的一年达 90.7 万两，最低的一年仅为 35.3 万两。有的局厂的经费是固定的，如福州船政局的常年经费是由闽海关六成项下每月拨银 5 万两充作造船费用，最初尚能按月拨给，1874 年以后开始出现拖欠，一年累积拖欠可达十几万两。拖欠造成的影响与岁入无常是一样的。各局厂只能根据收入情况进行生产，收的多生产的就多，收的少生产的就少，甚至停工待料。这就势必造成生产无长远规划，严重违反大生产的均衡性原则，助长生产中的腐败落后，难以提高技术水平和扩大生产规模。如福州船政局在 70 年代后期曾一度打算仿造新式巡海快船，限于经费而暂时停止。1887 年因造船规模扩大开始兴造新的船坞，也因经费问题直至 90 年代尚未造成。船坞是船厂的基础，船坞小船厂很难有大的发展。至甲午战争前，船政局的造船工程已基本陷入停顿状态。

尽管洋务派创办的军事工业存在种种弊端，但在当时的历史条件下仍然是一种进步现象，具有积极的历史作用。它的规模比较大，设备比较先进，给古老的中国注入了资本主义因素，为中国的近代工业铺下了第一块奠基石。军事工业的创办，对原材料和运输都提出了较高的要求，又促进了资本主义民用工业的产生和发展。洋务派为创办军事工业，引进了先进的科学技术和机器生产，对于西学的传播和科技人才的培养都起了显著的积极作用。西学的传播和科技人才的出现又促使新的思想观念即资产阶级思想在社会上传播开来，从而动摇了封建文化的营垒。

## 二、创办民用工业

进入 19 世纪 70 年代后，洋务派在兴办军事工业的基础上，又进而大力创办民用企业。这成为洋务运动发展第二阶段中的主要内容和特点。

军事工业是国民经济综合发展的产物，没有煤铁等原材料的充分供应和电讯运输等部门与之配套，新的防务体系是难以建立起来的。洋务派最初只是单纯地想将西方的军事工业移植到中国来，结果遇到了资金短缺、人才匮乏、原材料不足和交通运输落后等始料未及的一系列困难，举步维艰。在实践中他们懂得了“必先求富而后能强”的道理：“中国积弱，由于患贫。西洋方千里、数百里之国，岁入财赋动以数万之计，无非取资于煤铁五金之矿、铁路、电报、信局、丁口等税。”①这即是说，要创办投资少、利润高、资金周转快的民用企业，以便为军事工业提供足够的资金和健全的国民经济的基础依托。所以，19 世纪 70 年代以后，洋务派由强调“求强”，转而强调“求富”。洋务运动重心的转移，反映了洋务派力图阻遏外国对华经济掠夺的目的。李鸿章说：“英国呢布运至中国，每岁售银三千余万，又铜铁铅锡售银数百万，于中国女红匠作之利，妨夺不少。曷若亦设机器自为制造，轮船铁路自为转运。但使货物精华与彼相埒，彼物来自重洋，势不能与内地自产者比较，我利日兴，则彼利自薄，不独有益厘饷也。”②实际上，洋务派创办的航运、矿山、铁路、电报、纺织等企业，都发挥了与“洋商分利”的积极作用。要言之，洋务派创办民用企业，一方面反映了他们对近代大机器生产自身规律认识的深化，另一方面也反映出他们对西方资本主义侵略的认识提高了。

从 70 年代起，至 1894 年，洋务派大约举办了二十多个民用企业，涉及航运、采矿、冶炼、纺织、电讯、铁路等工业交通运输业。比较重要的民用企业有如下几个。

1. 轮船招商局

轮船招商局是洋务派举办的第一个民用企业，采用官督商办的方式。

鸦片战争特别是第二次鸦片战争后，外国轮船公司蜂拥而至，很快垄断了我国沿海和长江中下游的航运业，旧式沙船业面临破产，漕粮北运发生了严重困难。1872 年 1 月，内阁学士宋晋以“糜费太重”为由攻击洋务派举办的军事工业，奏请饬令闽沪两局停止制造轮船。洋务派力表反对。李鸿章提出兼造商船，华商自立轮船公司，以解决养船经费和稍缓漕粮北运之困的建议，并得到了清廷的批准。轮船招商局就是在这种情况下产生的。

8 月，李鸿章饬令浙江海运委员、候补知府朱其昂筹办轮船招商局事宜，并准许从直隶练饷局借用官款 20 万串(合银 13.5 万两)作启动经费。朱

---

① 《李文忠公全书·朋僚函稿》，第 16 卷，25 页。

② 《洋务运动》，第 1 册，50 页。

其昂多方奔走，仅募得商股 1 万余两，又不善于经营轮船航运，半年内便亏损了 4 万余两，不得不引咎辞职，专办漕运。1873 年 7 月，李鸿章札委唐廷枢任招商局总办，改组全局，重订《局规》及《章程》。额定招股 100 万两。局务由股东推举的商总和商董主持，并报北洋大臣批准，更换时亦须“禀请大宪”。这是官督商办性质的具体体现。

改组后的招商局总办、会办多达 5 人，但实权握于唐廷枢和徐润之手，两人在进入洋务企业之前都曾经长期担任洋行买办，有管理新式轮运业的经验。在他们的主持下，股本招收比较顺利，第二年所招股金已达额定股本的一半。1877 年收购美商旗昌轮船公司，船只由 12 艘增至 30 余艘，实力大增。1881 年募足股本 100 万两，次年增募 100 万两，应募者十分踊跃，迅速足额。

1883 年，中法战争迫在眉睫，上海又发生金融风潮。招商局资金周转不灵，唐廷枢、徐润挪用局款之事被揭发，盛宣怀乘机插手，掌握了大权，唐、徐先后被排挤离局。中法战争期间，招商局资产暂时售予旗昌洋行以避战火。1885 年收回后，李鸿章札委盛宣怀任督办。盛宣怀重订章程，规定“专派大员一人认真督办，用人理财悉听调度”。从此，“官督”的权力显著加强，“商办”的色彩大为削弱，业务停滞不前。

2. 开平煤矿

为了解决军事工业的原材料供应问题，达到“权操诸我”、堵塞漏卮的目的，1875 年 5 月，清廷谕令沈葆桢、李鸿章在台湾和直隶试办煤矿。台湾基隆煤矿不久开始试办，并于 1879 年正式出煤，成为中国第一座近代化煤矿，但消耗高，产量不稳定。

李鸿章先后在直隶磁州和湖北兴国勘察煤矿，均因故未能开采。1876 年 11 月底，复派唐廷枢赴唐山开平一带勘察。唐廷枢仔细考察了当地的手工采煤生产，又察看了交通状况，并带回了煤铁样品。这些样品分寄京师同文馆和英国化学师进行化验，成分颇佳。唐廷枢据此得出结论，开平煤藏蕴含丰富，煤质属中上等，有工业开采的价值。他先后向李鸿章写了两份报告，对开平的开发建设进行规划。他认为，开平煤要在市场上有竞争力，就必须降低成本；欲降低成本，必须修铁路，“欲使开平之煤大行，以夺洋煤之利……苟非由铁路运煤，诚恐终难振作”①。他拟定的《直隶

① 孙毓棠编：《中国近代工业史资料》，第 1 辑，下册，620 页，北京，科学出版社，1957。

开平矿务局章程》规定，开平矿务局按照官督商办的方式组织，额定资本100万两，各厂矿司事在股东中遴选，产品"按照市面价值，先听机器局取用"①。

1878年8月，开平矿务局正式成立，一面招募股份，一面开工钻井。由于经费有限，又缺乏冶炼方面的专门人才，唐廷枢决定集中财力先办煤矿。1880年，自芦台至胥各庄开挖了一条长约70华里的运河，专供运煤之用，取名"煤河"。同时，自胥各庄修筑一条长15华里的铁路，直通矿区。这是中国自建的第一条货运铁路。最初为了减轻来自顽固派的压力，曾用骡马曳引列车。不久用旧锅炉改建了一台机车，并投入运营。

1881年，开平煤矿开始出煤。在唐廷枢的请求下，由李鸿章奏准，开平生产的煤"援照台湾、湖北之例"，每吨征收税银由六钱七分二厘改为一钱，"以恤华商而敌洋煤"②。

由于较好地解决了运输和纳税的问题，大大加强了开平煤在市场上的竞争能力。投产后产量逐年增加，1889年已达到24.7万吨，并迅速占领了天津市场。80年代结束时，天津市场上的洋煤从原来的将近20万吨降至仅120余吨，已无足轻重。

1892年唐廷枢病逝，张翼继任总办。张翼原是醇亲王府的侍役，极善钻营，却不谙管理。从此，开平煤矿结束了它的鼎盛时期。

3. 电报总局

电报总局是成效最为显著的民用洋务企业之一。它的产生是军事需要与经济发展的结果。

19世纪70年代初，洋务派已经意识到了电报在传递军事情报上的重要作用，开始提出敷设电线的要求。1874年日本侵犯台湾，沈葆桢奉命率兵援台，实战中痛感中国传递手段的落后，得出了中国"断不可无电线"的结论，并奏准举办。但因顽固势力的反对和洋商的敲诈，终无结果。1879年，李鸿章在天津鱼雷学堂教习贝德斯的协助下，架设了一条从大沽北塘海口炮台至天津的电线，通报效果良好。次年，中俄因伊犁交涉关系紧张，设立电报线的重要性和紧迫性愈加明显。李鸿章乃奏准架设天津至上海的电报线，经费先从北洋军饷内筹垫，伺办有眉目，招商集资，官督商办。

10月，电报总局在天津成立，盛宣怀任总办，并在紫竹林、大沽、济

① 孙毓棠编：《中国近代工业史资料》，第1辑，下册，630页。

② 《李文忠公全书·奏稿》，第40卷，45页。

宁、清江浦、镇江、苏州、上海等处设立分局。津沪线随后开始架设，1881 年 7 月竣工，全长 2724 华里。1882 年 4 月，电报总局改为官督商办，面向社会召集股本，原先北洋所垫官款分年归还，一部分以应收官报费抵缴。

1884 年，上海至广东的线路架通，电报局从天津迁往上海，仍由盛宣怀督办。次年，至汉口的电线也接通。从此，电报局的营业迅速发展。80 年代中期即全部还清北洋垫款，电报线路逐渐扩充，至 1894 年中日甲午战争前，除西藏等少数边陲地区外，大部分省和重要商业城市都已通报，初步形成了一个四通八达的电讯网，不仅方便了官方的军事、外交、政治信息的传递，也对繁荣和促进工商业的发展起了积极作用。

4. 上海机器织布局

上海机器织布局于 1878 年开始筹办，进展十分缓慢。最初负责筹建的是四川候补道彭汝琮，他不懂近代企业的经营管理，不久即因与另一负责人郑观应发生龃龉而离局。1880 年，织布局进行了改组，实权操在郑观应之手。随后开始在上海杨树浦地方购地建厂并广募股金。1883 年上海发生金融风潮，郑观应私自挪用局款被揭露，只得离局。此后数年间，织布局的负责人几经变动，筹建工作一拖再拖，直至 1890 年才安装好部分机器开始投产。

投产后，营业兴旺。由于织布局先请李鸿章奏准了在上海地区销售免纳税厘的优惠，即使运往内地，也只需在上海新关完纳正税一项，其余概免，故获利丰厚。1893 年夏，李鸿章决定扩充纺纱，向英国增订机器。不幸清花车间于 10 月 19 日失火，全厂付之一炬。负责局务的杨宗濂事先又拒绝为局产保险，“认为保险是白费钱”①，致使损失无法弥补，十几年的努力付之东流，全部损失达 70 余万两白银。

11 月，李鸿章派盛宣怀会同上海道台聂缉槼负责恢复织布局。招徕新股 100 万两，在织布局旧址重新设立了华盛纺织总厂，仍为官督商办，另在上海、宁波、镇江等地设立 10 个分厂。1894 年 9 月，华盛纺织总厂部分投产。

5. 汉阳铁厂

又称湖北铁政局，是洋务运动时期洋务派建立的规模最大的近代化民用重工业，兼营采矿和炼铁炼钢，是一个综合性的大型钢铁联合企业。

---

① 孙毓棠编：《中国近代工业史资料》，第 1 辑，下册，1070 页。

中法战争后，张之洞亟亟于新式工业，在筹办枪炮厂的同时，又筹建炼铁厂，企图“杜绝外耗”，“开辟利源”，改变中国“以银易铁”的现状。他致电驻英公使刘瑞芬，在英代购冶炼设备。

1889 年 8 月，张之洞调任湖广总督，炼铁厂随之迁往湖北。

炼铁厂迁址，原材料和燃料的供应是首要的问题。张之洞获悉盛宣怀已以低价购得湖北大冶铁矿，矿质优良，遂与之反复磋商，终以每吨钢或铁提银二钱的价格从盛宣怀手中购得该矿。但燃料问题始终没有得到圆满解决。1889 年至 1891 年间，张之洞曾派人沿长江探寻煤矿，均不理想，不得不以湘煤补充，甚至需要购买洋焦，这是后来汉阳铁厂产品成本过高，赔累不堪的重要原因之一。

1891 年，汉阳铁厂在汉阳大别山下正式动工兴建。1893 年年底全部竣工，有贝色麻钢厂、造钢轨厂等大小 10 个厂，工人 3 000 多人，产品除供应本国使用外，还可出口。

经费不足是办厂过程中最棘手的问题。本来任两广总督时，张之洞已准备将广东“闱姓”商人所交饷银 140 余万元(合银 98 万余两)用做经费，但随着铁厂迁往湖北，李瀚章只同意支付已预订机器的 13 万两，其余皆扣住不给。张之洞乃于 1890 年奏准在铁路费项下拨银 200 万两做建厂经费。不料后因日俄争夺，东北局势严峻，清政府决定集中款项先修关东铁路，不再向汉阳铁厂增拨款项。张之洞只得“竭力筹画”，“勉强腾挪应付”，拨借各项捐厘乃至枪炮厂等经费，但仍不足以应付，难以为继。1896 年 5 月，张之洞札委盛宣怀督办汉阳铁厂。从此，汉阳铁厂由官办企业变为盛宣怀控制的官督商办企业。

洋务派举办的民用企业大都采用官督商办的方式，即商人经营官方督理。少数采用官商合办和官办的方式。在官督商办的企业中，经费由企业自筹，清政府不再拨款，仅在必要时予以垫款或贷款的支持，但事后必须偿还。这样，筹措资金成为官督商办民用企业生存下去必须妥善解决的首要问题。自轮船招商局始，官督商办的民用企业都采用股份公司的组织形式，通过募集商股聚集资金。在当时的历史条件下，股份制还是个新事物，人们不甚了解，也不太信任，多取观望态度。社会上拥巨资者多是地主、官僚和旧式商人，他们宁愿购买土地或进行其他封建性经营，而不愿投资于新式工商业，所以招股并非易事。轮船招商局第一期股银逶迤六年方才全部招齐。为广事招徕，官督商办企业大都采取许多灵活的筹资手段。首先，经营者拿出自己的巨额财产投入企业，如曾任轮船招商局总办的唐廷枢、会办徐润，任上海机器织布局会办的郑观应等都曾向所办企业投入巨资。同时动员家族成员大事购股，以示企业将会有优厚收入，也表示经营者与企业利害相关，当然会全力以赴认真经营。这样做有利于消除观望者的怀疑和猜忌。其次，各官督商办企业普遍实行“官利”制度，即无论企业盈利与否，每年必须支付给股东一定的股息，利率一般都在 7%～10%。这样做无疑是加重了企业的负担，但减少了投资者的风险，有利于最大限度地吸引投资者。再次，各企业重视报纸的宣传作用，无论企业成立、投产，还是产量、盈利、分红等都在报纸上大事宣传，用以证明企业经营蒸蒸日上，广泛吸引投资者。最后，许多企业在某些规定上采取弹性办法，如股银可以分期交付，也可以几个人合买一股；在各地广设接收股银的工作点用以方便投资者；甚至远赴海外在华侨中广泛招股等。通过不懈的努力，许多官督商办企业招到了数目可观的资金，企业得以顺利建立并获得发展。19 世纪 80 年代初，金融市场甚至出现了股份投资热，不少洋务企业的股票价格都超过了票面价值。1882 年 8 月，轮船招商局每股 100 两的股票曾卖到 253 两，开平的股票也卖到 250 两，都升水 150%。

民用洋务企业的经营仍然存在不少封建性弊端，但较之官办的军事工业，由于商人介入经营，已经有了不少新气象。开办前，投资经营者一般都要考虑经营的预期效益，并进行比较周密的调查研究，才肯做出最后决断。如唐廷枢在进入轮船招商局和承办开平煤矿之前都曾进行过详细的测算和调查。因为官督商办企业的经营者大都是投资者，从自身利益出发，他们必须小心谨慎。在经营过程中，比较重要的决策出台一般都经过详尽的通盘筹划，一旦认定某项措施有利于企业的发展，便不惜冒风险全力以赴。如开平煤矿筹办铁路和运河时，企业资金并不充裕，唐廷枢曾请求李鸿章拨官款予以支持，但李鸿章未予理睬。唐廷枢认为不解决运输问题企业就无法盈利，于是克服重重困难，千方百计筹措款项，终于促成中国第一条货运铁路的诞生，以后又发展成为中国第一个铁路公司，并在津沽地区形成了中国第一个铁路运输网的雏形。轮船招商局附设保险公司的决策也是在类似情况下做出的，并被以后的实践证明是正确的。

但是，在官权比较重或官办的民用企业中，如 1885 年以后的轮船招商局、上海机器织布局以及汉阳铁厂等，经营方面存在的问题仍然比较严重。如汉阳铁厂厂址的选择，既远离原料产地，又远离燃料供应地，致使运费占了产品成本的很大比重，工厂难以盈利。因此，这类企业经营效果就比较差。

洋务派在民用企业的创办和发展过程中起了重要的作用。19 世纪七八十年代，封建顽固势力在朝野还有相当大的影响，他们坚决反对引进机器生产和科学技术，如果没有握有实权、身为封疆大吏的洋务派的保护和支持，大型的新式企业如航运、采矿、电报等，是很难建立起来的，即使建立起来，也很难维持下去。但是，由于洋务派带有浓厚的封建性，不可能把企业引向昌盛。他们把企业当成发展本集团势力的工具，不少民用企业都有官权越来越重的趋向，如轮船招商局 1885 年被李鸿章委派的盛宣怀把持，开平煤矿在 1892 年以后被奕谖的亲信张翼控制等。企业管理中的衙门作风随着官权的加强也有强化的趋向，贪污中饱、用人唯亲、营私舞弊大量存在。所以，洋务派创办了近代民用企业，在一定程度上促进了中国资本主义的发生，但它最终不可能引导中国达到“求富”的目的。

## 三、编练新式海陆军

洋务派主张“自强以练兵为要”。他们把编练新式海陆军、建立新的防务体系作为洋务运动的一个重点。

练兵始自京营八旗。清廷对湘淮军的迅速崛起已有尾大不掉之虞，自然首先以北京地区为练兵重点。1861 年年底，俄国赠送给清政府的第一批洋枪运抵恰克图，京营八旗想派少数官兵前往，向俄国人学习演放之法，但终因英法等国的反对而作罢。次年，首批八旗京兵赴天津接受西法训练。不久，西法训练推广到沿江沿海的八旗和绿营，内地一些省份也有雇洋人练兵者，但规模较小，且旋练旋辍。1864 年，总理神机营事务的奕谖等在北京设立“威远”队，练习洋枪洋炮及“洋人阵式”。1866 年，总理衙门大臣奕䜣等在直隶选练 6 军，共 15 000 人，称为“练军”。

清廷虽有“强干弱枝”之意，但不能抑制湘淮军使用洋枪洋炮，就在清廷选练八旗绿营之时，湘淮军也开始大量改用洋枪洋炮。湘军早在 19 世纪 50 年代就开始从香港购买洋炮，但是“湘军旧将狃于成见，不以洋人后膛枪炮为然，无论如何开导，终不见信”①，因此发展得并不快。淮军自 1862 年到上海后开始装备洋枪洋炮，雇用洋人担任各营教习，发展很快，至 1865 年就由原来的 6 000 余人增至 5 万余人，其中洋枪三四万杆，炮队四营，成为装备精良、战斗力较强的一支军队。左宗棠所部湘军也在进入

① 《洋务运动》，第 6 册，250 页。

浙江后开始装备洋枪，1867 年进军西北后，军中的洋枪比例增加到六成。

清军走向近代化的最初动机有镇压农民起义和对外御侮两个方面，它确实加速了农民起义的失败，但在维护国家领土完整和主权方面也发挥了一定作用。后来左宗棠能迅速平息阿古柏叛乱，冯子材能取得镇南关大捷，其原因除了得到人民群众的支持、士气旺盛以及战略战术运用得当外，装备了洋枪洋炮也是一个重要的因素。

清政府整顿海防、筹设新式海军始于 19 世纪 70 年代。

中国本无海军，只有使用木质帆船的水师，任务是“防守海口，缉捕海盗”①。鸦片战争期间，英军进犯广东，先进的大炮船舰教训了清朝统治者，“始有购舰外洋以辅水军之议”。林则徐曾购买美国商船加以改装，运用于实战。50 年代太平天国兴起并迅速占领了长江中下游，水师的重要性日益显著，上海地方官员曾多次雇用外国轮船协助清军防守，以后还购买过两艘外国轮船，雇用外国炮勇和水手协助操作。经过第二次鸦片战争的打击，清政府把建立新式海军提上了议事日程。1861 年夏，奕䜣等人“奏请饬下曾国藩等购买外国船炮”。

英国企图控制中国新式海军，便由公使普鲁斯极力向清政府推荐，由代理总税务司赫德经手向英国订造新船。赫德随即致函正在英国休养的海关总税务司李泰国，委托他在英国购买船舰。1863 年 5 月，李泰国与英国海军上校阿思本率所购八艘舰船抵华，但却提出：清政府必须允许阿思本做中国新式海军“总统”，中国的所有新式舰船均归阿思本“一律管辖调度”；“凡朝廷一切谕阿思本文件，均由李泰国转行谕知”，“如有阿思本不能照办之事，则李泰国未便转谕”②。不仅如此，还蛮横地提出，清政府出钱购买的舰船是“外国水师”，要悬挂外国样式旗号，任用外国人，中国官员无权过问。这些无理要求激起了总理衙门的强烈不满，曾国藩、李鸿章等人纷纷上奏，表示坚决反对。最后舰队被遣散，英国控制中国第一支新式海军的阴谋没有得逞。但清政府因此蒙受了巨大经济损失，空耗了白银 89.2 万两。

经过阿思本舰队事件的教训，洋务派便急谋自造船舰。至 19 世纪 70 年代，已经建立起主要由福州船政局自造舰只装备起来的中国第一支新式海军舰队——福建水师。

---

① 《清史稿》，3981 页，北京，中华书局，1976。

② 《总理各国事务衙门清档·海防档(甲)·购买船炮(一)》，158～159 页。

1874年，日本派兵侵略台湾，在清朝统治阶级内部引起了极大震动，他们意识到日本将“为中国永久大患”[①]，不能不预为筹防。11月5日，清廷就总理衙门上《海防亟宜切筹折》发布上谕，令沿海沿江各省督抚及左宗棠详细筹议。经过半年多的讨论，清朝统治阶级内部终于达成共识，确立了加强海防的方针，任命沈葆桢和李鸿章分别督办南北洋海防事宜，每年从海关税、厘金项下拨解经费。至1894年甲午战争爆发前夕，清政府已拥有船舰六七十艘，分别建成北洋水师、南洋水师、福建水师和广东水师。

福建水师和广东水师都是早在19世纪60年代就筹建了，但发展缓慢，多系中小型舰只，缺乏战斗力。福建水师在1884年的中法之战中几乎全军覆灭，11艘船舰被毁9艘，战后仅增加两艘，难以成军。

南洋水师归两江总督兼南洋大臣统辖，最初由沈葆桢一手擘画。1879年沈葆桢病逝，左宗棠、曾国荃、刘坤一先后任两江总督，南洋水师一直由湘系控制。舰船多是福州船政局和江南制造局的产品，少数购自外洋。舰队中有5艘巡洋舰。实力在北洋水师之下，却在福建水师、广东水师之上。

北洋水师规模最大，实力最强。这是因为清廷出于拱卫京师的考虑，从一开始就把海军建设的重点放到了北洋。自1875年筹办至1895年被歼，北洋水师一直由李鸿章控制，其兴衰与淮系集团势力的消长密切相关。北洋水师的舰船大部分购自外国，1888年正式成军，共有大小舰船20余艘，其中铁甲舰两艘，还有巡洋舰、鱼雷艇等比较先进的舰只。旅顺口和威海卫是李鸿章着意修建的两个主要的海军基地。1888年以后北洋舰队不再添购舰只，1891年以后又停止购买枪炮弹药，海防经费被慈禧挪用修建颐和园。

1885年，清政府总结中法战争的教训，认为“陆路各军屡获大胜，尚能张我军威，如果水师得力，互相应援，何至处处牵制。当此事定之时，惩前毖后，自以大治水师为主”[②]。是年10月，遂在北京成立海军衙门，由醇亲王奕譞任总理海军事务大臣，奕劻、李鸿章任会办，善庆和曾纪泽为帮办，意在统一各支海军的指挥权。

洋务派在创办新式海军的过程中，还在沿海各省口岸先后修建了近代化的炮台、船坞和港口。其中重要的有旅顺口、大连湾、大沽、烟台、威海

① 《筹办夷务始末》(同治朝)，第99卷，32页。
② 《洋务运动》，第2册，560页。

卫、吴淞口、马尾、广东黄埔等。旅顺口的炮台、船坞最先进，装备最好。

洋务派大力筹设新式海军时，全国规模的农民起义已基本平息。所以洋务派的目的主要是为了防范和抵御来自海上的侵略者。福建水师和北洋水师先后在中法战争、中日战争中同外来侵略者进行过战斗，说明了它们的御侮性质。但是，这两支舰队都先后被侵略者歼灭了，这是由清王朝的腐朽统治造成的，它不可能把新式海军建设成一支真正有效抵御外侮的国防力量。

## 四、举办新式教育事业

在办洋务的过程中，洋务派首先感到的是急需翻译人才。在《天津条约》和《北京条约》的谈判中，奕䜣等人深切体会到了中国缺乏本国翻译人才，全凭外国翻译官传达，难保没有“偏袒捏架”的弊端。所以，奕䜣在1861年1月上的《统计全局折》中提出了设立外国语学校的建议。这个建议很快得到了清政府的批准。

1862年7月，酝酿了一年多的外国语学校正式成立，命名为“同文馆”，通称京师同文馆。

同文馆附属总理各国事务衙门，初设英文班，不久增设法文班和俄文班，招收满族学生入馆学习，除学习外文外，还要学习汉文。

随着洋务运动的深入，洋务派逐渐认识到仅学习外国语言文字是不够的，“洋人制造机器、火器等件，以及行船、行军无一不自天文算学中来。……若不从根本上用着实功夫，即学习皮毛，仍无裨实用”①。1866年底，洋务派筹备在同文馆内添设天文算学馆，招收30岁以下汉文初通并科甲正途出身的人员入馆学习，以便集中精力专攻西学。奕䜣等人还拟定了章程6条，奏称：“外人之疑议虽多，当局之权衡宜定”，希望早日批准施行。不料这一主张引起了轩然大波。顽固派官僚对洋务派设立同文馆并延聘外人担任教习一事早已十分不满，此次招收科甲正途人员学习天文算学更令其无法容忍。1867年3月，御史张盛藻首先上奏反对，他说：“朝廷命官必用科甲正途者，为其读孔孟之书，学尧舜之道，明体达用，规模宏远也，何必令其习为机巧，专明制造轮船、洋枪之理乎?”随后，大学士倭仁亲自出马，奏称“立国之道尚礼义不尚权谋，根本之图在人心不在技艺”。

---

① 《筹办夷务始末》(同治朝)，第46卷，3～4页。

他说："天下之大，不患无才，如以天文、算学必须讲习，博采旁求，必有精其术者，何必夷人，何必师事夷人?"他指出，世道衰微，礼崩乐坏，唯有依靠读书之士讲明义理，或可维持人心，如果科甲正途人员"变而从夷，正气为之不伸，邪氛因而弥炽，数年之后，不尽驱中国之众咸归于夷不止"。在倭仁的煽动之下，一时间"京师各省士大夫聚党私议，约法阻拦，甚至以无稽谣言煽惑人心"，掀起了一股反对学习西学的逆流。4 月 6 日，奕䜣等人上奏力斥倭仁之非，指出：设立天文算学馆的目的，"无非欲图自强"，而不是"空讲孤虚，侈谈术数"。倭仁"以道学鸣高"，无非作危言耸听之论。"此论出而学士大夫从而和之者必众……不特学者从此裹足不前，尤恐中外实心任事、不尚空言者亦将为之心灰气沮。"他们指责倭仁等是"无事则嗤外国之利器为奇技淫巧，以为不必学；有事则惊外国之利器为变怪神奇，以为不能学"。他们说，如果倭仁等别无良策，仅以"忠信为甲胄，礼义为干橹等词，谓可折冲樽俎，足以制敌之命"①，是绝对不能令人相信的。经过激烈辩论，洋务派和顽固派各有得失：倭仁不得不表示撤销原议，但其消极影响已经造成，结果天文算学馆的报名者寥寥无几，特别是正途出身人员更少，勉强录取了 30 名，第二年就淘汰了 20 名，最后毕业的只有 5 名。这场争论是洋务派与顽固派之间的一场典型交锋，争论的实质是要不要学习西方先进科学技术的问题。

京师同文馆是中国近代第一所新式学校。以后陆续设立的以学习外国语言文字为主的学校还有上海广方言馆、广州同文馆，以及台湾西学堂、湖北自强学堂等。

为适应建设近代化工业的需要，洋务派还举办了以学习外国科学技术为主的各类学堂。最早建立的是 1867 年随着福州船政局的筹建而设立的求是堂艺局，又称船政学堂。分为前后学堂两部分，前学堂是造船学校，主要培养修造船的技术人员；后学堂是航海学校，主要培养驾驶人员和高级轮机人员。洋务派设立这一学堂的目的是培养中国自己的技术人才，尽快摆脱依赖外国人的局面。先后主持福州船政局的左宗棠和沈葆桢都认为"船政根本在学堂"，"夫习造轮船，非为造轮船也，欲尽其制造驾驶之术耳"②。如果将来洋匠回国，"中国匠徒仍复茫然……究于中国何益?"③求是堂艺局

① 以上所引各文，见《筹办夷务始末》(同治朝)，第 47、48 卷。

② 《洋务运动》，第 5 册，28 页。

③ 沈葆桢：《沈文肃公政书》，第 4 卷，59 页，光绪庚辰刻本。

培养了中国第一批造船驾驶科技人才，为中国造船、航海业和海军的近代化都做出了重要贡献。

洋务派设立的以学习造船和航海专业为主的技术学校还有广东实学馆。此外，还有以学习电讯电报技术为主的天津电报学堂、上海电报学堂等，以及以学习测绘、采矿等技术为主的各类学堂。

洋务派还开办为建设新式海陆军服务的各类军事学校，如 1874 年设于上海的操炮学堂、1880 年建立的天津水师学堂、1885 年建立的天津武备学堂，以及广东黄埔鱼雷学堂、江南水师学堂、湖北自强学堂等。截至 1894 年，洋务派共建立各类新式学堂 20 余所。

1872 年起，清政府开始向外派遣留学生。这年 8 月 12 日，第一批赴美学习的幼童 30 人离开上海。之后清政府又相继派遣了 3 批。1873 年起，福州船政局也酝酿向外派遣留学生，第一届出洋学生共 35 人，1877 年 3 月 13 日启程。之后又派出了第二届、第三届，分赴欧洲英法诸国学习。总计洋务运动时期，清政府共向外派遣留学生 200 余人。

洋务派举办的教育事业培养了近代中国第一批新型的科技、翻译和军事人才。如福州船政局在 1873 年第一期合同期满后，解聘了大批洋人，大部分技术工作由船政学堂毕业的中国技术人员担任。之后又在留欧学生魏瀚、郑清濂等人的组织领导下不断实现了技术上的进步。再如新式海军的高级军官大多是留学归来的专门人才。参加中日甲午黄海海战的北洋水师 12 艘舰船的管带，全部是新式学堂毕业生，其中 6 人是船政学堂赴欧留学生，2 人是第一批幼童留美学生。另外，清政府的许多外交官是同文馆或广方言馆的毕业生。电报学堂等专业性很强的新式学堂培养的学生，则直接促进了同一行业的发展。

洋务派举办的教育事业促进了西学在中国的传播。译书是京师同文馆的重要活动之一，1888 年以前共翻译西书 22 种，涉及西方近代自然科学和部分社会科学领域，印成后免费赠送京内外官员，扩大了西学的影响。许多留学生归国后，直接把西学介绍给国人。属于第一批留欧学生的严复，致力于翻译西方资产阶级社会政治学说，为变法维新提供了理论依据，扩大了人们的眼界。

洋务派举办的新式学堂还直接引进了西方资产阶级的教育制度，建立了不同于封建科举制的新的教育体制，如分年排课、按班级授课，以及考试、升级等制度，一直为后人沿用至今。

# 第三节　民族资本主义的产生

## 一、商办工业的出现

随着自然经济的逐渐解体，到19世纪70年代前后，中国出现了民间投资的商办工业。具体说，它的产生有两种途径：一种是一部分中小地主、官僚、买办、商人、华侨等，投资于近代工矿企业；另一种是部分手工工场开始采用机器生产，转变为近代工矿企业。迄1894年，民族资本企业总数为170家，投资额800余万两。其中主要的行业有：

1. 缫丝业

机器缫丝是民间资本最早建立的近代工业之一。1872年侨商陈启源在广东南海县简村创办继昌隆缫丝厂，采用蒸汽机和传动装置，雇女工数百人，"出丝精美，行销于欧美两洲，价值之高，倍于从前，遂获厚利"①。在继昌隆的带动下，南海、顺德两县的缫丝业勃然兴起，到1881年已有10个厂，缫车2 400架。90年代初，广东缫丝厂发展到50～60家，大厂雇用工人达800人之多②。1892年后，上海也出现了公和永等缫丝厂。

2. 轧花业和棉纺织业

1885—1886年，严信厚在宁波首创通久机器轧花厂。1891年前后上海也出现了几家轧花厂。1894年通久轧花厂又扩建了通久源纱厂。1891年上海建成华新纱厂，商人朱鸿度则于1894年成立上海裕源纱厂。轧花与棉纺织业便首先在上海宁波发展起来。

3. 面粉业

1878年，招商局会办朱其昂在天津紫竹林创办贻来牟机器磨坊，使用蒸汽机磨面，雇用工人十多人，"出面极多，且面色纯白，与用牛磨者迥不相同"③。80年代后，上海、福州、北京等地也陆续建起了小型机器面粉厂。

4. 火柴业

1879年侨居日本的华侨卫省轩在广东佛山开办了第一家火柴厂。此后，

① 孙毓棠编：《中国近代工业史资料》，第1辑，下册，957页。

② 孙毓棠编：《中国近代工业史资料》，第1辑，下册，965、967页。

③ 《申报》，光绪四年十一月二十一日。

天津、上海、重庆、厦门、广州、太原等地都先后开办了火柴厂。1894 年以前共有 11 家火柴工厂，资本额约 40 万元①。其中重要的有：官僚杨宗濂和汇丰银行买办吴懋鼎等创办的天津自来火柴公司，设备较好，资本约 3 万两，雇工 400 人；大商人叶澄衷于上海创办的燮昌火柴公司，资本约 20 万两，雇工 800 人，日产能力达 50 箱。

5. 造纸、印刷业

最早的华商机器造纸厂是 19 世纪 80 年代初由曹子俊、曹子兄弟创办的上海机器造纸局。1890 年商人钟星溪也在广州开办宏远堂机器造纸厂。1882 年，徐润创办上海同文书局，有机器 12 台，雇工 500 人，以印刷《二十四史》《图书集成》而闻名。此外，北京、广州、杭州、武昌、苏州、宁波也陆续创办了印刷厂。

6. 机器制造业

1866 年出现于上海的发昌机器厂是近代第一家资本主义工业企业，它最初只是由铁匠方举赞和孙英德合伙设立的一家打铁作坊，资本 200 元左右，工人四五个人，专门为外商船坞打造修配船用零件。约到 1869 年，开始使用车床。1876 年制造了第一艘小火轮，1877 年兼造车床，到 1890 年已发展成为拥有车床十多台，可以容纳 200 人工作的工厂。1866—1894 年，上海、广州、天津、汉阳先后创办的机器制造厂共 16 家，主要业务是船舶修造，少数兼造轧花车、缫丝车等。

此外，制茶、制糖、制药、玻璃、碾米等行业也开始使用机器。

7. 公用事业

1890 年，华侨黄秉常创办广州电灯公司。此外广州、汉口和天津都酝酿着创办自来水公司。

8. 采矿业

1880 年前后，安徽池州，湖北荆门、山东峄县枣庄、广西富川贺县、直隶临城等地，都先后开办了煤矿。这些煤矿的资本少的仅两万两，使用少量机器；资本多的达二三十万两，有较多的机器设备，并雇用外国矿师。1881—1894 年，先后组成的包括金、银、铜、铁、铅等在内的金属矿公司或厂号达 24 家之多。最大的一家是 1887 年由广东巨富李宗岱创办的山东平度金矿。

① 许涤新、吴承明主编：《中国资本主义发展史》，第 2 卷，486 页，北京，人民出版社，2003。

9．轮船航运业

民间资本创办的轮船航运业，要晚到90年代才崭露头角。1890年上海开办鸿安轮船公司，汕头开办汕潮揭轮船公司。1893年又有戴生昌轮船公司在上海成立。甲午战争前华商轮船业仅此三家小公司，资本总额约60万两，雇工总计约100人。它们只能承揽中小城镇间的航运业务。

商办企业多集中在轻工业部门，资本少，规模小。个别厂矿资本达二三十万两，大部分企业都在十万两以下。同时，设备简陋，技术水平普遍低下。以煤矿为例，峄县枣庄煤矿、直隶临城煤矿都是"以机器汲水，开峒挖煤悉用人工"①。其他煤矿则连汲水机器也没有。火柴业除了采用一些新的原料和技术外，基本上仍以手工制造为主。上海的机器行业一般开办时都仅有一两台车床，即便到了19世纪90年代，能拥有十来部车床，就已算较大的厂子了。所以，商办工业企业的规模与实力，远不如洋务派的军事工业及官办、官督商办的民用工业。

诞生在半殖民地半封建条件下的中国民族资本主义近代工业，同外国资本主义和本国封建势力存在着既对立又结合的关系。

外国资本主义凭借不平等条约所获取的种种特权，把中国变成自己的商品市场和原料产地，压制了中国资本主义的发展。民族资本工业无论在原料收购还是产品销售上都遭受了外国资本主义的巨大压力，处于十分不利的地位。外国洋行通过买办商人，在原料产地广泛设立采购站，或以各种手段控制中国收购商，使其为之服务，使得民资企业在原料收购上困难重重。如浙江本是盛产蚕丝的地区，但上海的缫丝业却不甚发达，主要原因之一就是在原料收购上受到了外国洋行和外国在华企业的激烈竞争。在产品销售上，外国洋行和外国在华企业千方百计以降价销售的方式打击商办企业的产品。如火柴制造业是19世纪70年代以后才出现的一个新兴民族资本工业，它一出世就遇到了外国火柴的激烈竞争，倒闭不断。80年代出现的机器造纸业也因进口洋纸的竞争难以发展。外国在华工业企业还凭借其雄厚的实力，吞并中国的工业企业。如1882年创办的上海玻璃厂，1888年即被英商福利公司吞并。

商办工业还受到了封建势力的严重束缚。中日甲午战争前，商办企业始终没有获得清政府的正式承认，处于听任地方封建势力摆布的地位。1868年盐商何某在江苏句容买山一处，准备开采煤矿，却被地方士绅斥为

---

① 孙毓棠编：《中国近代工业史资料》，第1辑，下册，1100页。

异端，遭到驱逐。1882年商人何山在广州创议开办自来水公司，虽有商户表示赞成，但地方士绅以"有伤风水"为由，极力反对，结果只好作罢。继昌隆缫丝厂曾因受到以南海知县徐赓陛为首的封建势力的迫害，被迫于1881年迁往澳门，直至徐赓陛调离。清政府为了摆脱日益严重的财政危机，还对商办企业横征暴敛，敲榨勒索，税率大大高于外国在华企业，致使前者在与外商的竞争中处于极不利的地位。

在外国资本主义和本国封建势力双重压迫下，中国民族资本主义不可能沿着正常的道路独立发展，为了谋求自身的生存，它不得不左右攀附，托庇于外国资本主义或本国封建势力。有的商办企业为了避免封建势力的压迫，投身外国在华企业麾下寻求"保护"。如宁波严信厚创办了通久源轧花厂，担心清朝官吏出面反对，便依附于日本人的保护之下。厦门机器公司虽然纯系华商投资创办，但却在香港登记注册，请一个英国人控制和经营。上海李松云设立的均昌船厂在制成的一艘小艇上，"船头悬着英国国旗，船尾悬着中国龙旗"①，弄成了不中不西、不伦不类的怪物。不少商办企业向清朝当局交纳报效，借以获得封建势力的庇护和支持。一些工厂主常常捐一个封建官衔，取得士绅身份，借以抵制顽固势力的干扰。

在外国资本主义和本国封建主义的双重压迫下，中国民族资本主义工业的发展不能不走着一条十分艰难曲折的道路。

## 二、新的阶级力量

随着生产方式的变化，中国的社会结构开始发生变化，新的阶级力量出现了。由于出现在中国土地上的资本主义由外国在华资本主义、洋务派控制的官僚资本主义和民间商办的民族资本主义三部分组成，中国的资产阶级从产生之日起就呈现了由多个阶层组成的复杂态势。

中国资产阶级最早出现的部分是商业资产阶级。五口开埠后，随着洋货的大量涌入和中国土特产出口的增加，新式商业逐渐从原有的土布店、京广杂货店、丝茶行等行业中分离出来，出现了洋布业、西药业、五金业、颜料业、丝茶收购业等新式行业。1850年左右，上海出现了第一家专营洋布的商店——同春洋货号。以后，洋布业发展迅速，至1858年，上海已有洋布店十五六家，并成立了振华堂洋布公所，洋布行业形成。1862年，第

① 孙毓棠编：《中国近代工业史资料》，第1辑，下册，1029页。

一家华商五金商店——顺记五金洋什货号在上海出现。1870年，第一家钢铁商号——可炽煤铁号在上海开业。发展最快、规模最大的是以外贸出口为指向的土产收购业，至19世纪70年代初，上海已有丝栈和丝号76家，有茶栈30余家。这些商号一头与洋行发生直接联系，一头联系着数量庞大的内地小收购商，人数众多。

商业资产阶级在鸦片战争后不久就开始出现，其产生早于工业资产阶级。他们经销的商品大都同国际贸易有关，因而程度不同地带有买办性，相当一部分属于买办资产阶级。商业资本利润丰厚，积累迅速。当中国的民族资本主义工业产生时，有些人用商业积累的资本投资工业，起到了产业资本的历史前驱作用。

产生阶段的官僚资产阶级主要由创办、经营、控制官办和某些官督商办或官商合办企业的洋务派大官僚大买办组成。他们既是封建大地主、大官僚或大买办，同时又具有工业资本家的特征。一方面，受固有的封建性的影响，他们在一定程度上阻碍了民族资本主义的发展；另一方面，他们利用手中掌握的权力，从维护清王朝统治的目的出发，不自觉地担当了启动中国经济现代化的领导重任。但官僚资产阶级又非一成不变，在一定的历史条件下，一些官僚资本家也会转变为民族资本家。例如，华新纺织新局的资本家聂缉槼就经历过这种转变。1890年他以上海道台的身份参与了该企业的筹办，且掌握有十分之一的股权。这时他是官僚资本家。1894年，官股退出华新，华新成了商办企业，这时聂缉槼虽然还是浙江按察使，但就其在华新的地位而看，已经是私人资本家了。1905年他在浙江巡抚任上被革职，政治上失势，此后更只能算是民族资本家了。

民族资产阶级的主体——工业资产阶级产生于19世纪70年代，主要包括投资于官督商办、官商合办和商办企业的一部分官僚、地主、买办、商人和一些由手工作坊主出身的资本家。据对81家早期民族资本工矿企业主要创办人原有身份统计，他们可分为五类人：买办及买办商人、官僚地主、一般商人、华侨商人、手工作坊主。他们分别拥有的企业数目及其占总数的百分比是：29家，35.80%；25家，30.86%；15家，18.52%；6家，7.41%；6家，7.41%。[①] 由于中国资本主义主要是在外国资本主义直接刺激下产生的，这就不能不给民族资产阶级带来先天不足的致命弱点。不仅如此，民族资本和民族资产阶级的形成与发展，就其主体而言，无不经历

① 黄逸峰等：《旧中国民族资产阶级》，22页，扬州，江苏古籍出版社，1990。

了与官僚资本和官僚资产阶级相混杂并在其羽翼下接受其庇护的阶段。因此，民族资产阶级具有两重性：一方面，它受到外国资本主义和本国封建势力的压迫，具有反侵略、反封建的要求，具有革命性；另一方面，它同外国资本主义和本国封建势力又保持着千丝万缕的联系，因而在争取独立发展资本主义的斗争中，缺乏彻底的反侵略、反封建的精神，具有妥协性。民族资产阶级这一特点和性格，是近代中国半殖民地半封建社会特定条件下的产物。

无产阶级和资产阶级是一对孪生兄弟。但是，中国无产阶级的很大一部分较之中国资产阶级的年龄和资格更老些，因而它的社会力量和社会基础也更广大些。这是由于“中国无产阶级的发生和发展，不但是伴随中国民族资产阶级的发生和发展而来，而且是伴随帝国主义在中国直接地经营企业而来”①。早在 19 世纪 40 年代，外国资本主义基于输出商品和榨取原料的需要，已开始在中国的通商口岸开办船舶修造厂，并逐渐开办起加工制造等近代工业，廉价雇用中国破产的农民和手工业者从事生产劳动。由此便产生了中国第一代近代产业工人。

19 世纪六七十年代以后，随着洋务派举办军事工业和民用企业，以及商办企业的出现，产业工人的数量开始增多。至 1894 年，中国产业工人的数量约有 10 万人，此外还有海员、船员、码头运输工人、城市建筑工人、手工业雇佣劳动者、商店店员以及农村中的雇农和其他城乡无产者，也属于早期无产阶级的范畴。近代产业工人是中国无产阶级的核心。

中国无产阶级具有世界各国无产阶级的基本优点，“即与最先进的经济形式相联系，富于组织性纪律性，没有私人占有的生产资料”②。中国无产阶级还具有许多特殊的优点。中国近代的产业工人大部分来自破产农民，他们刚刚脱离农村不久，所以和广大农民有一种天然的联系。以后，中国无产阶级长期保持了这一特点，这便于中国无产阶级和广大农民结成亲密联盟，在革命斗争中获得最广大可靠的同盟军。中国无产阶级具有高度的集中性。由于外国资本主义的侵略和中国社会经济的畸形发展，中国产业工人大都集中在沿海大城市和大工厂中，据估计，1894 年仅上海、广州、汉口、天津四大城市的工厂工人就占了全国产业工人的 80%。这种高度集中性有利于无产阶级组织和团结起来进行斗争。在半殖民地半封建条件下，

---

① 《毛泽东选集》，第 2 卷，627 页，北京，人民出版社，1991。

② 《毛泽东选集》，第 2 卷，644 页。

中国无产阶级深受帝国主义、封建主义和中国资本主义的三重压迫，这种压迫的残酷性在世界历史上是罕见的，这就使得中国无产阶级具有很强的反抗性和革命性。

中国无产阶级诞生之后，就开展了反剥削、反压迫斗争。但是，这一时期的中国无产阶级还没有登上政治舞台，他们的斗争主要是自发的、分散的维护自身权利的经济斗争。

## 三、早期的维新思想

19 世纪 70 至 90 年代，随着民族资产阶级的产生，出现了反映新兴民族资产阶级利益的早期维新思想。王韬（1828—1897）、薛福成（1838—1894）、马建忠（1845—1900）、郑观应（1841—1920）、陈虬（1851—1903）、陈炽（？—1899）、何启（1858—1914）、胡礼垣（1847—1916）等，是这种思想的代表人物。

早期资产阶级维新派是从洋务派中分化出来的。他们早年或出国留学，或办理外交，或参与洋务，或投身洋行，接触了不少西方文化，掌握了一些近代自然科学和社会科学知识。他们的思想主张并不完全一致，但具有共同的政治倾向。他们主张向西方国家学习，要求实行某些政治经济的改革，希望使中国变成一个独立富强的国家。

早期维新派具有反对外国资本主义侵略、维护国家主权和民族独立的爱国思想。他们谴责外国侵略者强迫清政府签订的不平等条约，特别是对其中规定的片面最惠国待遇、领事裁判权、协定关税等条款，表示了极大的不满，认为这些规定给中国带来无穷祸害，纷纷要求取消外国侵略者在中国所享有的特权。他们对清政府的媚外误国表示不满，主张把御外侮放在国家政策的首位，不仅要抵御自东南沿海进犯中国的英法等国的侵略，更要警惕来自西北的沙俄的侵略威胁，以利于巩固边防，维护中华民族的利益。

早期维新派主张发展民族工商业，把中国逐步变成独立富强的资本主义国家。他们认为，中国积贫积弱的原因，主要是外国资本主义的对华经济掠夺造成的，因此，中国在讲求武备，与西方资本主义国家进行“兵战”的同时，必须致力于发展民族工商业，与西方资本主义国家进行“商战”。富国是强国之本，“国既富矣，兵奚不强”，必须“借商以强国，借兵以卫商”。他们批判中国封建社会传统的“重农抑商”思想，反对清政府限制资本主义工商业发展的政策，主张听民间自办，政府不要限制。只有做到“人尽其才”“地尽其利”“物畅其流”，才能真正促使民族经济迅速发展。

早期维新派具有一定的反对封建专制制度的民主思想，主张革新政治，建立君主立宪的政治制度。早期维新派对西方的政治制度有初步的了解，马建忠等人曾赴欧洲作过实地考察。两相对照，他们认识到封建专制主义的统治是中国积弱不振的根源。他们认为，随着社会不断向前发展，一个国家的政治制度也必须随之发生变化。他们比较了西方君主、民主、君民共主三种类型的政治制度，认为君民共主最优越，最适合于中国。19世纪八九十年代之交，郑观应、何启、胡礼垣等人已明确提出了在中国建立议会制度的主张。他们的这些要求和主张反映了新兴的民族资产阶级要求参与政权的愿望。

早期维新派还对封建的顽固守旧思想作了比较严厉的批判，指出中国只有发愤图强，进行改革，才能适应新的世界潮流。他们的批判有利于西学和新思想、新事物在中国的传播。

早期维新思想有一个发展的过程。19世纪七八十年代，早期维新派大都是洋务运动的积极支持者和拥护者，有的直接参加了洋务运动。他们虽然对洋务运动提出过一些批评，但大都属于条陈和建议的性质，希望在修改、补充的基础上使洋务运动搞得更好。这时，他们与洋务派之间并无明确的分别。中法战争后，特别是到80年代末90年代初，随着社会经济的发展和民族危机的日益加深，早期维新思想发展到了一个新的阶段。早期维新派逐渐从洋务派中分化出来，开始抨击洋务运动。他们揭露官督商办洋务企业的腐朽性质，认为依靠它不能求得中国的真正富强，只有商办企业才是发展民族工业的唯一道路。他们抨击洋务派编练的海陆军，派系林立，有名无实，不足以抵抗外国侵略、实现民族独立。他们主张进行政治上的变革，明确提出了实行君主立宪制度的要求。这说明，早期维新思想已成为一种新的社会思潮，成为后来戊戌维新变法思想的先驱。

但是，在甲午战前，资产阶级刚刚出现，力量微弱，早期维新派的思想也还很不成熟。他们通常还只是提出某些具体的改革建议，而很少作理论上的阐述；他们对封建专制主义表示不满，但很少作正面批判；他们从洋务派中分化出来，但在很多方面划不清界限，他们当中的某些人终身依附于洋务派；他们宣传改革，还限于制造舆论，而缺少政治实践的意义。早期维新派的这些缺点和弱点，使他们的思想主张在社会上不可能产生太大的影响；但他们毕竟代表了一个新的历史方向。

# 第六章　民族危机的加剧

## 第一节　中国的边疆危机

### 一、美日侵略台湾

台湾岛地处东海，与福建省隔海相望。物产丰饶，战略地位重要。鸦片战争以后，它一直是外国侵略势力觊觎的重要目标。

1854年，美国舰队司令皮雷率领两艘兵舰在基隆登陆，在那里作军事和物资调查，为进一步侵略台湾作准备。皮雷在结束调查后，曾极力向美国政府建议，台湾“非常适合于作为美国商业的集散点”，美国应占领台湾，“在该岛驻泊足够的海军”①。1856年英、法企图联合对中国发动第二次鸦片战争时，美国驻华专使伯驾又向美国政府提出由英、法、美分别占领舟山、朝鲜和台湾的建议，并唆使在台湾高雄的美国商人升起美国国旗，企图变台湾为美国的殖民地。1867年，美国借口失事船只“罗佛”号轮船的水手在台湾遇害，公然派海军少将贝尔率两艘军舰进攻台湾，美军180多人在琅𤩝(今恒春)登陆。高山族人民英勇抵抗，打退了美军的进攻，并击毙美国副舰长马肯基等多人，残敌被迫退去。

19世纪70年代以后，日本成为侵略台湾最危险的敌人。

日本自1868年明治维新后开始走上军国主义道路，表现出极强烈的向外扩张的野心，其首要侵略目标就是中国的台湾和朝鲜。1871年12月，一只琉球国渔船遇飓风漂流至台湾东岸，因与当地高山族人发生冲突，死

---

① 卿汝楫：《甲午战争以前美国侵略台湾的资料辑要》，见《近代史资料》，1954(3)。

伤数十人。自1382年(明洪武十五年)起，琉球即与中国建立起“宗藩关系”。此次冲突，本是清廷与琉球国政府间的事情，与日本毫无关系。但是，日本为寻找侵台借口，先于1872年9月迫使琉球国王接受日本的“藩王”封号，然后诡称琉球渔民为日本管属之民，于1873年5月派遣柳原前光来华进行外交讹诈。总理衙门大臣毛昶熙等驳斥说：台湾“番民之杀琉民，既闻其事，害贵国人则未之闻。夫二岛(即台湾岛与琉球岛)俱我属土，属土之人相杀，裁决固在于我。我恤琉人，自有措置，何预贵国事，而烦为过问?”①

日本政府见外交讹诈不成，遂于1874年4月任命陆军中将西乡从道为“台湾番地事务都督”，在长崎设立基地，准备武装侵台。日本的扩张野心得到了美国的鼓励和支持。美驻日公使德隆把原美国驻厦门领事李仙得介绍给日本政府。李仙得接受日本的聘请为其顾问，从而成为日本侵台的有力策士。此外，美国海军少校凯赛尔和陆军上尉华森等多人在侵台的日舰上担任指挥职务，美船“纽约”号还受雇为日本运兵。

1874年5月初，日本陆、海军3 000多人在琅琊登陆，分兵三路向台湾大举进犯。当地高山族人民不畏强暴，利用有利地形据险阻击，兼之当时疫病流行，日军病亡者甚众。侵略者被迫退踞龟山，在那里设立都督府及医院，修筑道路，蓄意长久盘踞。

日本侵台后，清政府一面照会日本抗议，一面命福州船政大臣沈葆桢为钦差办理台湾等处海防兼理各国事务大臣，以巡阅为名率军渡海赴台，加强防务，作出准备抵抗的姿态。面对高山族人民的抵抗和中国增兵台湾，刚刚走上资本主义道路的日本实力有限，颇感进退两难，于是亟谋外交解决。日本新任驻华公使柳原前光向总理衙门提出“捕前杀我民者诛之”，“抵抗我兵为敌者杀之”，“番俗反复难制，须立严约，定使永誓不剽杀难民”②等三条无理要求，甚至居心叵测地要求清政府承认他们占领的台湾地区并非中国领土，但遭到了总理衙门的严词驳斥。8月，日本又派大久保利通为全权办理大臣来华，继续进行外交讹诈。由于日本方面坚持其无理要求，谈判几至决裂，日本处于骑虎难下的窘境之中。10月底，在英美等国公使的支持下，日本最终迫使清政府妥协，与之签订了《中日北京专约》(又称《台事专条》)。其主要内容是：日本从台湾撤兵；中国偿付日本在台修建

① 转引自王芸生：《六十年来中国与日本》，第1卷，64页，北京，生活·读书·新知三联书店，1979。

② 《筹办夷务始末》(同治朝)，第96卷，28页。

房屋、道路等费用四十万两及“抚恤”银十万两；中国承认日本此次侵台“原为保民义举，中国不指为不是”。

日本通过《北京专约》虽未获得很大权益，但却窥破了清王朝的腐败无能，从而使其侵略野心大受鼓舞。

1875年，日本向琉球发出废止与中国的政治、商贸等关系，须附属于日本等五条命令。琉球国王曾为此派特使向清廷求援。当时清政府正与沙俄交涉伊犁问题，无暇他顾，除命驻日公使何如璋与日本政府进行了几次外交交涉外，别无任何积极举措。1879年3月，日本公然出兵吞并琉球，将其改为日本的冲绳县。

美、日对台湾的侵略，使清政府中的有识之士更加重视台湾的战略地位与防务。淮军将领刘铭传曾明确指出，“台湾为东南七省门户，各国无不垂涎，一有衅端，辄欲攘为根据”①，主张大力加强台湾防务。中法战争结束后，清政府于1885年10月正式在台湾建省，刘铭传为第一任台湾巡抚。由此，进一步加强了台湾与大陆的联系，促进了台湾政治、经济、文化等方面的发展。

## 二、英国侵略滇藏

当美、日侵略台湾之时，英国也加紧了对中国西南滇、藏地区的侵略。缅甸是与中国云南接壤的邻邦。英国在武力征服印度后，于1824年、1852年两次发动侵缅战争，占领了缅甸。此后，英国将其侵略目光转向中国云南。英印政府不断派人偷越中缅边境，潜赴云南地区测绘地形，刺探当地政治、经济、风习等情报。事后他们向英国政府报告说：只要修筑一条经缅甸至云南的铁路，英国“就能有效地开发云南的资源，且可使我们与中国西南的财富和资源发生直接联系”②。1874年，英国组织了一支近200人的武装“探路队”，由英军上校柏郎率领，准备由缅入滇。英国驻华公使威妥玛却向总理衙门谎称，有几名英国人将赴滇游历，要求总理衙门发给护照。为保证此次“探路”成功，英国派遣其前驻烟台领事马嘉理经湖北、云南等省先期到达缅甸的八莫，接应“探路队”。

1875年2月，马嘉理等在并未知照云南地方官府的情况下，引导着这

① 刘铭传：《刘壮肃公奏议》，第1卷，17页，1912年铅印本。

② 转引自王绳祖：《中英关系史论丛》，76页，北京，人民出版社，1981。

支庞大的“探路队”进入云南。当他们行至腾越西南蛮允景颇族山寨时，遇到了当地民众的盘查。马嘉理等态度蛮横，竟然开枪行凶，打死中国边民多人。愤怒的民众当即开枪还击，打死了马嘉理及随员数名，柏郎率领的“探路队”被迫退回八莫。这就是所谓“马嘉理事件”，又称“云南事件”或“滇案”。

“马嘉理事件”完全是英国无视中国主权，悍然入侵中国领土引起的。但英国为扩大其在华的侵略权益，故意扩大事态，称这一事件是当地官府秉承朝廷旨意，唆使兵勇所为，将边民殴毙洋人案扩大为国家间的敌对行为，并于1875年3月19日向清政府提出与“马嘉理事件”有关和无关的六点要求。清政府此时正忙于应付日本侵台和沙俄侵占伊犁问题，急于息事宁人，遂答应了其中虽然十分无理但尚属与“马嘉理事件”有关的三条要求（包括要求派员赴云南“观审”；再派探路队去云南；赔款等），但对与此案无关的“优待”公使及通商税务等问题则予以婉拒。英驻华公使威妥玛十分骄横，公然辱骂“中国所办之事，越办越不是，就像一个小孩子，活到十五六岁，倒变成一岁了”。狂妄叫嚣：“非先换总署（总理衙门）几个人不可。”①他多次中断谈判，以绝交、战争相威胁。

清政府极为担心中国边疆危机同时并起，唯恐与英决裂，“不仅滇边受害，通商各口先自岌岌莫保。南北兵力皆单，已有之轮船、炮台，断不足以御大敌。加以关卡闭市，饷源一竭，万事瓦解”②。遂屈服于英国的压力，捕杀了二十多名被指为“凶手”的中国边民，并于1876年9月13日与英国签订了《中英烟台条约》（又叫《芝罘条约》）。其主要内容是：中国派专使赴英就“马嘉理事件”赔礼道歉，并赔偿白银二十万两；允许英国派员到云南考察，以商订滇缅边界及通商章程；凡内地各省及通商口岸发生涉及英人生命财产案件，英国可派员前往观审；增开宜昌、芜湖、温州、北海为通商口岸，大通、安庆、湖口、武穴、陆溪口、沙市等允许外轮停泊，上下客商货物；各口岸租界内的洋货免征厘金，无论华商、洋商，将洋货运入内地，只纳子口税，其他各项内地税全免；英国人可到甘肃、青海、西藏等地“游历”，开辟印藏交通等。《烟台条约》还扩大了英国在华的其他侵略特权，为其进一步侵略中国西南地区提供了便利条件。

英国早就觊觎着中国的西藏地区。18世纪中叶，英国东印度公司就曾

---

① 《与英国威使晤谈节略》，见《李文忠公全书·译署函稿》，第3卷，32～33页。

② 《论滇案不宜决裂》，见《李文忠公全书·译署函稿》，第3卷，47页。

不断派人潜赴西藏地区搜集有关政治、经济、地理等方面的情报，并力图诱使西藏地方当局与之建立商务关系。19 世纪以后，英印当局一面以“游历”“考察”等为名，继续派遣间谍分子潜入西藏刺探情报，一面加紧侵略和控制与西藏接壤的尼泊尔、哲孟雄（锡金）、不丹等国，建立侵略西藏的基地。

《烟台条约》签订后，英国自恃已取得进入西藏的条约依据，于 1886 年组织了一个以英印政府秘书马科蕾为首的“商务代表团”，经哲孟雄进入西藏。这一“商务代表团”中有测绘、翻译、医务人员，还有印度士兵 300 人，却没有一名商人。他们在干坝宗遭到当地宗本和藏民的阻拦。马科蕾以武力相威胁，扬言将率兵三千入藏。当地人民无所畏惧，坚决表示：若英国人恃强入藏，“阖藏僧俗大众，纵有男尽女绝之忧”，亦必“复仇抵御，永远力阻，别无所思”[①]。马科蕾一行被迫退回印度。

西藏地方政府为防止英国人再次侵略西藏，在热纳宗的隆吐山置兵设卡，实行自卫。英国驻华公使竟照会总理衙门，要求清政府饬令西藏地方政府从隆吐山撤兵，声称“中国如不饬令退回，即调兵驱逐”[②]。与此同时，英国不断向哲孟雄调集军队，准备向西藏发动大规模军事进攻。

1888 年 3 月，英军突袭隆吐山驻防藏兵，悍然发动了第一次侵藏战争。藏兵在多尔济仁（孜本）的指挥下，依托有利地形，用土炮、火绳枪、弓箭等简陋武器英勇抗击以近代化枪炮武装的入侵者。英军不甘失败，又调来重炮和援军，向藏兵发起猛攻。经过数日激战，隆吐山失守，藏兵退守纳汤。西藏地方政府一面向清政府请援，一面从前、后藏征调 1 万余名藏兵集结于亚东地区，积极准备反攻。

昏聩腐朽的清政府，屈服于英国的压力，斥责积极支持西藏人民抗英的驻藏大臣文硕“识见乖谬，不顾大局”[③]，并将其革职，改任升泰为驻藏帮办大臣，令其“开导”藏民，尽快实现与英国停战议和。

1890 年 1 月，升泰以海关总税务司赫德的弟弟赫政为助手，前往印度的加尔各答与英印总督兰士顿谈判，并于同年 3 月 17 日签订了《中英会议藏

---

① 吴丰培：《清季筹藏奏牍・文硕奏牍》，第 2 卷，7 页，长沙，国立北平研究院史学研究会铅印本，1938。

② 王彦威、王亮：《清季外交史料・光绪朝》，第 73 卷，见沈云龙编：《近代中国史料丛刊三编》，第 2 辑，1365 页，台北，文海出版社，1985。

③ 《清季筹藏奏牍・文硕奏牍》，第 7 卷，25～26 页。

印条约》，共八款。主要内容是：哲孟雄由英国保护；西藏与哲孟雄边界以咱利山一带山顶为界；有关游牧、通商等问题，在本条约批准互换之日起6个月内，由两国委派大臣再议。

1891年底，中英双方根据《藏印条约》有关规定再次谈判。经过两年的反复谈判，清政府代表何长荣与英国代表柏尔于1893年12月5日在哲孟雄大吉岭签订了《中英会议藏印条款》，又叫《藏印续约》，共13款。主要内容是：中国开放亚东为商埠，允许英商自由通商；五年内藏、印、哲贸易免税；英国人在西藏享有治外法权；限制藏民在哲孟雄的传统游牧权力等。从此，英国打开了西藏的大门，其侵略势力不断深入，乃至公然进行策动西藏"独立"的罪恶活动。

## 三、俄国侵略新疆

与东南沿海和西南边疆的危机相比，其时我国新疆地区遭受俄国等外来势力的侵略，曾出现了更加复杂和严重的局面。

1864年，新疆各族人民在陕甘回民起义的影响下，纷纷发动反清起事，先后建立起几个互不相属的封建割据政权。这些政权均为当地宗教和民族上层分子所掌握，彼此间互相攻伐，煽动民族仇杀，新疆处于纷争不已的战乱之中。

1864年8月，柯尔克孜族人思的克虽夺取喀什噶尔的回城疏附，但汉城疏勒却久攻不下，于是派回族封建主金相印赴中亚的浩罕国(现在乌孜别克斯坦共和国境内)"请援"。浩罕统治者派帕夏(陆军司令)阿古柏于1865年初率军侵占喀什噶尔，驱逐了思的克。此后两年间，阿古柏又先后攻占南疆各城，吞并了其他几个割据政权。1867年，阿古柏悍然宣布成立"哲德沙尔汗国"(意为七城国，即喀什噶尔、莎车、和田、库车、叶尔羌、阿克苏、吐鲁番)，自称"毕条勒特汗"(意为"幸运者")。1870年，又将侵略势力扩张到北疆，相继侵占吐鲁番盆地和乌鲁木齐等地。阿古柏以外族入侵新疆，对各族人民进行残酷野蛮的压迫与统治，给新疆人民带来了深重的灾难。

当时正在中亚进行激烈争夺的英国和沙俄，都试图通过支持阿古柏政权染指中国新疆地区。1868年，英印政府派遣富商罗伯特·沙敖访问喀什噶尔，将英国的商品、军火等源源不断地运往新疆。1870年，又派以道格拉斯·弗赛斯为首的英国代表团赴喀什噶尔与阿古柏政权勾结。阿古柏也于1869年和1871年两次遣使赴印度，带去他给英国女王和英印总督的亲笔信。

沙俄一直致力于在中亚的扩张，1865 年攻占浩罕国重镇塔什干，不久迫其臣服。1866 年，沙俄与阿古柏达成协议：双方互不干涉对方行动；互给对方以入境追捕逃犯的权利等。1872 年 6 月，沙俄竟无视中国主权，擅自与阿古柏签订"通商条约"(即"俄阿条约")，规定：沙俄承认阿古柏为"哲德沙尔"首领；阿古柏则同意沙俄在南疆设立商馆和商务专员；俄货只纳百分之二点五的关税；允许俄商队经南疆至邻国等。随后，阿古柏派他的外甥赴俄访问，受到沙皇亚历山大二世"极其殷勤的，像接待王侯那样的待遇"①。此后，俄国的商品、武器等大量涌入南疆。

英国不愿意看到俄国势力深入南疆，先是煽惑阿古柏臣属于自己的附庸土耳其，接着又于 1873 年秋冬之际任命弗赛斯为全权使节，率领由 300 人组成的特派使团到达喀什噶尔，带去英国女王给阿古柏的亲笔信及英印总督赠送的大批枪支弹药。翌年 2 月，双方签订了"通商条约"(即"英阿条约")十二条，其主要内容是：英国正式承认阿古柏为"艾米尔"；阿古柏同意英国在南疆驻使、通商、设立领事；英货只纳百分之二点五的关税；英国人可在南疆买卖或租用土地、房屋及货仓等。

俄英两国向阿古柏提供大量武器，支持其抗拒清军收复新疆，分裂中国，进一步加剧了中国的边疆危机。在此期间，沙俄还借口安定边境秩序，出兵强占了中国的伊犁地区。

伊犁地区土地肥沃，物产丰饶，是清政府伊犁将军的驻地和新疆的军政中心。1864 年沙俄强占中国巴尔喀什湖以东以南的 44 万平方公里领土后，一直觊觎着伊犁和整个新疆地区。阿古柏侵犯北疆时，沙俄唯恐阿古柏攻占伊犁，于 1870 年 8 月出兵强占了新疆通往伊犁的咽喉要道穆扎尔特山。1871 年 5 月，沙俄军队分兵两路进犯伊犁，遭到了当地各族人民的英勇抗击，俄军经过两个月的苦战，才占领了伊犁。其后，俄军又四出侵扰，企图将天山北路全部置于自己的统治之下。

沙俄侵占伊犁后，非法设官分治，对当地各族人民横征暴敛，实行野蛮的殖民统治。各族人民纷起反抗，或逃至内地，请求清政府出兵"速为救援"。

1872 年 5 月，署伊犁将军荣全受命与俄方会商接收伊犁事宜。沙俄不但绝口不谈归还伊犁问题，反而节外生枝，提出诸如重新划定中俄边界，

---

① 包罗杰：《阿古柏伯克传》，194 页，北京，商务印书馆，1976。

允许俄国在新疆全境通商，赔偿俄国损失等一系列无理要求。荣全与沙俄多次谈判均不得要领，空手而归。他向清政府报告说：沙俄的真正目的“不止在要求重币，亦不仅窃踞伊犁，将尽新疆之地皆为己有而后已”①。

此后不久，日本侵占了台湾。面对西北和东南地区同时并起的严重边疆危机，清政府内部出现了所谓“海防”与“塞防”之争。直隶总督李鸿章等认为，东南海防重于西北塞防，断言“新疆不复，于肢体之元气无伤；海疆不防，则腹心之大患愈棘”，且新疆地区北、西、南三面为列强环伺，“即勉图恢复，将来断不能久守”②。既然中国兵单饷匮，“海防西征，力难兼顾”③，所以应放弃新疆，“移西饷以助海防”④。陕甘总督左宗棠等则认为，海防与塞防并重，“但使俄人不得志于西北，则各国必不至构衅于东南”。若为节饷而停兵，如同“自撤藩篱”，“我退寸而寇进尺，不独陇右堪虞，即北路科布多、乌里雅苏台等处，恐亦未能晏然”⑤。力主以刚刚镇压了陕甘回民起义的得胜之师，锐意西进，驱逐阿古柏，规复新疆。

海防与塞防之争，虽反映出淮系与湘系集团间的派系之争，但左宗棠等的主张同时又具有平叛和反对外国侵略、维护国家领土统一的进步意义，因而得到国内爱国人士的广泛支持。清廷权衡利弊后，于1875年4月任命左宗棠为钦差大臣，督办新疆军务，准备武力收复新疆。

1876年3月，左宗棠移驻肃州(今酒泉)，督率220营大军西征。他根据新疆北可控南的地理形势，确定了先北后南的战略方针，指挥清军仅用半年时间，就收复了古牧地、乌鲁木齐、玛纳斯等北疆大部分地区。在此期间，英国始则反对清军进军新疆，继则诱迫清廷承认阿古柏政权为“属国”，对中国“只隶版图，不必朝贡”，企图牺牲中国南疆主权，维护阿古柏政权。沙俄则接连派出以普尔热瓦尔斯基为首的“考察队”和以库罗巴特金为首的“特别代表团”到达南疆，诱逼阿古柏与之签订所谓“俄阿边界条约”，企图以边界的“既成事实”，割占中国新疆西南部的大片领土。清军的迅速进军，粉碎了英、俄的种种阴谋。

---

① 《筹办夷务始末》(同治朝)，第89卷，9页。

② 《李文忠公全书·奏稿》，第24卷，19页。

③ 《李文忠公全书·奏稿》，第24卷，19页。

④ 《李文忠公全书·朋僚函稿》，第16卷，17页。

⑤ 《左文襄公全集·奏稿》，第46卷，见沈云龙主编：《近代中国史料丛刊续集》，第65辑，1845页，台北，文海出版社，1974。

1877年春，清军向南疆推进。在新疆各族人民的支持下，清军连克达坂、托克逊、吐鲁番等城，消灭了阿古柏的主力军队。阿古柏退守库尔勒，不久兵败自杀。他的儿子伯克胡里自立为“汗”，企图继续顽抗。12月18日，清军攻克喀什噶尔，伯克胡里率残部逃入俄境。1878年1月，清军收复了除沙俄侵占的伊犁地区以外的全部新疆领土。

沙俄强占伊犁时，认定清政府绝对无力进军新疆，驱逐阿古柏势力，所以曾虚伪地向清政府表示：俄军占领伊犁，“只以中国回乱未靖，代为收复，权宜派兵驻守。俟关内外肃清，乌鲁木齐、玛纳斯各城克复之后，当即交还”①。清军消灭了阿古柏政权后，清政府任命吏部左侍郎崇厚为头等钦差大臣，赴彼得堡与俄国谈判交收伊犁事宜。

中俄谈判历时9个月，昏聩无能的崇厚在沙俄的威逼愚弄下，于1879年10月2日，在克里米亚半岛的里瓦几亚与沙俄签订了丧权辱国的《里瓦几亚条约》，又称《交收伊犁条约》。条约规定：俄国归还伊犁九城一带地方，中国将霍尔果斯河以西和特克斯河流域大片领土割让给俄国；修改塔尔巴哈台附近的中俄边界；中国向沙俄偿付“代收代守伊犁兵费”500万卢布(约合白银280万两)；俄商在新疆、蒙古全境贸易免税；增辟从俄国经兰州、西安至汉口和经归化(呼和浩特)、张家口至天津的两条陆路商道；俄国可在嘉峪关、哈密、吐鲁番、乌鲁木齐、古城、科布多、乌里亚苏台七处增设领事等。中国付出了极大的领土、商贸代价，收回的却是处于沙俄北、西、南三面包围，“弹丸孤注，控守弥难”的伊犁九城。

签订《交收伊犁条约》的消息传来，举国大哗，恭亲王奕䜣、陕甘总督左宗棠及清流派官员等纷纷上奏要求改约。左宗棠提出“先折之以议论，委婉而用机；次决之以战阵，坚忍而求胜”②的对俄总方针。

1880年初，清政府以崇厚所订条约“多有违训越权之处”，“窒碍难行”为由，拒绝批准该条约，并将崇厚交刑部议罪，定为“斩监候”。同时，再次任命左宗棠为钦差大臣，赴新疆统筹军务。

沙俄恼怒异常，一面抗议清政府严惩崇厚，一面在伊犁地区大量集结军队，调集舰队游弋中国海面，对清廷虚声恫吓。左宗棠认为，“俄事非决战不可”，于1880年5月移营哈密，积极备战。

清廷为避免战争，同时迫于英、德、美、法等国公使“调停”的压力，

---

① 袁大化：《新疆图志·交涉志二》，2页，清宣统三年活字本。

② 《左文襄公全集·奏稿》，第55卷，2219页。

遂于1880年6月赦免了崇厚，派驻英、法公使曾纪泽兼任驻俄公使，赴俄谈判改约及收复伊犁问题。

1880年8月，曾纪泽抵达彼得堡。他深知此次谈判改约无异于“探虎口而索已投之食”，任重道远。果然，在谈判中，沙俄代表代理外交大臣吉尔斯态度蛮横，声称原约“只候照行，无可商议”。同时，沙俄继续陈兵伊犁，增调兵舰到中国海面进行军事讹诈。曾纪泽为维护国家的领土主权，根据与总理衙门商定的力争收回伊犁全境，酌允通商，增加赔款的既定方针，与俄方据理力争。沙俄提出中国当割让西北边界或沿海某地作为交还伊犁地区的“补偿”，曾纪泽明确拒绝说：“中国土地，断无再让之事。”[①]面对沙俄“若再延迟，不如打仗”的战争讹诈，曾纪泽毫不示弱，针锋相对地回答说：如若开仗，“胜负难知，中国获胜，则俄国亦须偿我兵费”。经过半年的反复交涉，中俄双方于1881年2月24日签订《中俄伊犁条约》(时称《改订条约》，因签订于彼得堡，故又称《圣彼得堡条约》)和《改订陆路通商章程》。其主要内容是：中国收回伊犁和特克斯河流域，但沙俄以安置“入俄籍而弃田地之民”为借口，仍割占了中国霍尔果斯河以西的大片领土；中国偿付沙俄“代收代守”伊犁兵费900万卢布(约合白银509万两)；俄国在新疆各城贸易“暂不纳税”，在蒙古贸易全部免税；俄国可在嘉峪关、吐鲁番两地增设领事馆；重新勘定中俄边界的“不妥之处”，按俄国“现管之界”勘定边界，安设界牌等。此后，沙俄利用这一条款，又迫使清政府与之签订了中俄《伊犁界约》《喀什噶尔界约》《续勘喀什噶尔界约》等勘界议定书。通过“勘界”，沙俄又割占中国斋桑泊以东，霍尔果斯河以西，特穆尔图淖尔(伊塞克湖)东南等地区共约7万平方公里的领土。

《中俄伊犁条约》与《里瓦几亚条约》相比，中国在界务、商务方面虽收回了部分主权，“迫使俄国做出了它从未做过的事，把业已吞下去的领土又吐出来了”[②]，但它仍是沙俄武力威胁和外交讹诈的产物，是一个不平等条约。

1884年11月，清政府根据左宗棠的建议，在新疆建立行省，以乌鲁木齐为首府，任命参与收复新疆的湘军将领刘锦棠为巡抚。新疆建省进一步密切了新疆与祖国内地的政治、经济、文化等方面的联系，有利于西北边

---

① 中国历史研究社：《奉使俄罗斯日记》，120页，上海，神州国光社，1947。

② [俄]查尔斯·耶拉维奇、[俄]巴巴拉·耶拉维奇：《俄国在东方(1876—1880)》，138页，北京，商务印书馆，1974。

疆的巩固和建设，有利于中华民族的统一。

沙俄对华扩张领土的野心永无止境。1884 年，它通过迫使清政府订立《中俄续勘喀什噶尔界约》，已经割占中国帕米尔的西北地区，但仍不满足。1891 年 7 月，俄军马、步、炮兵 300 余人侵入我国帕米尔地区，非法树立木杆，张贴布告，宣称当地居民“今已属俄国百姓”。清政府为此通过驻俄公使许景澄向沙俄提出抗议。沙俄政府虽口头上承认“此番俄武员带兵竟到中国境内，是其错处”[①]，但实际上仍于 1892 年 1 月和 4 月两次在彼得堡召开研究武装占领帕米尔问题的特别会议。1892 年 6 月，俄军上校约诺夫指挥一千余名士兵入侵帕米尔，占领了郎库里、苏满塔什、阿尔楚尔等地，拆毁中国边防卡伦。中俄军队沿萨雷阔勒岭一线对峙。

清政府多次向沙俄提出抗议，要求其立即撤兵。沙俄不但拒不撤兵，反而提出中俄须“以山中水分流处”(即萨雷阔勒岭)为边界的无理要求。其后，清政府驻俄公使许景澄、驻法参赞庆常，又先后与沙俄代表谈判。沙俄代表蛮横无理地要求将《中俄续勘喀什噶尔界约》中有关中国边界自乌孜别里山口“一直往南”的规定，改为“先往东，再往南”，并诡辩说：“所谓南者，左右均可，非必一直前往，不能挪动。”甚至大耍无赖，说什么帕米尔“荒寒不毛，无关险要”，实为无用之地，中国“何必如此坚持?”

由于沙俄毫无诚意，中俄谈判历时一年半而无任何结果。1894 年 4 月，清政府被迫同意了沙俄关于在帕米尔问题最后解决之前，中俄双方军队保持各自所在位置，互不进兵的建议。但清政府作了明确的保留，严正声明：“在采取上述措施时，并不意味着放弃中国对于目前由中国军队所占领以外的帕米尔领土的权利，它认为应保持此项以 1884 年界约为根据的权利，直到达成一个满意的谅解为止。”[②]从此以后，中俄双方再未就帕米尔问题进行过谈判，沙俄始终强占着中国萨雷阔勒岭以西的 20 000 平方公里的领土，中俄间始终存在着帕米尔地区的未定边界问题。

1895 年 3 月，俄、英两国利用中国在甲午战争中失败，陷于困境之机，背着中国非法达成瓜分萨雷阔勒岭以西中国帕米尔领土的协议。清政府曾分别照会俄、英两国政府，郑重声明：中国不承认俄、英有关帕米尔问题的协议，“后日必重申前说”[③]。

---

① 许景澄：《许文肃公遗稿》，第 6 卷，20 页，1912 年铅印本。

② 转引自《中华人民共和国外交部文件》(1969 年 10 月 8 日)。

③ 《清季外交史料》(光绪朝)，第 113 卷，1981 页。

# 第二节 中法战争

## 一、法国侵略越南与清政府的对策

法国对越南的侵略野心由来已久，早在1787年法国传教士百多禄就曾上书法国国王路易十六，建议占领越南并开辟一条通往中国内地的商路。19世纪50年代后，拿破仑三世极力鼓吹在亚洲建立“法兰西东方帝国”，进一步加紧了对越南的侵略。1862年，法国发动了侵越战争，迫使越南与之签订《西贡条约》，割占了边和、嘉定、定祥三省及昆仑岛。1867年，法军又攻占了永隆、昭笃、河仙三省，控制了湄公河三角洲。

1866年，法国侵略者派遣了一个以海军中校特格拉莱和上尉安邺为首的调查团，溯湄公河及其上游澜沧江（在中国境内）而上，进入中国云南地区。他们发现澜沧江滩多流急，不宜航行，而越南北方的红河及其上游元江（在中国境内）的航行条件要好得多，便建议法国政府占领北圻。越南当时分为三个部分，即北圻（东京）、中圻（安南）、南圻（交趾支那）。法国侵略者公开鼓吹说：“法国必须占领北圻……因为它是一个理想的军事基地，由于有了这个基地，一旦欧洲各强国企图瓜分中国时，我们将是一些最先在中国腹地的人。”①

1873年11月，安邺指挥法军相继攻陷河内、海阳、宁平、南定等地。越南政府邀请刘永福及其率领的黑旗军协助越南抗击法军。

刘永福（1837—1917），字渊亭，广东钦州（今属广西）人。出身贫苦。原为广西一支农民起义武装的首领，因所部以黑色旗帜为军旗，故称“黑旗军”。太平天国起义失败后，刘永福率部退驻越南保胜一带，深受当地居民的欢迎。刘永福被越南国王封为“七品千户”。

1873年12月21日，刘永福率黑旗军在河内城郊大败法军，击毙安邺，迫使法军退出红河，困守海防。越南国王授刘永福以三宣副提督之职。

1881年7月，法国议会通过了240万法郎远征北圻的军费案。1882年4月，法海军上校李维业（又译作李威利）指挥法军再次进攻北圻，占领河

① 陈辉燎：《越南人民抗法八十年史》，第1卷，71页，北京，生活·读书·新知三联书店，1974。

内。次年3月侵占南定。在越南政府的邀请下，刘永福再次率黑旗军开赴前线，于1883年5月19日在河内城西的纸桥附近设伏，痛歼法军，击毙李维业。越南国王授刘永福以三宣正提督之职。

法国不甘心在越南的失败。1883年5月，法议会又通过增加远征越南军费550万法郎和增派1 800名侵略军的议案。法国总理茹费理继续鼓吹“必须征服那个巨大的中华帝国”[①]。这年8月，法军兵分两路，一路由波滑率领，沿红河向黑旗军进攻，在怀德、丹凤等地遭到黑旗军的沉重打击。另一路由孤拔率领，攻入越南首都顺化，强迫越南与之签订了《顺化条约》，变越南为其殖民地。从此以后，法国便将侵略的主要矛头指向了中国。它要求清政府撤退驻扎北圻协越防守的清军，开放云南边界通商，召回刘永福的黑旗军等。同时令法军进攻北圻，中法关系日趋紧张。

在法军大举进攻越南，危及中国西南边疆的形势下，清朝统治阶级内部出现了主战与主和两种意见。主战者主要是湘系官僚，如左宗棠、刘坤一、彭玉麟以及驻法公使曾纪泽等。其次是以军机大臣李鸿藻为首的清流派，如张之洞、张佩纶、陈宝琛等。他们认为：就道义责任而言，中越存在着历史上的宗藩关系，越南受到侵略，中国“本应保护”。就利害关系而论，中越两国山水相连，唇齿相依，法国侵越，“非徒并越，而特欲以越为根脚耳。粤边之煤矿，滇中之金矿，无不垂涎”[②]。故中国即为自固藩篱计，也断无坐视之理。主战者强调援越抗法的正义性和必要性。主和者主要是淮系官僚，直隶总督兼北洋大臣李鸿章是其代表。他们认为，现在“越已阴降于法”(指越南政府与法国签订了《顺化条约》)，中越宗藩关系不复存在，中国没有必要为越南“代为力征经营”。中国“各省海防，兵单饷匮，水师又未练成，未可与欧洲强国轻言战争”[③]，对法议和，不过“伏边患于将来”，若与法国失和开战，“则兵端开于俄顷”，中国即使“一时战胜，未必历久不败；一处战胜，未必各口皆守”[④]，从此“兵连祸结”，将国无宁日。他们主和的主要理由是强调援越抗法的危险性和失败的必然性。

---

① 转引自复旦大学历史系中国近代史教研组编：《中国近代简史》，143页，上海，上海人民出版社，1975。

② 中国史学会主编：《中国近代史资料丛刊·中法战争》(以下简称为《中法战争》)，第4册，268、45页，上海，上海人民出版社，1961。

③ 《中法战争》，第4册，268、45页。

④ 《中法战争》，第5册，158页。

在主战主和两种意见的影响下，清政府对法态度模棱，举棋不定，它一方面通过外交途径对法侵越表示抗议；派人秘密与刘永福联络，向黑旗军提供饷银、军械等，暗中助其抗法；密谕两广地方督抚："目前办法，总以固守北圻为主，倘法人侵及我军驻扎之地，则衅自彼开，自不能不与接仗。"[①]另一方面却又授权李鸿章，谋求与法议和，再三谕令驻越清军"不可衅自我开，转滋口实"。[②]

清政府这种和战不定、消极模棱的态度，不但束缚了清军的手脚，而且进一步助长了法国侵略者的凶焰。1883 年 12 月，法国议会通过了追加 2 900 万法郎军费和 1.5 万名远征军的侵华方案。

12 月 11 日，法军司令孤拔率兵 6 000 余人，从河内出发，水陆并进，向驻扎在北圻山西的清军和黑旗军发起进攻，中法战争于是爆发。清军统帅、云南巡抚唐炯"弃军而逃"。黑旗军拒险与法军激战数日，以力单无援撤退，山西失守。1884 年 2 月，法国增援部队到达河内，由米乐接任法远征军司令。3 月，法军 1.2 万人分别由米乐和尼格里指挥，分兵两路会攻北宁。北宁南控河内，北蔽谅山，是清军经营一年有余的军事要地。清政府多次命令驻越清军全力扼守北宁，阻遏法军向中越边境推进。但清军统帅、广西巡抚徐延旭"事前既疏于布置，临时复勇于溃退，敌犹未至，望风而遁"[③]。在东线战场上，谅江、郎甲等地失守。4 月初，西线战场上兴化、临洮、宣光等地也相继失守。

山西、北宁失守的消息传到北京，清廷大为震惊。4 月 3 日，祭酒盛昱上《疆事败坏请将军机处交部严议》的奏折。其本意只是要奕䜣等军机大臣从此振作精神，力图补救、扭转中法不利战局。但不料却为西太后所利用，趁机大做文章。

恭亲王奕䜣自 1861 年 11 月协助西太后发动"辛酉政变"后，以议政王名义任首席军机大臣兼管总理衙门，总揽清廷内政外交大权。随着西太后统治地位的不断巩固，她与奕䜣间的矛盾日益尖锐。西太后此前就曾试图将奕䜣赶下台，终因时机不成熟而中止。现在盛昱的奏折正好为她提供了口实，遂于 4 月 8 日明发上谕，以"委蛇保荣，办事不力"等罪名，将奕䜣、宝鋆、李鸿藻、景廉、翁同龢一概斥逐出军机处。恭亲王奕䜣且被"开去一切

① 《光绪朝中法交涉史料》，第 7 卷，18 页，北京，故宫博物院，1932。

② 《光绪朝中法交涉史料》，第 5 卷，13 页。

③ 《光绪朝中法交涉史料》，第 12 卷，11 页。

差使”，令“家居养疾”。同日宣布任命礼亲王世铎，户部尚书额勒和布、阎敬铭，刑部尚书张之万，工部左侍郎孙毓汶五人为军机大臣。又命庆郡王奕劻主持总理衙门。次日又颁谕：“军机处遇有紧要事件，著会同醇亲王奕譞商办。”[①]新组成的军机处，实权操诸奕譞及其心腹孙毓汶之手。这次清朝最高统治集团的重大人事变动，史称“甲申易枢之变”，或“甲申政潮”。

与此同时，清廷还下令将唐炯、徐延旭革职拿问，任潘鼎新为广西巡抚，张凯嵩为云南巡抚。从表面上看，清廷似在重整旗鼓，倾向于抗战，实则它正依赖李鸿章，加紧与法国议和。

法军在越南战场虽取得一些军事胜利，但仍困难重重。1884 年 4 月，法国海军中校福禄诺通过粤海关总税务司的德国人德璀琳，对李鸿章进行诱和，并威胁说：中国如不答应法国的议和条件，法国将增派海陆军进攻中国本土。清政府急于求和，屈从法国的压力，任命李凤苞为驻法公使，代替主战的曾纪泽，并授权李鸿章“通盘筹划”对法议和事宜。经过数日的谈判，李鸿章与福禄诺代表中法两国于 1884 年 5 月 11 日在天津签订了《中法会议简明条款》，又称《李福协定》，共五款。主要内容是：中国承认法国与越南签订的条约和对越南的保护权；中国驻越清军调回境内（未明确规定撤军期限）；法国不索赔款，中国在中越边境开埠通商；法国与越南修约时，不出现有损中国体面的字样；三个月后，双方派遣全权大臣，制定详细办法。这一条约满足了法国占领越南和打开中国西南门户的侵略要求。

## 二、马尾海战与镇南关大捷

1884 年 6 月 23 日，法军不等中法全权大臣商定清军撤军的具体时间与办法，突然到达北黎（观音桥），通令驻守在那里的清军立即退回中国境内。清军因未接到撤退命令，不便遽然撤兵，派出代表与法军交涉。法军残酷杀害了 3 名清军代表，并向清军阵地发动进攻，但被击退。此事被称为“北黎冲突”或“观音桥事件”。

法国挑衅失败，反诬中国破坏《中法会议简明条款》。法国代理公使谢满禄于 7 月 12 日向清政府提出最后通牒，要中国立即从越南撤兵，对法赔款 2.5 亿法郎（约合白银 3 800 余万两）。否则，法国将占领中国一两个沿海港口作为赔款的担保品，并极其蛮横地限令 7 日内答复。7 月 13 日，法国

---

① 朱寿朋：《光绪朝东华录》，1677 页，北京，中华书局，1958。

海军部长裴龙电令侵华海军司令孤拔："派遣你所有可调用的船只到福州和基隆去，我们的用意是要拿住这两个埠口作质，如果我们的最后通牒被拒绝的话。"[①]次日，两艘法国军舰以"游历"为名，开入闽江口。两天后，孤拔率法军舰队闯入闽江的马尾港。

面对法国咄咄逼人的外交及军事讹诈，软弱无能的清政府不作战守准备，而是将希望寄托在英、美、德等国的"调停"上。为表示和平诚意，清廷于 7 月 16 日下达了清军将在一个月内由越南"全部撤竣"的明令，并指令两江总督曾国荃在上海与法国新任驻华公使巴德诺议和。

马尾港是福建水师的基地，著名的洋务企业马尾造船厂就建在这里。闽江口外岛屿礁沙密布，有五虎岛、大小龟屿等，形势险峻，素有"双龟守户，五虎把门"的说法。从闽江口至马尾，两岸山岭夹峙，水道狭窄，最窄处仅 300 米，两岸建有炮台。当时有人称"福州海口，奇险天生，当事者苟未雨绸缪，（法军）虽铁肋亦难飞渡"[②]。但闽浙总督何璟、福州船政大臣何如璋等，唯恐阻止法舰进港会影响中法和谈，竟听任法舰自由出入，自失天险屏障。法舰驶入马尾港后，与福建水师同泊一处，长达 40 天之久，战争一触即发。当时有人建议根据"万国公法"，对驶入马尾港的法舰予以武力驱逐，或堵塞江口，先发制人，予以聚歼。但清政府却抱定"彼若不动，我亦不动"的妥协方针，何璟、何如璋等甚至"严谕水师，不准先行开炮，违者虽胜亦斩"[③]。

8 月 4 日，法侵华海军副司令利士比奉巴德诺之命，率 4 艘军舰到达台湾基隆海面，次日发动进攻。督办台湾军务的刘铭传指挥清军奋勇抵抗，伤毙法军一百多人，残敌狼狈逃回军舰。

面对法军的军事进攻，总理衙门虽向法国政府提出了抗议，但实际上仍把希望寄托于美国的斡旋。

然而，法国却无意妥协。8 月 16 日，法国议会通过了一项增拨 3 800 万法郎侵华军费的议案，茹费理狂妄叫嚣要对华进行"本世纪最大的一次征伐"。19 日，法国驻华代理公使谢满禄借口基隆事件，向清政府发出最后通牒，要挟中国对法赔款 8 000 万法郎。21 日，谢满禄下旗离京，中法关系

---

① 《裴龙致孤拔》，见《中法战争》，第 7 册，225 页。

② 唐景崧：《请缨日记》，见《中法战争》，第 2 册，144 页。

③ 张佩纶：《涧于集·奏议》，第 4 卷，见沈云龙主编：《近代中国史料丛刊》，第 10 辑，31 页，台北，文海出版社，1967。

决裂。

22日，孤拔接到法国政府的进攻密令。23日中午12点左右，法驻福州副领事白藻泰始照会闽浙总督何璟本日开战。何璟急电告："马尾未接电音而法人已先开炮。"①法军精心策划，借宣战之名，而行偷袭之实。23日13时许，停泊在马尾港的法国军舰向福建水师发动突然袭击。在这种十分不利的情况下，福建水师广大官兵仍奋起英勇反击。旗舰"扬武"号在被敌鱼雷击中即将沉没之时，仍以尾炮击中法旗舰"窝尔达"号，孤拔险些丧命。"福星"号被3艘敌舰包围，舰身多处受伤，犹如一条火龙，但全舰将士毫无惧色，沉着应战，直至弹药库爆炸而英勇捐躯。"振威"号受伤，船身失去控制，随波漂向下游，舰上官兵依旧发炮击敌，直到中鱼雷沉没。其他兵船，如"飞云"号、"福胜"号，也都临危不惧，奋勇杀敌，表现了崇高的爱国主义精神和大无畏的英雄气概，以致法国侵略者也不得不承认，福建水师"表现出勇敢和英雄的优美榜样"②。激烈的战斗持续了近一个小时，由于敌我力量悬殊(法舰队计有军舰9艘，排水量为14 500吨，火炮77门，官兵1 800人。而福建水师虽有兵舰11艘，但排水量仅9 900吨，火炮47门，官兵1 100人)，加之仓促应战，处境不利，福建水师遭到失败，损失惨重，11艘兵舰和19艘运输船全部沉毁，伤亡官兵700余人。24日、25日，法舰在击毁了马尾造船厂及马江两岸炮台后，驶出闽江。

8月26日，清政府正式对法宣战，谴责法国"专行诡计，反复无常，先启兵端"。同时根据"应以进兵越南，规复北圻，俾彼族不敢悉众内犯为制敌要策"的指导思想，确定了沿海防御，陆路反攻，"牵敌以战越为上策"③的战略方针，即尽可能将战争范围局限于越南境内。法国则决定以海军攻占台湾，"据地为质，挟中国议约"，同时命陆军向驻守谅山的清军发动进攻，占领越南全境，然后由陆路将战火直接烧至中国本土。

9月中旬，法侵华海军司令孤拔率军舰5艘，副司令利士比率军舰3艘，分别进攻台湾的基隆和淡水，企图在两处得手后合击台北。10月1日，法军在猛烈的舰炮掩护下，攻占基隆。10月2日，进攻淡水的法军遭到惨败。8日，得到增援的法军在强大炮火支持下强行登陆，再次猛攻淡水。刘铭传指挥清军、民团等诱敌陆战，设伏截击，经过几个小时的拉锯战，法

---

① 《涧于集·奏议》，第4卷，573页。

② 罗亚尔：《中法海战》，见《中法战争》，第3册，554页。

③ 《中法战争》，第5册，518、511、520页。

军死伤数十人，狼狈逃回军舰，慌乱中又有数十人坠海溺死。法军在淡水失败后，将兵力收缩至基隆，并于10月下旬封锁台湾，企图孤立台湾守军。

1885年2月至3月间，孤拔率军舰多次进犯镇海，清军在浙江提督欧阳利见的指挥下沉着应战，击沉击伤法军舢板及舰只各两艘。孤拔本人中弹受伤①，被迫于3月7日南撤，转而攻占澎湖岛。不久，孤拔死于澎湖。

在法军封锁台湾，侵扰浙江镇海之时，清军也在北圻向法军发起反击。在西线战场上，自1884年10月至1885年3月，中法军队在宣光反复争夺。清军与黑旗军紧密配合，虽取得歼敌千人的战绩，但因法军不断得到增援，始终未能攻克宣光，被迫撤出战斗，准备新的反攻。在东线战场上，清军出谅山反攻船头、郎甲一线。1885年1月底，法军7 000余人分别由波里也和尼格里指挥，由河内出发，向清军进行反扑，不久攻占谷松。清军统帅、广西巡抚潘鼎新畏敌如虎，于2月13日不战弃守战略要地谅山，逃至中国境内的龙州。2月23日，法军攻占中越边境重镇——镇南关。后因担心战线过长，给养困难，炸毁了镇南关城墙及附近的清军防御工事，退回越南境内的文渊(今同登)、谅山，并在关前废墟上竖起一块木牌，狂妄地宣称“广西的门户已不再存在了”。这时，称疾在乡的老将冯子材受命帮办广西关外军务，率部开赴前线，收编溃散清军，整饬军纪，被前线各路清军将领推举为前敌总指挥。当地军民信心倍增，在法军竖立木牌的地方也竖立起一块木牌，上面针锋相对地写着：“我们将用法国人的头颅重建我们的门户。”②

经过实地勘察，冯子材选定镇南关中国内侧10里处的关前隘为诱敌聚歼的战场。这里东西两面高山夹峙，中间只有一条宽约2华里的关道。冯子材指挥军民在此用土石修建起一条长3里、高7尺，底厚1丈，连接东西两岭的长墙，墙外开挖宽约4尺的深沟，切断关道。同时在东西两岭赶筑堡垒群，安设炮位，控制制高点，屏护长墙主阵地。在兵力部署上，冯子材率军居中正面迎敌，命王德榜率军驻守镇南关东北30里处的油隘，准备伺机阻击法军的增援部队，切断其军事补给线。另外，冯子材还在长墙主阵地后面半里、4里及纵深地区配置了多重预备梯队，使清军的防御较为坚固，处于进可攻、退可守的有利地位。

---

① 近年有学者认为，孤拔在镇海并未受伤。见镇海口海防历史遗迹领导小组编：《中法战争镇海之役110周年学术研讨会论文集》，63页。

② 加尔新：《在侵略东京时期》，见《中法战争》，第3册，530页。

3月21日夜，冯子材率军突袭盘踞文渊的法军，引诱法军前线指挥尼格里来攻。23日凌晨，尼格里指挥法军2 000余名和3个炮兵连，分兵两路进犯清军长墙主阵地和东岭炮台。两军展开激战。争夺东岭炮台的战斗尤为激烈，双方势均力敌，死伤相当。入夜时分，战斗渐息。清军连夜赶修工事，补充给养弹药。24日清晨，法军利用天降大雾的有利时机，在猛烈炮火掩护下兵分三路，再次发动猛攻。冯子材与各军将领商定"有退者，无论何将遇何军，皆诛之"①，誓与阵地共存亡。当法军接近长墙主阵地时，冯子材身先士卒，"持矛大呼越出"，率自己的两个儿子首先冲入敌阵。其他官兵见状，人人感奋，纷纷冲向法军，与之展开近战肉搏。这时，清军的后援部队相继赶到，逐渐遏制住法军的猖狂攻势，并转入反攻。法军因增援部队和弹药给养遭到清军截击，得不到及时补充，陷入困境，伤亡惨重。尼格里见大势已去，率领残部狼狈溃逃。冯子材率军乘胜追击，直至深夜，暂且收兵。此次战役击毙法军精锐1 000余人②，缴获枪支弹药不计其数。法国侵略者战后不得不承认，自他们入侵中国以来，"从未受此大创"③。

为扩大战果，不给敌军以喘息机会，冯子材率军出关。3月26日占文渊，29日克谅山，重伤尼格里。法军将38门大炮和13万银元弃入淇江，狼狈而逃。30日清军克谷松，3工日克北黎。东线陆路战场上出现了空前大好形势。

与镇南关大捷同时，西线战场上的清军和黑旗军依托工事，引发地雷，在临洮击毙法军数百人。接着，乘胜相继收复了广威府、黄冈屯、老社等十几个州县。至此，越南战场的形势全然改观。

法军在镇南关—谅山惨败的消息传到本国后，引起了法国统治集团的极大震动。他们把这一失败比作1815年拿破仑在滑铁卢的失败，担心法国在远东建立的殖民统治会因此而动摇。法国人民纷纷走上街头示威，高呼打倒茹费理的口号，"几使巴黎闹成革命"④。法国的反对党也猛烈抨击茹费理"是国家的蟊贼"。3月31日夜，茹费理内阁倒台，法国在政治、军事诸方面陷入一片混乱之中。

---

① 《钦差办理广东防务彭玉麟等奏折》，见《中法战争》，第6册，455页。

② 关于镇海关法军伤亡人数，中外史料记载不一。中方记载法等伤亡自一千至三四千人不等，而法方记载为死亡70人，伤213人。

③ 《李文忠公全书·电稿》，第5卷，23页。

④ 加尔新：《在侵略东京时期》，见《中法战争》，第3册，529页。

## 三、清政府乘胜求和

冯子材联合各路清军将领，准备分兵南下。河内、太原、海阳，甚至西贡地区的越南人民，也纷纷酝酿反法起义，积极准备策应清军乘胜追击，将法军全部赶出越南。但是就在这时，清政府却突然于 4 月 7 日下达了“乘胜即收”、停战撤兵的命令。

清政府之所以在中国取得重大军事胜利的情况下决意对法议和，有着客观与主观两方面的原因。从客观上看，英美等国担心，中国一旦取得对法战争的全面胜利，就会进一步增强中国人民反对外国侵略者的决心，清政府也可能不再如以前那样驯服了，从而危及自己在华的整体侵略权益。英国外交大臣就曾说：“中国的任何胜利，都会一般地对欧洲人发生严重后果。”①因此，它们极力施加影响，迫使清政府尽快对法妥协。俄国和日本则企图利用中法战争，浑水摸鱼。俄国因强占中国伊犁的阴谋未能得逞，时刻都在伺机报复。1884 年 9 月，即法国突袭马尾港的福建水师之后不久，俄国报纸声称：“中国伊犁背约，将来法攻中国，俄亦欲夺疆土。”②此时的日本，因策动朝鲜的亲日派开化党发动“甲申政变”遭到失败，也不断鼓吹武力侵朝，企图将中国拖入战争的旋涡。1885 年初，正当中法军队在北圻激战之时，日本代表伊藤博文来华与李鸿章谈判有关“甲申政变”善后事宜，竟暗中与法国驻华公使巴德诺勾勾搭搭。对此，清政府疑虑重重，担心俄、日两国与法国南北呼应，乘机在北方挑起侵华战争。此外，当时台湾仍受到法军的严密封锁，形势险恶。而越南当局在中法战争中首鼠两端，断绝了同清廷的宗藩关系，也使清廷失去了继续援越抗法的信心。故此，清政府权衡利弊后，采取了舍越南而保台湾的方针，即以停战撤兵换取法国解台湾之围。但是，促成清政府对法妥协的最根本原因，还在于其本身的腐朽与无能。清政府不相信中国在军事上能够取得对法战争的最后胜利，担心法国会“因愤添兵”，不断扩大战争，兵连祸结。正因如此，清政府自 1884 年 8 月 26 日对法宣战后，实际上从未停止过谋求对法妥协，中法之间也一直进行着秘密谈判。

1885 年 1 月，在中国海关总税务司赫德的插手干预下，清政府授权中

---

① 转引自丁名楠等：《帝国主义侵华史》，第 1 卷，304 页。

② 《李鸿章全集》(一)，278 页，上海，上海出版社，1985。

国海关总税务司驻伦敦办事处的英国人金登干为中国代表，同法国外交部进行秘密谈判议和。3月25日，中法谈判已进入最后阶段，中国基本上接受了法国方面提出的侵略要求。这时，突然传来镇南关大捷的消息，法国政府极担心中国将在军事上乘胜反攻，在外交上据理力争，要求修改甚至废止已基本完成的草约。但是，腐朽昏聩的清朝统治者却将中国军队取得的军事胜利，当作加速对法妥协议和的资本和机会。李鸿章表示，“当藉谅山一胜之威与缔和约，则法人必不再妄求”①。复致电总理衙门说：“谅山已复，若此时平心与和，和款可无大损，否则兵又连矣。”②据此，清政府授权金登干于4月4日同法国外交部政治司司长毕尔签订了《巴黎停战协定》(又称《中法议和草约》)。

清政府的停战撤兵命令葬送了广大军民在中越战场上用鲜血换来的胜利，遭到了全国人民的愤怒谴责。许多人将清政府的撤兵令比作南宋秦桧命岳飞从朱仙镇退兵的金牌诏。有人在诗中写道：“十二金牌事，于今复见之。黄龙将痛饮，花目忽生期。”③就连清政府派赴广东会筹防务的彭玉麟也赋诗说：“电飞宰相和戎惯，雷厉班师撤战回。不使黄龙成痛饮，古今一辙使人哀。”④在前线，广大爱国的清军将士接到停战撤兵命令后，个个痛心疾首，“拔剑斫地，恨恨连声”⑤。许多士兵环列于将帅帐外，“摩拳擦掌，同声请战”，愿先立军令状，“战如不胜……甘从军法”⑥。冯子材、王德榜等清军将领致电两广总督张之洞，强烈要求代奏清廷，请“诛杀议和之人”，抗战到底。

清廷不顾全国人民的强烈反对，决意对法妥协，电令张之洞“冯、王若不乘胜即收，不惟全局败坏，且孤军深入，战事益无把握……著该督遵旨，亟电各营……如期停战撤兵，尚有违误，致生他变，惟该督是问”⑦。广大爱国将士被迫从越南撤兵。

1885年6月9日，李鸿章与巴德诺代表中法两国在天津签订《中法会订越南条约》(又称《中法新约》或《李巴条约》)，其主要内容是：中国承认法国

---

① 《中法战争》，第1册，26页。

② 《李文忠公全书·电稿》，第5卷，24页。

③ 李光汉：《后海疆六首》，见《中法战争文学集》，80页，北京，北新书局，1948。

④ 彭玉麟：《羊城军中有感二首》，见《中法战争文学集》，68页。

⑤ 《中法战争》，第2册，422页。

⑥ 《中法战争》，第6册，467页。

⑦ 《中法战争》，第6册，385～386页。

对越南的保护权；在中越边境指定两处为法国陆路商埠，一在保胜以上，一在谅山以北，允许法国在此设立领事馆；法货进出中国边界，应减轻关税；日后中国修建铁路，须向法国人商办；法军从台湾和澎湖撤军。

由于清朝统治阶级的腐败无能，使法国侵略者在军事上遭到失败的情况下，却在谈判桌上获得了他们在战场上所无法获得的东西，出现了中国不败而败、虽胜仍败，法国不胜而胜、虽败反胜的战争结局。这种战争结局进一步刺激了帝国主义各国，特别是后起的日本侵略中国的野心。十年后，终于爆发了甲午中日战争。

## 第三节 中日战争

### 一、日本侵略朝鲜和中国的阴谋

日本原是与中国情形相类的落后封建国家，19 世纪 50 年代开始遭受美、俄、英、法等西方资本主义国家的侵略，逐渐沦为半殖民地国家。1868 年“明治维新”以后，日本开始大力发展资本主义，建立近代化的国家。由于日本资本主义改革很不彻底，国内市场狭小，原料奇缺，阶级矛盾尖锐，严重阻碍着其资本主义的发展，日本统治阶级力图从对外侵略扩张中寻找出路。因此，在地主、大资产阶级专政基础上建立起来的日本帝国，具有极强烈的对外侵略扩张的欲望。

明治政府刚一建立，就认定“强兵为富国之本”，穷兵黩武，并制定了旨在征服中国和世界的所谓“大陆政策”：第一步侵占中国的台湾；第二步征服朝鲜；第三步侵占中国的东北和蒙古；第四步征服全中国；最后独占亚洲，称霸世界。1874 年日本侵略中国的台湾，迈出了实施“大陆政策”的第一步，虽未得逞，却尝到了甜头。1875 年 9 月，日本又发动侵朝战争，迫使朝鲜于 1876 年 2 月与之签订《江华条约》，取得了通商、租地、免税贸易和领事裁判权等一系列特权。

1884 年 12 月，日本利用清政府忙于中法战争，无力他顾之机，操纵朝鲜亲日派开化党人发动政变，挟持国王，组织亲日政权，史称“甲申政变”。朝鲜国王在驻朝清军的帮助下迅速镇压了这次政变，但日本却要挟清政府与之签订了《天津会议专条》，取得了将来朝鲜若发生重大变乱事件，日本得以向朝鲜派兵的特权，为它以后进一步出兵侵略朝鲜提供了口实。

中法战争刚刚结束，日本统治阶级中“激进”的侵华分子就鼓噪发动一场侵略朝鲜和中国的战争，不给清王朝以喘息休整之机。但是，以伊藤博文为首的“稳健派”，则认为时机尚不成熟，主张“速节冗费，多建铁路，赶添海军”，积蓄力量，待实力充足后，“看中国情形再行办理”①。

19 世纪 80 年代，日本进一步加紧扩军备战。1887 年日本参谋部拟定了《征讨清国策》，计划以武力攻占北京和长江中下游地区，将从山东半岛到台湾的沿海地区及岛屿划归日本版图，肢解中国其他地方为几个小国，附属于日本，并狂妄地提出：“以五年为期作为准备，抓住时机，准备进攻”，对中国进行一场以“国运相赌”的战争。1892 年日本提前完成了自 1885 年开始的 10 年扩军计划，建立起一支以中国海陆军为“假想敌”，拥有常备兵 63 000 人、预备兵 23 万人的近代陆军和排水量为 72 000 余吨(包括各种军舰 31 艘，鱼雷艇 24 艘)的近代海军。1890 年和 1892 年，日本两次举行大规模海陆军联合演习，并不断派遣间谍潜入朝鲜和中国窃取情报，绘制军用地图，伺机对中朝发动大规模战争。与此同时，日本军国主义分子在国内极力煽动战争狂热。1890 年日本内阁首相山县有朋在国会的施政演说中，公然把朝鲜、中国东北和台湾说成是日本的“利益线”，是与日本“安危密切相关的地区”，宣称保卫利益线是“国家独立自卫之道”。②

1894 年春，朝鲜爆发了东学道(又称东学党)领导的大规模农民起义，他们提出了“济世安民”“灭尽权贵”“逐灭倭夷”等口号，很快席卷了朝鲜南部全罗、忠清、庆尚三个道。朝鲜统治者无力镇压，于是向清政府求援。日本军国主义者认为这是挑起战争的天赐良机，一面派日本驻朝官员向清政府驻朝“总理交涉通商大臣”袁世凯表示：东学党起义“愈久愈难办，贵政府何不速代韩戡?”对此，“我政府必无他意”③；一面秘密下达动员令，准备出兵朝鲜，企图将清政府拖入战争的陷阱。

清政府对日本的“保证”深信不疑，于 6 月 4 日派直隶提督叶志超、太原镇总兵聂士成率清军 2 500 人赴朝，驻屯于牙山，并根据中日《天津会议专条》的规定，通知了日本。日本侵略者见清政府中计，即借口保护使馆，派兵 400 人进入朝鲜首都汉城。接着又派遣大批日军在仁川登陆，占领自仁川

---

① 《日人朝比奈密探各事清册》，见中国史学会主编：《中国近代史资料丛刊·中日战争》(以下简称为《中日战争》)，第 1 册，600 页，上海，新知识出版社，1956。

② 大山梓编：《山县有朋意见书》，203 页，东京，原书房，1966。

③ 《中日战争》，第 2 册，546 页。

至汉城沿线的各战略要地。6 月底，在朝日军已达 10 000 余人，此外还有 10 余艘日舰进泊朝鲜港口，兵力远在清军之上。

清政府得知日本出兵朝鲜的消息后，大为惊恐，曾于 6 月 21 日由驻日公使汪凤藻照会日本政府，建议中日两国同时从朝鲜撤兵。日本政府非但拒不撤兵，反而提出由中日两国共同监督朝鲜内政"改革"的无理要求，蓄意扩大事态，挑起战争。当时任日本外务大臣的陆奥宗光后来回忆说，日本政府之所以这样做，目的就是要促成中日关系的"彻底决裂"①。

面对日本在朝鲜的蓄意挑衅，清朝统治集团内部出现了对日主战与主和两种意见的争论。这种争论又与亲帝、亲后两种政治势力的矛盾与斗争密切相关。

从 19 世纪 90 年代开始，随着西太后与光绪帝间的矛盾日益发展，在清朝统治集团内部，亲帝党、亲后两派政治势力的分野和对立愈形表面化。西太后权力欲极强。1875 年同治帝载淳死后，无子继位，她便立年仅 4 岁的载湉继承皇位，是为光绪帝，自己则以太后的身份再次"垂帘听政"，继续把持着清朝的最高统治权。1886 年光绪帝 16 岁，西太后感到不便照旧"垂帘听政"，遂从次年起改为"训政"，但把持政权如故。1889 年光绪帝 19 岁，且已成婚，西太后已无任何继续"训政"的理由，不得不宣布"撤帘归政"，由光绪帝"亲政"，但实际上她仍继续干涉用人行政大权。这引起了不甘心为傀儡的光绪帝的不满。光绪帝试图依赖近臣摆脱西太后的控制，执掌实权，于是形成了一股亲帝的势力；西太后及其近臣则反其道而行之，形成了亲后的势力。亲帝与亲后两股政治势力的矛盾与斗争，固然受晚清社会主要矛盾的制约，但也对后者发生反作用。

面对日本的挑衅，翁同龢等亲帝官僚持强硬态度，力主加强战备，以武力遏制日本的扩张。礼部右侍郎志锐上奏说："综计中日交涉以来，于台湾则酬以费，于琉球则任其灭；朝鲜壬午之乱，我又代为调停；甲申之役，我又许以保护。我愈退则彼愈进，我益让则彼益骄，养痈遗患，以至今日。夷焰鸱张，贪婪无已，一误再误，则我中国从此无安枕之日！"他认为，日本咄咄逼人，战争一触即发，中国若"急治军旅，力敌势均，犹冀彼有所惮，不敢猝发"②。在翁同龢等人影响下，光绪帝也趋向主战。1894 年 7 月

---

① [日]陆奥宗光：《蹇蹇录》，伊舍石译，29 页，北京，商务印书馆，1963。

② 《礼部右侍郎志锐奏倭人谋占朝鲜事机危急请速决大计折》，见《清光绪朝中日交涉史料》(1169)，引自《中日战争》，第 2 册，623～624 页。

中，他曾警告李鸿章："朝廷一意主战，李鸿章……若顾虑不前，徒事延宕，驯致贻误事机，定惟该大臣是问。"[①]但是，掌握清政府军事、外交大权的李鸿章畏日如虎，为保存淮系集团的实力计，一意主和。西太后更希望对日和平了结，以便她能大肆铺张地操办自己的六十"万寿"大典。西太后的主和态度，进一步加强了李鸿章对日避战求和的妥协倾向。

日军重兵压境，驻朝官员多次"请添重兵"，但李鸿章却不作战守准备，复电说："我再多调，日亦必添调，将作何收场耶。"[②]甚至在日军向驻牙山清军发动进攻后，李鸿章尚电告清军统帅叶志超："日兵来牙窥探，可置不理……切勿自我先挑衅。"[③]"我不先与开仗，彼谅不动手，此万国公例，谁先开战，谁即理诎，切记勿忘。"[④]

李鸿章在军事上极力避战求和，在外交上则推行"以夷制夷"的方针，把解决中日争端的希望寄托在国际列强的"调停"上。6 月 20 日，李鸿章首先向沙俄驻华公使喀西尼提出"调停"要求。因沙俄对朝鲜和中国东北地区垂涎已久，所以它曾劝告日本从朝鲜撤兵，但为日本婉言拒绝。沙俄担心若强力压迫日本，自己在远东的主要对手英国"很可能站在日本一边"，于自己不利。喀西尼向李鸿章表示："俄只能以友谊力劝日撤兵……未便用兵力强勒日人。"[⑤]李鸿章乞求沙俄调停失败后，又转而恳求英国政府出面干涉。英国为维护自己在华的政治、经济等利益优势，防止沙俄乘战争之机扩张势力，固然愿意居间调停中日争端，以维持远东现状；但日本若侵占朝鲜及中国东北，却又可以有效阻止沙俄势力南下。两利相权取其重，因而英国更乐于纵容日本侵朝。7 月 16 日，英国与日本签订了《英日通商航海条约》。7 月 23 日，英国正式照会日本，"上海是英国在华利益的中心，因此当日后中日两国开战时，希望日本同意不在该港及其附近作战"。[⑥] 这就等于明确向日本表态，只要日本不损害英国在长江流域的利益，它将不反对日本发动侵略朝鲜和中国的战争。李鸿章向美、德等国请求调停的努力，也相继化为泡影。

---

① 姚锡光：《东方兵事纪略》，见《中日战争》，第 1 册，78 页。

② 《李文忠公全书·电稿》，第 15 卷，49 页。

③ 《李文忠公全书·电稿》，第 15 卷，49 页。

④ 《李文忠公全书·电稿》，第 6 卷，25 页。

⑤ 《李文忠公全书·电稿》，第 6 卷，12 页。

⑥ 《中日战争》，第 7 册，153 页。

日本方面通过一系列外交活动，取得了西方列强对其发动战争的默许或支持，解除了国际干涉的后顾之忧，遂决定尽快挑起中日战争。日本外务大臣陆奥宗光秘令驻朝公使大鸟圭介："促成中日冲突，实为当前之急务，为实行此事，可以采取任何手段。"①大鸟根据这一训令，于7月19日向朝鲜政府提出了由日本架设汉城至釜山的军用电线，为日军修建兵营，令清军自牙山撤兵，废除中朝间一切"与朝鲜独立相抵触"的条约等四项强硬要求，限令22日以前答复。7月23日清晨，日军悍然包围并闯入朝鲜王宫，劫持了国王李熙，挟持大院君李昰应组织傀儡政权，迫令其发布矫诏，"授权"日军驱逐驻牙山的清军。

面对一触即发的战争形势，国内舆论纷纷要求增兵朝鲜备战。光绪帝也多次谕令李鸿章"速为筹备"。李鸿章鉴于乞请列强调停的失败，慑于光绪帝的严责，于7月中旬派遣卫汝贵、马玉崑、左宝贵、丰绅阿等4支军队15 000人由陆路入朝增援。7月21日又租用英国商船"爱仁"号和"飞鲸"号载清军由海路增援牙山，由北洋舰队"济远""广乙"等舰护航。25日，"济远""广乙"完成护航任务返航途经丰岛海面时，突遭日舰"吉野""浪速""秋津洲"的袭击。日本不宣而战，正式挑起了侵华战争。

"广乙"号为排水量仅千余吨的钢骨木质炮舰，战斗力与防卫力都较差，开战不久即受重伤，退至朝鲜十八岛附近搁浅，后为免资敌而纵火自焚。"济远"号船舵被击毁，向西退去，日舰紧迫其后。此时，清政府租用的另一艘英国商船"高升"号载清军1 000人，"操江"号载军械物资等正好驶来。结果，"操江"号被日舰"秋津洲"掳去。"高升"号遭"浪速"号截击。日本侵略者欲迫其投降，但是船上广大清军官兵誓死不降。"高升"号最后被日舰击沉，大部分清军官兵死难。

丰岛海战的同一天，日陆军4 000人由大岛旅团长指挥，从汉城出发进攻牙山清军。时聂士成率部分清军驻守成欢，叶志超等驻守背山面江的公洲，互为掎角。聂士成部在成欢设伏重创日军，后因寡不敌众，随叶志超退往平壤。

1894年8月1日，中日两国同时正式宣战。

---

① 陆奥宗光：《蹇蹇录》，69页。

## 二、日军的野蛮进攻和清军的败绩

中日两国宣战后，日本的战略计划是，首先在陆路击败驻朝清军，在海路以联合舰队击败北洋舰队，夺取制海权，然后主力军队在山海关登陆，会同自辽东南下的日军与清军进行直隶平原大决战。清政府的战略总方针是“海守陆攻”。在海路，由北洋舰队集结于旅顺或威海卫，“做猛虎在山之势”，使日舰“不敢轻与争锋”确保京畿门户安全。在陆路，“严饬派出各军，迅速进剿，厚集雄师，陆续进发”①，将陆路战斗限制于朝鲜境内。由于卫汝贵等四支援军行动迟缓，8 月上旬才陆续抵达平壤。此时，驻平壤的各路清军计有两万余人，李鸿章命谎报战功的叶志超任诸军统帅，各军将领均不服。叶志超既不主动南攻汉城，又不择险据守平壤，而是将军队收缩于平壤城内外，坐待日军来攻，致使日军很快完成了对平壤的战略包围。

9 月 14 日，陆军大将山县有朋指挥日军兵分四路会攻平壤，清军与日军在城外展开激战。叶志超认为平壤“万守不住”，主张弃城而逃，遭到左宝贵等的反对。15 日清晨，数万名日军发起总攻，清军奋起抵抗，城北牡丹台、玄武门一带的战斗尤为激烈。左宝贵指挥清军“力御之，倭人死伤无数，仍猛进”。② 左宝贵见情形紧急，亲自登城开炮轰击日军，不幸中炮牺牲，玄武门失守。叶志超命人树起白旗，率先遁逃，狂奔五百里，渡过鸭绿江，退入中国境内。

平壤战役的第二天，即 9 月 16 日，北洋舰队护送轮船招商局的“新裕”“图南”等五艘轮船载运清军由大连来到大东沟登陆，准备增援平壤。次日返航，将近中午时分，突遇日本联合舰队阻截。提督丁汝昌命各舰准备迎战。日联合舰队以机动性很强的“吉野”“浪速”“高千穗”“秋津洲”四舰为第一游击队，“松岛”“千代田”等日本舰队紧跟其后，成一字长蛇阵扑来。北洋舰队以主力铁甲巨舰“定远”“镇远”居中正面迎敌，其他舰只分列于侧后翼，均以舰首临敌，力图发挥“镇远”和“定远”装甲防护性强和舰首重炮火力猛的长处。日舰队则利用其舰只航速快，速射炮多的优势，绕攻北洋舰队的侧后翼。12 时 50 分左右，当双方舰队相距 5 000 米时，“定远”管带刘步蟾首先命令发主炮攻击，其他各舰亦相继开炮，但均未击中目标。双方

① 《中日战争》，第 3 册，17 页。

② 《中日战争》，第 1 册，22、67 页。

相距3 000米时，日第一游击队已绕至北洋舰队的右后翼，战斗力较差的“扬威”和“超勇”相继中敌弹起火。“超勇”很快沉没，“扬威”退出战斗后搁浅沉毁。此时，日舰本队亦与北洋舰队主力交火。提督丁汝昌因“定远”号飞桥被震塌摔伤，但他仍裹伤坐于甲板上鼓舞士气。右翼总兵、“定远”管带刘步蟾代其指挥督战。不久，日第一游击队与日舰本队形成对北洋舰队的夹击之势。当日舰严重威胁主力舰“定远”时，“致远”管带邓世昌下令“开足机轮，驶出定远之前”①，迎战日舰。鏖战多时，弹药将尽，船舰受创，恰与猖獗异常的“吉野”相遇。邓世昌认为：“倭舰专恃吉野，苟沉是船，则我军可以集事”，下令鼓轮怒驶，猛撞“吉野”，欲与同归于尽，不幸中鱼雷沉没。全舰官兵250余人除少数获救外，其余皆壮烈殉国。“经远”号受到4艘日舰围攻，全舰官兵毫无惧色，在管带林永升指挥下“发炮以攻敌，激水以救火”②，在军舰被鱼雷击中即将沉没之时，官兵仍继续开炮战斗。激战中，日旗舰“松岛”号被“镇远”舰所发巨弹击中，“霹雳一声，船舶倾斜了五度”，死伤日军一百余人，“血流满船”③，日舰队司令伊东祐亨被迫改用“桥立”号为旗舰。“吉野”号受重创，几乎丧失战斗力。“西京丸”也因受重创而退出战列。下午5时许，北洋舰队的“靖远”“来远”经抢修后重新投入战斗，泊于大东沟港内的“镇中”“镇南”等炮艇亦来助战。伊东祐亨恐遭北洋舰队鱼雷袭击，于5时40分下令各舰撤出战斗，向东南遁去。北洋舰队稍事追击，亦收队返回旅顺。

**图6.1　邓世昌**

黄海海战历时5个多小时，日舰5艘受重创，伤亡600余人。北洋舰队5艘军舰沉毁，伤亡近千人，小败于日本。黄海海战后，李鸿章认为北洋舰队“快船快炮太少，仅足守口，实难纵令海战”，更不愿“以北洋一隅之力，搏倭人全国之师”④，因而命令北洋海军聚泊于威海卫军港，实行“保船制敌”的消极防御方针，使日本掌握了黄海制海权。

---

① 《中日战争》，第3册，134页。

② 《中日战争》，第1册，168页。

③ 《中日战争》，第1册，241页。

④ 《中日战争》，第3册，112、113页。

图 6.2　致远舰

黄海海战后，日本决定首先攻占辽东半岛，然后南下直隶平原与清军决战，迫使清政府就范。而清政府则被迫放弃“海守陆攻”的战略方针，实行“严防渤海，以固京畿之藩篱，力保沈阳，以顾东省之根本”的全面防御方针，调集宋庆、聂士成等部清军共计两万余人布防鸭绿江沿线，防止战火烧至中国本土。10 月下旬，山县有朋指挥日第一军 25 000 余人集结于朝鲜义州。10 月 24 日，日军一个支队偷渡鸭绿江成功，清副都统倭恒额部惊惶败退。另一路日军则在义州附近乘夜架设浮桥，25 日凌晨强渡过江。由于清军未在纵深地区配置必要的梯队力量，防线很快被突破，九连城、安东、海城等相继失陷，日军进逼辽阳。

在日第一军偷渡鸭绿江的同一天，即 10 月 24 日，以陆军大将大山岩为司令官的第二军由 14 艘日舰护航，在辽东半岛的花园口登陆，搬运炮马辎重长达 12 天之久，驻该地的清军竟未加阻拦。11 月初，日军南犯金州。大连守将徐邦道认为，金州为大连、旅顺后路咽喉，金州若失，旅顺难守，自告奋勇率军增援金州，并请另一清军将领赵怀业分兵前往。赵怀业声称：“我奉中堂（李鸿章）令守炮台，不与后路战事”，仅派出 300 人前往。11 月 5 日，徐邦道部与日军激战于金州附近，终因寡不敌众，后援不济，退守旅顺。赵怀业不战弃守大连，大小炮 120 余门、炮弹 246 万余发及大批军用物资，全部落入敌手。11 月 17 日，日军进攻旅顺。前敌指挥龚照玙于金州失守前乘鱼雷艇逃往天津，驻旅顺各军互不相属，公推姜桂题为临时指挥。

但姜桂题“庸才无能为，诸将互观望”①，只有徐邦道部奋勇迎敌，在土城子一带重创日军，但孤立无援，终至败退。22 日，旅顺失守。日军进入旅顺后，进行了惨绝人寰的大屠杀，历时 4 天。我国同胞遇害者达两万多人，全城幸存者仅 36 人。他们的脸上被刺有免杀记号，是日军留作专司掩埋尸体的。旅顺大屠杀充分暴露了日本侵略者的凶残本性。

旅顺失守后，清政府一面派遣总理衙门大臣张荫桓、湖南巡抚邵友濂为全权大臣，赴日求和，一面加强山海关至天津一线的防御。鉴于淮军屡屡败北，清政府于 1894 年 12 月起用湘军首领、两江总督刘坤一为钦差大臣，督率湘军驻防山海关内外；命原湖南巡抚吴大澄、四川提督宋庆帮办军务，分驻田庄台和营口；又调湘军旧将魏光焘、李光久等率军出关作战。山海关内外共集结了兵力 60 000 之众，力图阻止日军入关。而部署于山东半岛沿海地区的兵力相对薄弱，仅有 17 000 余人。

与此同时，日军则将进攻的重点转向北洋舰队基地威海卫。威海卫位于山东半岛顶端北侧，港湾南北两岸设有十余座炮台。港口有刘公岛、日岛、黄岛横列湾内，岛上还设有炮台多座，正面防御强固。

1895 年 1 月 20 日，20 000 余名日军在 25 艘军舰和 16 艘鱼雷艇掩护下，在山东半岛荣成县成山头登陆，由陆路向西绕攻威海卫。清军孙万龄等部未能阻止日军进攻，威海卫后防要地尽失。于是，日军得以海陆配合，用大炮轰击港内的北洋舰队。

当时北洋舰队尚有 2 艘铁甲舰、5 艘巡洋舰、6 艘炮艇、12 艘鱼雷艇，仍可出海与日本舰队一搏。但是北洋舰队提督丁汝昌遵从李鸿章“保船制敌”的指示，坐困湾内不肯出战。自 1 月 30 日至 2 月 11 日，北洋舰队官兵击退了日军八次进攻，击伤日舰 2 艘，击沉日鱼雷艇 5 艘。北洋舰队“定远”号中鱼雷搁浅，“平远”“靖远”等舰受重创，形势危急。北洋舰队内的洋员马格禄、浩威及威海卫营务处提调牛炳昶等煽动部分士兵胁迫丁汝昌投降。丁汝昌命各舰同时沉船，以免资敌，但无人执行。2 月 11 日，丁汝昌得到密报，知陆路援军已绝，遂召开会议，令各舰拼死突围，洋员与部分贪生怕死将领又以自动散会相抵制。丁汝昌见大势已去，当日自杀殉国。在此之前，“定远”管带刘步蟾在命人炸沉已受重创的“定远”舰后以手枪自杀。北洋舰队内的洋员及部分将领盗用丁汝昌名义起草降书，12 日由“广丙”管带程璧光乘“镇北”炮艇向日联合舰队司令伊东祐亨乞降，并签订降约十

---

① 姚锡光：《东方兵事记略》，见《中日战争》，第 1 册，37、39 页。

一条，将"镇远""济远"等十艘舰艇及刘公岛上全部军用设施和物资拱手交给了日本。北洋舰队全军覆没。

1894 年年底，由于日军的战略重点和主力转向山东半岛，在辽东半岛一直采取守势的清军曾数次乘机反攻海城，力图规复辽东半岛，但终未得手。1895 年年初，日军既陷威海卫，遂将战略重点再度转向辽东半岛。

2 月底，盘踞海城、盖平、岫岩等地的日军发动反攻。3 月 4 日，日军分三路围攻牛庄，守将魏光焘、李光久等先后弃军而逃。广大清军官兵在无人指挥的情况下，与日军展开激烈巷战，相持竟日，伤亡近 2 000 人，次日牛庄失守。驻守田庄台的吴大澄闻讯大骇，星夜遁逃。驻守营口的宋庆，恐退路被日军切断，率 30 000 大军渡过辽河，退守田庄台。3 月 7 日，日军轻取营口。3 月 9 日，日军分路会攻田庄台，清军溃败，宋庆率残部退至锦州附近的石山。至此，辽东半岛全部沦陷。

日军侵入辽东地区后，当地广大农民、猎户、矿工、士绅等纷纷组织团练，英勇打击日本侵略者。金州青年农民陈宝财组织起"金枪帮"，在金州城东落凤沟设伏击杀日军十余人。日军占领安东、凤凰城后，东边道人民组织了十个民团，每团约一两千人。团民纷纷助清军作战，"同申义愤，愿做前驱"，"壮夫老幼，死战不降"①。还有一少年，假扮为乞丐，潜入日本军营，将毒药放入水缸之中，毒死许多日军。这一少年被俘就义前慷慨陈词："余为国杀敌，早拼一死。所恨者，药屑犹存，未尽杀汝等耳。"这些可歌可泣的斗争事迹，充分表现出中国人民不屈服于外国侵略者的反抗精神。

## 三、《马关条约》的订立与三国干涉还辽

中日甲午战争爆发后，清政府始终没有勇气将战争进行到底，一直在谋求对日议和。早在 1894 年 9 月下旬，总理衙门就曾乞请英、俄、美、德、法五国进行联合调停，结果因列强各有打算而受挫。11 月，清政府又派天津海关总税务司、德国人德璀琳携李鸿章给日本首相伊藤博文的书信赴日议和。当时日军正进攻旅顺，气焰方盛，遂以其不符合交战国使者资格为由，拒绝接待。

1895 年 1 月 30 日，清政府议和代表张荫桓、邵友濂等到达日本广岛。

---

① 《清季外交史料》(光绪朝)，第 106 卷，1871 页。

日本虽同意清廷遣使求和，但并无和谈诚意，尤其是此时日军正围攻威海卫，气焰极为嚣张。2月1日，双方代表进行第一次会谈，日本首相伊藤博文、外相陆奥宗光故意无理刁难，以张、邵“全权不足”为由，拒绝谈判，并借口广岛为军事重地，将其逐往长崎。日本代表向清政府表示：如中国真正希望议和，就应派遣位高望重之人为议和代表，“爵位名望愈高，对谈判愈为有利”。明确提出：“恭亲王或李中堂者当此任务，最为适宜。”[①]张、邵被迫于2月12日归国，清政府的求和又一次受挫。

2月中旬，清政府鉴于威海卫失守，渤海门户洞开的严重形势，任命李鸿章为头等全权大臣，准备赴日求和。3月上旬，辽东半岛的清军遭到惨败，日本海陆军交乘，京畿危急。日本方面更是做出将派遣大军至京津一带进行直隶决战，攻占北京的战争姿态。清政府被迫授李鸿章以“商让土地之权”[②]，命其携儿子李经方及美国顾问科士达立即赴日议和。

3月20日，李鸿章等与伊藤博文、陆奥宗光在日本的马关(今下关)春帆楼进行谈判。谈判之初，李鸿章提出一个节略，“要求在开始媾和谈判之前，首先议定休战事项”[③]。日本代表蛮横嚣张，提出必须由日军占领大沽、天津、山海关等的四项极为苛刻的停战条件。3月24日，李鸿章在谈判后返回寓所途中，遭到日本暴徒小山丰太郎枪击受伤，各国舆论哗然。日方担心引起列强的干涉，遂同意在中国北方停战三周，但并不放松议和谈判中的讹诈。4月1日，日方向李鸿章提出一个要价极高的和约底稿，扬言中国若不答应这些条件，日本将派数十艘运输船载大军至中国，“这样，北京之安危，亦有不忍言者”，“中国全权大臣离开此地，能否再安然出入北京城门，亦不能保证”[④]。数日后，日方提出修改案，声称这些条款“实为尽头一着，中国或允或否，务于四日内告明”[⑤]。为迫使清政府尽快就范，日本调遣20余艘军舰故意绕经马关开赴大连，并约请英、德等国观战人员同往，制造一旦谈判破裂，将立即扩大军事行动的紧张气氛；同时进一步要挟李鸿章：“请阁下勿认为今日可侥幸得到日本允诺的媾和条件，至后日亦仍可

① 陆奥宗光：《蹇蹇录》，125～126页。

② 姚锡光：《东方兵事纪略》，见《中日战争》，第1册，83页。

③ 陆奥宗光：《蹇蹇录》，147页。

④ 陆奥宗光：《蹇蹇录》，131页。

⑤ 王芸生：《六十年来中国与日本》，第2卷，289页，北京，生活·读书·新知三联书店，1979。

得到允诺。”①

李鸿章屈服于日本的压力，于 1895 年 4 月 17 日与伊藤博文等签订了《马关条约》。条约共 11 款，主要内容是：(1)承认日本对朝鲜的控制；(2)中国割让辽东半岛、台湾、澎湖列岛给日本；(3)赔偿日本军费白银 2 亿两；(4)允许日本在中国通商口岸设立工厂，又得将各项机器任便装运进口，只交所定进口税；(5)开放沙市、重庆、苏州、杭州为商埠。

**图 6.3 《马关条约》签字场景**

《马关条约》是《南京条约》以来最严重的不平等条约。日本据此割占了中国大片领土，不但进一步破坏了中国的领土完整，而且助长了列强侵略中国的野心，引发了列强企图瓜分中国的狂潮。

条约规定的对日巨额赔款及利息，几乎相当于清政府三年财政收入的总和。这不但进一步加重了中国人民的负担，而且迫使清政府向外国大借附加有苛刻条件的外债，使列强得以进一步从政治上和财政上加强了对清政府的控制。与此同时，日本利用从中国掠夺的这一巨额赔款，大力发展资本主义及军事工业，使其迅速发展成为帝国主义强国，成为侵略我国的最主要国家。

条约允许日本在华投资设厂，适应了列强对华资本输出的迫切需要。

① 陆奥宗光：《蹇蹇录》，151 页。

英、美、俄、德等国纷纷援引"利益均沾"的片面最惠国条款，争先恐后来华投资设厂。外国资本不但掠夺中国廉价的原料和劳动力，榨取高额利润，而且利用关税特权，严重地排挤和摧残着中国的民族工业，阻碍着中国资本主义的发展。

《马关条约》签订后的第六天，即 4 月 23 日，俄、德、法三国驻日公使分别照会日本外务省，以《马关条约》某些条款"有害于中国首都安全和将来远东的永久和平"为口实，要求日本放弃对辽东半岛的占领，并限 15 日内答复，否则三国海军将有所行动。与此同时，三国军舰游弋于日本海面，俄军 6 万余人集结海参崴，向日本施加压力。

俄、德、法三国出面干涉还辽，并不是它们突然变得对中国友善、同情起来，而是它们出于各自利益需要，为争夺中国而与日本发生的一次正面冲突。

俄国在割占中国黑龙江以北、乌苏里江以东大片领土后，一直觊觎着中国的东北地区。

中日战争期间，沙皇曾四次召开御前会议，研究中日战争形势及对策。沙俄的基本态度是"假使日本的要求相当温和，我们应采取以前的不干涉政策；假使其要求触犯我们的重要利益，则我们不能置之不理"①。1895 年 4 月上旬，俄国已获悉了日本的议和条件，财政大臣维特在 4 月 11 日的第四次御前会议上提出：俄国决"不能容许日本占领南满（东北的南部地区）……如果有战争的必要，我们就坚决行动"，"因为迟早我们一定会与日人发生冲突"。俄国若因干涉还辽而与日本发生战争，"我们就成为中国的救星"，清政府就"会同意用和平方式修改我们的国界"②。沙俄出于日后自己割占中国东北领土和向清政府索取政治、经济等特权的双重目的，于 4 月 17 日《马关条约》签订的当天，便正式邀请德、法两国政府进行联合干涉。

德国是后起的帝国主义国家，迫切希望在中国扩张势力。德国政府认为，参加干涉还辽可一箭双雕：一方面可从心怀感激的清政府那里割占一个侵略基地；另一方面又可借此将俄国的兵力和注意力引向东方，以减轻俄法同盟在欧洲对它的压力，使自己在争霸欧洲的角逐中处于有利地位。

普法战争失败后，法国为对付德国，长期与俄国结盟。参加俄国提出

---

① 《中日战争》，第 7 册，304 页。

② 《红档杂志有关中国交涉史料选译》，张蓉初译，156～157 页，北京，生活·读书·新知三联书店，1957。

的联合干涉，既是巩固俄法同盟的需要，又可借此示惠于中国，从清政府那里索取新的利权。

日本对三国干涉还辽一事颇感震惊。长达九个月的甲午战争，已使日本军队疲惫不堪，财政和军用物资极端匮乏，“不仅对三国联合的海军无法应付，即单独对抗俄国舰队亦无把握”①。日本政府曾力图争取美、英等国进行反干涉，但美、英两国均不愿为此而与俄、德、法三国发生正面冲突，因而表示采取中立立场。

日本争取其他国家反干涉的外交努力失败后，采取了“对于俄、德、法三国虽全然让步，但对中国一步不让”②的基本方针。一方面向三国政府声明：“日本帝国政府根据俄、德、法三国政府之友谊忠告，约定抛弃辽东半岛之永久领有”③；另一方面压迫清政府必须批准并如期交换《马关条约》，以维护其既得利益。

俄、德、法三国见各自的目的已经达到，遂共同向清政府施加外交压力，警告清政府：“换约一事，决不许有所迁延。”④5 月 8 日中日两国代表在烟台交换了《马关条约》的批准书。

日本虽声明放弃对辽东半岛的占领，但却于 7 月 19 日向三国提出由清政府偿付库平银 5 000 万两作为“赎辽费”的要求。俄国为加强对清政府的影响，竭力表示办事“公正”，主张减半。经过多次磋商，“赎辽费”定为 3 000 万两。11 月 8 日，李鸿章与日本代表林董在北京正式签订《中日辽南条约》，又叫《交还奉天省南边地方中日条约》，条约规定：日本交还辽东半岛；清政府偿付日本库平银 3 000 万两作为“酬报”；交款后三个月内日本从辽东撤兵。

## 四、台湾军民的反割台斗争

《马关条约》签订的消息传来，举国哗然，各阶层人民纷纷表示抗议。当时正在北京应试的各省举人一千多人集会，联名上书光绪帝，坚决反对割地议和，要求迁都抗战。台湾省举人汪春元等上书都察院，抗议清政府

---

① 陆奥宗光：《蹇蹇录》，158 页。

② 陆奥宗光：《蹇蹇录》，165 页。

③ 转引自丁名楠等：《帝国主义侵华史》，第 1 卷，376 页。

④ 转引自丁名楠等：《帝国主义侵华史》，第 1 卷，337 页。

“弃地畀仇”，表示台湾人民“与其生为降虏，不如死为义民”。许多爱国士人也纷纷赋诗作文，以抒发满腔的悲愤之情。邹增祜在《闻和议定约感赋》中愤怒鞭挞清朝统治者的卖国行径：“圣主终神武，其如国贼何？元戎甘割地，上将竟投戈。漏瓮焦难活，台债愈多，向来无一策，富贵只求和。”①上海《申报》更发出了“我君可欺，而我民不可欺；我君可玩，而我民不可玩”②的强烈呼声。

割台噩耗传到台湾后，台湾人民更是痛心疾首，“若午夜暴闻轰雷，惊骇无人色，奔走相告，聚哭于市中”③。彰化县绅民在县署门前张贴檄文，怒斥李鸿章等人无耻卖国，指出：“我台民之父母、妻子、田庐、坟墓、生理、家产、身家性命，非丧于倭奴之手，实丧于贼臣李鸿章、孙毓汶、徐用仪之手也。”号召台湾军民对于卖国贼，“人人得而诛之”④。台北人民鸣锣罢市，集会抗议清政府割台，宣布台湾饷银不得运出，制造局不准停工，各种税收全部留作抗日之用；发布檄文，宣言“愿人人战死而失台，决不愿拱手而让台”⑤，表达了台湾人民誓与台湾共存亡的坚强决心。

清政府办理交割台湾事务的李经方不敢踏上台湾土地，在美国顾问科士达陪同下，于6月2日在泊于基隆海面的日本军舰上，向日本“台湾总督”桦山资纪出具了割让台湾及澎湖列岛的清单。台湾和澎湖列岛就这样被清政府出卖给了日本侵略者。台湾军民英勇悲壮的反割台斗争，也由此轰轰烈烈地展开了。

1895年5月底，侵台日军分两路在台湾北部登陆，不久攻占台北。台湾巡抚唐景崧乘英轮逃往厦门。台湾人民和留台清军推黑旗军首领、帮办台湾军务的刘永福为领袖，组织各方面力量继续抗日。台湾爱国志士徐骧、吴汤兴、姜绍祖等在家乡组织起义军，积极配合清军抵御日军。

6月中旬，日军兵分两路自台北南犯新竹。清军副将杨紫云与徐骧等部义军分路迎战。激战旬日，后因军械粮饷不济，新竹失守。7月10日，各路义军配合清军反攻新竹。因有汉奸告密，日军预设埋伏，义军伤亡很大。姜绍

---

① 邹增祜：《闻和议定约感赋三首》，见阿英：《甲午中日战争文学集》，81页，北京，中华书局，1958。

② 《申报》，1895-7-15。

③ 《小说月报》，第6卷，第3号。

④ 《中日战争》，第6册，450页。

⑤ 《中日战争》，第1册，203页。

祖被俘牺牲，徐骧等退守苗栗。8月中旬，日军进犯苗栗，杨紫云所部清军与徐骧所部义军冒着猛烈炮火与敌军奋战，杨紫云不幸中炮牺牲，苗栗失陷。

8月下旬，日军涉水渡大甲溪，准备进攻台中。日军刚一登岸，即遭吴彭年所率黑旗军伏兵的突袭。日军大乱，仓皇渡河北退。但刚渡一半，徐骧所部北岸伏兵又突起奋勇截击，日军死伤惨重。后因日军收买汉奸引路偷袭，黑旗军及义军仓促应战失利，大甲溪一线陷于敌手，台中也告失守，吴彭年、徐骧等退守彰化。

8月底，黑旗军和义军在大肚溪、八卦山迎击来犯日军精锐近卫师团。双方激战一天，白刃相接，日军被歼1 000余人。但吴彭年、吴汤兴等义军将领也壮烈牺牲，徐骧率部且战且退，彰化、云林等地相继失守。

为阻止日军继续南侵，刘永福命部将王德标率军驻防嘉义，命杨泗洪率军反攻彰化。黑旗军在简精华、林义成等部义军的协攻下，收复了云林。日军败退彰化，龟缩城内待援。由于清政府封锁海口，严禁大陆人民支援台湾，黑旗军及义军的兵力、财力、物力，特别是武器弹药严重缺乏，多次猛攻彰化不下。

10月上旬，日本从辽东调集两个师团，在“台湾副总督”高岛丙之助指挥下分三路大举进犯：一路在嘉义西部登陆；一路自彰化出动，全力反扑，企图内外夹击黑旗军及义军主力；一路在台湾南部登陆，北攻台南。黑旗军及义军英勇阻击，重伤日第一旅团长、陆军少将山根信成，使之不久毙命，但苗栗、云林再度失守。10月11日，日军进攻嘉义，王德标、徐骧等率部在城外布设地雷，诱敌深入，炸死日军700余人，日近卫师团长、陆军中将北白川能久亲王也受伤毙命。日军残部在溃逃途中，又遭伏兵袭击，伤亡惨重。翌日，日军在猛烈炮火掩护下全力反扑，嘉义失守。徐骧在曾文溪阻击日军时，不幸中炮牺牲。

10月18日，日军三面包围台南。刘永福鉴于台湾各战略要地尽失，抗日义军首领相继牺牲，粮饷弹药无以为继的困难局面，乘英轮退至厦门。10月21日，台南失守，台湾全部沦陷。

台湾军民在内乏粮饷，外无援兵的极端困难情形下，抗击以近代化武器装备的日本三个陆军师团和一个海军舰队长达5个月之久，大小百余战，打死打伤日军22 000人，给日本侵略者以沉重的打击。同时，他们崇高的爱国主义精神和辉煌的战绩，鼓舞着台湾人民继续战斗。1895年11月，日本宣告台湾“略定”，但实际上在其后残暴统治的50年里，台湾人民为回归祖国，从未停止过抗日斗争。

# 第七章　民族救亡运动的高涨<br>戊戌变法与义和团运动

## 第一节　列强瓜分中国的危局

### 一、“和平吞并”与割地狂潮

1895年中日战争之后，以“三国干涉还辽”为契机，列强掀起了瓜分中国的狂潮。当时俄、德、法三国自恃“干涉还辽”有“功”，争相要求清政府给予“回报”，而它们得到的每一个“回报”，又成为英国、美国、日本要求给予“补偿”的借口。于是列强为控制和瓜分中国展开激烈角逐。它们竞相向清政府兜揽政治性贷款，攫取筑路权、开矿权；它们强租土地，长期占领，并且实行殖民统治；它们划分势力范围，企图瓜分中国。中华民族陷入空前严重的民族危机之中。

1. 列强对中国的金融控制

中日甲午战后，列强侵略中国的手段与战前相比有许多变化，其中之一是一向并不显眼的资本输出一下子变得十分引人注目。当时清政府急需外国的贷款和资金，这就为已进入帝国主义阶段的列强进行资本输出打开了方便之门。

(1)俄法借款。甲午战后，根据中日《马关条约》和《辽南条约》的规定，清政府必须向日本赔偿军费2亿两和“赎辽费”3 000万两库平银，分三期付清，第一期付8 000万两。当时清政府的全年收入不到8 000万两，无力偿付赔款，无奈，只好举借外债来还债。这正是列强所希望的。通过借款，债权国不仅可以获得经济上的好处，牟取高额利润，而且可以攫取政治权益。因此，英、俄、法、德等国都想承揽第一期借款。经过一番激烈争夺，俄法组成的银行团获得了贷款权。1895 年 7 月 6 日，清政府代表许景澄和俄法银行团代表在彼得堡签订《四厘借款合同》。合同规定：借款总额为 4 亿法郎(合库平银 9 900 万两)，年息 4 厘，94.125%折扣，36 年还清，用中国海关收入作担保。

(2)英德借款。清政府为偿付第二期对日赔款，于 1896 年 3 月与英国的汇丰银行和德国的德华银行签订《英德借款详细章程》。章程规定：借款总额为 1 600 万英镑(约合银 9 760 万两)，年息 5 厘，94%折扣，36 年还清，用中国海关收入作担保。

(3)英德续借款。清政府两次借债还款后，还欠日本 7 000 多万两，为此，又筹借第三期外债。1898 年 3 月，清政府与汇丰、德华两银行签订《英德续借款合同》。合同规定：借款总额为 1 600 万英镑(约合银 11 270 万两)，年息 4.5 厘，83%折扣，45 年还清，以海关收入和苏州、淞沪、九江、浙江东部等地的厘金以及宜昌、鄂岸的盐厘①作担保。

以上是清政府在 1895 年至 1898 年为偿付对日赔款而举借的三次外债，这三次外债与甲午战前举借的外债有重要不同。甲午战前 30 年借外债 25 次，多由地方政府向外国银行举借，数目不大，合计 4 100 多万两，债期也短，偿付本息并不困难，全部借款在战前已经还清。而战后 4 年间的 3 次大借款(另外还有 4 次借款)数额巨大，共合库平银 30 900 多万两，除去外国银行回扣，清政府实得 26 200 多万两，几乎都用于对日赔款。这笔外债使清政府须每年偿付本息 2 000 多万两，这相当于一年的关税收入。清政府的财政因此更加困难，不得不饮鸩止渴，继续大量举借外债。结果，中国在金融和经济上更加依赖列强，而且在这些借款合同和有关议定书中还附加许多政治性条件，其中特别重要的是：第一，在英德两次借款合同中都规定在还款期间，中国海关管理办法不变，即继续由英国人主管；第二，借款除以海关税收担保外，还规定以某些地区的厘金和盐厘作担保，并且由掌管海关税务司的英国人赫德派人代收，这就扩大了赫德的权力，使他能够更直接地干涉中国财政。借款合同中附加的这些政治性条件，说明这些借款不是一般性借款，而是政治性借款。列强企图通过这种政治性借款对中国进行“和平吞并”。

---

① 盐厘：对食盐征收的一种附加税，有入境税、出境税、落地税等不同的征收方法。创自 19 世纪 50 年代，到 1914 年北洋政府把盐厘并入盐税正税，统一征收。

2. 列强在中国攫取路权

列强对华资本输出的另一种方式是投资铁路、矿务，攫取筑路和开矿的权利。最先在中国抢得铁路修筑权的是法国。法国在19世纪90年代已在东南亚地区建立起殖民统治，号称“印度支那帝国”，它以这个“帝国”为根据，企图进一步向中国南部和西南部扩张。1895年6月，法国以“干涉还辽”有“功”，逼迫清政府签订《续议商务专条附章》和《续议界务专条附章》，对中法在1886和1887年议定的商约和界约作了有利于法国的修订。在《续议商务专条附章》中有关于修筑铁路的规定，允许法国在与中国协商后，把它在越南修筑的或计划修筑的铁路“接至中国界内”。从此，法国逐步取得在云南的筑路权。

与法国遥相呼应，俄国在中国东北也获得了筑路权。

19世纪90年代初，俄国开始修筑西起莫斯科东至符拉迪沃斯托克(海参崴)的西伯利亚大铁路。按计划，这条铁路的赤塔以东一段沿石勒喀河和黑龙江北岸修筑，但是这一带山高泽多，地形复杂，筑路条件极为困难，因此决定借道中国东北修路，这样不仅地形有利，而且可以缩短铁路长度1 000多俄里。除此以外，这条铁路还将有利于俄国控制中国东北地区。

1896年5月，沙皇尼古拉二世将举行加冕典礼，俄国政府想利用这个机会就借地修路等问题和清政府秘密举行高级会谈，它指名要清政府派李鸿章担任祝贺专使，前往彼得堡。清政府也欣然同意，因为它也想利用这个机会进一步加强和俄国的关系。原来，甲午战后，清政府中已形成亲俄势力，这主要是因为俄国带头参加“干涉还辽”，赢得了清政府的好感。

4月末，李鸿章到达彼得堡，受到国家元首规格的欢迎。在沙皇及其大臣的威胁和利诱下，李鸿章于6月和俄国签订了《御敌互相援助条约》，又称《中俄密约》。其主要内容是：(1)如果日本侵略俄国、中国，中俄两国陆军则互相支援，彼此接济军火和粮食；(2)战时俄国军舰可以驶入中国任何港口；(3)中国允许俄国西伯利亚铁路穿越黑龙江、吉林两省，无论战时或平时，俄国都可以在这条铁路上运送兵员、军械和粮食。《中俄密约》使俄国不费一枪一弹，就在事实上把中国东北变成了它的势力范围。条约中虽然有中俄两国“御敌互相援助”的条款，但那不过是一纸空头支票。后来的历史证明，俄国没有给清政府任何援助，相反，它在“共同御敌”的幌子下，猎取在中国境内的筑路权和开矿权，并加强对中国的军事威胁。

按照《中俄密约》的规定，在中国境内修筑的铁路即中东铁路(又称东省铁路)交由俄国的华俄道胜银行承办经理。为此，清政府和华俄道胜银行于

1896 年 9 月签订了《合办东省铁路公司章程》。华俄道胜银行是由俄国政府控制的，因此俄国事实上掌管了中东铁路。

甲午战后，列强在华争夺铁路修筑权的斗争主要集中于三大铁路干线，即卢汉(从卢沟桥至汉口)、津镇(从天津至镇江)、粤汉(从汉口至广州)三条贯通南北的铁路上。它们的争夺在 1898 到 1899 年间达到白热化程度。结果，有俄国和法国资本的比利时银行团于 1898 年 6 月获得了卢汉铁路修筑权。英国和德国于 1899 年 5 月获得了津镇铁路修筑权。美国于 1898 年 4 月获得了粤汉铁路修筑权。

据统计，到 1898 年 11 月，列强在华共夺得 6 420 英里铁路投资权，其中英国夺得 2 800 英里，俄国 1 530 英里，德国 720 英里，比利时 650 英里，法国 420 英里，美国 300 英里。

夺取在华铁路修筑权，给列强带来了巨大的经济利益。铁路借款为剩余资本找到了获取高额利润的机会。而且，更为重要的是，谁掌握了筑路权，谁就控制了铁路和铁路沿线的广阔地区，它的政治势力和影响也就到达那里。因此，争夺筑路权的斗争和划分势力范围的斗争是紧密联系、互为因果的。也正因为这样，中国近代的铁路分布并不取决于中国自己发展经济的需要，而取决于列强在华划分势力范围的需要。

3. 列强在中国抢夺矿权

最先在中国取得采矿权的也是法国。法国通过在 1896 年签订的《续议商务专条附章》，取得了在云南、广西、广东的采矿权。1899 年法国又取得在四川的采矿权。英国在 1898 至 1899 两年间取得了在山西、河南、直隶(今河北)、四川等省的采矿权。德国则包揽了山东的采矿权。俄国通过修筑中东铁路和南满支线，掠得铁路沿线的矿产资源。

4. 列强在中国强占租借地和划分势力范围

如果说金融控制和争夺路权、矿权是“和平吞并”，那么强占租借地就是赤裸裸地瓜分和直接的殖民统治。从 1897 年底，列强在华掀起割地狂潮，它的起点是德国强占胶州湾。1897 年冬天，德国以在山东巨野教案中有两名德国传教士被杀为借口，派遣远东舰队驶往胶州湾，占领沿岸各地，并于 1898 年 3 月 6 日逼迫清政府签订《胶澳租界条约》，强行租借胶州湾和湾内各岛，租期 99 年。紧随德国之后，俄国于 3 月 27 日逼迫清政府签订《旅大租地条约》，5 月 7 日又签订《续订旅大租地条约》，强行租借旅顺、大连及附近水面，租期 25 年。就在中俄签订《旅大租地条约》的第二天，英国驻华公使窦讷乐向总理衙门提出租借威海卫的要求，并于 7 月 1 日逼迫清政府签订《订租威海卫专条》，强行租借威海卫及附近水面，租期与俄国租借旅顺的期限相同。1898 年 6 月 9 日，英国又逼迫清政府签订《展拓香港界址专条》，强行租借九龙半岛上后来被称作“新界”的地面和附近海湾，租期 99 年。法国则于 1898 年 4 月逼迫清政府同意它租借广州湾，并于 1899 年 11 月 16 日正式签订《广州湾租界条约》，规定租期 99 年。

从 1898 年 3 月到 6 月，不到一百天的时间里，德、俄、英、法四国就攫取了中国从北到南五处重要海湾港口——旅大、威海卫、胶州湾、九龙、广州湾，建立租借地。在有关条约中，虽然规定租借地“自主之权，仍全归中国”，但同时又规定，租借期内，中国不得治理，由租借国治理，这就在事实上把主权出卖给列强，而且列强不付分文租金。所谓租借地就是列强割据中国领土进行直接统治的殖民地，是列强确立、保持、强化在华势力范围的军事基地和进行政治、经济、文化侵略的据点。

通过资本输出、抢夺路权矿权、强占租界港湾等方式和手段，帝国主义各国在中国的不同地区取得了经济、政治乃至军事地位的优势，为了确保和扩大优势，各国或者迫使清政府发表声明，保证不把它们已取得优势的地区出让给其他国家，或者彼此间达成协议(有时只是一种默契)，承认对方在中国某一地区具有特殊利益，这就是所谓划分势力范围。

从 1897 年 3 月法国强迫清政府向它保证把海南岛给它“作为停船趸煤之所”而永远不让与任何他国，到 1898 年 4 月，日本迫使清政府发表声明保证不割让福建，在一年多时间里，列强已基本划出各自在华的势力范围。大体上，俄国的势力范围在长城以北，德国在山东，英国在长江流域和云南、广东两省的一部分，日本在福建，法国在广西和云南、广东两省邻近越南的地区。

## 二、美国的对华“门户开放”政策

当列强争相在中国强占租界港湾、划分势力范围的时候，美国正忙于和西班牙争夺菲律宾，一时顾不上参加瓜分中国，但是它对自己的在华利益十分关注，并且怀着和其他列强同样的侵略野心。

19 世纪 90 年代，美国的经济获得更大发展，工业总产值已跃居世界领先地位，号称“世界工厂”的英国也落在它的后面。生产的发展，产品的增加，资本的积累，使美国资产阶级急迫要求在海外开拓商品市场和投资场所。而土地辽阔、人口众多、资源丰富的中国则被美国工商界看成是一个

“不可估量的”“最大的世界市场”。但是在美西战争之后，列强在华的势力范围已经大体划定，重要和富庶地区都被分割占有，美国已很难插足，它无论要划出一片势力范围，还是要抢夺一个海港，都必然要和其他列强发生尖锐冲突。美国的军事力量还不能同其他列强相比，因此美国政府不能凭借武力去要求重新划分势力范围。而且，更重要的是，美国工商界也不欢迎划分势力范围，它有更大的野心，它要拥有整个中国市场。由于以上两方面原因，美国没有在华强租海港和划分势力范围，而是宣布“门户开放政策”。

1899 年 9 月 24 日，美国国务卿海约翰训令驻英、德、俄、法、日、意六国公使，向各驻在国政府递交一项照会，要求各国同意在华实行美国提出的门户开放政策。这一政策的要点如下：

(1)各国对于他国在中国所取得的任何“利益范围”或租借地内的任何条约口岸，或任何既得利益，不得干涉；(2)中国现行的约定关税率，对于运往“利益范围”内一切口岸的所有货物，无论属于何国，均应适用，其税款概由中国政府征收；(3)各国在其“利益范围”内的任何口岸，对其他国家入港船舶所征收的入港费，不得高于对本国船舶所征收的入港费。在各自“范围”内修筑、管理或经营的铁路，对其他国家运输的货物所征收的费用应与对本国运输同样的货物所征收的费用相等。[①]

上述三项原则有两个基本要点：第一，承认列强在华已划定的“利益范围”中的特殊利益和各项既得权利；第二，保证各国在“利益范围”中得到“平等待遇”即“自由贸易”。

除此以外，在门户开放政策中还有一项重要内容，就是要求“各列强在北京采取一致行动，以赞助为巩固清朝政府及维持中国完整所急需之行政改革”[②]。这里提到“巩固清政府”和“维持中国完整”，很有迷惑性，似乎美国在要求其他列强捍卫中国的独立自主和领土完整，其实不然，因为列强强占租界，划分势力范围，已使中国在事实上失去了主权和完整，而只在形式上保持主权和完整。美国既表示尊重列强的上述行径，它又所谓“维持中国完整”，当然只是维护中国在形式上的完整，而不是真正的完整。而且，即使保持形式上的完整，也不是出于美国政治家所说的对中国的友好，

---

① 世界知识出版社编：《中美关系资料汇编》，第 1 辑，450 页，北京，世界知识出版社，1960。

② 世界知识出版社编：《中美关系资料汇编》，第 1 辑，450 页。

而是出于不得已的客观形势。在当时，无论美国或其他列强，谁也没有力量独占中国，而如果把中国分割成一块块殖民地，不仅会引起列强间你死我活的争夺，而且会进一步激起中国人民的反抗斗争乃至革命，这显然不利于列强在华的根本利益，因此必须维护中国在形式上的完整，以缓和列强间的争夺和消弭中国人民的反抗，在实际上由列强在中国建立“国际共管体系”，使中国成为共享的殖民地。

由于门户开放政策既承认列强在华的既得利益，又利于它们在华进一步扩张，因此得到列强不同程度的赞同。

## 第二节　维新派救国的新取向

### 一、维新运动的阶级基础

在甲午战后，从 1895 年至 1898 年，中国社会出现了一股强劲的变法思潮，并形成变法运动，又称维新运动。这个运动是由新兴资产阶级发动的。

中国民族资产阶级产生于 19 世纪 70 年代，在甲午战前，它的发展很缓慢。据统计，在战前 20 多年间，商办的近代工厂企业(不包括采矿业)共 53 家，资本总额约为 470 万元。战后，由于《马关条约》允许日本人在华设厂投资，而其他列强也援引最惠国条款，纷纷效尤，清政府也就不得不改变以往限制民间商办企业的方针，而采取鼓励政策。于是中国民族资本主义得到初步发展。从 1895 年至 1898 年的 4 年间，新增加的商办企业，其资本在万元以上的约有 62 家，资本总额约为 1 247 万元。

战后，民族资本主义虽然有了初步发展，但是由于它受到帝国主义和本国封建主义的双重压迫，仍然步履艰难。

早在鸦片战争之后，外国资本就开始在中国设立工厂，到 1894 年，大约有 80 多家，其中多属船舶修造厂和原料加工厂。甲午战后，从 1895 至 1900 年，外国资本在华设厂总数激增到 933 家，其中有些是资本雄厚的轻工业工厂，集中在纺织、烟草和粮食加工业。这些工厂利用中国廉价的原料和劳动力，成本低廉，产品极有竞争力，沉重打击了中国民族工业。战后外国对华商品输出大幅度增长，1895 年至 1900 年，每年平均进口总值达 2 亿多万海关两。外国商品只需缴纳很低的进口税和子口税，不需像土货那样“逢卡纳税，过卡抽厘”，销售价格低于土货，从而严重排挤了土货。

甲午战后，清政府虽然对民族工业采取了一些鼓励政策，但并没有真正保证民族工业的发展，相反，却把它作为敲诈勒索的对象。有人说："华商办一企业，或督抚留难，或州县留难，或某局某委员留难。有衙门需索，有局员需索，更有幕府需索，官亲需索。不遂其欲，则加以谰言，或谓其资本不足，或谓其人品不正，或谓其章程不妥，或谓其与地方情形不合，甚或谓夺小民之利，夺官家之利。路矿则谓碍风水，碍坟墓，又添出绅士之需索矣。内河行轮，则谓碍民船，碍厘金，又添出厘员之需索矣。种种留难，凡待华人莫不如是。"[①]如此繁多的留难和勒索，令民族资本裹足不前。

尽管如此，战后民族资本主义毕竟获得了初步发展。随着它的发展，民族资产阶级作为一种社会政治力量也开始走上政治舞台。它不满意帝国主义和封建势力的压迫，要求参与政权以保护自己的利益，并渴望通过独立发展资本主义以解救严重的民族危机。但是，主要由官僚、地主、商人、买办转化来的民族资产阶级，同帝国主义和封建势力又保持着各式各样的联系，因此它便选择了改良主义这一温和的政治变革的范式。康有为为首的维新派是它的政治代表。

## 二、康有为的早期变法活动

维新派的领袖康有为(1858—1927)，字广厦，号长素，出生于广东南海县一个封建官僚地主家庭。他从小受到严格的儒家传统教育。19岁时在广州师从著名理学家朱次琦，受到经世思想的影响。他也钻研过佛学和陆九渊、王阳明一派的"心学"。从1879年起，先后到上海、香港游览和考察，目睹了西方文明——所谓"宫室之瑰丽，道路之整洁，巡捕之严密"[②]，从而产生学习西方的愿望。于是，他大量购买西学书籍，悉心研读。他尤其注意研究日本明治维新以后的历史，搜集了不少日本书籍，了解日新月异的日本政治。

康有为在1886年前后写了一批学术著作，其中《康子内外篇》阐述了他

① 汪敬虞编：《中国近代工业史资料》，第2辑，下册，1126页，北京，科学出版社，1957。

② 《康南海自编年谱》，见中国史学会主编：《中国近代史资料丛刊·戊戌变法》(以下简称为《戊戌变法》)，第4册，115页，上海，神州国光社，1953。

的哲学观点，《民功篇》表达了他的变法主张。在《民功篇》中，他着重探讨了华夏文明的起源和演变，强调“民功”即物质生产和技术的重要性，并主张仿效黄帝、尧、舜，实行变法。他具体指出：黄帝、尧、舜的时代是中国历史上最隆盛时期，以后则越来越衰败，其原因是：尧舜传贤不传子，后世传子不传贤；尧舜重视“民功”即重视物质生产和技术，后世不重视“民功”；尧舜能变政以利民，后世不敢变祖宗之法。[①] 这里，康有为委婉地表达了他所代表的开明士子要求参政的愿望以及对于发展科学技术和物质欲的关心，他的变法思想初步形成。

**图 7.1 康有为**

这种初步形成的变法思想在他首次向皇帝上书中有了更明确的表达。1888 年，他到北京参加顺天乡试，乘机想向光绪皇帝上书，建议“变成法，通下情，慎左右”，并陈述了变法图强的必要性和紧迫性。[②] 这道上书，原想请光绪皇帝的师傅翁同龢代递，但翁阅后认为“语太讦直，无益，只生衅耳”[③]，不肯代递，但在社会上有所流传，产生了一定影响。

当时康有为在给他弟弟康广仁的一封信中，通报朝廷消息说：“中朝有意明年亲政。”[④]这是说光绪皇帝将于 1889 年（光绪十五年）亲政。这个消息使京中某些政治力量活跃起来。康有为就曾代御史屠仁守起草两道奏折《请醇亲王归政折》和《门灾告警请行实政而答天戒折》，前者请解去醇亲王奕譞的“海军及一切差使”，以免他在光绪亲政时干政，后者建议光绪皇帝“求直谅极谏之人，推深通治术之士，开怀收纳”[⑤]。帝师翁同龢等也很活跃。康有为在信中说他和翁同龢、尚书潘祖荫、御史屠仁守等的关系极好，他如果有危难，他们“必相救”[⑥]。他的上书活动得到了屠仁守以及编修黄绍箕、刑部主事沈曾植、左都御史祁世长、国子监祭酒盛昱等的支持。

---

① 康有为：《民功篇》，见《康有为全集》，第 1 册，66～68 页，上海，上海古籍出版社，1987。

② 康有为：《上清帝第一书》，见《康有为全集》，第 1 册，358 页。

③ 陈义杰整理：《翁同龢日记》，第 4 册，2332 页，北京，中华书局，1992。

④ 《与幼博书》，见《康有为全集》，第 2 册，5 页，上海，上海古籍出版社，1990。

⑤ 《康有为全集》，第 1 册，372、369 页。

⑥ 《与幼博书》，见《康有为全集》，第 2 册，5 页。

这些事实表明，在光绪亲政前夕，帝党分子正在集结，希望在光绪亲政时能够有所更张，而有维新思想的士子康有为等也在向帝党靠拢。康有为的上书便是双方结合的产物。这种结合为甲午战后双方共同掀起变法运动打下了初步基础。

康有为首次上书的失败使他深受刺激，他决心创立一种“不复能拘常守旧”的新理论，[①] 以推动变法。1889 年，他在广州会见了著名今文经学家廖平，受其影响，从尊尚古文经学转向尊尚今文经学。此后，他把今文经说和西方社会政治学说结合起来，为变法制造理论根据。

从 1890 年起，康有为在广州万木草堂收徒讲学，他讲课的主要内容是“大发求仁之义，而讲中外之故，救中国之法”[②]。这就是要宣传他的变法理论，为变法培养人才。

在讲学的同时，他还在弟子陈千秋、梁启超等的协助下，编写了两部重要著作——《新学伪经考》和《孔子改制考》。

《新学伪经考》于 1891 年刊行，它的主要内容是说：儒家的经典“六经”是孔子编著的，是今文经。东汉以后流传的所谓古文经都是刘歆伪造的，其目的是为了帮助王莽篡夺汉朝政权。东汉以后出现的种种封建恶政都是因为尊尚古文经造成的。

《孔子改制考》于 1897 年刊行，它的主要内容是说：孔子假托尧、舜、文、武而寄托他自己的社会理想，宣传他自己的政治主张，因此他是一个“改制圣王”。

《新学伪经考》和《孔子改制考》是姊妹篇，前者破旧，后者立新。前者否定了王莽新朝以来的儒家经典的真实可靠性，从而动摇了占统治地位的封建意识形态；后者树立了一个“托古改制”的孔子形象，为变法拉起一面作掩护的大旗。

在《新学伪经考》《孔子改制考》等著作中，康有为初步利用资产阶级社会进化史观改造中国儒学，主要是改造儒家的“三世说”，从而论证资本主义制度取代封建制度的历史必然性。

所谓“三世说”，原出自古代儒家今文经学派的经典《春秋公羊传》，其内容很简单，就是主观地把人类社会划分为依次发展的“据乱世”“升平世”“太平世”三个阶段。康有为认为三世说“为孔子非常大义”，需要重新详加

---

① 《与沈刑部子培书》，见《康有为全集》，第 1 册，383 页。

② 《康南海自编年谱》，见《戊戌变法》，第 4 册，124 页。

阐发。他说："乱世者，文教未明也；升平者，渐有文教，小康也；太平者，大同之世，远近大小如一，文教全备也。"①又说："《春秋》始于据乱，立君主；中至升平，为立宪，君民共主；终至太平，为民主。"②这里，康有为对人类社会的发展过程实际上作了如下表述：人类最初生活在据乱世，那时尚无文明，与之相适应的政体是君主专制；以后进入升平世，文明有了发展，与之相适应的政体是君主立宪；最后进入太平世，文明高度发展，与之相适应的政体是民主共和制。③ 康有为还特别强调"三世"是由乱而治、愈演愈进的发展过程，既不能停滞不前，又不能超越。他指出：据乱世、升平世、太平世"特施行有序，始于粗粝而后至精华"④。

很显然，康有为的"三世说"已完全不同于《公羊传》的"三世说"，他赋予古老、简单、抽象的"三世说"以崭新、丰富、具体的内容，借以说明从地主阶级专政的君主专制制度到资产阶级得以参政的君主立宪制度，再到资产阶级取得全面统治的民主共和制度的历史发展方向。这样，康有为就为中国的维新运动建立起一套比较系统的资产阶级社会发展史观，只是披着儒学的外衣。这个理论的实质就是要逐步变封建主义中国为资本主义中国，它反映了19世纪末20世纪初中国社会发展的基本趋势。

## 三、维新运动的开展

1895年4月，康有为和梁启超在北京参加会试期间，传来日本逼迫中国签订《马关条约》的消息，群情激愤，帝党官员文廷式等和参加会试的举人们纷纷上书，要求拒签和约。康有为也联络举人们在达智桥松筠庵集会，讨论上书请愿，会后由康有为起草《万言书》(即《上清帝第二书》)，提出拒签和约、迁都抗战、变法图强三项建议，并详细论述富国、养民、教民等变法图强的具体措施；又建议每10万户推举一名"议郎"，供皇帝咨询，并

---

① 康有为：《春秋董氏学》，第2卷，见《康有为全集》，第2册，671页。

② 康有为：《春秋笔削大义微言考》，第11卷，1917年刻本。按：这部书在1917年刊成，康有为在《跋》中说：这部书初成于万木草堂和桂林讲学时期(1890—1894)，1899年在日本被焚，今本乃1900年"补成"。如此说，今本并不只反映康有为在万木草堂时期的思想。

③ 康有为对"三世说"有多种解释，如有时把"太平世"解释为资产阶级民主制，有时又解释为空想社会主义。

④ 康有为：《孔子改制考》，第12卷，284页，北京，中华书局，1958。

负责讨论内外兴革大政，“三占从二，下部施行”，这项建议明显是仿行西方的议会制度。

《万言书》征集到1 300多(一说600多)举人签名，准备递交都察院代奏。力主议和签约的军机大臣孙毓汶闻知后，立刻派人到举人居住的各会馆进行威胁、阻挠，一些举人害怕了，退出上书，结果《万言书》未能递交都察院，但已在社会上广为传抄。

康有为发动举人上书事件，史称“公车上书”，它是从19世纪70年代出现的资产阶级维新思潮发展为政治运动的起点，是中国近代知识分子第一次作为一种社会政治力量表现出的群众性爱国行动，虽然参加者均是举人，社会阶层狭窄，但联系广泛，对社会的震动和影响很大。

“公车上书”后不久，康有为考中进士，授为工部主事，但他不去就职，仍然致力于变法活动。5月和6月，他接连上了《第三书》和《第四书》，明确主张学习西方“设议院以通下情”。《第三书》递到光绪皇帝手中，深得光绪嘉许。

康有为的上书活动引起了帝党的注意，光绪皇帝的师傅翁同龢(时任户部尚书、军机大臣)曾亲自去会见他，并多次和他通信，商讨变法事宜。帝党企图利用资产阶级维新派的力量，通过变法从后党手中夺取权力，富国强兵，以挽救风雨飘摇的封建统治，维新派则希望依靠帝党来实现其政治目的，于是两派联合起来，共同推进变法。

从1895年夏至1898年春，维新派积极创办报刊，组织学会，开办学堂，为变法制造舆论，培养人才。

1895年7月，康有为在北京创办《中外纪闻》(初名《万国公报》)，由梁启超和麦孟华等编辑和撰稿，宣传西学，鼓吹变法。8月，在康有为、梁启超的奔走推动下，由文廷式出面组织强学会。这是一个政治性社会团体。每十天集会一次，每次都有人讲演“中国自强之学”。参加学会的，除维新派、帝党以外，还有一些开明人士，以及洋务派、传教士等。张之洞、袁世凯、徐世昌等都列名参加，并出资赞助。李鸿章也想参加，但因声名狼藉而被拒绝。

11月，康有为南下，在湖广总督张之洞的支持下，赴上海创办上海强学分会，出版《强学报》。

维新派和帝党的变法活动遭到封建顽固派的反对。御史杨崇伊奏劾强学会结党营私、贩卖西学书籍、刊印《中外纪闻》、勒索外省大员。强学会和《中外纪闻》遂遭封禁。《强学报》也因采用“孔子纪年”而遭到张之洞的反对，被迫停刊，上海强学分会无形解散。

维新运动虽然一时遭到挫折，但风气已开，难以遏止。1896 年 8 月，维新人士汪康年、黄遵宪等在上海创办《时务报》，邀请梁启超担任主笔。梁启超发表了《变法通议》等多篇论文，批判封建专制制度，宣传变法维新，鼓吹“兴民权”，主张君主立宪，文章观点新颖，议论风发，产生了很大影响。《时务报》在几个月中销量达上万份，风行一时。

10 月，严复等在天津创办《国闻报》，宣传变法，成为维新派在北方的舆论中心。严复(1854—1921)，字幼陵，又字幾道，出生在福建侯官(今福州)的一个中医家庭。早年进入福州船政学堂学习。1877 年被派往英国留学，学习海军。两年后归国，1880 年起任天津水师学堂总教习等职，达 20 年之久。在英国留学期间，他对西方政治制度和社会科学著作非常感兴趣，并有深刻研究。甲午战败，他深受刺激，在天津《直报》上发表《论世变之亟》等文章，用天赋人权说批判封建专制主义，宣传维新变法。1897 年 12 月，他翻译的《天演论》在《国闻报》上连载，次年出版单行本。这部书是根据英国学者赫胥黎的论文集《进化论与伦理学及其他论文》中的前两篇翻译的，它宣传达尔文的生物进化论和社会达尔文主义。社会达尔文主义是流行于西方的一种社会政治学说，它认为人类社会和自然界一样也遵循着“物竞天择”“优胜劣败”的规律。很显然，它是为殖民主义者扩张服务的反动理论。但是，在中国面临被瓜分的历史条件下，它却起到了积极作用。它的“优胜劣败”的理论警醒了沉睡着的中国人，极大地增强了中国人的民族意识；它的进化学说为中国人民的改革活动和革命运动提供了理论根据。因此它很快风靡思想文化界，产生了深远影响。

从 1897 年春到 1898 年夏，维新人士谭嗣同、唐才常、黄遵宪、梁启超等汇聚湖南长沙，开展维新运动。谭嗣同(1865—1898)，字复生，号壮飞，出生于湖南浏阳官宦人家。少年时接受传统教育，青年时遍游各省，观察风土，结交名士。甲午战败，他深受刺激，思想为之一变，从此批判旧学，提倡西学。1896 年夏，他游历北京、天津、上海、南京，求友访学，结识了梁启超、严复、文廷式、翁同龢等维新人士和帝党分子，又自称是康有为的私淑弟子。同年，他父亲为他捐得五品衔候补知府。他在南京候缺，至 1897 年夏，写成 5 万余言的《仁学》。这部书杂糅儒、释、道、墨各家和西方自然科学、社会政治学说，构成一种独特的哲学体系，它以民主主义观点批判封建专制思想，痛斥“三纲五伦之惨祸烈毒”，号召冲决君主、伦常、利禄、俗学、天命、佛法等网罗，获得思想解放。在候缺期间，他往来上海、两湖，为推动变法奔走呼号，后来接受湖南巡抚陈宝箴的邀请，到长沙主持新政。

当时湖南的维新运动是各省中最活跃的。巡抚陈宝箴、署按察使黄遵宪、学政江标、徐仁铸等地方官员都赞成变法，并邀请谭嗣同、梁启超等到长沙兴办新政。维新派和开明官绅先后创办了《湘学新报》(后改名《湘学报》)、《湘报》，宣传爱国救亡，提倡西学，批判旧学，鼓吹民权；组织南学会，联络官绅士商，培养民主意识；开办时务学堂，向学生灌输民主思想，培养变法中坚；又设立课吏堂、新政局、保卫局等新政机构。

据不完全统计，1895 年至 1897 年，维新派和开明人士在全国共创办学会 23 个、学堂 17 所、报馆 9 家、书局 2 家，总计 51 个，到 1898 年增加到 300 多个。表明维新运动已经有了一定的群众基础和相当规模。

维新派的变法活动，特别是舆论宣传活动，引起顽固派和洋务派的恐慌和憎恨，他们竭力攻击维新派的变法主张，张之洞还专门写了一本小册子《劝学篇》，企图把变法运动纳入到洋务派的轨道上来。于是双方展开激烈论战，论战主要围绕着“要不要变法”“要不要兴民权”“要不要兴新学”三个问题展开，而核心是“要不要兴民权”。

顽固派根据“天不变，道亦不变”的古老信条，反对一切新事物、新思想。在他们看来中国所以贫弱，不是因为制度不好，而是因为“人心不古”。他们说：“当今之世，非无治法之患，实无人心之患”[①]，补救的办法，“总以正人心，培国脉为本”[②]。死抱着封建纲常名教不放。

洋务派主张变法，但他们的变法只在一些枝节方面，而不在根本方面。他们说：“不可变者，伦纪也，非法制也；圣道也，非器械也；心术也，非工艺也。”[③]这就是说，一些具体的制度是可以因时变通的，但是由三纲五常所维系的封建伦理和政治制度是永远不可改变的。

维新派主张进行根本性变革。他们根据进化论和中国古代的变易思想指出：“变者天下之公理”[④]，而且这种变化不是一个循环往复的过程，而是

---

① 褚成博：《变法宜先变心折》，见《坚正堂折稿》，第 2 卷，18 页，清光绪三十一年(1905)刻本。

② 李秉衡：《奏陈管见折》，《李忠节公奏议》，第 10 卷，见沈云龙主编：《近代中国史资料丛刊》，第 30 辑，265 页，台北，文海出版社，1968。

③ 张之洞：《劝学篇・变法第七》，见沈云龙主编：《近代中国史料丛刊》，第 9 辑，116 页，台北，文海出版社，1967。

④ 梁启超：《变法通议自序》，见《戊戌变法》，第 3 册，11 页。

一个不断更新的过程，所谓“昨日之新，至今日而已旧；今日之新，至明日而又已旧。所谓新理新事，必更有新于此者”[①]。既然进化是自然界和人类社会的普遍规律，那么面临着“四千年未有之变局”的中国也不能不变法改制。他们尖锐地质问那些支持“祖宗之法不可变”观点的顽固派说：“祖宗之法，以治祖宗之地也，今祖宗之地不能守，何有于祖宗之法乎？”[②]

维新派也批判了洋务派的枝节变法。他们指出：洋务派也搞了一些新政，像总署、使馆、同文馆、招商局、制造局、税务局、船政厂、电线、铁路等，但“根本未变”，“未易骨髓”，因此大清朝这座岌岌将倾的大厦仍经不住狂风暴雨的袭击。鉴于洋务运动“补漏之无成功”，他们主张“别立堂基，涤除旧弊”，进行全面变法。[③] 维新派所说的全面变法，包括了政治制度的改革，其核心是兴民权、设议院。而顽固派和洋务派对此深恶痛绝，他们认为：“使民权之说一倡，愚民必喜，乱民必作，大乱四起”[④]；“中国幸不设议院耳，设议院而废君，大逆不道之事多矣”[⑤]。他们的结论是：“民主万不可设，民权万不可重，议院万不可变通。”[⑥]顽固派和洋务派对待变法的态度不尽相同，但在捍卫专制制度上却是完全一致的。

维新派与他们针锋相对。维新派指出：中国致弱的根源就在于“君权日益尊，民权日益衰”[⑦]，要改变这种状况，就必须兴民权，设议院。关于设议院的好处，他们说：“上自君主，下自缙绅，皆得演说机要，互相辩论，国有大事，尤于此定其操纵之权，虽君主不得而相强，而君民之间，仍复浃洽……以故国家无决难之疑，言路无壅蔽之患。”[⑧]他们把设议院看作改革的核心，如严复说：“设议院于京师，而令天下郡县各举其守宰。是道也，欲民之忠爱必由此，欲教化之兴必由此，欲地利之尽必由此，欲道路之辟、

---

① 谭嗣同：《湘报后序上》，见《谭嗣同全集》，137页，北京，中华书局，1981。

② 《康南海自编年谱》，见《戊戌变法》，第4册，140页。

③ 参见康有为：《请大誓臣工开制度局折》，见故宫博物院图书馆藏：《杰士上书汇录》。

④ 张之洞：《劝学篇·正权第六》，51页。

⑤ 叶德辉：《翼教丛编》，第5卷，见沈云龙主编：《近代中国史料丛刊》，第65辑，7页，台北，文海出版社，1971。

⑥ 叶德辉：《翼教丛编》，第3卷，14页。

⑦ 梁启超：《西学书目表后序》，见《饮冰室合集》(一)，128页，北京，中华书局，1989。

⑧ 赵而霖：《开议院论》，见《戊戌变法》，第3册，159页。

商务之兴必由此，欲民各束身自好而争濯磨于善必由此。呜呼，圣人复起，不易吾言矣。”[①]坚信在中国设议院是形势发展所必需的，任何人也阻挡不了。

维新派主张变法，主张兴民权，是以西方国家为参照的，在他们的心目中，西方国家(包括日本)就是中国的榜样，因此他们热情宣传西学，希望能用西学来改造中国。

在甲午战后，除个别极顽固分子外，已没有人完全拒绝西学了，洋务派甚至扩大了他们学习西学的范围，不仅主张在科学技术领域学习西方，而且主张在财政制度和教育制度等方面学习西方，但是他们坚决反对引进西方的政治学说。他们坚守“中学为体，西学为用”的原则，认为中国传统文化的核心——“三纲五常”是“体”，是不可动摇的，引入的西方文化只能作为传统文化的补充，而不能改变传统文化的基本价值系统。维新派则不同，他们主要强调学习西方的政治学说。梁启超把西学分为政学和艺学，他主张学习西学应该“以政学为主义，以艺学为附庸”[②]。严复也指出西方国家“以自由为体，以民主为用”[③]，至于自然科学技术“皆其形下之粗迹”，“而非命脉之所在”[④]。

甲午战后，由于维新派的努力，更由于社会发展的客观需要，中国输入西方文化已从战前以物质层面为主，转进到以政治制度层面为主，中国的文化面貌发生了重要变化。

维新派在戊戌时期同顽固派、洋务派的思想论战对于变法运动具有重要意义，它推动了变法运动走向高潮。这次论战，是作为新经济力量和政治力量代表的资产阶级第一次向封建思想文化提出挑战。在论战中，维新派以进化论批判“天不变，道亦不变”的形而上学思想，以民权观念批判“君权至上”的封建专制思想，并阐明了“要救国，只有维新，要维新，只有学外国”的道理。经过论战，资产阶级新思想广泛传播，形成了中国近代第一次思想解放潮流。

在论战中也暴露了维新派的一些弱点和缺点。他们所宣传的进化论是

---

① 严复：《原强修订稿》，见《严复集》，第1册，32页，北京，中华书局，1986。

② 梁启超：《与林迪臣太守书》，见《饮冰室合集》(三)，2页，北京，中华书局，1989。

③ 《原强》，见《严复集》，第1册，11页。

④ 《论世变之亟》，见《严复集》，第1册，2页。

庸俗进化论，只承认事物发展的渐进过程，不承认有突变，反映在政治上，他们主张对旧制度进行改良，而反对革命；他们所宣传的民权只是资产阶级和开明士绅的参政权，并不包括广大人民群众应享有的政治权利；他们要求实行君主立宪，但有时又以“民智未开”为理由，主张暂缓实行，表现出很大的妥协性；他们对封建文化进行了批判，但很不彻底，在很多方面和旧思想旧文化划不清界限。所有这些弱点和缺点都是由这个阶级的局限性和它所处的那个时代的局限性决定的。

## 第三节　戊戌变法和政变

### 一、百日维新

1897年11月，德国出兵强占胶州湾。康有为从这一事件中敏锐地觉察到列强开始瓜分中国了，他立即从上海赶赴北京，第五次向光绪皇帝上书。他指出：现在“万国报馆议论沸腾，咸以瓜分中国为言。若箭在弦上，省括即发，海内惊惶，乱民蠢动”，中国的处境十分危险，“譬犹地雷四伏，药线交通，一处火燃，四面皆应”，如果皇帝不当机立断，发愤维新，就有亡国的危险，“皇上与诸臣，求为长安布衣而不可得矣”①。情绪激烈，言词痛切。在这封上书中，他还提出了开国会、立宪法的要求。这封上书递请工部堂官代呈，遭到工部尚书松溎拒绝，未能递到光绪皇帝手中，但在社会上广为传抄，并在天津、上海、长沙维新派的报纸上发表，影响很大。给事中高燮曾为此向光绪皇帝推荐康有为。光绪谕令王大臣传询康有为，听取他对变法的意见。1898年1月24日，李鸿章、翁同龢、荣禄等大臣在总理衙门传询康有为，康有为详细陈述变法意见，并批驳荣禄的守旧言论。次日，翁同龢向光绪皇帝奏报传询情况，光绪诏令康有为可以随时上奏言事，并进呈所著的《日本变政记》《俄彼得变政记》等书籍。

1月29日，康有为奏上《应诏统筹全局折》，即《上清帝第六书》。这是康有为历次上书中最重要的一书。在这封上书中，康有为提出了系统而具体的变法建议。他建议：大誓群臣以定国是，开制度局以定新制，别开法律局、税计局、学校局、农商局等12局以行新法，各省设民政局，实行地

① 《康有为上清帝第五书》，见《戊戌变法》，第2册，188～192页。

方自治。[①] 在这些建议中最重要的是设制度局。康有为借鉴西方政体三权分立的原则，希图将议政和行政分开，按照他的设计，制度局负责"将旧制新政，斟酌其宜"，"草定章程，考核至当"，又"撰叙仪制官制诸规则"，甚至"酌定宪法"[②]。制度局议定章程之后，交由 12 局执行。制度局类似议政机构，法律局等 12 局则是行政机构。

但是制度局在本质上不是三权分立政体下的议政机构。首先，它的成员"参与"（又称"修撰"）不是经过民选的，而是由皇帝亲自擢拔的，他们对皇帝负责，而不对选民负责；其次，"参与"没有议决政事的权力，其议事程序是："派王大臣为总裁，体制平等，俾易商榷，每日值内，同共讨论，皇上亲临，折衷一是"。[③] 所谓皇上"折衷一是"，就是由皇帝调和参与的不同意见，并加以裁决。由此可见，制度局不能像西方的议院那样限制君权。

与前几次上书相比，康有为《第六书》的变法建议要缓和多了。第二、三、四书建议设"议郎"，《第五书》要求开国会，都明显要限制君权，但《第六书》却不限制君权了，反而要"借君权变法"，"以君权雷厉风行"。为什么会有这种变化，康有为在《答人论议院书》中作了说明。他认为：光绪皇帝是个英明的君主，能够举行新政，以君权治天下能使变法收到速效，而且中国人民智力低下，"皆如童幼婴孩"，不能"自主"，只能以君权治天下。[④] 光绪皇帝非常重视《第六书》，谕令王大臣讨论如何实施。王大臣请示慈禧太后，慈禧指示"尽管驳议"，于是王大臣逐条驳回康有为的建议。

康有为很失望，便把主要精力放在鼓动群众性变法运动上。4 月，他怂动御史李盛铎在京发起成立以"保国保种保教"为宗旨的政治性团体保国会。在此前后，还成立了粤学会、蜀学会、闽学会、关学会、保滇会、保浙会、保川会等。士大夫经常集会，议论时政，变法空气日益浓厚。

5 月，一直阻挠变法的恭亲王奕䜣病死，康有为立即鼓动帝党官员上书敦请变法，并亲自代御史杨深秀草拟《请定国是而明赏罚折》，代侍读学士徐致靖草拟《请明定国是疏》，建议光绪皇帝明定国是，立即开始变法。光

---

① 康有为：《请大誓臣工开制度局折》，见故宫博物院图书馆藏：《杰士上书汇录》。

② 参见康有为：《请大誓臣工开制度局折》《日本变政考卷二・按语》；康有为代宋伯鲁拟《请讲明国是正定方针折》，见《戊戌变法档案史料》，263 页，北京，中华书局，1958。

③ 康有为：《请大誓臣工开制度局折》，见故宫博物院图书馆藏：《杰士上书汇录》。

④ 康有为：《答人论议院书》，载《国闻报》，光绪二十四年五月二十八日《本馆照录》栏。

绪帝派人将两道奏折送呈在颐和园的慈禧太后，太后阅后，指示光绪帝依奏折建议实行变法。光绪帝于 6 月 11 日颁布由翁同龢草拟的《定国是诏》，其中说："用特明白宣示，嗣后中外大小诸臣，自王公以及士庶，各宜努力向上，发愤为雄，以圣贤义理之学植其根本，又须博采西学之切于时务者实力讲求，以救空疏迂谬之弊。"①变法运动正式开始。

6 月 16 日，光绪皇帝在颐和园召见康有为，商讨变法的具体步骤和措施。康有为详细陈述了他的意见，并且建议光绪"就皇上现有之权，行可变之事"②。即采取慎重、渐进、稳妥的步骤。召见之后，光绪任命康有为在总理衙门章京上行走，并特许他专折奏事。康有为利用这种特殊待遇，不断上书言事，并进呈所著书籍，其中影响最大的是《日本变政考》。早在 4 月，康有为已向光绪进呈了一部《日本变政记》，光绪看不大明白，叫他重写一部进呈。于是，康有为又陆续编写陆续进呈了一部《日本变政考》。在这部叙述日本明治维新历史的著作中，康有为借鉴日本近代变法的历史，并结合中国维新运动的实际，加了许多按语，提出一系列有关变法步骤和政策的建议。光绪发布的变法诏令有很多是根据这些按语拟定的。

在变法期间，光绪皇帝发布了上百道变法诏令，除旧布新。其中关于经济方面的主要有：设立农工商总局，鼓励垦荒、私人办实业，奖励发明创造，成立铁路、矿务总局，鼓励商办铁路、矿业；裁撤驿站，设立邮政局；改革财政，创办国家银行，编制国家预算。关于政治方面的主要有：广开言路，准许大小官员和普通民众上书言事，严禁官吏阻挠；删改则例，撤销重叠闲散机构，裁汰冗员；取消旗人寄生特权，准许他们自谋生计。关于军事方面的主要有：裁减绿营，裁汰冗兵，采用新法练兵，增强海军力量。关于文教方面的主要有：废除八股文，改试策论；将各省书院和过多的祠庙改为学堂，鼓励地方和私人办学堂，创设京师大学堂，各级学堂一律兼习中学和西学；允许自由创办学会、报馆；设立译书局，编译外国新书；派人出国游历、留学。以上这些变法措施，在经济方面制定了一些有利于民族资本主义发展的政策，在政治方面给予人民一定程度的言论、出版、结社的自由，在文教方面，提出了一些有利于改造旧学、传播西学的措施，所有这些都有利于民族资本主义经济的发展和资产阶级文化思想的传播。但是变法诏令没有涉及政治制度的根本改革，没有向资产阶级开

---

① 《德宗景皇帝实录》，第 418 卷，15 页，北京，中华书局，1987。

② 《康南海自编年谱》，见《戊戌变法》，第 4 册，145 页。

放政权。

为了推进变法，光绪皇帝还提拔了一批维新人士，罢免了一批顽固分子。7月3日，召见梁启超，赏六品卿衔，专办译书局事务。9月4日，表彰不畏强横、敢于上书的王照，赏给三品顶戴，以四品京堂候补，同时把阻挠王照上书的礼部尚书怀塔布、许应骙、侍郎堃岫等六人革职。9月5日，赏杨锐、刘光第、谭嗣同、林旭四品卿衔，擢为军机章京，参与新政。四章京代皇帝批阅奏章，草拟谕旨，官职小而权力大。9月7日，把名声恶劣的李鸿章逐出总理衙门。

光绪皇帝的变法诏令和措施受到维新派和开明人士的热烈欢迎。身历其事的罗振玉后来回忆说：变法之事“如春雷之启蛰，海上志士，欢声雷动，虽谨厚者亦如饮狂药”①。但这些人多是不当政的知识分子和没有实权的官员，而掌握中央和地方实权的大员们，除了湖南巡抚陈宝箴以外，几乎没有人执行变法诏令，湖广总督张之洞、两江总督刘坤一等采取拖延手法，直隶总督荣禄、两广总督谭钟麟等则置若罔闻。变法运动因此没能取得多少实效。

## 二、戊戌政变

戊戌变法要逐步改变旧制度，它必然侵犯到与这个制度密切联系的那些阶级、阶层、集团的利益，因此遭到他们的抵制和反对。

慈禧太后对待变法的态度至关重要。开始她赞成变法，所以令光绪帝发布《明定国是诏》，但是她又担心变法可能导致权力转移，所以变法一开始她就采取一系列防范措施。6月15日即《定国是诏》发布后第四天，慈禧迫令光绪一天中连下三道上谕：第一，免去翁同龢的军机大臣及其他一切职务，驱逐回籍。这是为了孤立光绪。第二，新授任的二品以上官员，必须到慈禧太后前谢恩。按例，太后归政以后就不再接见官员，此举打破了成例，是为了防止光绪破格任用新人。第三，任命荣禄署理直隶总督(不久实授)，统领北洋三军，即董福祥的甘军、聂士成的武毅军和袁世凯的新建陆军。这样，精锐的北洋三军就牢牢地掌握在顽固派手中。

从6月16日到24日，慈禧又迫令光绪任命崇礼为步军统领，怀塔布掌管圆明园八旗、包衣三旗及鸟枪营，刚毅掌管键锐营，从而使顽固派完全

① 罗振玉：《贞松老人遗稿》，见《戊戌变法》，第4册，249页。

控制了京城防卫。此后慈禧静观事态发展，伺机而动。

到8月，变法触及官制改革，直接危及一部分当权者的现实利益，新旧党争迅速加剧。特别是9月初王照事件之后，由于光绪一怒之下将礼部尚书和侍郎共六人全部罢免，使顽固派震恐异常，人人自危，此后新旧党争便表面化。内务府总管大臣立山率领内务府官员数十人以及太监李莲英等，环跪在慈禧太后面前，痛哭流涕，请求太后废掉光绪，重新训政，太后笑而不答。

8月24日，光绪谕知将在10月（阴历九月）间与太后一起到天津阅兵。此后风传在天津阅兵时将废掉光绪。维新派不辨真伪，非常紧张，几经筹商，决定建议光绪皇帝亲自掌握军权，以防不测。9月初，康有为上密折，“请仿日本参谋本部，选天下虎罴之士、不二心之臣于左右，上亲擐甲胄而统之”。究竟谁是“虎罴之士、不二心之臣”呢？康有为分析了几个握有重兵的将领之后，认为袁世凯最合适，因为袁世凯“夙驻高丽，知外国事，讲变法，昔与同办强学会”①。于是，他一面请徐致靖奏保袁世凯，一面亲自上密折，“请抚袁以备不测”②。光绪心领神会，于9月12日传谕袁世凯觐见。16日召见袁世凯，赏候补侍郎，责成专讲练兵事务，并随时具奏应办事宜。此举引起后党惊惧，荣禄立即调动军队，以防他变。他造作谣言，说英国和俄国将在中国海开战，所以调聂士成军驻天津，董福祥军进北京，命令袁世凯迅速回防。京津一带气氛顿时紧张起来。

18日，林旭交给康有为两道光绪从颐和园发出的密诏，一道是15日交给杨锐带出的，一道是17日交给林旭带出的。前一道是写给杨锐、刘光第、谭嗣同、林旭的，内容是说他已感到皇位要保不住了，要求杨锐等迅速筹商一个既可以使旧法“渐变”，又不违背太后“圣意”的两全之策。后一道是写给康有为的，内容是叫康有为迅速到上海去督办《时务报》，暂避风头。康有为接到密诏后，急忙找谭嗣同、梁启超、康广仁等商议，一时束手无策，最后决定铤而走险，由谭嗣同去游说袁世凯，要他举兵勤王。当晚，谭嗣同秘密到京郊法华寺去见袁世凯，要他亲自率领敢死将士数百名，拥光绪皇帝登上午门，杀荣禄，除旧党。袁世凯慷慨表示誓死效忠皇上，但又表示立即举兵勤王有困难，他说：“杀荣禄乃一狗耳，然吾营官皆旧人，枪弹火药皆在荣禄处，且小站去京二百余里，隔于铁路，虑不达事泄。若

① 《康南海自编年谱》，见《戊戌变法》，第4册，159页。

② 《康南海自编年谱》，见《戊戌变法》，第4册，160页。

天津阅兵时，上驰入吾营，则可以上命诛贼臣矣。”[①]谭嗣同无奈，只好同意等到天津阅兵时再作计议。

20 日，袁世凯向皇帝辞行，然后乘火车回天津，立刻向荣禄告密。荣禄随即向太后报告。

21 日晨，太后尚未接到荣禄的报告，就宣布重新训政。原来，18 日那天，杨崇伊写了一道请太后“即日训政”的密折，请庆亲王奕劻呈给慈禧太后。密折不长，却足以打动太后。密折攻击康有为、康广仁、梁启超等“煽动天下士心”，“不知何缘，引入内廷”；攻击光绪皇帝“两月以来，变更成法，斥逐老成，藉口言路之开，以位置党羽”[②]。“引入内廷”，是清朝制度所不允许的，尤其为太后所忌讳；“斥逐老成”，就是排斥后党，“位置党羽”，就是加强帝党，这在本质上是向太后夺权，自然不为太后所容。密折还煽惑说光绪将任用伊藤博文：“风闻东洋故相伊藤博文，即日到京，将专政柄……伊藤果用，则祖宗所传之天下，不啻拱手让人。”这种说法虽不符合事实，却也事出有因。当时日本前首相伊藤博文正来中国访问。据报道，在他到达北京前后，“京朝大小官奏请皇上留伊藤在北京为顾问官……持此议者甚多”[③]。慈禧太后并不很担心维新派上书言事，却害怕他们掌握武装，更怕他们与外国势力勾结起来。而光绪皇帝将于 20 日会见伊藤博文，袁世凯也将于同日陛辞出京。慈禧对此不能不严加防范，并决定乘时政变。

在接到密折的第二天即 9 月 19 日，慈禧带领随从，匆忙从颐和园赶回皇宫，严密控制光绪。20 日光绪会见伊藤博文和召见袁世凯时，已在太后的监视之下。21 日，慈禧将光绪囚禁在中南海瀛台，并以光绪的名义发布诏书，“吁请太后训政”，又密令捕拿康有为和他的弟弟康广仁。秘密逮捕令未列谭嗣同的名字，说明在政变时慈禧还没有从荣禄和袁世凯那里得到关于维新派密谋的奏报，当天，康有为正在从天津开往上海的一艘美国轮船上，在美国人的帮助下，后来他逃到香港。梁启超躲入日本使馆，后来在日本使馆人员的帮助下，从天津乘船逃到日本，谭嗣同于当日深夜被捕[④]，此前太后应当接到了荣禄的奏报。此后陆续捕拿维新党人。28 日，

---

① 《康南海自编年谱》，见《戊戌变法》，第 4 册，161 页。

② 《掌广西道监察御史杨崇伊折》，见《戊戌变法档案史料》，461 页。

③ 《伊藤至北京情形》，载《国闻报》，光绪二十四年八月初二日。

④ 《皮锡瑞日记》稿本，光绪二十四年九月十八日记：“望之来云：谭复生灵柩已到，有其仆言，初六日夜捕拿入朝，即下刑部”。

处决谭嗣同、林旭、刘光第、杨深秀、康广仁、杨锐。29日，宣布康有为、谭嗣同等"谋围颐和园，劫制皇太后"[①]的罪状。此后，大部分新政被推翻，被裁撤的衙门又恢复了，八股取士也恢复了，但也保留了一部分新政，申谕"通商、惠工、重农、育才以及修武备、浚利源、实系有关国计民生者，即当切实次第举行"[②]，京师大学堂继续筹办。

从6月11日光绪皇帝发布《定国是诏》开始，到9月21日慈禧太后宣布训政，变法共进行了103天，史称"百日维新"。

## 三、戊戌变法的意义

短暂的戊戌变法悲壮地失败了，但是它对中国历史发展产生了不可磨灭的影响，留下了深刻的历史教训。

以康有为为首的维新派是新兴的资产阶级代言人，在19世纪末，中国资产阶级的力量还很弱小，因此维新派在鼓吹变法的时候，就不得不从其他阶级中寻找同盟者，甚至是依靠对象。当时他们可以选择的同盟者有封建地主阶级和以农民为主体的广大劳动群众，由于他们和封建地主阶级有较多的联系，就自然在这阶级中寻找同盟者，而对劳动群众则采取轻蔑和敌视的态度，他们鼓吹变法的重要目的之一就是防止"辍耕于垄上"的陈胜式的人物又揭竿而起。而在中国近代，劳动群众是反对帝国主义和封建主义的主体力量，没有他们的支持和参加，就不能完成反对帝国主义和封建主义的任务，也不能使任何有损于帝国主义侵略势力和封建地主阶级利益的改革获得成功。

维新派所联络和依靠的是地主阶级中的开明分子，主要是帝党，但是帝党，包括光绪皇帝在内，并没有多少实际的权力和力量，站在他们的对立面的是以慈禧太后为首的封建顽固派以及依附于它的洋务派。顽固派和洋务派的力量远远超过维新派和帝党，这就决定了变法运动必然失败的命运。

变法的失败与维新派在变法理论、策略和措施上的错误也有密切的关系。维新派的变法理论主要是康有为写的两部书——《新学伪经考》和《孔子改制考》。据梁启超说，这两部书刊行后，在社会上引起很大反响，像"大

---

① 《德宗景皇帝实录》，第427卷，6页，北京，中华书局，1987。

② 《德宗景皇帝实录》，第427卷，2页。

飓风”，像“火山大喷火”[①]。但是胡思敬却说这两部书因遭到反对，“遂不得行”[②]。这两种说法都有道理，前者是从社会反应的角度说的，后者是从社会接受的角度说的。这两部书刊行后的确引起了轩然大波，但主要是一片反对的声浪，接受的人却寥寥无几。反对变法的顽固派和洋务派自不必说，就是在维新派和帝党分子中也很少有人接受。著名的维新人士黄遵宪、章太炎、唐才常等都表示不赞成康有为的今文经说和孔教说，连梁启超也不时流露出怀疑情绪。帝党中坚翁同龢说《新学伪经考》是“说经家一野狐也”[③]。在读了《孔子改制考》之后，他向光绪皇帝说康有为“居心叵测”，他已经不和康往来了。[④] 至于光绪皇帝，虽然大量采纳康有为的变法建议，却诏令禁毁这两部书，尽管康有为一再申辩说这两部书对变法有利，但光绪不为所动。如果一种理论连自己的同党和同盟者都不能征服，还能让谁信服呢？

康有为的变法理论之所以缺乏征服人心的力量，是因为它本身存在着严重的错误和缺点。康有为杂糅西学和今文经学构建起他的变法理论，他宣称古文经都是伪经，今文经才是中国传统文化的正宗。这种说法过于武断，缺乏历史根据。他又用西学来解释今文经说，随意附会，竟把孔子美化为“民主圣人”，十分荒唐。实在说来，康有为的两部书虽然在批判旧学方面发起一场“总攻击”，但未能树立起正确的理论观点。由这两部书所引起的今古文经之争几乎淹没了变法的主题，干扰和阻碍了变法运动。

维新派在变法策略和措施方面的主要错误是“躁进”。戊戌变法不是革命，而是自上而下的改革，它的每一步骤、每一措施不仅应该有进步意义，而且应该能够为社会所接受、所承受，必须照顾到社会各阶层的利益，其中既包括广大劳动群众的利益，也包括统治者的适当利益。但是康有为和年轻的光绪皇帝都缺乏政治经验，他们急于求成。在短短的103天中，光绪竟发出上百道新政诏令，社会怎么能够承受得了？更何况这些诏令只有原则要求，没有配套措施。譬如，废八股，改策论，这使成千上万士子在毫无思想准备的情况下断送了前程，无怪乎他们中有些人声言要打死康有为。

---

① 梁启超：《清代学术概论》，129页，北京，中华书局，1954。

② 胡思敬：《戊戌履霜录》，第2卷，见沈云龙主编：《近代中国史料丛刊》，第45辑，1551页，台北，文海出版社，1970。

③ 翁同龢：《翁文恭公日记》，第34卷，43页。

④ 翁同龢：《翁文恭公日记》，第37卷，53页。

再如裁并衙门，没有任何善后措施，使一部分官员和他们的家属一夜之间便无以为生，这就不能不造成混乱。当时有人这样描写太仆寺被裁撤后的情形："寺中自奉旨后，群焉如鸟兽散，阒其无人，匪特印信文件，一无所有，即厅事户牖，均已拆毁无存。"这位作者又接着写道："戊戌变政，首在裁官，京师闲散衙门被裁者不下十余处，连带关系，因之失职失业者将及万人，朝野震骇，颇有民不聊生之戚。"①再看看细小的改革，如修整北京街道，吏役们把街头摆摊的小贩撵得鸡飞狗跳，闹得沸沸扬扬。结果，变法除了得到少数开明人士的支持外，一直没有得到更广泛的支持，反而不断地激起反对的声浪。这恰好给顽固派的政变提供了机会和借口，导致变法失败。

尽管维新派有这样那样的错误，但是他们毕竟是站在那个时代前列的政治力量，他们的变法主张是符合中国历史发展方向的。

中国近代社会发展的首要问题是反对帝国主义侵略，维护民族独立，维新派虽然没有正面提出反对帝国主义的口号，但是他们鼓吹变法的首要目的却是为了救亡图存。康有为在历次上书中，不厌其详地说明只有变法才能御侮、图存。光绪皇帝进行变法，也主要是因为外强的侵逼。在慈禧太后发动政变那一天，她当面指斥光绪："变乱祖法……背祖宗而行康(有为)法，何昏聩至此!"光绪战战兢兢地回答："是固自己胡涂，洋人逼迫太急，欲保存国脉，通融试用西法，并不敢听信康有为之法也。"②在慌乱中的光绪皇帝仍然说明了列强的侵逼和变法的关系。虽然，短暂的戊戌变法没能达到自强御侮的目的，但它仍具有重要的爱国救亡意义，它把民族救亡意识提高到了一个新水平。

戊戌变法也是资产阶级领导的一次政治改革运动，它不是洋务运动的简单继续，而是有质的飞跃。洋务运动是为了维护和加强封建制度，而戊戌变法则是要逐步变封建专制制度为资本主义民主制度，这在中国历史上是破天荒的，它符合中国近代社会发展的大趋势。

戊戌变法也是一次思想启蒙运动。维新派提倡新学，批判旧学，着重宣传"兴民权"，大大地提高了全社会的民主意识和参政意识。从此，民主主义成为汹涌的社会思潮，极大地改变了中国思想文化界的面貌。严格地说，中国资产阶级新文化也是在戊戌维新运动时期和稍后几年初步建立起

① 陈夔龙：《梦蕉亭杂记》，第2卷，178～179页，上海，上海古籍出版社，1983。
② 苏继祖：《清廷戊戌朝变记》，见《戊戌变法》，第1册，346～347页。

来的。资产阶级的新学术，如哲学、历史学、经济学、文学理论等已经萌生，“诗界革命”“文体革命”“小说界革命”“戏剧改良”等相继而起，资产阶级的新文化，无论在内容上还是形式上，开始成为中国近代文化的主流。

## 第四节　义和团反帝爱国运动

### 一、反洋教斗争的发展

甲午战后，中国人民救亡图存的斗争，显然存在两个层次：维新派在社会上层发起维新变法运动；以农民为主体的广大劳动人民，包括部分爱国士绅，则在社会下层掀起了反侵略反洋教的斗争。戊戌变法失败后，后者的斗争更趋频繁，最终汇成了波澜壮阔震惊中外的义和团反帝爱国运动。

此次运动以山东、直隶交界地区为中心，首先在北方兴起，是因为这里的民族矛盾更为集中和尖锐。在甲午战争中，辽宁、直隶、山东各省备受日寇的蹂躏；战后，列强强占租界港湾，这里复首当其冲。尤其是各国夺得的津榆铁路、京津铁路、京奉铁路榆锦段、芦汉铁路芦保段和胶济铁路等，其时先后动工修筑，随意毁坏线路上的村庄、田地和坟墓。侵略者的暴行使铁路沿线广大的人民群众倾家荡产，陷入绝境。国恨家仇激励他们(包括同样受伤害的部分士绅)迅速地站到了反侵略斗争的第一线。

但是，具体说来，义和团运动又是在广大人民群众反洋教斗争的基础上发展起来的。所以，它既是战后民族矛盾空前尖锐的产物，又是中国人的长期反侵略、反洋教斗争的总爆发。所谓洋教，指的是天主教、基督教、东正教等西方宗教。鸦片战争后，各国传教士纷纷来华，凭借不平等条约的庇护，到处设立教堂、教会。到 19 世纪末，在华传教士多达 3 300 人。天主教、基督教的修会、差会约 80 个。其中，属于天主教的会堂、大小教堂，仅直隶、山东、山西、河南四省就有 4 000 多处。基督教各差会设立的总堂，全国也有约 500 处。

应该说，传教士中不乏真诚的传布者，其中少数人从事开医院、办学校、译西书等文化活动，对于促进中西文化交流也产生了一定的积极作用；但其作为整体，无疑是西方殖民势力侵华的工具。他们遍布城乡，建立教堂，招收教徒，并无视中国官府法令，自立门户，俨同敌国，包揽词讼，无恶不作，成为中国人民最痛恨的恶势力。所以，从 1861 年贵州官民驱逐洋教士开始，反对外国教会侵略的怒火迅速燃遍湖南、江西、四川、江苏、安徽、河南、直隶、内蒙、云南、西藏、福建各省区。1870 年更爆发了震动中外的天津教案。时天津法国教堂涉嫌迷拐幼童，激起公愤。而法国领事丰大业却非常骄横，竟开枪杀人。群众怒不可遏，当场将他打死，并焚毁教堂，杀死外国教士等 20 人。法、英、美、俄、德、比、西等国联合向清政府抗议，并调兵舰示威。清政府派直隶总督曾国藩亲到天津处理此案。曾屈服于压力，杀民谢敌，判群众 20 人死刑(后 4 人改缓刑)，天津知府、知县等 25 人充军，赔款 49 万两白银，派北洋三口通商大臣崇厚赴法道歉。

曾国藩以大学士直隶总督之尊，如此结案，不啻树立一个样板，使得官员每遇民教纠纷，为了保住自己的前程，总是偏袒教会和教民，敢于主持公道抗拒洋教会的官员少了，洋教会的气焰更高了。而一般老百姓受教会和教民欺侮，告状得不到公平审理，便会直接采取行动，于是所谓“教案”更连绵不绝。据统计，从鸦片战争到义和团运动的 60 年间，由传教士激起的大小“教案”共达 400 余起，大部分集中在 19 世纪的最后 30 年。而规模大、影响巨的教案，又以 1870 年以后为多。例如：

1890 年四川大足县群众兴起反洋教斗争，并和前来保护教会、镇压群众的清朝官兵起了冲突，终于爆发武装起义，坚持了两年多。领导这次斗争的是当地哥老会领袖余栋臣。影响所及，1891 年长江中下游发生了以哥老会为核心的反洋教斗争，遍及江苏、安徽、浙江、江西、湖北等省几十个城市和广大农村，凡有洋教会的地方，几乎都发生了暴动。同年 11 月，直隶北部热河地区有金丹道、在理教领导的武装起义，参加人数多达数万，既仇杀天主教，也仇杀当地贪官和蒙古王公。他们连克敖汉等五旗，又攻下朝阳、赤峰、平泉、建昌四州县，并波及长城以南永平府属地区。反洋教斗争发展到武装起义，把反对外国侵略和反抗封建压迫结合起来了。长江流域的哥老会和热河地区的金丹道、在理教这些秘密会社成为反洋教的中坚，说明斗争的领导权已经逐渐转移到社会的下层而且是有组织的群众手中。这对反洋教运动高涨发展具有重要意义。

中日甲午战争的失败和继之而来的“瓜分”风潮，使中国面临空前严重的民族危机，国人的救亡意识也相应地日益强烈，各地的反洋教斗争愈加轰轰烈烈。

1894 年秋，山东东南部大刀会已提出“兴华灭洋”口号。大刀会是曹县人刘士端创立的，据说源出白莲教，练金钟罩、铁布衫。他们的反洋教斗争到 1895 年已遍及鲁西南各县，以及苏北的丰县、沛县、萧县、砀山(二县今属安徽），豫东的考城和兰仪(今合并为兰考县)等地。1897 年山东巨野县人民攻打磨盘张庄教堂，杀德教士 2 人。德国以巨野教案为借口，出兵占领胶州湾，又迫使清政府将山东巡抚李秉衡革职，并惩“凶”赔款。1898 年爆发鲁南沂州教案，包括沂州府属各县大小数十次武装起义，德国兵从青岛前去，勾结地方官，共同镇压了这些斗争。1899 年德国强修胶济铁路时，高密等地群众多次武装拦阻，遭到德军的残酷镇压。

1898 年，广西天地会起义，一度攻占桂平、郁林(今玉林)、博白、贵县等地，发布檄文声讨洋教会罪行，要求官民一致对外，洗雪国耻。

同年 6 月，四川大足县余栋臣率众再度起义，发布檄文痛斥列强“既占上海，又割台湾”的罪行，指出当时“胶州强立埠，国土欲瓜分”的严重危机，号召“除教安民”，提出“顺清灭洋”口号①。起义军转战 30 余州县，捣毁 20 余处教堂。鄂西数县人民起义响应，长阳、长乐人民提出“保清灭洋”口号②。

同年 10 月，山东冠县梨园屯一带群众开始用义和拳的名义竖旗起义。冠县所属梨园屯等 20 多个村庄，实际是在直隶威县境内的一块飞地。早在 1873 年，此处教民要拆玉皇庙修教堂，引起纠纷，拆庙建堂，拆堂建庙，屡起冲突，为此涉讼。洋教士怂恿法国公使迫使总理衙门向山东地方官施加压力，将带头告状的秀才王世昌等六人革去功名、判处监禁，人称“六大冤”。合法斗争既已得不到公道，农民阎书勤等“十八魁”便要集合群众直接和教会斗争，他们请威县沙柳寨著名的梅花拳教师赵三多相助。赵三多为不连累其他梅花拳师，改称义和拳，于 1897 年春到梨园屯亮拳示威，有 3 000 多拳民参加。1898 年 10 月 25 日，赵三多等率各路拳民在梨园屯附近的蒋家庄竖起“顺清灭洋”旗帜，攻打教堂。这次起义遭到官兵镇压，但以义和拳、义和团为称号的反帝爱国运动，犹如燎原之火，迅速发展起来了。

## 二、义和团运动在山东的兴起

称义和拳为义和团，最早见于 1898 年 6 月山东巡抚张汝梅的奏报，他要“改拳勇为民团”，这样办“既顺舆情，亦易钤束”③，1899 年山东巡抚毓

---

① 晏宗杰：《平定白溢述略》。见《近代史资料》，137 页，1955(4)。

② 《格致益闻汇报》，第 44 号，第 1 册，350 页。

③ 故宫博物院明清档案部编：《义和团档案史料》，上册，15 页，北京，中华书局，1959。

贤出示将义和拳改称义和团[①]，这年10月以后清政府公文中也开始称之为义和团。从此义和团这一名称取代了义和拳，或两者通用，就其拳技说是义和拳，就其团体说是义和团。

梨园屯地处山东、直隶、河南交界地区，这里的反洋教斗争日趋激烈，持续时间长，影响大，义和拳的名声也就四处传扬了。这时直隶各地反洋教的气氛也日趋浓厚。赵三多起义被官兵打败后北走直隶，到处设场教拳，大受欢迎。赵三多的义和拳“对于画符、念咒、烧香、下神等一概没有。他既不迷信，可是也不反对迷信”[②]。其他反洋教活动大多是凭借各种迷信教门来秘密进行的。1899年旧历四月初八佛爷寿辰，大家以烧香为名，齐集正定府大佛寺秘密开会，商定义和拳和信神的教门联成一气，定名叫“神助义和团”。有一首流传很广的义和团揭帖，开头两句说“神助拳，义和团，只因鬼子闹中原”，就是从这里来的。从此义和拳和各种名义的教门联合起来，从山东的大刀会、神拳，到直隶的红门、黄门等，都用义和拳或义和团的名义迅速发展起来。

梨园屯义和拳起义后不久，在山东西北部的茌平、禹城、高唐、平原一带，由神拳演变来的义和拳很快活跃起来，仅茌平一县“习拳者多到八百余处”[③]，几乎村村有了坛场。著名首领有茌平的朱红灯、禹城的心诚和尚，他们互相声援，使这几县的义和拳联成一气。1899年秋，平原县杠子李庄教民李金榜荒年存粮不借，又欺压拳民首领李长水，诬告群众“闹教”，使数人被捕。李长水请朱红灯率拳民前来相助。10月11日朱红灯率众将平原知县蒋楷的马队击退，正式打出“天下义和团兴清灭洋”的旗帜[④]，乘势攻打恩县(今恩城镇)教堂，蒋楷向山东巡抚毓贤告急。

毓贤于1899年3月升任巡抚，曾八次下令禁止义和拳。但他在山东做官二十多年，深知“教民肆虐太甚，乡民积怨不平”的真情[⑤]。德国强占胶州湾后，他见教会气焰更加嚣张，对义和拳的镇压就不再像镇压大刀会那样卖力了，基本上沿袭了前任巡抚张汝梅以抚为主的政策。他接到蒋楷的禀

① 《清史稿·毓贤传》。

② 山东大学历史系中国近代史教研室编：《山东义和团调查资料选编》，265页，济南，齐鲁书社，1980。郭栋臣1860年谈话，时年80岁，和赵三多同村，曾做过赵三多的文书(秘书)。

③ 李杕：《拳祸记》，下编，346页，上海，土山湾印书馆，1923。

④ 《汇报》，第146号，光绪二十五年十二月初十日。

⑤ 《毓贤奏折》，见《义和团档案史料》，上册，24页，北京，中华书局，1959。

报后，“立即出示开导，务期解散”[①]，派袁世敦带兵前去，并指示他“开导弹压，不准猛浪生事”[②]。但袁世敦违背毓贤的指示，10 月 18 日到平原森罗殿进攻义和拳，击杀群众多人。这情况在官场中就引起非议，御史王绰奏参“地方官办理不善”[③]，清廷据以命令毓贤查明参奏，毓贤遂奏准将蒋楷、袁世敦革职。朱红灯等从森罗殿突围，转回茌平，仍很活跃。

清政府的地方官员对义和拳的态度，在平原事件后，起了变化。毓贤一方面看到义和拳继续发展，非单纯武力所能镇压；同时看到教会横行不法，对清朝地方统治的威胁也很大。所以他在处理平原事件的奏报中提出“际此时艰日亟，当以固结民心为要图”的意见[④]，要化义和拳为乡团，纳入由官方控制的轨道。在北京也有不少人有此意见，如御史黄桂上奏建议对义和拳“善为安抚”，以“收为干城之用”[⑤]。

毓贤镇压义和团不力，引起帝国主义的不满，他们向清政府施加压力，要求撤换毓贤。毓贤得知这消息，便又派兵往鲁西北保护教堂，并逮捕了朱红灯和心诚和尚。1899 年 12 月初，清政府改派袁世凯署理山东巡抚，毓贤于离任前杀了朱红灯和心诚和尚。但他由此更恨洋人，回北京后“盛言拳民忠勇得神助”[⑥]，这也影响了北京主“抚”舆论的抬头。袁世凯接任山东巡抚，用他的新建陆军严厉镇压义和团，受到京官主“抚”舆论的牵制，后者批评他的“痛剿”主张[⑦]，建议“先令袁世凯北归”[⑧]。清政府遂也一再谕令袁世凯“不可徒恃兵力”[⑨]，“总以弹压解散为第一要义”[⑩]，告诫他不要“一味操切，以致激成巨祸，有负委任”[⑪]。袁世凯的回答是必须“绥靖地方”，“清除匪类”；并指出义和团“就使其能纠合百十万人，鞭挞五洲，尽驱彼族，

① 《毓贤奏折》，见《义和团档案史料》，上册，34 页。
② 《毓贤奏折》，见《义和团档案史料》，上册，34～35 页。
③ 《毓贤奏折》，见《义和团档案史料》，上册，33 页。
④ 《毓贤奏折》，见《义和团档案史料》，上册，40 页。
⑤ 《毓贤奏折》，见《义和团档案史料》，上册，45 页。
⑥ 《清史稿·毓贤传》。
⑦ 《御史高熙折》，见《义和团档案史料》，上册，49～50 页。
⑧ 《御史高熙折》，见《义和团档案史料》，上册，55 页。
⑨ 《军机处寄袁世凯上谕》，见《义和团档案史料》，上册，44 页。
⑩ 《军机处寄袁世凯上谕》，见《义和团档案史料》，上册，46 页。
⑪ 《军机处寄袁世凯上谕》，见《义和团档案史料》，上册，47 页。

而该匪等势成燎原，不可向迩，国家又将何以制其后？”①他派兵镇压，各路拳民死伤惨重。广大群众对袁世凯恨之入骨，民间流传着“杀了袁鼋蛋，我们好吃饭”的歌谣。②

上述建议“安抚”义和团“收为干城之用”的御史黄桂，戊戌政变后曾“密疏言皇上得罪祖宗”，为废掉光绪造舆论，不过西太后尚“未敢发也”③。康有为、梁启超得英日护庇逃亡海外，进行“保皇”活动，更招西太后嫉恨。1900 年 1 月 21 日，西太后宣布立端郡王载漪之子溥儁为大阿哥，企图取代光绪。各国公使拒绝入宫庆贺，表示不予承认，西太后十分不满。载漪为了使他的儿子早日坐上皇帝宝座，更急于打掉来自洋人的阻力。一批顽固派官僚希图借拥立新君以捞取好处，也极力附和，由是招抚的意见日益抬头。

## 三、义和团运动在京津地区的高涨和全国的响应

1898 年 11 月，义和拳在梨园屯竖旗起义。这个地方在行政上属山东省冠县管辖，而其位置则在直隶省威县境内，所以首先不仅影响到山东西北部，同时也影响到直隶南部。义和拳在山东受到袁世凯的严厉镇压，而在直隶则冲破镇压，形成高潮，直到进入北京、天津。

直隶是清朝京城所在的畿辅地区，也是帝国主义在华侵略势力强大的地区之一。洋教堂大小两千多所遍布于全省城乡。长期以来，直隶人民不断反抗教会欺压，参加的群众非常广泛。1898 年冬枣强县张家屯人王庆一首先在他家里铺场练拳，树起“助清灭洋”旗帜；1899 年又到故城、景州一带去铺场子。又有晤修和尚在阜城、景州的一些村镇设坛传法。山东平原战役之后，这一带拳民也受到鼓舞，1899 年下半年连续发生反洋教案件，计景州 7 起，阜城 5 起，故城、东光各一起，“吴桥虽未出案，而谣言四起，岌岌可危”④。

1900 年春，直隶义和团继续向北发展，越过保定进入北京，向东到达天津，在京、津、保一带形成一个新的斗争中心。

---

① 《袁世凯折》，见《义和团档案史料》，上册，58～59 页。

② 《拳事杂记》，见中国史学会主编：《中国近代史资料丛刊·义和团》(以下简称为《义和团》)，第 1 册，254 页，上海，上海人民出版社，1957。

③ 李希圣：《庚子国变记》，见《义和团》，第 1 册，11 页。

④ 《义和团》，第 4 册，473 页。

保定是直隶的省会。1899年秋，城内已开始有义和团的活动。1900年四五月以后，城乡各处已遍立坛场。

保定北之定兴、涞水、新城一带义和团发展较快。涞水县高洛村教堂的外国传教士多次要挟地方官员派兵前来镇压，并在教堂内组织武装，气焰十分嚣张。5月12日，涞水义和团在定兴、新城、涿州、易州各地团民支援下，焚毁高洛村教堂，将未跑掉的洋教士当场处死。次日又到定兴县境之仓巨村烧教民房十数家。副将杨福同奉派带马队前来镇压，团民牺牲很大，从高洛村撤到涞水北面的石亭村，附近州县义和团又赶来增援。22日，杨福同追到石亭村，中伏被杀，全军覆没。义和团士气大振，27日占领铁路线上的涿州，在城上树起"兴清灭洋"旗帜。29日义和团占领丰台车站，直逼北京。

新城县的板家窝和白沟镇是义和团的聚集地。新城人张德成，自幼在白沟镇操船为业，常由大清河去天津。静海县的独流镇1899年冬已有义和团坛场，不久遭官方破坏。1900年五六月间，张德成率新城团众多人来到独流镇重建坛场，号称"义和神团天下第一坛"，统率独流、杨柳青一带义和团众达两万多人。静海县还有一支以曹福田为首的义和团。曹是静海县人，行伍出身，他奔走于静海以南的青县、沧州直至邻近山东的盐山、庆云一带发展义和团，自称"署理静海一带义和神拳"，他所统率的团民有数千人。以张德成、曹福田为首的这两支义和团是稍后进入天津抗击八国联军的主力。

北京城内在1900年春就有了义和团的活动，"凡遇教堂则遍粘招贴，谓三月杪当与教堂为难"①号召杀尽洋鬼子。在东单牌楼西裱褙胡同于谦祠内出现第一个义和团坛口②。四月初(5月初)有揭帖说："最恨和约，误国殃民，上行下效，民冤不伸，原忍至今，羽翼洋人，趋炎附势，肆虐同群。"③"自三四月间，都城即有聚习拳棒之事，犹属闾巷幼童；近则外来拳民，居然结党横行。"④为此清政府曾下"认真查禁"的上谕："近闻京城内外，奸民以拳会为名，到处张贴揭帖，摇惑民心，事关交涉，深恐酿成衅端。应如何防范查禁之处，著步军统领衙门，顺天府、五城御史会同妥议章程，

---

① [日]佐原笃介等辑：《拳乱纪闻》，见《义和团》，第1册，111页。

② 史树青：《有关义和团反帝斗争的文物二三事》，载《文物》，1960(10)。

③ 《拳乱纪闻》，见《义和团》，第1册，112页。

④ 《义和团档案史料》，上册，121页。

迅速办理。”[①]义和团全歼杨福同部官兵和占领铁路线上的涿州，引起清廷更大震动，命令“统兵大员及地方文武，迅即严拿首要，解散胁从”[②]。但是，由于义和团在北京发展得很快，镇压命令变成了一纸空文。

涿州属顺天府，5月30日，军机大臣、刑部尚书兼管顺天府事赵舒翘和顺天府尹何乃莹奏报涿州情况之后，在附片中提出以下意见：“拳会蔓延，诛不胜诛，不如抚而用之，统以将帅，编入行伍，因其仇教之心，用作果敢之气，化私忿而为公义，缓急可恃，似亦因势利导之一法。”[③]这样的意见代表了当时一部分顽固大臣的主张，他们想利用义和团的力量来对付外国侵略者。湖广总督张之洞、两江总督刘坤一、直隶总督裕禄等连电清廷，主张加紧镇压拳民，以免列强干预。

这时的西太后，既无信心镇压义和团，又怕开罪外国，于是想用和平解散义和团的办法来缓解局势。6月3日谕令各州县官“亲历各乡谆切劝导”，带兵员弁“毋得轻伤民命”。5日，命赵舒翘和何乃莹往涿州一带劝说义和团解散。6日，又加派军机大臣兵部尚书协办大学士刚毅前往“剀切晓谕”，认为非如此“不能期其相安，断无轻于用剿之理”。刚毅是当时清廷顽固派大臣的突出代表，他到涿州后不仅默许义和团合法存在，而且强令清军停止镇压。

西太后的策略上的转变和刚毅的禁止镇压义和团，使地方官员相继停止镇压行动，京郊各地义和团遂乘机进入北京。到6月中旬，清政府招抚义和团的态度更加明朗，团民便得以大批进入北京，出现了“官兵任其猖獗，城门由其出入”[④]的情况。北京城内的广大贫民手工业者，还有部分官兵，积极参加义和团，“继则身家殷实者亦然，上自王公卿相，下至倡优隶卒，几乎无人不团”[⑤]。到6月下旬，全城坛口已有一千左右，人数逾10万。

在义和团进入北京前后，天津的义和团也展开了斗争。天津是华北最大的通商口岸，也是帝国主义在中国北部的重要侵略基地，他们在紫竹林占有租界，沿海河设置码头。他们开办银行，建立工厂，广设教堂。大量的外国官员、商人、教士以及其他帝国主义分子集在这里。天津距北京才

---

① 《义和团档案史料》，上册，97页。

② 《义和团档案史料》，上册，106页。

③ 《义和团档案史料》，上册，110页。

④ 《义和团档案史料》，上册，140页。

⑤ 柴萼：《庚辛纪事》，见《义和团》，第10册，306页。

二百多华里，是北京的门户。这时直隶总督已不在省会保定办公，长期驻在天津，是全省的军政中心。所以，义和团进入天津开展斗争的影响和意义是很大的。

1900年2月，天津开始有义和团民公开练拳习武。3月下旬，义和团揭帖贴遍全城。4月，天津郊区坛口猛增。当时在天津主持军务的直隶总督裕禄和直隶提督聂士成，都是主张镇压义和团的，所以义和团进入天津阻力较大。到6月上旬，有东安县(今廊坊市)人杨寿臣率领的乾字义和团率先进入天津，在三义庙建立坛口，但人数不多。6月中旬，英将西摩尔率领的帝国主义侵略联军向北京进犯，聂士成激于民族大义，在天津周围停止了对义和团的镇压，转而抵御侵略军。这时，静海曹福田以及天津郊区各坛口的团众相继进入天津，“旬日之间，神坛林立”①，“聚集不下三万人，日以焚教堂、杀洋人为事”②。天津义和团来源很广，支派源流繁多，“城内外设坛数十处，群推三义庙为首，号曰总坛，凡会议皆诣三义庙”③，组织不太松散，力量相对集中。他们处在抗击侵略军的第一线，随着义和团运动的迅速高涨，天津成为这次大规模反帝斗争的主要战场之一。

据估计，京、津、保地区卷入运动的群众多达四五十万人，声势浩大，震惊中外，在全国引起了热烈的响应。

东北三省长期受沙俄侵扰。甲午战后，“借地筑路”，强占港口，东北人民深受其害。1900年二三月间，营口、锦州已出现义和团组织。6月，发展到盛京(今沈阳)。沙俄租借地旅顺也出现了“扶保中华，逐去外洋”的揭帖④。义和团开始毁坏铁路。至7月中旬，“海城至开原五百里铁路桥房均经百姓拆毁”⑤。吉林、黑龙江等地，义和团也相继而起，号召“保国灭洋”⑥，向洋教会进攻，很快就发展到袭击中东铁路沿线的俄国护路军。清政府宣战后，部分清兵也和团民一道破坏铁路。7月中旬，长春义和团焚毁了二道沟火车站。7月下旬，义和团和部分清军围攻哈尔滨。短短一个月内，中东铁路几乎全被拆毁。

---

① 罗惇曧：《拳变余闻》，见《中国历史研究资料丛书·庚子国变记》，26页，上海，上海书店，1982。

② 《义和团档案史料》，上册，158页。

③ 《义和团》，第2册，142页。

④ 《红档杂志有关中国交涉史料选译》，219页。

⑤ 《义和团档案史料》，上册，307页。

⑥ 《海龙县志》，第17卷，《兵事》，20页，1937年铅印本。

内蒙东部，1900年五六月间首先有义和团在昭乌达盟南部和哲里木盟南部各旗展开斗争，烧毁教堂，惩罚教士。接着在中部集宁和托克托等地出现了义和团揭帖。到7月，东至察哈尔西四旗，西至阿拉善旗三盛公(今磴口县)，北至乌盟四子王旗，南至伊克昭盟鄂托克旗、乌审旗最南端的城川等地，都有了义和团的活动。在城川攻打教堂时，蒙古王公派兵镇压，义和团提出“上打洋人下打官”的口号，夺取教堂枪支，击退士兵，公审了主教韩默理。

山西省在1900年五六月间开始有义和团活动，清政府宣战后，更有巡抚毓贤的公开支持，遂得迅速发展。以太原为中心，很快遍及十一州、六厅、四十余县，焚毁教堂90余所。毓贤前在山东罢官即对洋人不满，此时更仰承权贵载漪等人的意向，出于极端盲目的仇外情绪，相继杀死150余名外国传教士及其眷属，从而也煽起义和团众的排外狂热。

河南省原有大刀会很活跃，当直鲁义和团兴起时，河南义和团迅速与大刀会结合展开反洋教斗争。1900年7月，南阳义和团上千余人围攻天主教靳庄教堂，高呼“扒洋楼，报冤仇”的口号。9月，确山义和团捣毁韩庄教堂。林县义和团还打开教堂仓库，救济贫民。总计全省四分之三的教堂被捣毁。

到1900年下半年，南方各省及西北、西南广大地区，也都出现了群众性的反帝斗争浪潮。例如，浙江有白旗党、百姓教等会党起义，连破江山、常山、开化等县城；包围西安(今衢县)县署，杀死勾结洋教士的县令吴德潇和数名洋教士；福建厦门曾出现檄文，除有“助清灭洋”这类义和团的一般主张外，还有收复台湾的号召；湖南民众烧毁了衡阳、清泉(两县合并今为衡阳市)、衡山、常宁、耒阳、安仁六县的教堂30多处；甘肃凉州曾出现“杀尽洋人，灭天主教”的匿名传单；新疆伊犁义和团众也设坛练拳；云南、贵州的一些地区，不仅拆毁教堂，甚至聚众数万人，准备要用武力驱逐外国侵略势力。

总之，在短短数月的时间里，义和团运动以京津地区为中心，迅速波及全国。中国人民掀起了轰轰烈烈的反帝爱国斗争的高潮。

## 四、义和团的组织和口号

义和团没有形成统一的组织，他们有的以八卦(乾、坎、艮、震、巽、离、坤、兑)分团，主要在京津一带，如乾字团、坎字团等，有的不带卦名。其基层组织是“坛”，又称坛口、坛场(厂)、拳场(厂)。坛口大多设在庵观寺庙这些本来就是供奉神佛的地方，也设在其他公共场所、空闲房舍中。后来势力大了，在衙署、府邸、书院、营房，乃至前沿阵地上都有了坛口。设坛也称“安坛”“铺坛”“铺团”“设场”。各个坛口都供奉神仙牌位，如洪钧老祖、玉皇大帝、关圣帝君、杨二郎、孙悟空、刘备、张飞直至黄天霸，都是他们所能知道的戏曲小说中的人物。坛口大门竖立大旗，上书：“扶清灭洋”“助清灭洋”“保清灭洋”，或“义和神拳”“天兵天将”等，并不统一。

各坛口人数多少不等，少者数十人，多者几百人，甚至上千人，逾万人。安坛者筹设场地，从外地邀来老师请神传法，参加者要经过传法的仪式。此处安坛后，此处的大师兄即可应邀到其他村镇安坛，新安坛的大师兄又可到其他村镇安坛，这样“裂变”式的发展速度非常快。而到后来盛大发展阶段，也有的来不及邀请老师来传法，便自行设立坛场，立个旗号就是义和团了。当时有个歌谣说：“义和团，起山东，不到仨月遍地红”，反映了1900年春夏之交义和团在直隶迅速发展的情况。

义和团的首领，一般称大师兄、二师兄，各坛口大小不同，师兄数目也不一样，有的多至六七人。总坛，或某一系统如乾字团、坎字团的领袖，一般称为老师，也有称团首或祖师的。义和团没有形成统一的组织机构，在某一地区尽管也可以传帖聚众，但临场作战也缺乏统一指挥。这种组织上的分散性，再加上浓厚的迷信色彩，决定了义和团有十分落后的一面，这使得他们在战斗中虽然十分勇敢，但付出很多牺牲，成效不大。

义和团的参加者以男青年最多，也有十几岁的少年。时人说：“三十以上甚少，二十岁以下，十二三岁居多。”①其中还有妇女组织，称红灯照，“皆十五六好女子也”②。义和团的主要成分是农民，也有失业的水手、脚夫、筑路工人、盐民、小手工业者、小商贩和店员，以及散兵游勇。到迅速发展时期，不少中小地主、政府官吏和清军也参加了义和团。毓贤所部“佐字二营”、董福祥的甘军、北京的虎神营、神机营，都有许多士兵和下级军官参加义和团。天津武备学堂也安上了义和团坛口。这样众多而又复杂的人员都加入义和团，表明在民族危亡的紧急关头，大家抱有强烈的反侵略愿望。

---

① 《义和团》，第2册，250页。

② 《义和团》，第2册，121页。

各地义和团的口号不尽相同。1894 年，在山东和江苏、安徽北部大刀会活动地区，就有了“兴华灭洋”的口号。到 1898 年，则有四川大足提出“顺清灭洋”，湖北长阳、长乐提出“保清灭洋”，山东冠县提出“助清灭洋”。1899 年山东平原也提出“兴清灭洋”。是年底直鲁交界又多打出了“扶清灭洋”的旗号。到 1900 年，直隶、京津等地义和团运动日趋高涨，特别是清政府招抚政策日占上风的时候，“扶清灭洋”才更广泛地传开，成为义和团普遍使用的口号。

上述各口号中的后二字“灭洋”是一致的，但前二字不同。“兴华”很明显是指振兴中华，而这“华”字不一定确指清朝。“顺清”“助清”之“清”，则显然是指清朝政府，表白意在“灭洋”，不是造反；且有为清朝出把力的意思。至于“兴清”“保清”及后来普遍用的“扶清”，意思是扶保大清。但这个“大清”可以理解为清朝廷即清政府，也可以理解为大清国即中国。当时大多数人是作前一种理解的。但是，由于各地义和团的自发性和分散性，也有不理解为扶保清朝廷的。例如进入天津的义和团首领“有名为某皇上者”①；沧州南乡有某举人“拳众奉以为帝，其下置宰相军师”②；定州“城东王习村有乡人称帝，设军师将佐诸目”③；山西太原县拳民“拥立一幼童为伪主，妖妇某氏为杨娘娘，且有兵部尚书、镇殿将军各伪号”④。自立皇帝，这与来自白莲教的传统有关，但就义和团运动来说，这意味着并不承认清朝皇帝，也就是并不“扶”清朝政府。所以对“扶清灭洋”这一口号来说，各有各的理解；不过，把“扶清”理解为扶保清朝廷，也就是扶保大清国的是大多数。

“扶清灭洋”这一口号是群众在反洋教斗争的实践过程中提出来的，它反映了当时中国社会主要矛盾变化，即帝国主义和中华民族之间的矛盾成为主要矛盾，中国内部封建统治和人民大众之间的矛盾暂时降到次要和服从的地位。当然，那时候的义和团和中国人民还不可能科学地分析上述矛盾的主次变化，他们只是根据反洋教斗争的经验积累和反对列强瓜分的爱国要求才有了“灭洋”的共识。义和团的广大参加者是小生产者，他们无法

---

① 《义和团》，第 2 册，20 页。

② 龙顾山人(郭则沄)：《庚子诗鉴》，见《义和团史料》，上册，71 页，北京，中国社会科学出版社，1982。

③ 《定县志·兵事篇》，第 17 卷，23 页，民国二十三年刻本。

④ 《义和团档案史料》，上册，294 页。

冲破皇权主义的枷锁提出更先进的救国方案，只能用“洋人欺压我大清国”来激发民族义愤，用“扶大清、打洋人”来归纳概括这一场反帝爱国斗争的宗旨，局限于将封建朝廷和国家混为一谈并将之作为被侵略的整体来保卫的思想认识水平。

义和团提出“灭洋”，触及了救亡图存的时代主题，但对洋人、洋教和外来事物的统统排斥，又具有盲目排外的落后性。义和团提出“扶清”，虽然具有爱国保国的含义，却又将“中国”“朝廷”“大清”等观念互相混同，这表明义和团在主观上不反清政府，也不反封建制度。但是，也要看到，处在半殖民地半封建的中国，打击帝国主义也就不可能不连带打击封建统治和媚外官吏，义和团本来就是冲破封建官府的压制发展起来的。当团民灭洋反教继续遭到官府镇压时，出于自卫，他们也不全受“扶清”的束缚。

“扶清灭洋”的提出，曾吸引了广泛的群众参加反帝斗争，使中小地主、封建知识分子、部分官员和士兵也卷了进去，并在一定程度上影响了清政府的政策，起了发展队伍和壮大声势的作用。但是，这个口号也使义和团在斗争中放松了对清朝统治阶级的警惕，不能识破他们的阴谋诡计，以致后来受骗上当。

## 第五节　八国联军的入侵和《辛丑条约》的签订

### 一、八国联军入侵和清政府宣战

义和团运动刚刚兴起时，帝国主义要求清政府力加镇压；到义和团发展到京津地区时，他们便决定直接出兵干涉，并企图趁此机会瓜分中国。1900 年 4 月 6 日，英、美、德、法联合照会清政府，限“两月以内，悉将义和团匪一律剿除，否则将派水陆各军驰入山东、直隶两省，代为剿平”①。外国军舰也陆续向大沽口外集结。5 月 28 日晚，各国公使开会一致决定联合出兵。德使克林德叫嚣这是“瓜分中国的开始”②。5 月 30 日至 6 月 2 日，各国侵略军约 400 多人，以保护使馆为名，从天津乘火车陆续到北京，驻进各使馆，并分兵 40 名进入西什库大教堂。6 月 6 日前后，各国驻华公使联

① 《义和团》，第 3 册，169 页。

② 《德国外交文件》(二)，孙瑞芹译，2 页，北京，商务印书馆，1960。

合侵华的政策相继得到本国政府批准。10 日，英、日、俄、美、德、法、意、奥八国又在天津拼凑 2 000 多侵略军，由英国驻华舰队司令官海军中将西摩尔率领，乘火车向北京进犯。西摩尔预计“将作一趟十分顺利的行军，当天晚上就可以到达北京”①。

10 日上午，落垡一带义和团团总倪赞清接到天津义和团传来的揭帖：“火速调团拦截”②。倪赞清立即传帖聚众，拆毁铁路，阻击侵略军，砍伐电线杆，切断京津间的电讯联络。侵略军边修路边前进，当日傍晚才到达落垡。12 日到达廊坊，便再难前进了。义和团对抢修铁路的联军和留守落垡的英军发起攻击，14 日在廊坊展开血战。18 日董福祥的甘军一部从北京赶来，和义和团一起猛攻侵略军。西摩尔退往杨村，打算改由运河乘船向北京进犯。当晚又遭到聂士成的武卫前军和义和团的围攻。西摩尔哀叹“进京之路，水陆俱穷”③，19 日率残部回天津，且战且退，22 日才到天津西沽，占据军械局，得以补充弹药。至 25 日有俄英军来援，才回到天津租界。此役历时半个多月，侵略军毙伤近 300 人；义和团付出数以千计的牺牲，终于击退了西摩尔联军向北京的进犯。

在西摩尔联军被阻截在廊坊的时候，集在大沽口外的各国侵略军在俄国海军中将基利杰勃兰特带头策划下，决定攻夺大沽炮台，以开辟大举入侵的滩头阵地。6 月 16 日夜，他们向大沽炮台守将罗荣光发出通牒，限令中国守军于次日凌晨 2 时交出炮台，遭到拒绝；17 日凌晨，在限定时间前 70 分钟，侵略军即向炮台发动进攻。八国联军侵略中国的战争正式爆发了。守军坚决抵抗，击伤敌舰 8 艘，毙伤敌官兵 200 多人。而“此次以七国水师攻一炮台，能持至六点余钟之久”，使外国人感到“中国兵将未可轻视”④。最后炮台虽然失守，但使敌人受创，不能立即集结大军去援救西摩尔联军。

驻京公使在策划西摩尔联军进犯北京的时候，曾委托当时任大学堂教习的美国传教士丁韪良草拟了一个控制和瓜分中国的意见，共四条，主要内容是：(1) 在列强共同议定下，流放皇太后，恢复光绪帝的合法权

① 杨契维茨基：《八国联军目击记》，许崇信等译，65 页，福州，福建人民出版社，1983。

② 杨震望：《倪赞清——廊坊大捷的杰出组织者》。见王广远主编：《义和团廊坊大捷》，59 页，北京，中国文史出版社，1992。

③ 李杕：《拳祸记》，上编，85 页。

④ 《义和团》，第 3 册，182 页。

力；(2)取消皇太后自政变以来的政令及其对党羽的任命，新政权同意者除外；(3)光绪帝的维新计划可经列强批准恢复执行；(4)让列强划分势力范围，指派代表控制范围内的省政当局的行动①。西摩尔联军未能进入北京，以后形势变了，这个拟议中的草案也未正式出台，但迫使慈禧把政权交给光绪的主张，曾在议和时提出来过②。

清朝统治集团对帝国主义侵略者是战还是和，对义和团是剿还是抚，存在着意见分歧。以载漪为首的顽固派，从他们小集团私利出发，主张利用义和团打击洋人。外省重要督抚李鸿章、刘坤一、张之洞等力主镇压义和团，避免与外国开衅。京官中以总理衙门大臣袁昶、许景澄为代表，认为义和团不足恃，更不能对列强宣战。也有一些见风转舵、依违两可的。慈禧在“废立”问题上不满外国人的主张，因而受载漪、徐桐、刚毅等力主利用义和团的盲目排外主张的影响；她又慑于义和团迅猛发展的威力，害怕镇压义和团会引起更大的反抗，危及她的统治。但若公开“招抚”义和团，又怕得罪帝国主义。所以在5月末到6月初发布的上谕，对义和团有要镇压的，有要招抚的。到6月10日命载漪管理总理衙门，表明对外国态度转向强硬。6月中旬西摩尔联军向北京进犯，被阻截于廊坊；同时义和团大批进入北京。面对忽然紧张起来的局势，清廷不能不有所决定了。

6月16日至19日4天，清廷连续召开4次有王大臣多人参加的御前会议。16日第一次会上，慈禧还让与会者“各摅所见”。就在这天下午御前开会的时候，义和团焚烧前门外大栅栏老德记西药房，大风中火势蔓延，烧毁民户商店数千家，北京地面秩序走向失控。这天半夜，江苏粮道罗嘉杰派他的儿子送交荣禄一份机密情报，即列强将要提出的照会四条：(1)勒令皇太后归政；(2)指明一地，令中国皇帝居住；(3)代收各省钱粮；(4)代掌天下兵权。17日黎明荣禄报告给慈禧。这4条有可能就是上述丁韪良所拟4条的传述，有讹误，但要慈禧归政及控制光绪皇帝是一致的。这使慈禧既恨又怕。在以后几天的会议中，决定利用义和团对洋人开战。21日发表“宣战上谕”：“与其苟且图存，贻羞万古；孰若大张挞伐，一决雌雄。”同时谕令各省督抚招团御侮。这样，把义和团的打击锋芒引开，从内部缓解了对

① 丁韪良(Martin，W. A. P.)：《北京之围：中国对抗全世界》(*The Siege in Peking：China Against the World*)，146页，纽约，1900。

② 光绪二十六年十一月初一日(1900年12月22日)李盛铎电信，见王彦威辑：《西巡大事记》，第4卷，1页，北平，1933年铅印本。

清朝统治者的威胁。而若利用义和团顶住外国兵的入侵，也就消除了勒令皇太后“归政”的危险。若抵不住外国兵的入侵，则形势转移，再相机行事。慈禧此时决心对外国“宣战”，但决不是要决战到底。所以在宣战以后数日内连向李鸿章、刘坤一、张之洞等各省督抚发出电旨，表白“朝廷慎重邦交，从不肯轻于开衅”；无如义和团来势迅猛，已遍布京城，“剿之则即刻祸起肘腋”，“只可因而用之，徐图挽救”①。又电谕驻外使节向各国政府说明“中国万不得已”之处，“即不自量，亦何至与各国同时开衅，并何至恃乱民以与各国开衅”，这些“乱民”还是要“相机自行惩办”的，请求各国“深谅”②。这些内外谕旨已将清政府对义和团操纵利用的“苦衷”彻底戳穿。

清政府宣战之后，给北京义和团发放粳米 2 万石，银 10 万两，称义和团为义民。又任命庄亲王载勋、协办大学士刚毅“统率”义和团，并制定“团规”以控制义和团，不遵行“团规”即不服从清朝“统率”的，就是假团，按“匪徒”处理，格杀勿论。

## 二、京津军民的战斗和八国联军的暴行

八国联军侵略中国的战争事实上早在清政府宣战之前已经开始，义和团和部分清军激于民族义愤，他们的反侵略战争也在宣战之前就已开始了。宣战以后，中国军民的抗击侵略军可以说取得了清政府的合法承认。

大沽炮台失守后，义和团即开始了天津保卫战。老龙头车站和紫竹林租界地战斗尤为激烈。老龙头车站在天津城东海河左岸，隔河就是紫竹林租界。车站是联军从大沽向京津运兵的枢纽，也是租界对外联系的门户。租界里设有各国领事馆及大部分洋行。各国侵略军连续开来，屯聚租界，租界成为他们入侵京津的大据点。

6 月 17 日，占据车站的俄军外出挑衅，被义和团挫败。18 日，曹福田率团民数千会同部分清军向车站猛攻，激战竟日，俄兵“死伤有五百名之多”③，这在当时还起了阻拦他们去接应西摩尔联军的作用。天津民众“送得胜饼与绿豆汤”来慰劳的“络绎于道”，“各铺户居民皆用红纸书‘义和神团，

① 《义和团档案史料》，上册，187 页。

② 《义和团档案史料》，上册，203 页。

③ 《义和团》，第 3 册，191 页。

大得全胜'八字贴门旁"①，以示庆祝。

6月23日，联军8 000人由大沽开到紫竹林租界。27日曹福田下挑战书，敌军不应，在租界里布置防御。28日张德成率义和团约5 000人来到天津。直隶总督裕禄自清政府宣战之后，态度转变，接见张德成，"衣冠出迎，颇尽礼貌"。曹福田即邀张合作，29日向车站发起进攻。这天马玉昆率武卫左军七营刚到天津，裕禄命令他们也投入战斗。几次冲进并占领车站，均被得到增援的联军打退。裕禄召集张德成、曹福田、聂士成、马玉昆会商作战部署，决定曹、马攻老龙头车站，张、聂攻紫竹林租界。

张德成率领义和团在租界西侧进攻。租界敌军在主要街道构筑工事，埋设地雷。张德成驱火牛阵踏过地雷区，大批义和团民随即冲入，予敌以杀伤和破坏，团民牺牲也很大，连日形成拉锯战。聂士成本来奉命保护铁路，曾镇压过义和团；这时对侵略军作战，激励兵弁，"围攻甚力，恶战者十数次，相持八日，炮声不绝。西人谓自与中国交战以来，从未遇此勇悍之兵"②。

八国联军这时到达天津的已达18 000多人。7月9日晨，他们以优势兵力袭击天津城南八里台，争夺西机器局，双方展开激战。聂士成身负重伤，忍死力战，壮烈殉国。清兵战死约300人，团民死者近百人。

在这危急时刻，奉旨帮办军务的宋庆来到天津，他下令"遇有拳匪，准军民格杀勿论"。"各军闻之，皆以一击拳匪为快"③。马玉昆也"命团打前锋"，而在后面"炮轰之，毙千余人"④。这就大大削弱了义和团的力量。

13日，联军进攻天津城，只剩部分团民和清军坚持抵抗，裕禄、宋庆、马玉昆等逃往北仓。14日，天津被攻陷。八国联军于7月30日成立"都统衙门"，对天津以及附近的静海、宁河等地区实行殖民统治，直到1902年8月才撤销。

当天津义和团和清军与八国联军鏖战时，北京义和团围攻了西什库教堂和外国使馆聚居的东交民巷。

攻打西什库教堂，从6月15日开始，持续到8月14日北京沦陷，始终

---

① 《义和团》，第2册，15页。

② 《义和团》，第1册，258页。

③ 侨析生(杨凤藻)：《拳匪纪略》，第4卷，见沈云龙主编：《近代中国史料丛刊》第五辑，119页，台北，文海出版社，1967。

④ 高枬：《高枬日记》，见《庚子纪事》，158～159页，北京，中华书局，1928。

未攻下。

自6月初有数百名外国军队进入北京使馆区以后，外国军队即不时击杀使馆外的中国人。6月14日下午，德国公使克林德看见内城外边有义和拳练武，即下令开枪，“拳民死者约二十人”①。19日，他们封锁东交民巷和东长安街一带，当作他们的占领区，出布告说：“往来居民，切勿过境，如有不遵，枪毙尔命。”②北京居民和义和团被这些外国人杀害的达数百人。北京人民义愤填膺。20日，克林德赴总理衙门，准备再向中国政府施加压力，行至东单牌楼比利时使馆附近，望见前有中国兵，他在轿中突发手枪，比使馆守兵闻声疑义和团来攻，亦开枪四射，时途中清军“疑其击己”，予以回击，克林德在“枪弹横飞之际”，中弹死。这天是宣战的前一天。当天下午，慈禧支持载漪等主战派意见，命荣禄指挥清军和团民围攻使馆。此举违反国际惯例，给列强增加了扩大侵略的借口，造成政治上的被动。随着慈禧很快转战为和，荣禄在她的支持下，对使馆明攻暗保，进而公开保护，所以攻了56天未攻下，而不少团民死于使馆守兵枪弹之下。

8月4日，八国联军近20 000人，从天津沿运河向北京进犯。5日，清

**图7.2　八国联军各国士兵合影。从左至右依次为英国、美国、英属澳大利亚、英属印度、德国、法国、奥匈帝国、意大利、日本士兵**

---

① 《义和团》，第2册，225页。

② 《义和团》，第2册，399页。

军宋庆、马玉昆部与义和团在北仓阻击，毙敌数百，退至杨村。6日联军攻杨村，清军溃退，裕禄自杀。临时受命帮办武卫军事务的李秉衡出京御敌，9日，在河西务战败，退至张家湾，军溃，李秉衡自杀。联军进占通州，13日抵北京城下。14日，联军从东面攻入北京。15日，慈禧携光绪帝及溥儁等仓皇出逃，出居庸关，经晋北到太原，又逃西安。

八国联军所到之处，烧杀淫掠，犯下骇人听闻的累累暴行。

大沽繁华地区被夷为平地。原有5万多居民的塘沽“已无华人足迹”。俄兵把北塘万户人家烧杀大半。天津城内尸体遍地，“沿南面城墙一带尸如山积”，“从南门到北门的大街两旁的房屋已全部烧毁”[①]。“自城内鼓楼迄北门外水阁，积尸数里，高数尺”[②]。联军统帅瓦德西从大沽到北京，一路所见，“只是一片荒凉毁坏之景而已”，沿途房屋“大都早已变成瓦砾之物”[③]。

八国联军侵入北京，到处杀人放火，特别是曾安设义和团神坛的地方，房子烧毁，人皆杀害。如烧庄王府时，府内就有1 700多人被杀死或被烧死[④]。“京内尸积遍地，腐肉白骨纵横”，“火焚数千万户”，有些地方房屋全

图7.3 被八国联军炮毁的北京民房

① [英]G. 吉普斯：《华北作战记》，许逸凡译，见天津社会科学院历史研究所编：《八国联军在天津》，64页，济南，齐鲁书社，1980。

② 《义和团》，第2册，157页。

③ 《瓦德西拳乱笔记》，见《义和团》，第3册，29页。

④ 《庚子纪事》，177页。

毁，“一扫平”[①]。联军强奸妇女，甚至掳为“官妓”[②]，许多妇女因怕侮辱而自杀。“联军占领北京之后，曾特许军队公开抢劫三日，其后更继以私人抢劫。北京市民所受之物质损失甚大。”[③]使馆人员及传教士也参加抢掠。日军从户部抢去300万两银子，并烧房毁灭罪证。英军、美军把抢来的东西造册拍卖，卖的钱按官阶高低分赃。礼王府存有现银200余万两，全被法军抢去。法国主教樊国梁从户部尚书立山家抢去值百万两银子的财物。俄军粗野，抢掠颐和园的珍宝，并常随意把物件打碎。瓦德西把17世纪制作的古天文仪器掠送柏林。翰林院藏的孤本《永乐大典》损失殆尽，还有其他珍本图书损毁4 600余册。“自元明以来之积蓄，上自典章文物，下至国宝奇珍，扫地遂尽。”[④]联军统帅瓦德西供认：“所有中国此次所受毁损及抢劫之损失，其详数将永远不能查出，但为数必极重大无疑。”[⑤]

## 三、“东南互保”和沙俄侵占我国东北

当清政府颁布对外“宣战”上谕时，长江流域及东南沿海各省地方督抚却与列强联手，发起了所谓“东南互保”。

帝国主义害怕义和团以及清军在中国北部展开的反侵略斗争会进一步影响到南方，特别是英国害怕义和团的势力发展到它的势力范围长江流域，还担心清军越来越倒向义和团。1900年6月15日，英国外交大臣索尔兹伯里采纳英国驻上海总领事的建议，复电指示通知两江总督刘坤一：“如果他采取维护秩序的措施，他将得到女王陛下军舰的支持”，并向湖广总督张之洞“提出一项同样的保证”。[⑥] 刘坤一、张之洞一直是主张镇压义和团的，他们担心义和团蔓延到自己的辖区，引来列强干涉而不好收拾。现在英国对他们的举措表示“支持”，他们当然愿意；不过“目前不希望有任何军舰驶入长江”，“他们完全能够维持秩序”[⑦]，又表明了不希望外国直接干预的态度。

---

① 《义和团》，第1册，99页。

② 《义和团》，第1册，268页。

③ 《瓦德西拳乱笔记》，见《义和团》，第3册，32页。

④ 《义和团》，第1册，316页。

⑤ 《瓦德西拳乱笔记》，见《义和团》，第3册，34页。

⑥ 《索尔兹伯里侯爵致霍必澜代总领事电》，见《英国蓝皮书有关义和团运动资料选译》，胡滨译，42页，北京，中华书局，1980。

⑦ 《“仙水”号指挥官致海军部电》，见《英国蓝皮书有关义和团运动资料选译》，45页。

英国也不愿他国军舰借此机会进入长江，所以也同意如此。

此时督办芦汉铁路大臣盛宣怀正在上海，他同帝国主义和东南各省督抚都有密切联系，起了穿针引线并从中策划的作用。清政府发布“宣战上谕”后，刘坤一、张之洞拒绝执行，并即于6月26日打电报授权盛宣怀和上海道余联沅，同各国领事正式会商，订立《东南互保章程》，规定“上海租界归各国公同保护，长江及苏杭内地均归各督抚保护，两不相扰”。[①] 两广总督李鸿章、山东巡抚袁世凯，本来就是赞成“东南互保”的。浙江巡抚刘树棠随即参加。闽浙总督许应也宣布“与江鄂办法不谋而合”[②]，并于7月14日同俄、英、美、日等六国签订《福建互保协定》。

“东南互保”限制东南地区广大人民群众反帝爱国斗争的发展，从而使帝国主义列强得集中兵力在北方与清军作战和镇压义和团。这自然加速了清廷的屈服和义和团运动的失败。同时，“东南互保”又集中暴露了地方督抚对清朝中央的离心倾向，这对此后的晚清政局产生了重要影响。

与“东南互保”同时，沙俄却公然出兵侵占了我国东北。

沙俄素有侵占我国东北的野心，这时便以“护路”为借口，于1900年7月9日发布动员令，调兵15万大举入侵。一路从伊尔库茨克攻呼伦贝尔(海拉尔)，一路从布拉戈维申斯克(海兰泡)攻瑷珲、墨尔根(嫩江)，会攻黑龙江首府齐齐哈尔，并南下长春；一路从哈巴罗夫斯克(伯力)沿松花江攻占哈尔滨；一路由乌苏里斯克(双城子)经宁古塔(宁安)占吉林；一路从符拉迪沃斯托克(海参崴)攻占珲春；一路从旅顺攻入盛京(沈阳)。参加八国联军的俄军还分兵出山海关攻占锦州。从7月到10月，东北主要城市和交通线都被俄军占据。

俄军所到之处，野蛮烧杀，给我东北人民造成严重灾难。特别是在入侵开始时就制造了血洗海兰泡、强占江东六十四屯、火烧瑷珲城等惨案。

海兰泡在黑龙江左岸，和黑河隔江相望。沙俄侵占后改名为布拉戈维申斯克。到1900年居民有3万多，半数以上是中国人。从7月17日到21日，俄军以暴力驱赶中国居民落江，“伤重者毙岸，伤轻者死江，未受伤者皆投水溺亡，骸骨漂溢，蔽满江岸”[③]，死者5 000余人。

---

① 《李鸿章全集》(三)，《电稿》三，959页。

② 《愚斋存稿》，第36卷，858页，见沈云龙主编：《近代中国史料丛刊续集》，第13辑，台北，文海出版社，1974。

③ 《瑷珲县志》，第8卷，《庚子俄难》，165页，民国油印本。

江东六十四屯在黑龙江左岸精奇里江以南，居住着中国的汉、满、达斡尔等族人民。1858年《瑷珲条约》规定江东六十四屯属中国管辖。与海兰泡大屠杀同时，俄军也在这里大肆烧杀，中国居民被烧杀致死及落江溺死者2 000多人，只有少数被救过江来。沙俄从此强占了江东六十四屯。

瑷珲是边境重镇，8月4日俄军强行占领，又纵火焚城，中国人死者数千，全城被毁。

俄军在其他地区也大肆屠杀。列宁当时曾撰文痛斥俄军在东北地区“杀人放火，把村庄烧光，把老百姓驱入黑龙江中活活淹死，枪杀和刺死手无寸铁的居民和他们的妻子儿女”，并且严正指出：“沙皇政府在中国的政策是一种犯罪的政策。”①

东北军民满怀义愤英勇抵抗。如在瑷珲，副都统凤翔率3 000守军“死力拒敌”，义和团民也高举“救清灭洋”旗帜配合作战。瑷珲城破后，凤翔退守兴安岭、北大岭(大青山)，率军民拒战，直至牺牲。又如在三姓(依兰)、珲春、海城，均有军民抵抗，毙敌数百。珲春失守后，由义和团民、猎户、路矿工人及部分清军组成“忠义军”，转战各地，继续打击沙俄侵略者。

沙俄企图永久霸占东北，胁迫清盛京将军增祺于11月8日签订《奉天交地暂且章程》，规定中国解散当地驻军，沙俄有权在盛京等地驻军，并在盛京设总管，预闻要公。这是要把盛京以及整个东北地区变成沙俄的殖民地。消息传出，立即引起中国人民的强烈反对，清政府也不敢批准。

## 四、中外反动派联合镇压义和团与《辛丑条约》的订立

八国联军侵占天津后，曾想任命一个总司令以协调侵略步骤。俄国想抢得这一职位，英日反对。8月初，德皇威廉二世利用英俄矛盾，又借口其驻华公使克林德被杀，建议由德国元帅瓦德西担任联军总司令，俄国首先赞同，其他各国随后也表示接受。9月25日瓦德西到天津。10月17日进入北京。

联军侵入北京后，分区占领，将北京城置于他们的直接军事统治之下。他们公然张贴布告，禁止中国人民反抗。布告说：“遇有执持枪械华人，定

① 《列宁选集》，第1卷，215、217页，北京，人民出版社，1985。

必即行正法；若由某房放枪，即将该房焚毁。”①

联军还以北京为基地，派兵四出扩大侵略。9 月下旬，俄军沿京榆铁路攻占北塘，扑向山海关。英军闻讯，立即从大沽派出军舰，于 9 月 30 日赶到山海关先行占领。次日俄军来到，几乎发生冲突。后来由联军总司令瓦德西主持决定归各国共同占领。10 月联军由北京南下，占领保定、正定、井陉，直逼山西；天津联军向南窜犯到山东边界。11 月，联军又从北京出长城，进犯宣化、张家口。按照瓦德西的命令“所到之处，均应尽力搜捕拳民，捕到之后，立即枪毙”②。

在天津未失陷前，7 月 8 日，清廷即调李鸿章接任直隶总督，在联军出天津开始攻向北京时，8 月 7 日，又任命李鸿章为全权大臣，与各国议和。慈禧出逃路上，派管理总理衙门的庆亲王奕劻先回北京议和；又发布“剿团”谕旨，要“痛加铲除”，“严行查办，务绝根株”。而对于四出侵扰的外国侵略军，李鸿章命令“各军勿得迎敌”③，反而要“优礼劳军，吏迎兵撤，示以无他”④。清政府与帝国主义公开合流，共同镇压义和团，这是清政府与帝国主义议和的政治基础。

甲午战争以后，帝国主义认为只需一小队军队便可横行全中国。他们竞相在中国抢夺“势力范围”，掀起“瓜分风潮”，到义和团运动兴起时，这股风潮还在发展势头上。1900 年 5 月，各国驻华公使决定调兵来北京时，即有借此机会“瓜分中国”的企图。但是，经过义和团和部分清军奋勇抵抗两个月之后，帝国主义不得不改变看法。侵略者“于此次‘拳民运动’中”看到中国人民“含有无限蓬勃生气”。外国舆论也认为“中国人决不甘心各国瓜分”，“瓜分之说不啻梦呓”⑤。瓦德西说：“无论欧美日本各国，皆无此脑力与兵力，可以统治此天下生灵四分之一也。”⑥于是他们不得不放弃“瓜分中国”的妄想，转而要在中国争夺和扶持代理人。

八国联军攻占北京之后，这种争夺就开始了，主要在英俄两国之间展开。俄国要保全亲俄的慈禧—李鸿章政权，摆出“友好”姿态，首先承认李

---

① 英国在其占领区出的告示，原件照片见廖一中等：《义和团运动史》，339 页，北京，人民出版社，1981。

② 《瓦德西拳乱笔记》，见《义和团》，第 3 册，28 页。

③ 《直隶布政使廷雍禀》，见《义和团档案史料》，下册，702 页。

④ 《四川提督宋庆等电报》，见《义和团档案史料》，下册，731 页。

⑤ 天南新报：《法人之言》，见《义和团》，第 4 册，239、246 页。

⑥ 《义和团》，第 3 册，244 页。

鸿章为清政府的议和全权代表，主张各国立即从北京撤军，从而换到清政府对它强占东北的承认。英国则不承认李鸿章为全权代表，反对撤兵，声称要等“中国立有合例政府方可开议”。所谓“合例政府”，就是可以由它操纵的亲英政府。德国在联军占领北京后，继续派遣大批军舰和陆军来华，计划侵占烟台，进一步控制山东，并向清政府索取更多的权益。因此，它也反对撤兵及立即议和。日本因与俄国争夺中国东北有矛盾，支持英国的主张。法国因反对英国在两广的扩张，又在一定程度上同意俄国的建议。美国提出《第二次门户开放宣言》，附和俄国主张。关于撤兵、议和的争论最后达成妥协：不撤兵，先开议；承认“皇太后(慈禧)为合例”，接受李鸿章为议和代表，但清政府须接受各国提出的全部条件。

1900 年 12 月 24 日，出兵侵华的俄、英、美、日、德、法、意、奥八国，再加上比利时、西班牙、荷兰三国，共同向清政府提出“议和大纲十二条”，并声称“无可更改”。这个“大纲”基本上包括了后来正式和约的主要内容。慈禧在西安得到奕劻、李鸿章的报告，见“大纲”中没有“万不能行之事”①(指慈禧为祸首，迫她归政)，如获大赦，电谕奕劻、李鸿章“应即照允”。

此后，列强又为“惩凶”和“赔款”问题激烈争吵，直至 1901 年 9 月 7 日，才签订《辛丑条约》，正约之外还有 19 个附件，主要内容是：

(1)中国赔款白银四亿五千万两，以海关税、常关税、盐税为担保，分 39 年还清，加上年利四厘，总数共达九亿八千多万两。还有各省地方赔款共二千多万两。不仅数目空前巨大，关税、盐税从此也落入帝国主义控制之下。

(2)在北京划东交民巷为使馆区，帝国主义在此驻兵，中国人则不准在区内居住。从此在中国首都出现了“国中之国”，外国公使成为中国政府的“太上皇”。

(3)北京到大沽的炮台“一律削平”。从北京到山海关铁路沿线的 12 个战略要地准许各国派兵驻守。中国首都对外门户洞开，清朝中央政府被置于帝国主义军事控制之下。

(4)惩办在义和团运动中和帝国主义对抗的官员。永远禁止中国人成立或加入反帝组织，违者处死。地方官辖区内若有反帝活动，必须立时镇压，否则“即行革职，永不叙用”。强迫中国的各级官员镇压中国人民的反抗

① 《义和团档案史料》，下册，782 页。

行动。

(5)改总理各国事务衙门为外务部，“班列六部之前”，改王大臣多人兼值为“特设员缺，以专责成”。更便于各帝国主义国家干涉中国内政。

《辛丑条约》是帝国主义列强联合起来强加给中国的一个严重的不平等条约。列强除了极度贪婪地对中国人民勒索大量赔款外，还重新确立了以慈禧为首的清政府进一步充当他们的代理人。清政府也彻底投降帝国主义，公开表示“量中华之物力，结与国之欢心”①；并保证不许中国人反对帝国主义。从此，清政府完全成为“洋人的朝廷”。中国的主权进一步丧失，中国完全沦入半封建半殖民地社会。

义和团运动是中国人民郁积了半个多世纪的反帝义愤的总爆发，其正义性是毋庸置疑的。他们可歌可泣的英勇斗争，不仅显示中华民族伟大的力量，而且实际上也打乱了列强企图瓜分中国的步骤。但是，由于参加者主要是下层劳动人民，其中人数最多的是农民，有其迷信落后的弱点，又被清政府的顽固派导入误区而上当受骗，付出过多的牺牲。这是当时历史条件的局限性造成的。

通过血的教训，中国人民对清政府改变了看法，“扶清灭洋”的口号改变了，改为“扫清灭洋”。1901 年春夏之交冀中深州田夑经为首的武装起义，1902 年 4 月冀南广宗景廷宾领导、赵三多参加的武装起义，都打出了“扫清灭洋”的旗号。从“扶清”到“扫清”，反映中国人民的政治认识又提高了一步，清政府已经成为帝国主义的忠实走狗，不推翻清朝的封建统治，也就赶不走帝国主义的侵略，中华民族就不可能有振兴之日。中国人民的反清斗争日益高涨，清政府日益孤立，终于在十年之后的辛亥革命浪潮中垮台了。

中国人民经过义和团反帝爱国运动的洗礼，提高了民族觉悟和政治认识，所以义和团运动成为“五十年后中国人民伟大胜利的奠基石之一”②，这样的评价是正确的。

---

① 《上谕》(光绪二十六年十二月二十六日，1901 年 2 月 14 日)，见《义和团档案史料》，下册，945 页。

② 《周恩来在欢迎德意志民主共和国政府代表团大会上的讲话》，载《人民日报》，1955-12-12。

# 第八章　19世纪后期的思想文化

## 第一节　资产阶级维新派的进化观

中日甲午战争后，新兴资产阶级登上政治舞台，掀起了以救亡图存、变法图强为宗旨的维新运动。维新派在继承中国传统思想的基础上，广泛吸收了西方近代的自然科学知识、哲学和社会政治学说，形成了一套与封建专制统治思想相对立的思想体系。在维新派的思想中，进化论占有重要地位。康有为、严复、谭嗣同的进化观最具代表性。

在维新派之前，龚自珍、魏源等地主阶级改革派应用“穷则变，变则通，通则久”的传统变易观，来论证他们提出的变法主张，解释客观世界和社会历史的发展变化。维新派不仅继承了传统的变易观念，而且进一步借鉴和吸收了西方的进化论，形成了自己的进化观，将龚自珍、魏源等人的“变易”思想发展到新阶段。

康有为的进化观是在杂糅儒学“变易”观、今文经学和西方进化论的基础上形成的。康有为不止一次地引用《易经》中的话来论述天下万物的变化性，强调“变”是天下万物共有的特性，然而他讲的“变”与传统思想中的循环变化论根本不同。他认为万物不仅变“器”，而且变“道”：“盖变者，天道也。天不能有昼而无夜，有寒而无暑，天以善变而能久；人自童幼而壮老，形体颜色气貌，无一不变，无刻不变。”①从这种“变”的观点出发，康有为看到了新生事物战胜腐朽事物的必然性。他说：“夫物新则壮，旧则老；新则鲜，旧则腐；新则活，旧则板；新则通，旧则滞；物之理也。”②他用这种新胜旧的进化观点去观察自然界和社会历史，直接否定了“天不变，道亦不

---

① 康有为：《进呈俄罗斯大彼得变政记序》，见《戊戌变法》，第3册，1页。

② 康有为：《应诏统筹全局折》，见《戊戌变法》，第2册，198页。

变”及崇古、复古的形而上学唯心主义世界观。

康有为还初步认识到事物的变化发展源于其内部所包含的矛盾运动。他用“阴阳”这一中国传统的哲学术语，表达了一些关于事物对立统一、矛盾发展的思想。他说：“若就一物而言，一必有两”，“知物必有两，故以阴阳括天下之物，理未有能出其外者”。而“生物之始，一形一滋，阴阳并时而着”①。这里显然包含丰富的辩证法因素。

康有为将上述的进化观与今文经学相结合，构成了自己独特的“公羊三世说”的历史进化论。他对今文经学中的“公羊三世说”作了新的解释，即将“据乱世”“升平世”“太平世”，比附为君主制时代、君主立宪制时代和民主制时代，它们循序渐进，形成世界历史进化发展的必然过程。他说：“盖自据乱进为升平，升平进为太平，进化有渐，因革有由，验之万国，莫不同风。……孔子之为《春秋》，张为三世……盖推进化之理而为之。”“人道进化皆有定位……由君主而渐为立宪，由立宪而渐为共和”②。他的这些主张，从理论上支持、阐发了用资产阶级君主立宪取代封建君主专制的合理性和历史必然性，成为维新派倡导变法的理论基础。

严复是中国近代史上第一个较系统地介绍西方资产阶级社会政治学说的思想家。1895年他着手翻译赫胥黎的《天演论》，介绍达尔文的进化论。《天演论》的出版风行海内，轰动了国内思想界，产生了很大影响。严复介绍《天演论》不是仅停留于生物进化的领域，而是把进化论提到哲学的高度，为国人提供了一个新的世界观和方法论。由于对西学有着深入的研究，严复的进化思想比其他维新思想家要丰富得多。

严复的进化思想与康有为不同，主要是在学习、吸取西学的基础上形成的。在他看来，客观世界是由一种叫“质点”的物质所构成，“质点”在“力”的作用下进退变化形成了天下万物。他说：“大宇之内，质力相推，非质无以见力，非力无以呈质。”③他所说的“力”是指具有对立统一关系的“拒力”(即离心力)和“合力”(即吸引力)。他说：“力既定质，而质亦范力，质日异而力亦从而不同焉。……凡可见之动，皆此力为之也。”④显然，他试图

---

① 康有为：《春秋董氏学》，第7卷，见《康有为全集》，第2册，199页，上海，上海古籍出版社，1990。

② 康有为：《论语注》，第2卷，28页，北京，中华书局，1984。

③ 严复：《天演论自序》，见《严复集》，第5册，1320页，北京，中华书局，1986。

④ 严复：《天演论·导言二》，见《严复集》，第5册，1328页。

用自然科学中的力学原理来说明天下万物的变化原因。

严复把达尔文揭示的“物竞天择，适者生存”的生物进化原理视为天下万物发展变化的共同规律，指出：“天演之秘，可一言而尽也：天惟赋物以孳乳而贪生，则其种自以日上，万物莫不如是。人其一耳。进者存而传焉，不进者病而亡焉。”[①]“天演”的法则，不仅适于自然界，同样也适于人类社会。他说：“物竞者，物争自存也；天择者，存其宜种也。意谓民物于世，樊然并生，同食天地自然之利矣。……动植如此，民人亦然。”[②]严复的这种观点实际上是社会达尔文主义的翻版。在当时的西方，社会达尔文主义是帝国主义为推行弱肉强食政策而鼓吹的一种反动的理论。但是，在中国面临列强瓜分、民族危机日益加深的条件下，严复介绍“天演论”，强调“物竞天择”，其本意在告诫国人：因循守旧，难免遭淘汰，陷于亡国灭种；只有变法图强，才是救亡图存的唯一出路。所以他又强调了人定胜天的思想。他说：“天择”(即自然选择)固然是客观规律，但人类不应无所作为，“任天之治”，而应“与天争胜”，“胜天为治”，[③] 发挥自身的主观能动性，在社会竞争中掌握主动权。

谭嗣同是戊戌维新时期最激进的一位维新健将。他在结合儒学、佛学、西学的基础上提出了自己的进化思想。他同样用变化的观点看待天下万物，强调天下万物无不处于变化之中。他说：“天不新，何以生？地不新，何以运行？日月不新，何以光明？四时不新，何以寒暑发敛之迭更？草木不新，丰缛者歇矣；血气不新，经络者绝矣。”[④]“新”不仅包含着变化，还包括以新代旧的意义。为了批判“天不变，道亦不变”的教条，他对王夫之“道不离器”的朴素唯物论观点作了发挥，指出：“道，用也；器，体也。体立而用行，器存而道不亡。”肯定了物质的第一性，批驳了传统观念对“道”“器”关系的唯心主义解释。他说：“自学者不审，误以道为体，道始迷离惝恍，若一幻物，虚悬于空漠无朕之际，而果何物也耶？于人何补，于世何济，得之何益，失之何损耶？将非所谓惑世诬民异端者耶？”由此，他得出结论：“器既变，道安得独不变？”[⑤]意谓中国的客观历史条件已经改变，政治制度

① 严复：《天演论·导言十五》，见《严复集》，第5册，1351页。

② 严复：《原强》，见《严复集》，第1册，16页。

③ 严复：《天演论·论十七进化》，见《严复集》，第5册，1396页。

④ 谭嗣同：《仁学》，见《谭嗣同全集》，下册，318页，北京，中华书局，1981。

⑤ 谭嗣同：《报贝元征》，见《谭嗣同全集》，上册，197页。

也必须相应改变，即封建君主专制必须改变为资产阶级的君主立宪。这便从理论上否定了洋务派“变器不变道”的观点。

维新派的进化论承认矛盾，肯定变化，主张新生战胜腐朽，有力地冲击了“天不变，道亦不变”“变器不变道”等封建守旧派所坚持的陈腐观念，为维新变法提供了理论依据，同时也丰富了中国近代哲学思想，具有进步意义。但是由于时代和阶级的局限性，维新派的进化论没有超出庸俗进化论的范畴，如康有为讲“三世”演进，只强调循序渐进，不能越级，否定了事物发展中的质变、飞跃，陷入了形而上学。这些不足正是中国资产阶级软弱性在哲学理论上的反映。

## 第二节　“诗界革命”

资产阶级维新运动在文学领域延伸，掀起了“诗界革命”的潮流。

“诗界革命”作为一个进步的文学思潮，其兴起约在1896年至1897年间。1896年，谭嗣同在金陵刊刻的《莽苍苍斋诗自叙》中说：“天发杀机，龙蛇起陆，犹不自惩，而为此无用之呻吟，抑何靡与？三十前之精力，敝于所谓考据辞章，垂垂尽矣。勉于世，无一当焉，愤而发箧，毕弃之。”①他已经认识到，在新的历史条件下，旧诗必须改革，并决心改弦更张，作新学之诗。次年春，黄遵宪在与友人吟诗酬答时也说：“废君一月官书力，读我连篇新派诗。风雅不亡由善作，光丰之后益矜奇。”②他首次把自己的诗称为“新派诗”。谭嗣同、黄遵宪的议论和创作拉开了“诗界革命”的序幕。梁启超在《饮冰室诗话》中追述说：“近世诗人，能镕铸新理想以入旧风格者，当推黄公度。丙申、丁酉间，其人镜庐诗稿本，留余家者两月余，余读之数过，然当时不解诗，故缘法浅薄。”③丙申、丁酉分别为1896年、1897年。至于“诗界革命”的口号，则是梁启超于1899年12月在《清议报》发表《夏威夷游记》(旧题《汗漫录》)一文时，最早揭出的。

“诗界革命”是资产阶级维新派倡导的诗歌改革运动。维新派诗人们不满意宋诗派、同光体的拟古主义、形式主义，主张在诗歌创作的内容和方

---

① 《谭嗣同全集》，上册，81页。

② 黄遵宪：《酬曾重伯编修》，见《人境庐诗草笺注》(中)，762页，上海，上海古籍出版社，1981。

③ 梁启超：《诗话》，见《饮冰室合集》(四十五)(上)，2页。

法上实行改革，要求能以旧风格含新意境，表现新思想、新事物，容纳新词汇，从而使诗歌为维新运动服务。“诗界革命”的思想提出以后，迅速形成了一个颇具声势的新诗潮流，涌现出一批新派诗人。黄遵宪、谭嗣同、夏曾佑、康有为、梁启超、丘逢甲、蒋智由等，便是其重要的代表人物。《新民丛报》在1902年到1904年间开辟了“诗界潮音集”专栏，先后刊载了新派诗500余首，作者多达40余人。这些诗歌初步显示了“诗界革命”的成绩。最初，新派诗人的创作只追求形式上的“新”，把一系列新名词、新概念生硬地搬用到诗作中，表现出明显的不成熟性。后来他们逐渐认识到文学革命的真谛不仅在于变革旧形式，更重要的是变革旧内容，作品的质量也有所提高。

黄遵宪是“诗界革命”的一面旗帜。梁启超评论说：“近世诗人能镕铸新思想以入旧风格者，当推黄公度。”①黄遵宪(1848—1905)，字公度，号人境庐主人。广东嘉应州(今梅州)人。当过20多年的外交官，是戊戌维新运动的积极参加者。在诗歌创作方面，他坚决反对拘守六经，摹拟古人的宋诗派和同光体。他在自己的诗中批评道：“俗儒好尊古，日日故纸研；六经字所无，不敢入诗篇；古人弃糟粕，见之口流涎。沿习甘剽盗，妄造丛罪愆。”②在批判旧诗传统的基础上，他提出“我手写我口”的创作原则，强调写诗要能表达自己的真情实感，反映现实生活。因此，他主张诗人只有走出书斋，了解生活，才能写出好的作品。他写道：“儒生不出门，勿论当世事。识时贵知今，通情贵阅世。”③

黄遵宪的诗作题材广泛，内容丰富，于政治风云、民族战争、异乡情趣、声光化电等无不涉猎，用艺术手段生动地展现了中国近代社会的历史变迁。他的许多诗篇真实地反映了中国人民遭受西方列强欺凌的悲惨命运，表达了作者的民族义愤。他写的《逐客篇》揭露了美国掠夺华工、虐待华侨的罪行。《冯将军歌》赞扬了爱国将领冯子材率部英勇抗击法国侵略军的英雄事迹。《台湾行》则以十分沉痛的心情描写了台湾人民暂时失去祖国的痛苦，热烈地歌颂了他们高昂的爱国热情。黄遵宪还擅长写长诗，《美国留学生感赋》《纪事》等诗均是千言长篇，弥补了中国诗作缺乏长篇的不足。他的诗作在近代中国有“史诗”之称，在文学史上占有重要地位。

---

① 梁启超：《诗话》，见《饮冰室合集》(四十五)(上)，2页。

② 黄遵宪：《杂感》，见《人境庐诗草笺注》(上)，42页。

③ 黄遵宪：《感怀》，见《人境庐诗草笺注》(上)，1页。

作为维新派的领袖，康有为的诗作抒发了自己的理想抱负，充满激情。其《东事败，联十八省举人三千人上书……》一诗，表达了对清政府卖国行为的无比愤怒和不畏艰难推进维新变法的决心。谭嗣同的《狱中题壁》，则充分显示了这位激进的维新志士的自我牺牲精神和崇高的人格："望门投止思张俭，忍死须臾待杜根。我自横刀向天笑，去留肝胆两昆仑。"①

维新派的"诗界革命"虽然没有完全突破旧诗形式的束缚，实现诗体的真正解放，但它在创作方向及内容等重要方面对中国旧的诗歌传统进行了改革，对当时的诗歌创作产生了很大影响。此后，资产阶级革命派的诗人们继承了这些成果，继续借诗歌反映现实，使之成为宣传共和革命的有力工具。秋瑾、章太炎、柳亚子、高旭、马君武等都曾发表过不少通俗晓畅、脍炙人口的革命诗歌。尤其是以陈去病、柳亚子等为首的《南社》诗人，更是成绩卓著。他们的创作实践为五四时期的诗歌革命开辟了道路。

## 第三节　西方近代科技的引进

19世纪60年代后，随着洋务运动的开展和报刊、学堂、出版机构的陆续增多，西学传播的渠道大大拓宽了。西方近代自然科学和技术知识首先被有组织、大规模地引入中国，对中国社会产生了积极影响。清政府创办的江南制造局翻译馆、同文馆和外国人成立的广学会是当时翻译介绍西学的三个重要机构。

江南制造局翻译馆成立于1868年6月，是江南制造局的附设机构。著名科学家徐寿是译馆的创始人和组织者。译馆聘用中西学人作为译员。华籍译员有徐寿、华蘅芳、李善兰、徐建寅、赵元益等，西籍译员有伟烈亚力、傅兰雅、玛高温、林乐知、金楷理等。在19世纪后期，江南制造局翻译馆曾经是中国最重要的译书机构，也是传播西方近代科技知识的主要场所。据《江南制造局记》一书统计，自1868年至1905年，该馆所译西书共178种。但这个统计并不完备，实际数字要在200种以上。

北京同文馆也设有译书处，组织师生译印西书。译员主要是在馆内任教的外籍教师，如丁韪良、德贞、毕利干、骆三畏等。据统计，30多年中，该馆翻译出版的著作共100多部。

广学会是西方基督教在中国设立的历史最久、规模最大的一个出版机

① 《谭嗣同全集》，上册，287页。

构。1887 年由英、美基督教传教士成立于上海。中国海关总税务司赫德任第一任董事长，传教士韦廉臣、李提摩太先后担任总干事。在不到 40 年的时间内，广学会先后编译出版了包括宗教、哲理、法律、政治、教育、实业、天文、地理、博物、理化等多方面的书籍，多达 2 000 种以上。同时还出版《万国公报》《中西教会报》等十几种中文报刊。在这些出版物中，西方科技知识是它们宣传的主要内容之一。

在译介西学的过程中，许多中外学者都起到了积极的作用，其代表人物主要有徐寿、华蘅芳、傅兰雅等人。

徐寿(1818—1884)，字生元，江苏无锡人。早年专心于自然科学研究，60 年代初入曾国藩幕府，参与军械修造工作。曾与华蘅芳等人研制出中国第一艘蒸汽轮船“黄鹄号”。江南制造局翻译馆成立后，他与傅兰雅等通力合作，共译书 17 部(105 本，168 卷，2 272 幅图)，内容涉及化学、数学、医学、兵学及工艺制造等。他的译著尤以化学最为系统精当，影响亦大。沿用至今的命名化学元素中文名称的原则就是由他创立的。除此以外，他还参与格致书院、《格致汇编》的创办、编发工作，为向国人普及科技知识作出了贡献。格致书院建成后，徐寿出任第一任主持，既讲授科学理论知识，又做实验向听众演示，把那些深奥难懂的科学理论讲解得十分通俗，受到听讲者的欢迎。徐寿之子徐建寅也是当时的一位著名科学家。他先后译出《化学分原》《汽机必以》《声学》《电学》等西书 16 种。1901 年徐建寅在湖北保安火药局监造无烟火药时，因火药爆炸不幸以身殉职。

华蘅芳(1833—1902)，字若汀，江苏无锡人。早年博览科学书籍，尤精数学。后与徐寿父子同入曾国藩幕府，专办制造事宜。他参与筹建江南制造局翻译馆，并担任算学、地质学方面的翻译工作。先后与西籍传教士玛高温、傅兰雅等合作译成西书共 12 部 160 余卷，著名者有《微积溯源》《地学浅释》《金石识别》等。此外，华蘅芳还先后主讲上海格致书院、湖北自强学堂、两湖书院多年，造就科技人才甚众。

傅兰雅(1839—1928)，英国传教士，1861 年来华。先在北京同文馆、上海英华学堂任教，后入江南制造局翻译馆任译员，在这里先后工作了 28 年。他独译或合译的西书共有 129 部。江南制造局出版的译书有一多半是经他之手而成。傅兰雅还与徐寿等人创办了上海格致书院，主编《格致汇编》，致力于科技知识的普及工作。1896 年他辞去江南制造局翻译馆的职务，被美国加利福尼亚大学聘为汉学教授，仍与中国友人保持联系，为江南制造局再译成西书 14 部。并以私人名义资助在中国开办盲童学校。

据梁启超的《西学书目表》统计，从咸丰末年至光绪二十二年(1896 年)，由江南制造局、京师同文馆、广学会、金陵书局、益智书会等单位刊印的各类西书共 353 种，其中科技类译著不下 300 种。从介绍的内容看，既有基础科学，如天文学、物理学、数学、化学、生物学、地质学、地理学等，也有应用科学，如冶炼、制造、化工、开采、纺织、驾驶、军械、医疗等，几乎涉及当时西方科技的各个领域。单科译介也很全面、系统，如当时出版的物理学译著，对力学、电学、声学、光学、汽学、水学、热学等分支学科都作了较为详备的介绍。1879 年出版的《电学》是傅兰雅和徐建寅根据瑙埃德(Henry M. Noad)所著《电学教科书》译成。全书 10 卷，附有插图，详尽地介绍了静电学、电磁学、生物电流、电化学、电热、电话、电报等，详细反映了 19 世纪中期以前的西方电学概貌。徐寿父子与傅兰雅合译的化学类著作不下 20 种，如《化学鉴原》及续编、补编，《化学求数》《化学考质》《化学分原》等。这些书阐述了化学的基本原理和各种重要元素的性质，对有机化学、无机化学、化学的定性及定量分析等知识，都作了系统的介绍。此外，西方科学界的各种理论，如宇宙生成说、太阳黑子理论、生物进化学说、地层构成理论等，也都先后被介绍到中国。牛顿、哥白尼、伽利略、康德、达尔文、赖尔、爱迪生等世界科学巨匠的名字，逐渐为国人所熟悉。

此期西方科技知识的进一步传播，不仅有利于中国科技的发展，而且也促进了国人的自然观的进步。例如，李善兰接受了哥白尼、刻卜勒、牛顿等人的科学理论后，便对“天动地静”“天圆地方”的传统观念作了有力的批判。郭嵩焘根据所学的化学知识对宇宙物质构成有了新的认识，说：“本质不变者凡六十三种(按：指当时发现的 63 种化学元素)，养气、炭气、轻气三者为大纲”①。薛福成则借助生物进化论，对动植物及人类演化的过程作出科学的说明：“盖自土、水、风、火咸备而植物生；又久之而化生、湿生之物生，虫鱼是也；又久之而卵生之羽族生；又久之而胎生之毛族生；最后，人类蕃育，而地球于是乎大成。”②由上可见，这个时期的部分知识分子已经能够初步运用科学知识说明自然现象及其发展历史。近代唯物论的自然观在他们的思想中初步形成了。

① 《郭嵩焘日记》，第 3 卷，221 页，长沙，湖南人民出版社，1982。

② 薛福成：《出使英法意比四国日记》，491 页，长沙，岳麓书社，1985。

# 第九章　辛亥革命与清政府的覆亡

## 第一节　20 世纪初年的中国社会状况

### 一、帝国主义侵略的新态势

从总体的发展态势上看，《辛丑条约》订立后，帝国主义的对华侵略改变了以往公开倡言瓜分和采取军事入侵咄咄逼人的方式，转而鼓吹“保存主义”和推行较为“温和”的“以华治华”的政策，即把驯服清政府作为自己统治中国的工具，加紧对中国进行野蛮的经济掠夺。所以，20 世纪初年，中国面临帝国主义侵略的新形势，民族危机加深了。

1902 年 9 月，英国迫使清政府签订《通商航行条约》，其中规定华商在各处设厂须与洋商在通商口岸设厂一样，由海关征收“出厂税”；英商可以加入中国股份公司；扩大内河航行权，整顿长江水道和增开商埠。次年，美、日也先后迫使清政府签订同样的条约，获得了同等的侵略权益。这些新的侵略权益大大方便了帝国主义对华的经济掠夺。

帝国主义对华的经济掠夺首推铁路修筑权。因为据此不仅可以扩大在华的商品倾销和资本输出，而且可以对铁路沿线地区进行政治、经济、军事、文化的渗透，从而不断伸展其势力范围，有效地将整个中国置于自己的控制之下。西方学者曾一再指出：“使任何地域转化为殖民地的最有效的方法是修筑铁路……正是基于这个理由，从 19 世纪的后半期至世界大战爆发的前夜，各国都热心地来从事中国铁路的建筑事业。”①其实，当时日本的《朝日新闻》也并不隐讳这一点，它说：“铁路所布，即权力所及。凡其他之

① 转引自陈晖：《中国铁路问题》，11 页，上海，新知书店，1963。

兵权、商权、矿权、交通权，左之右之，存之亡之，操纵于铁路两轨，莫敢谁何。故夫铁道者，犹人之血管机关也，死生存亡系之。有铁路权，即有一切权；有一切权，则凡其地官吏，皆吾颐使之奴，其地人民，皆我俎上之肉。”这是在无形中“亡人国”“分人土”的绝妙方法。① 帝国主义对中国铁路的掠夺在第二次鸦片战争后不久便开始了，进入 20 世纪初年，则达到了高潮。1901 至 1909 年间，它们修筑了粤汉、道清、正太、滇越、安奉、沪宁、潮汕、京绥、陇海、广九、沪杭甬、南浔、津浦、吉长共 14 条铁路干线，加上此前已修筑的吴淞、京奉、台湾、东清、东清铁路南满州支路、京汉、胶济 7 条铁路，共达 21 条。这是已成的铁路，此外还有未成的铁路 11 条。迄 1911 年，在中国土地上共修筑铁路 9618.1 里，其中帝国主义控制的铁路达 8952.48 里，占全长的 94.1%。而中国自主的铁路仅有 665.62 里，占全长的 5.9%。② 帝国主义攫取的铁路修筑权，实际包括投资、筑路、经营、管理、收益分配等各项权利；同时还常常可以曲解不平等条约和各种合同条款的规定，任意侵夺沿路的开矿、伐林、征收税捐等铁路以外的权益。所以铁路成了它们掠夺中国经济的重要工具。这也是帝国主义列强间围绕着路权问题争夺日益激烈的原因了。

帝国主义掠夺的另一重点，是采矿权。1902 年中英《通商条约》曾规定，清政府“应招徕华洋资本兴办矿业”。其后的中美、中葡商约又进一步明确规定，准许外国人“在中国地方开办矿务”。正是以这些不平等条约为依据，各国竞相在华掀起掠夺矿权的浪潮。据统计，1895 至 1911 年间签订的帝国主义掠夺中国矿权的约章共有 41 项，其中 1901 年后签订的占 27 项。约章期限短者一般为二三十年，长者竟达五六十年。所涉矿区，遍布贵州、云南、广西、四川、福建、浙江、安徽、山东、直隶、热河、奉天、吉林、黑龙江、西藏等全国十几个省区。例如，英、法夺得云南七府各种矿开采权；英国还夺得安徽铜陵等六处、四川乐山等八州县以及奉天、直隶、西藏等多处的煤、铁、金、石油各矿的开采权；俄国夺得黑龙江、吉林境内中东路沿线 30 里的煤矿及西藏的煤、铜、铁各矿的开采权。到辛亥革命前，帝国主义在华已开采的矿区共有 34 处，准备开采的矿区共有 25 处。前者资本额达 4 100 余万元，后者达 8 200 多万元。二者合计，共 59 处，资本总额

① 宓汝成：《中国近代铁路史资料》，第 2 册，684 页，北京，中华书局，1963。

② 严中平等编：《中国近代经济史统计资料选辑》，190 页，北京，科学出版社，1955。

为1.2亿多元。而同期中国自办的新式矿区89处，资本总额仅2 200多万元。[①] 可见中国矿业为外资所压倒。不仅如此，帝国主义在已夺得采矿权的地区，极力限制和排斥华人设矿。1902年，《中俄黑龙江煤矿条约》规定：在东清铁路两侧30里内的煤矿，归俄人开采；30里以外的煤矿，包括华人在内，任何人欲开采，须先和东清铁路公司商议，若后者也想开采，则拥有优先权。这实际上是承认了由俄国垄断黑龙江全省的煤矿开采权。1904年，德国公使照会中国外务部，要求议定矿务续章四款，其中也公然提出：在胶济铁路附近30里内，中国人已开之矿只可用土法开采，不得用机器；在德人开矿的15里内，各华矿一律停止开采。[②]

进入20世纪后，帝国主义掠夺性的对华贸易和资本输出也恶性膨胀。1901至1911年，它们强迫清政府新开对外通商口岸37处，加上此前已开放的45处，总数共达82处。通过这些通商口岸，帝国主义大量倾销其过剩的产品，造成了中国外贸的巨额入超。1903年外国进口商品总额为4.83亿多元，但同年中国土货出口总额仅为3.47亿余元，入超高达一亿多元。[③] 1896至1900年，帝国主义在华开办的工矿企业29家，1901到1911年新增91家，较前增加了两倍多。据另一统计资料，1894年外国在华企业投资为1.09亿元，但1914年却增至9.615亿元。[④] 外资在华榨取了高额利润。1903年外人在华企业盈余就高达2 490万元。如果加上同年外债赔款本利6 890万元和上述同年外贸入超一亿多元，那么仅此三项，1903年一年帝国主义就从中国掠走银元约两亿元。[⑤] 可见，帝国主义对中国的经济掠夺造成了多么严重的后果。但问题又非止于此，由于外资渗透到社会经济的各个部门，且占据优势，帝国主义实际上又控制了中国社会的经济命脉。例如，在辛亥革命前，它们已垄断了中国生铁生产的100%(1910年)、内外河航运的84.4%(1907年)、[⑥] 铁路的93.1%(1911年)、煤矿的

---

① 汪敬虞编：《中国近代工业史资料》，第2辑，上册，北京，科学出版社，1957年，140～147页；下册，870～877页。

② 汪敬虞编：《中国近代工业史资料》第2辑，上册，32、30页。

③ 严中平等编：《中国近代经济史统计资料选辑》，86～88页。

④ 许涤新、吴承明主编：《中国资本主义发展史》，第2卷，529页，北京，人民出版社，1990。

⑤ 严中平等编：《中国近代经济史统计资料选辑》，86～88页。

⑥ 《中国近代经济史统计资料选辑》，127、221页。

76.3%(1911 年)。[1] 此外，继英、德、日、俄在华设立银行之后，美国花旗银行、比利时华比银行、荷兰银行等也纷纷在中国开设。到 1913 年，各国在华共设 21 家银行和 101 个分行。这些银行是列强对华输出资本的重要工具。它们借助投资、贷款、发行纸币等手段，控制了中国的工矿、交通和金融业，以及海关、常关和盐课，从而使帝国主义进一步操纵了中国的经济命脉。

帝国主义的野蛮掠夺使中国陷入百业凋敝、国衰民穷的悲惨境地。“经济既尽，国家随亡，于是分割土地以为殖民地，中国完结矣！”[2]严酷的现实使人们认识到，庚子之役后帝国主义所以仍保留清政府，并倡言“保存主义”，不是强盗突发善心，只不过是改行其“灭人国”的新法而已。即是借用通商、筑路、开矿等所谓“文明之手法”，行无形瓜分，其于中国为祸尤烈。1903 年《湖北学生界》第 3 期上有人撰文尖锐地指出：“今外人之对我中国，曰势力范围，曰特别利益，为各国独营之政策；曰商务，曰开矿筑路，曰内河航行，为各国公同之政策。美其名曰交通利益，输入文明。从表面观之，一似平和无事，依然锦绣之山河，而不知夺我主权、灭我民气之狡谋，其毒不知几千万倍于枪林弹雨也。夫岂必待屠鼎、易器、改正朔、易服色而始谓之亡国哉？”“无形之瓜分，更惨于有形之瓜分，而外人遂亡我四万万同胞于此保全领土、开放门户政策之下。”帝国主义侵华的“文明之手法”，未能瞒过中国人民的眼睛，所以进入 20 世纪初后，中国人民的反帝爱国斗争不是走向低潮，而是走向更高的阶段。

当然，《辛丑条约》的订立和帝国主义侵华态势的上述变化，既没有消除其彼此间的激烈争夺，也不意味着它们全然放弃了对中国发动军事侵略的企图。此期在中国领土上发生的日俄战争和英国入侵西藏，就是两个突出的事例。

沙俄在义和团运动期间，趁机占领了我国东北全境。《辛丑条约》签订后，仍拒不撤兵。1902 年 4 月订立的《中俄交收东三省条约》规定，俄军在一年半内分三期撤出。但到 1903 年 10 月第三期届满，俄军非但不撤，且增兵重新占据奉天省城，命令各家各户悬挂俄国国旗。其妄图变我国东北为“黄俄罗斯”的野心昭然若揭。但这便与同样觊觎我国东北领土的日本的侵略政策发生了严重冲突。英国为沙俄宿敌，美国也不愿沙俄独占东北的权

---

① 汪敬虞编：《中国近代工业史资料》，第 2 辑，上册，402 页。

② 铁崖：《敬告全蜀》，载《四川》，第 1 号。

益，二者支持日本与俄国抗衡。

1904年2月6日，日本对旅顺口的俄国舰队发动突然袭击，日俄战争于是爆发。这是一场在中国领土上进行的帝国主义战争，但清政府却置国家主权和人民生命财产于不顾，竟划辽河以东为“交战区”，宣称“彼此均系友邦”，当信守“局外中立”。日、俄双方在海上和陆上展开了历时一年多的激烈火并。在旅顺口附近进行的多次海战中，俄国舰队受重创。同一时间，日本陆军一路自新义州攻入中国境内，进逼辽阳；一路从貔子窝登陆，攻占金州、营口，切断了俄军主力与旅顺口及海上之间的联系。1905年1月，旅顺口俄军投降。二三月间，双方集结60万兵力在沈阳展开大会战。俄军败绩，日军进占开源、铁岭。沙俄为挽回败局，由欧洲调舰队东来，结果5月间在对马海峡全军覆没。同年9月5日，在美国调停下，日、俄签订了《朴茨茅斯条约》，其中规定，俄国将租自中国的旅顺口和大连湾、长春至旅顺口的铁路及其他有关的权益全部“转让”给日本。12月，日本又强迫清政府订立《中日会议东三省事宜》正约及附约。清政府除承认《朴茨茅斯条约》有关中国的条款外，还同意增开长春、吉林、哈尔滨等16处商埠，在营口、安东、沈阳等地划定日本租界等特权。从此，沙俄势力退守东北北部，南部则归日本势力控制。

英俄两国皆欲染指我国西藏地区。1903年8月，英国利用日俄交恶之机，派遣侵略军攻入西藏。次年8月复侵入拉萨。但遭到了西藏军民的抵抗和全中国人民的反对，其分割我国领土西藏的阴谋未能得逞。

## 二、清政府推行“新政”

1901年1月29日，清廷在西安颁行谕旨，称：“近数十年积弊相仍，因循粉饰以致酿成大衅。现正议和，一切政事尤需切实整顿，以期渐致富强。”“举凡朝章国政、吏治民生、学校科举、军制财政，当因当革，当省当并，如何而国势始兴，如何而人才始盛，如何而度支始裕，如何而武备始新”，督抚以上大臣当各抒己见，限两个月内奏复。① 这便著名的“新政上谕”。4月21日又成立督办政务处，作为新筹划机构，派奕劻、李鸿章、荣禄、昆冈、王文韶、鹿传霖为督办政务处大臣，刘坤一、张之洞遥为参与。内外大臣纷纷议奏，其中又以刘坤一、张之洞会衔连上的《江楚会奏变法

① 《光绪朝东华录》，4601～4602页。

三折》影响最大。

令人惊异的是，三年前曾亲手将戊戌维新打入血泊之中的西太后，此时也打出了“维新变法”的旗号，特令推行“新政”。其实，这是反映了经过义和团运动之后，清政府不可能照旧统治下去了。其一，帝国主义既推行“以华治华”的政策，一个过于颟顸腐朽的封建朝廷并不符合其利益。它们要求清政府有所振作，以便能承担起代理人的职责。总税务司赫德告诫清政府说，“认真改革才是最好的办法”，并为之拟定《更新节略》，[①] 正反映了此种要求。其二，清政府的国家机器已运转不灵，衰朽已极。事实证明，其军队不仅不足以抗击外国侵略军，甚至无力镇压像义和团这样的农民起义。其财税制度也已千疮百孔，不仅有列强操纵海关税，地方督抚且各行其是，截流财税。清政府财政拮据，难乎为继。而在庚子之役中，南方汉族督抚竟然违抗朝命，联合发起“东南互保”，更暴露出统治阶级内部满汉矛盾的表面化和中央集权制度的削弱。整肃朝纲，加强国家机器，已成清政府维持统治的当务之急。其三，清政府虽重返北京，但其昏聩腐朽与丧权辱国的行径，已大违人心。各地人民的反抗斗争，特别是资产阶级民主革命思潮已日渐兴起。同时随着20世纪初年民族资本主义的发展，原遭压抑的资产阶级上层要求变法的呼声也重新高涨起来。面对内外交困的严重时局，清政府欲维持自己的统治，不得不求变计。当时的舆论界已经看到了这一点：“及乎拳祸猝起，两宫蒙尘，既内恐舆论之反侧，又外惧强邻之责言，乃取戊已两年初举之而复废之政，陆续施行，以表明国家实有维新之意。”[②]要言之，究其推行新政的初衷，既有客观上为时局所迫，不得不然的被动一面；也有主观上痛定思痛，谋求改革自救，主动与积极的一面。这也是它唯一可能的出路。

1902年1月7日，西太后一行从西安回到北京，清政府继续它的统治。从1901年至1905年，它颁行的新政主要有以下的内容：

(1)编练新军。1901年下诏停止武科举，淘汰绿营。1903年设立练兵处，派庆亲王奕劻总理练兵事务，袁世凯充会办大臣，铁良帮同办理。1904年练兵处和兵部会同奏定《新军营制饷章》和《陆军学堂办法》，计划全国编练陆军常备军36镇。各省成立督练公所，由督抚兼管，设有将军都统

① 中国近代经济史资料丛刊编辑委员会：《帝国主义与中国海关》(九)，17、47～49页，北京，科学出版社，1959。

② 《论中国必革政治始能维新》，载《中外日报》，光绪二十九年十二月。

省份，由将军都统任督办。1905年又成立巡警部，派徐世昌为巡警部尚书，办理警政。

(2)废科举，兴学校。1901年清政府通令各省书院一律改为大学堂，各府州县学改为中、小学堂，并多设蒙养学堂，1903年颁布各类学堂章程，统一全国学制；1905年废除科举制度，成立学部，同时在京师设立仕学院、进士馆，各省设立课吏馆。此外，令各省派遣官费留学生，鼓励自费游学。学成回国，经考核后分别赏给进士、举人等各项出身。

(3)振兴商务，奖励实业。1903年正式成立商部，奕劻之子载振为尚书，并聘请资产阶级上层代表人物张謇等充头等顾问。其后又颁布了一些有关商务和奖励实业的章程，如《商部章程》《奖励公司章程》《重订铁路简明章程》《劝办商会简明章程》等。在这些章程中，清政府宣布自由发展实业为合法，承担了保护投资者利益的责任。

(4)整顿官制。1901年7月改总理各国事务衙门为外务部，"班列六部之前"，派庆亲王奕劻总理外务部事务。其后陆续裁撤了河东河道总督、湖北、云南、广东巡抚及江宁织造衙门等闲曹和重叠的机构。同时裁各部书吏及各省府州县差役，下令停止捐纳买官。

新政多有名无实。练新军，糜巨费，"而兵仍虚名"；讲筹饷，外借新政之名，"其实而饱私囊"。论兴学，清政府颁布的章程多，但真正投资办实事的少。大部分学堂的兴办，经费多出自社会上的工商者和其他阶层的人士。关于"振兴商务"，虽颁布了奖励章程，但同时民政部却奏准开设车铺捐，将全国商铺划成九等，按等纳捐。这是旧捐税之外的新捐税，无怪乎张謇等人啧有烦言表示反对了。而且清政府在颁布的各种路矿章程以及有关的法令中，对国家主权和民族工商业的利益也没有坚持保护，而是讨好帝国主义，因而激发了一系列收回利权的运动。至于整顿官制，撤并了某些闲曹，实际无关大局，但它却成了满洲亲贵乘机排斥汉族官僚，实行集权的口实。

但是，尽管如此，新政改革又非全然虚言，它毕竟也有体现改革实质性的一面。例如，编练新军，成立武备学堂，有助于中国军队的近代化；废科举办学堂在教育史上有其地位，尤其是1903年颁布了统一的全国学制，即著名的"癸卯学制"，形成了中国较为完备的近代教育体系，影响深远；奖励工商业虽然多属官样文章，但有关政策法令的公布毕竟打破了"重农抑商"的传统观念，提高了工商业者的社会地位，从而也有助于民族工商业的发展。

清政府的新政产生了复杂的影响。一方面它确实有助于清政府笼络人心，尤其是争取了资产阶级中上层人士的支持，从而一定程度上缓和了原有的危局。但在另一方面，却未必与主持者的主观动机相统一。

编就的新军在清政府镇压人民反抗的过程中虽起过一定的作用，但到后来其中大部分为革命党人所掌握，新军反而成为发动辛亥革命颠覆清政府的一支重要力量。为办“新政”加捐加税，使清朝原本腐败的吏治愈加腐败，于是激起的各地人民群众抗捐抗税斗争的持续发展，又成了加速辛亥革命高潮到来的催化剂。新教育的发展，促进了新型知识分子群体的产生，有助于西学新知和资产阶级民主革命思想的传播，这些也恰恰都与清政府的专制统治格格不入。

清政府的新政又为野心家袁世凯扩充个人势力提供了机遇。1901 年 11 月李鸿章病死，清廷任命袁世凯署理直隶总督兼北洋大臣（次年 6 月实授）。袁一到任，便抓“练兵筹饷”。1902—1905 年，先后编练成北洋六镇，共计兵额六七万人。又将盛宣怀控制下的大批洋务企业夺取过来，并加以扩充。袁世凯以北洋六镇为政治资本，凭借经济实力，结党营私，声势日盛，左右了朝政。袁世凯势力的崛起，无论对清政府的命运还是对 20 世纪初年的中国政局，均产生了重要的影响。

新政实质性的内容虽然十分有限，但它毕竟代表了向现代文明社会迈进的取向。不管清政府主观动机如何，它既然施行新政，便是打开了“潘多拉魔盒”，终究无法阻止封建专制制度土崩瓦解的命运。新政为此后晚清最后十年政局的发展打上了深深的烙印。

## 三、民族资本主义的初步发展

1895—1913 年，是中国资本主义的初步发展时期。1894 年前，本国的近代工矿企业总数约 200 家，资本总额 3 519.1 万元①；但 1895—1913 年新开设的资本在 10 000 元以上的工矿企业则有 549 家，资本额共达 12 028.8 万元，分别为前者的 2.7 倍和 3.4 倍。而且，1895—1900 年和 1905—1910 年，又明显形成两个高潮。前一阶段共开设 104 家，投资 2 302.4 万元，平均每年投资额不到 400 万元。后一阶段共开设 306 家，投

① 吴承明：《中国资本主义的发展述略》，见《中华学术论文集》，319 页，北京，中华书局，1981。

资 7 525.5 万元，平均每年投资额 1 250 万元，三者分别较前增长了两倍多。[①] 值得注意的是，1894 年前商办企业虽在数量上远超过官商合办、官督商办、官办的企业，但其资本 722.5 万元仅占中国产业资本总数的 20.5%。[②] 而 1894—1913 年官商合办、官督商办、官办企业 86 家，设立资本 2 949.6 万元，仅占同期设立资本总数的 24.5%。这一事实改变了本国工业资本的面貌。在甲午战争以前，官僚资本占主导地位；从这时起，民族资本远超过官僚资本，成为本国工业资本的主体。据统计，1894—1913 年民族资本工业发展的速度达 15%。我们固然应当看到其时中国工业起点低的因素，但这个速度仍然是可观的。

从发展部门看，1895—1913 年中国资本主义工矿企业主要分布在以下行业中：矿冶(81 家)、纺织(160 家)、金属加工(15 家)、水电(46 家)、食品(125 家)、其他(122 家)。其中，包括纺织、缫丝、织染各部门在内的纺织业设厂数最多，设立资本共 3 024.6 万元，也居各行业首位。在纺织业中，属于官僚资本的企业仅 4 家。所以纺织业是中国民族工业最集中和资本实力最雄厚的行业。

在交通运输业，民族资本主义获得了显著的进展。甲午战争前，除了官督商办的轮船招商局外，民族资本的轮船业尚无规模可言。进入 20 世纪后，商办轮船公司接踵而起，局面大为改观。到 1911 年，商办小火轮公司有 561 家，拥有小火轮 978 只。[③] 一些稍具规模的轮船公司也出现了。据 35 家轮船公司统计，设立资本共约 1 160 万元，平均每家 33 万元。这已与矿业投资相当，为数不小。1913 年航运业总资本更达 2 000 万元。另据海关登记，1894 年中国轮船为 140 只，共 29 410 吨；1912 年增至 897 只，共 95 447 吨，计增加 541%和 225%。[④]

20 世纪初，在收回利权运动中，出现了商办铁路的高潮。1903—1910 年全国有 15 个省设立了商办铁路公司。到 1911 年，共实收股本

---

① 汪敬虞：《中国近代工业史资料》，第 2 辑，下册，657 页。

② 吴承明：《中国资本主义的发展述略》，318 页。

③ 樊百川：《中国轮船航运业的兴起》，580～589 页，成都，四川人民出版社，1985。

④ 许涤新、吴承明主编：《中国资本主义发展史》，第 2 卷，673、675 页，北京，人民出版社，1990。

7 000 多万元，修成铁路 900 公里。[①]

与近代工矿业和交通运输业的发展相适应，民族资本主义在金融业也取得了进展。这集中表现为在收回利权运动中，中国私营银行的出现。1906 年在上海开业的信成银行，是第一家私营银行。此外较重要的有浙江兴业银行（1907 年）、四川银行（1908 年）、裕商银行（1911 年）等。迄 1911 年，包括官办、官商合办在内，共开设华商银行达 30 家。

从 1902 年起，在全国许多省份先后创办了一批农牧垦殖公司，如江苏通海垦牧公司、广东钦廉开垦公司、广西桂林广益公司等。虽然多数成绩并不显著，但它毕竟表明资本主义生产方式在农业领域已经出现了。

20 世纪初年，民族资本主义较甲午战后又获得了进一步发展，但由于中国社会半殖民地半封建化的加深，它在帝国主义和封建势力的双重压迫下，依然举步维艰。

此期帝国主义正加紧对中国的经济掠夺。它们凭借不平等条约规定的特权，不仅向中国倾销商品而且大量输出资本，直接在华设厂制造，占领中国市场。外资无孔不入，垄断了各个经济部门，不能不给中国民族资本主义造成巨大压力。上述民族工业的初步发展是相对于自身低起点而言的，它与其时在华的外国资本相比，则处绝对劣势。据统计，1913 年中国产业资本为 30 386.2 万元，其中官僚资本 14 887.5 万元，民族资本 15 498.7 万元；但同年外国资本却高达 123 709.4 万元，为中国本国资本的 4 倍，民族资本的 8 倍。而在 1894 年外国资本仅为本国资本的 1.5 倍。可见本国资本的相对力量大为削弱，民族资本的处境更加险恶了。[②] 从民族工业的重要部门棉纱业来看，由于外资产品充斥，国产机纱在华中、华北两大市场几无插足之地，前者不足 30%，后者不足 20%。故中国纱厂只能“摭拾洋纱销余市场以自存”[③]。帝国主义还利用资金、技术等的优势，极力排挤、兼并民族工业。如盛宣怀所办三星烟厂，即为“英美烟公司跌价倾轧，尽致亏折”，同行“华商不下二十余厂无不亏累停止”[④]。1910 年前中国商办纱厂不过

---

① 宓汝成：《中国近代铁路史资料》，1149～1150 页；宓汝成：《帝国主义与中国铁路 1847—1949》，344 页，上海，上海人民出版社，1980。

② 吴承明：《中国资本主义的发展述略》，见《中华学术论文集》，330 页，北京，中华书局，1981。

③ 严中平：《中国棉纺织业史稿》，145 页，北京，科学出版社，1955。

④ 《盛宣怀未刊信稿》，188 页，北京，中华书局，1960。

18 家，而至 1908 年竟有 4 家遭外资兼并。在帝国主义的压迫下，许多民资企业也都面临着朝不保夕的命运。

封建势力的压迫，从根本上说，表现为在社会生活中仍居优势地位的封建生产方式对民族资本主义的严重束缚。地主阶级的残酷剥削使广大人民群众极端贫穷困苦，社会购买力十分低下，民族工业因之无法扩大所需的市场。在封建制度下，地租率、借贷率和商业利润率都超过工业投资的利润率，决定了社会资金的流向主要不是近代工矿业，而是土地、商业、高利贷。这又造成了民族工业资金的短缺，从而不能不接受高利贷的盘剥，愈形竭蹶。同时，清政府的苛捐杂税，尤其是厘金，也是束缚民族工业发展的一大绳索。光绪初年，厘金总额为 130 余万两，光绪三十四年增至 1 776.2 万两，宣统二年预算则骤增至 4 318.7 万两。[①] 由于地方官吏上下其手，实际数额超过此数。厘金为祸之烈，无异于竭泽而渔，所以张謇愤然说："过捐卡而不思叛其上者非人情，见人之酷于捐卡而非人之欲叛其上者非人理。"[②]此外，封建官府的敲诈勒索、巧取豪夺，更无处不有，无时无之。

因此，与民族资本主义的发展相适应，20 世纪初年，初步壮大了的民族资产阶级就以更加自觉的姿态登上政治舞台。它要求反抗帝国主义和封建势力内外压迫，独立发展资本主义的革命性也愈加鲜明。争取民族独立和发展民族资本主义既是当时中国社会的时代主题，并且其时的无产阶级尚处在自在的阶段，鲜明地揭示出了这一时代主题并为之奔走呼号的民族资产阶级，自然是最先进的阶级，充当了革命的领导力量。从根本上说，辛亥革命正是在这个阶级的领导下发生的。但是，随着革命形势的日渐形成，民族资产阶级的先天软弱性也愈加明显地暴露出来。它担心激烈的革命会招致帝国主义的干涉，还会引起社会秩序大乱，从而危及自身的利益。它希望通过尽可能温和的形式实现社会变革。因此，民族资产阶级与自己最先进的政治代表——孙中山革命派间存在着差距。一些资本家看不到后者的纲领与策略正代表着自身根本的利益，而对之持疏离冷淡的态度。民族资产阶级的此种矛盾的性格，不能不影响辛亥革命的进程与格局。

---

① 罗玉东：《中国厘金史》，466～467 页，北京，商务印书馆，1947。

② 《张季子九录・实业录》，第 4 卷，见沈云龙主编：《近代中国史料丛刊续集》，第 97 辑，1255 页，台北，文海出版社，1974。

## 四、民众的反抗斗争和资产阶级领导的爱国主义运动

20 世纪初年的中国，民族灾难深重，阶级矛盾日趋激化，整个社会动荡不安。民众自发的反抗斗争连绵不绝，尤其是资产阶级领导的爱国主义运动的勃兴，反映了中国社会政治斗争的新形势和阶级格局的新调度。

清政府为摊派巨额赔款和筹措“新政”经费，拼命加捐加税，大大加重了封建剥削的强度。这激起了各地民众激烈的抗捐抗税斗争。1902 年 4 月在直隶广宗县爆发的景廷宾起义，就是因反抗清政府勒派“赔款”而起。起义军打出了“官逼民反”“扫清灭洋”的大旗，攻县城，毁教堂，得到了附近州县的广泛响应，队伍迅速发展到数万人，影响波及河南、山东。清政府调兵遣将最终将起义镇压下去了，但民众抗捐抗税的斗争在全国却此起彼伏。1901—1905 年，各地发生的抗捐抗税斗争达 70 多起。四川巴县地区有会党群众打出“灭清、剿洋、兴汉”的旗号，湖南邵阳有“大汉灭洋军”组织，发动武装起义。此外，江西的乐平，陕西的扶风，浙江的乌程、归安，广东的香山，山东的莱阳等地的抗捐抗税斗争，也都发展成了规模不等的民众武装暴动。

20 世纪初年，大江南北，灾荒频仍，地主富商乘机囤积居奇，勾结官府操纵米价，造成广大贫苦的城镇居民忍饥挨饿。因之，抢米事件迭起。各地成千上万的饥民先是向富户索取银米，继而抢劫米店，终至愤极冲击官府，酿成地方暴动。例如，1910 年 4 月湖南长沙的抢米风潮，即震动全国。当时长沙米价日昂，城镇贫民惊恐不已。4 月 13 日民众因反对巡抚纵米出境，遂抢米店数十家，并焚毁教堂。次日，复聚万人，围攻巡抚衙门。清军枪杀民众数人，群情大愤，焚毁抚署、税关、巡警局、教堂、大清银行，并抢米店。15 日，清军残酷镇压了抢米群众。广西、江苏、江西、山东、安徽、湖北、河南、新疆、奉天等省，也无不发生了抢米风潮，成为此期在规模和影响上仅次于抗捐抗税的民众斗争。

《辛丑条约》订立后，传教士横行无忌，气焰更加嚣张，所以各地的反教会斗争仍在继续。1901 年至 1905 年，浙江、福建、湖南、四川、直隶、河南、山东等地发生的所谓“闹教”事件就有 60 起。其中，1901 年热河朝阳锌子沟联庄会的聚众起义、1902 年湖南辰州人民的反洋教斗争、1903 年浙江海宁的伏虎会起义，都具有相当的声势。全国范围内绵延不绝的此种民众反抗斗争，又促进了资产阶级、小资产阶级及其知识分子的觉醒。他们

开始大胆地投身政治斗争，领导了轰轰烈烈的爱国主义运动。

1.“拒俄”“拒法”运动

1903 年侵占我国东北的沙俄军队违约拒不撤兵，却提出七项无理要求，这激起了全中国人民的愤慨。上海爱国人士举行抗议集会，致电清政府外务部，表示俄国的七项要求“我全国人民万难承认”；并通电各国政府，声明：“若由此激起民变”，或“再见仇洋之事”①，概由俄国承担全部责任。北京、武昌等地学生纷起罢课示威。留日学生尤为激昂，于 4 月 29 日召开拒俄大会，到会者 500 多人。大会发起组织“拒俄义勇队”(后定名“学生军”)，表示“宁为亡国鬼，不为亡国人”②，愿赴前敌，与俄军血战。同时致电上海各爱国团体，并派人到南洋各地联络。中国教育会和内地工商学界也积极响应，“拒俄”运动开始迅速展开。

“拒俄”运动的宗旨，是反帝爱国，尚非主张反清革命。但清政府却恼怒不已，千方百计要镇压这场爱国运动。清驻日公使蔡钧电告清廷和两江总督：“东京留学生结义勇队，计有二百人，名为拒俄，实则革命，现已奔赴内地，务饬各州县严密查拿。”同时他勾结日本政府勒令解散义勇队。清政府则随即密谕地方督抚，对于回国义勇队，“随时获到，就地正法”，不得妄为姑息。轰轰烈烈的“拒俄”运动被镇压下去了。报国无门，爱国有罪，清政府倒行逆施，促使许多人由爱国走向革命。黄兴、陈天华等一些激进的留学生不顾清政府的高压政策，进而建立起了革命团体军国民教育会，最终走上了反清革命的道路。

同年，广西巡抚王之春将全省路矿权益出卖给法国帝国主义。消息传开，舆论哗然，于是提出“拒法”和“驱逐王之春”的口号。留日学生同样群情愤激。1903 年 4 月 28 日全体留日学生召开声讨大会，揭露王之春的卖国罪行和法国帝国主义的侵略阴谋。“拒法”运动得到了国内人民的声援。清政府迫于强大的舆论压力，不得不将王之春免职，“拒法”运动取得了一定的胜利。

2. 抵制美货运动

这是中国人民为反对美国排斥、虐待华工，要求废止中美华工条约而发动的爱国主义运动。1894 年美国强迫清政府订立“限制来美华工”条约，它对华工、华侨的歧视与虐待，变本加厉。1904 年，条约届满，海外华侨

① 《纪事·本省时评》，载《江苏》，第 2 期。

② 《留字纪录》，载《湖北学生界》，第 4 期。

和各界人民强烈要求废除这一不平等条约。清政府在舆论的压力下，开始与美国磋商修改条约，但遭到蛮横无理的拒绝。这激起了中国人民极大的愤怒。1905 年 5 月 10 日，上海商务总会召开会议，决定“合全国誓不运销美货以为抵制”①，并电请外务部、商部坚拒签订续约。又致电汉口等 21 处商会，要求一致行动。广州、福州、长沙、南京、武昌、天津等各大城市纷纷响应，成立各种拒约团体，举行大小集会。工商业者、学生、教员、工人、农民、妇女及社会各界人士，都热烈地参加到运动中来了。海外华侨也积极支持内地的斗争。一场抵制美货轰轰烈烈的爱国主义运动席卷全国。它使美货在华的销售受到了沉重的打击。

反美爱国运动的猛烈开展，使美国政府大为震惊。它急忙向清政府施加压力，要求加以禁止。8 月 21 日，清政府下令各省督抚“晓谕商民”，勿再抵制美货。在帝国主义和清政府的压力下，以上海商务总会会长曾铸为代表的一些民族资产阶级上层人士开始动摇，终至退出运动。但一部分小资产阶级、小商人、手工业者和工人等，仍然坚持抵制美货，并终使清政府不敢公然与美国续签新约。运动至 1906 年始渐平息，取得了一定程度的胜利。

3. 收回利权运动

收回被帝国主义攫取的路矿权益的“收回利权”运动，1903 年后也先后在全国许多省区开展起来。其中收回路权的斗争影响尤巨。粤汉、京汉、津浦、道清、沪杭甬等段预定通过的铁路各省人民纷纷要求“废约自办”。他们指出，“路权所在，即国权所在”②，“欲言自立于强权之旋涡中，非先保其路权，以渐复其国家之权不可”③。1904 年，湖南、湖北、广东三省人民要求废除 1898 年清政府与美国订立的粤汉铁路合同，收回改归商办。这一行动得到了全国人民的支持，留日学生也成立“三省铁路协会”，表示声援。次年，粤汉铁路收回自办。这是收回自办的第一条铁路，它的成功对各地收回路权运动起了鼓舞的作用。1905—1906 年苏浙人民要求收回沪杭甬铁路，并成立铁路公司，掀起了一个集款入股的热潮，“佣贩妇竖，苦力贱役，亦皆激于公愤，节缩衣食，争先认股。举国若狂，民气之感奋，实

---

① 和作辑：《1905 年反美爱国运动》，见《近代史资料》，1956(1)。

② 《浙江拒款会通告各府县士民文》，见《中国近代铁路史资料》，第 2 册，870 页。

③ 《交通》，载《东方杂志》，第 3 年第 1 号。

所仅见”①。两省人民坚持不懈斗争，沪杭甬铁路终于1911年收回。1908年津浦铁路也被收回，归直鲁苏皖四省人民筹款自办。与此同时，云南、山西、陕西等省也都先后发生了收回路权的斗争。

各地收回矿权的斗争也取得了初步的成效。1907—1911年，先后收回了以下各主要矿场：山西福公司煤矿、奉天锦西暖池塘煤矿、山东峄县华德中兴公司煤矿、山东华德矿务贸易公司矿场、安徽铜官山中英企业公司矿场、四川江北厅煤矿、云南七府隆兴公司锡矿、山东矿务公司矿场、湖北阳新万顺公司炭山湾煤矿。

“拒俄”“拒法”、抵制美货和收回利权的运动接踵而起，反映了中国人民爱国主义精神的空前高涨，显示了各界人民同仇敌忾的巨大威力。同时，从民众自发、分散的抗暴斗争到资产阶级领导的爱国主义运动的蓬勃发展，也已表明进入20世纪初年，不仅帝国主义改变了侵华的策略和清政府不能照旧统治下去了，而且中国人民的反抗斗争也进入了一个新的阶段，这就是资产阶级领导的民族民主运动迅速高涨的新时期。

## 第二节　资产阶级民主革命运动的兴起

### 一、孙中山的早期革命活动

从正规的意义上说，中国的资产阶级民主革命，是从孙中山开始的。

孙中山(1866—1925)，名文，字逸仙。② 出生于广东香山县(今中山县)翠亨村一个贫苦的农民家庭。孙中山在青少年时代参加过农业生产劳动，了解并同情劳动人民的疾苦。他的哥哥孙眉在檀香山经商，资助他先后在檀香山、广州、香港上学，接受西方资本主义教育。1892年毕业于香港西医书院，并开始在澳门、广州行医。孙中山自幼受太平天国革命的影响，心中埋下了反满的种子。经中法战争，他愈加痛恨卖国的清政府，结交了一些进步青年和具有反清传统的会党，思想日趋激进。但甲午前，孙中山受早期维新思潮的影响，尚未形成反清革命的思想。

1894年春，孙中山北上天津，投书李鸿章，希望清政府能实行资本主

---

① 《王文韶请妥办沪杭甬路折》，见《政艺通报》(光绪丁未年)，第5卷。

② 孙中山逃亡日本，从事革命，易名中山樵，后即以中山为号。

义改革，做到“人能尽其才，地能尽其利，物能尽其用，货能畅其流”。上书失败后，孙中山毅然弃去和平改革的幻想，走上了革命的道路。

是年冬，孙中山在檀香山联合二十多位华侨人士，建立了中国第一个革命小团体——兴中会。兴中会在会章中指出中国正面临列强“瓜分豆剖”的严重危机，并猛烈地抨击了清政府的腐朽。在会员入会的秘密誓词中规定革命的目标是：“驱除鞑虏，恢复中华，创立合众政府。”①

1895年春，孙中山回到香港，联合辅仁文社，建立兴中会总部。同时积极联络香港、广州一带的会党力量和反清人士，策划在广州发动武装起义。经过半年的准备，定于10月26日(重阳节)举事。但事机泄露，70余人被捕，陆皓东等牺牲。孙中山逃亡日本。

当时兴中会的革命活动并未产生多大的社会影响。孙中山逃亡日本后，在横滨建立兴中会分会，接着便经檀香山赴欧美宣传革命和考察西方社会。在此期间，他大量阅读了有关政治、经济、外交、法律等方面的书籍，接触到了西方当代的一些社会学说和思潮。尤其是注意到了西方资本主义社会贫富悬殊、劳资尖锐对立的种种弊端，对工人运动和社会主义深表同情。由是，他的资产阶级民主主义革命思想得到了深化。他后来回忆说：“两年之中，所见所闻，殊多心得。始知徒致国家富强、民权发达如欧洲列强者，犹未能登斯民于极乐之乡也；是以欧洲志士，犹有社会革命之运动也。予欲为一劳永逸之计，乃采取民生主义，以与民族、民权问题同时解决。此三民主义之主张所由完成也。”②

1897年，孙中山离开英国，经加拿大再抵日本。他在东京、横滨两地继续奔走革命。翌年，戊戌政变发生后，康、梁也先后亡命日本。孙中山等人主动与之联络，希望能联合反清。康有为借口奉有“衣带诏”，拒绝联合。他寄希望于光绪复辟，仍坚持君主立宪的政治主张。第二年康赴加拿大创立“保救大清光绪皇帝会”(又称“保救大清皇帝公司”，即保皇会)。梁启超则在横滨创办《清议报》，大力抨击西太后为首的顽固势力，同时介绍西方的政治学说和思想文化，一度倾向激进。他与孙中山等人过往甚密，双方曾有过联合结会的计划。但因康有为极力反对，梁启超也未根本改变

---

① 记载誓词最早的文献，是1929年出版的《檀山华侨》中的“中国国民党茂宜支部史略”。有人认为，檀香山兴中会成立时并无誓词，它是次年香港兴中会成立时才提出的。

② 《建国方略》，见《孙中山选集》，196页，北京，人民出版社，1981。

其主张君主立宪的立场，此一计划没有实现。

义和团运动爆发后，唐才常等人准备在长江流域起事，得到了孙中山、梁启超两派的支持。原为维新派的唐才常，此时虽很激烈，但在政治上、思想上，仍属于康梁派。他到上海发起“正气会”，召开“国会”，既主张排满，又坚持康梁“勤王起事”的方针，陷入了自相矛盾。唐才常以会党为基础，组成自立军，共分七军，定于8月9日在安徽、江西、湖南、湖北各处同时大举。他自任诸军督办，驻汉口。但因康梁接济未到，起义一再延期，结果事泄。8月底，张之洞捕杀唐才常等数百人，起义失败。自立军之役促使许多人猛醒，从改良转向革命。

与此同时，孙中山派郑士良往广东惠州图举事，并派史坚如到广州策应。1900年10月，郑士良率会党600人在惠州三洲田起义，并很快占领了清安、大鹏至惠州、平海一带沿海地区，起义军也扩展到两万多人。为取得海上接济，起义军向福建厦门方向挺进。但由于台湾的日本殖民当局禁止军火出口，破坏了孙中山自海上接济起义的原定计划，致使起义军弹尽粮绝，不得不就地自行解散。

惠州起义表现了革命党人良好的纪律和可贵的献身精神。它虽然失败了，但产生了很大的社会震动，促进了进步人士对革命党人的理解。孙中山后来说，广州起义失败时，“举国舆论莫不目予辈为乱臣贼子、大逆不道，咒诅谩骂之声，不绝于耳”；但惠州起义失败后，不仅少闻一般人恶声相加，有识之士且为之叹惜，“恨其事之不成”。据此可知，“国人之迷梦已有渐醒之兆”，“有志之士，多起救国之思，而革命风潮自此萌芽矣”①。

## 二、民主革命思想的传播和革命小团体的相继出现

《辛丑条约》订立后，清政府腐朽卖国的真面目渐为时人所认识。鲁迅说：“戊戌变政既不成，越二年即庚子岁而有义和团之变，群乃知政府不足与图治，顿有掊击之意矣。”②要求推翻此一封建反动政权的民主革命思想，因之日益传播，为资产阶级民主革命运动的兴起开辟了思想道路。其时正在迅速形成中的近代新型知识分子群，则是传播民主革命思想的中坚力量。

1901年后，清政府推行“新政”，废科举、兴学堂、派遣留学生，为近

① 《建国方略》，见《孙中山选集》，199页。

② 《鲁迅全集》(九)，282页，北京，人民文学出版社，1987。

代新型知识分子群的出现提供了有利的条件。据统计，到1901年全国兴办的各类学堂已有42 444所。[①] 全国学生人数，1903年已有数十万人，到辛亥革命前夕，更增至156万余人。[②] 其中仅武汉地区，就有一两万人。[③] 尽管清政府对新学堂仍有诸如"忠君""读经"一类封建性的限制，但新学堂讲授的科目主要是包括西方近代自然科学和某些社会科学在内的"西学"，而非"中学"。因之，新学堂的学生知识结构全然不同于传统的封建士大夫，而成长为新型知识分子。

留学生在海外系统接受资本主义教育，构成了近代新型知识分子群的核心。1900年全国留日学生不过百多人，1901年清政府令各省派游学后，留日学生激增，1903年就达1 300多人，到1906年前后，又增至8 000余人。其中，按省籍计，又以江苏、浙江、湖北、湖南、广东、四川等省为最多。在全部留日学生中，自费生占相当比例。此外，还有少数青年留学欧美各国。

新型的知识分子群视野开阔，不仅易于感受民族的危机，产生强烈的救国责任感；而且易于感受西方近代的资产阶级民主潮流，产生变革社会的自觉意识。因此，他们多迅速转化为资产阶级小资产阶级知识分子，成为传播民主革命思想的主要力量。这是清政府推行"新政"所始料不及的。

留学生和进步知识分子集中的东京和上海，是传播民主革命思想的中心。

1900年后，留日学生的分化日趋明显。1901年创刊的《国民报》是留日学生中第一个有比较鲜明革命色彩的刊物。它发表的一系列论说，如《二十世纪之中国》《说国民》《中国灭亡论》《说汉种》等，不仅指出列强正将清政府变成可任意"擒之纵之威之胁之，为所欲为的工具"，因之绝不能"恃今日之政府官吏以图存"[④]，而"大倡革命仇满"；且主张起而颠覆"二千年专制政体"[⑤]，恢复天赋之人权。将反帝爱国与反专制争民权结合在一起，这显然已提出了民主革命的思想。翌年春，章炳麟、秦力山等人发起"支那亡国二百四十二年纪念会"，虽然大会最终未开成，但《宣言书》已风行海内外，

---

① 刘锦藻：《清朝续文献通考》(二)，8634页，上海，商务印书馆，1955。

② 陈青之：《中国教育史》，620页，上海，商务印书馆，1936。

③ 《辛亥革命回忆录》(一)，186页，北京，文史资料出版社，1981。

④ 《二十世纪之中国》，载《国民报》，1901(1)。

⑤ 《叙例》，载《国民报》，1901(1)。

其激烈的排满革命宣传产生了广泛的影响。1903 年春，在有一千多人参加的留学生旧历新年团拜大会上，马君武、刘成禺登台演说，当着清政府驻日公使蔡钧和新任留学生总监督汪大燮的面，历数清政府的种种罪恶，倡言恢复人权，以救中国。团拜会变成了宣传反清革命的讲台，更表明在留日学生的思想中，革命已成无可阻挡的潮流。

与此相应，1903 年前后在留日学生中出现了创办革命刊物的热潮，其中著名的有《游学译编》《湖北学生界》(后改名《汉声》)、《浙江潮》《江苏》等。

在上海，1902 年 4 月，蔡元培、蒋智由等发起成立中国教育会，“表面为研究教育，暗中鼓吹革命”①。同年年底，中国教育会创办了爱国学社，蔡元培任总理，章炳麟等任各科教员。《苏报》本是一家默默无闻的小报，后聘爱国学社的章士钊为主编，请蔡元培、章炳麟等任撰述，着意宣传革命，声望日著。中国教育会、爱国学社，《苏报》三位一体，构成了上海革命宣传的中心。

除《苏报》外，上海还涌现出一批革命刊物，如《大陆》《国民日日报》《童子世界》《觉民》《中国白话报》《俄事警闻》(后改《警钟日报》)、《女子世界》《二十世纪大舞台》等。

在此期间，还翻译出版了许多西方的社会科学著作，如介绍西方资产阶级政治学说的有：卢梭的《民约论》，穆勒的《自由原论》，孟德斯鸠的《万法精理》，斯宾塞的《代议政体》《社会学原理》《女权篇》，达尔文的《天择篇》《物竞篇》等。严复在 1901—1905 年间也翻译出版了亚丹斯密的《原富》，斯宾塞的《群学肄言》，穆勒的《群己权界论》《名学》，甄克思的《社会通诠》等书。介绍欧美资产阶级革命史的有《美国独立战史》《法兰西革命史》《意大利建国史》，以及《华盛顿》《林肯》等传记著作；介绍西方社会主义思潮的有《近世社会主义》《无政府主义》《俄罗斯大风潮》等。这些著作成了进步知识分子宣传革命的思想武器。

康、梁保皇党极力抵制民主革命思想的传播。1902 年，康有为发表《答南北美洲诸华商论中国只可行立宪不可行革命书》，坚持君主立宪，竭力攻击革命。保皇党将康文印成小册子，改名《南海先生最近政见书》，广为散发，产生了极恶劣的影响。梁启超则以“名为保皇，实则革命”为借口，打着孙梁合作的旗号，四处招摇撞骗。在康、梁影响下，檀香山的兴中会会

---

① 蒋维乔：《中国教育会之回忆》，见中国史学会主编：《中国近代史资料丛刊·辛亥革命》(以下简称为《辛亥革命》)，第 1 册，485 页，上海，上海人民出版社，1957。

员和欧美、南洋的华侨，多转向保皇会。这使孙中山认识到，要推进革命的发展，必须揭破保皇党的真面目，并从政治思想和组织上划清革命与保皇的界限。1903 年 12 月和 1904 年 1 月，孙中山先后在《檀山新报》上发表《敬告同乡书》和《驳保皇报》两篇文章。在文中，他说，保皇派标榜“爱国”，“试问其所爱之国，为大清国乎？抑中华国乎”？说到底，其所爱乃卖国的清政府，所以是“非爱国，真害国”。孙中山尤其着力揭穿梁启超“名为保皇，实则革命”论的虚伪性。他指出，康固然反对革命，梁也实与之“同一鼻孔出气”，“彼等所言保皇为真保皇，所言革命为假革命”。因此，他进而明确宣布：“革命、保皇二事，决分两途，如黑白之不能混淆，如东西之不能易位。”二者若水火不相容，必须“划清界限，不使混淆”。孙中山的这两篇文章，树起了民主革命派鲜明的旗帜。它既帮助了人们划清革命与保皇的界限，也就有力地促进了民主革命思想的传播。

在民主革命思想传播的过程中，涌现出了章炳麟、邹容、陈天华等一批杰出的资产阶级革命宣传家。

章炳麟（1869—1936），字枚叔，号太炎，一名绛，出生于浙江余杭县东乡一个封建官僚家庭。早年参加戊戌维新，主张改良。后转向革命。章炳麟为国学大家，文笔渊雅，是个“有学问的革命家”，在知识分子中尤享盛誉。1903 年 5 月，他撰长文《驳康有为论革命书》，站在民主革命派的立场上，针锋相对地驳斥了康有为在《答南北美洲诸华商论中国只可行立宪不可行革命书》中提出的种种谬说。康有为认为，中国“民智未开”，只可立宪，不可革命。章炳麟回答说，“今日之民智，不必恃他事以开之，而但恃革命以开之”。革命斗争的实践本身就是开民智最有效的途径。从义和团到景廷宾，先讲“扶清灭洋”，后主“扫清灭洋”，就反映了这一点。缘此，他进而引出了著名的论断：“公理之未明，即以革命明之；旧俗之俱在，即以革命去之。”革命不仅是“天雄大黄之猛剂”，而且是“补泻兼备之良药”。康有为力主“皇上圣明”，

**图 9.1　章炳麟**

章炳麟却指斥道："载湉小丑，未辨菽麦。"[①]戊戌、庚子两役，已充分证明光绪懦弱无能，今既被幽囚，自身不保，康有为又怎能赖之行立宪？章炳麟的《驳康有为论革命书》是其时革命派从思想上、理论上正面批判立宪派极具战斗性的重要著作。它有力地打击了保皇党的气焰，对于推进革命宣传起了良好的作用。

图 9.2　邹容

邹容(1885—1905)，原名绍陶，字蔚丹，出生在四川巴县一富商家庭。自幼具叛逆性格，鄙薄科举。后受维新思潮影响，先后到重庆、上海求学。1902 年留学日本。1903 年 4 月回上海，结识了章太炎，5 月出版名著《革命军》，全书两万余字，共七章。邹容在书中以辛辣锋利的笔调、通俗浅显的文字，尖锐地揭露了清政府对内残酷压迫中国人民，对外无耻出卖国家主权的种种罪恶，并以高昂的激情论证了推翻清廷、实行革命的正义性和必然性。他说："革命者，天演之公例也；革命者，世界之公理也。""我中国今日欲脱满洲人之羁缚，不可不革命；我中国欲独立，不可不革命。"邹容还颂扬了"自由、平等、博爱"资产阶级民主革命的原则，强调中国革命的前途只能是结束帝制，建立"共和国"。其具体方案，当是效法美国，立宪法，选总统，行议会制度，以保障人民享有自由、平等的权利。邹容响亮地喊出了"中华共和国万岁"的口号。《革命军》是其时表述资产阶级民主革命的原则和理想最为完整和鲜明的著作。它刚一问世，即"不胫而走"，在国内外不断再版，销售逾百万册，占清末革命书刊销数的第一位。

图 9.3　陈天华

陈天华(1875—1905)，原名显宿，字星台，别号思黄，湖南新化县下乐村人。自幼受贫苦生活的磨炼，勤奋好学，尤其擅长弹唱小说，为其后从事革命宣传打下了良好基础。1903 年留学

① 见汤志钧编：《章太炎附论选集》，上册，199、203、204 页，北京，中华书局，1977 年。

日本，很快便成长为出色的革命宣传家，所著以《猛回头》《警世钟》二书影响最大。陈天华在这两本书中，以通俗流畅的文字和为民众所喜闻乐见的说唱形式，淋漓尽致地揭露了帝国主义对中国的野蛮侵略。他不仅指出列强侵略是造成“中国民穷财尽”的根源，而且指出列强侵略手法正发生变化，即以清政府“代他管领”，“暗行瓜分”，则更为阴狠可怕。他大声疾呼，只要全国人民同仇敌忾，共起反抗，帝国主义决不可能灭亡中国。陈天华批判了保皇派的思想，倡言革命。他说，清政府已全然变成了“洋人的朝廷”、替列强统治中国人民的“守土官长”，在此种情况下，“难道这洋人的朝廷也不该违拒吗”？他断言：“我们要想拒洋人，只有讲革命独立，不能讲勤王。”《猛回头》《警世钟》出版后，和《革命军》一样受到了广大人民群众的欢迎，反复再版，在其时产生了广泛的影响。

清政府对民主革命思想的日益传播大为惊恐。1903 年 5 月后，《苏报》刊登了介绍邹容的《革命军》和章炳麟驳斥康有为政见的文章，鼓吹革命，在社会上引起很大的反响。6 月底，清政府便串通上海租界工部局查封了《苏报》，当即捕走章炳麟等人。邹容投案自首，也被关入监狱。这就是震惊一时的“苏报案”。后租界会审公廨判处章、邹分别监禁三年和两年。1905 年 4 月 3 日，邹容病死狱中，年仅 20 岁。清政府勾结帝国主义制造“苏报案”，不仅未能阻止革命的传播，相反，进一步促进了爱国志士的觉醒。

随着革命思想的广泛传播和进步留学生纷纷回到内地，到 1904 年前后，国内出现了一些革命小团体。其中影响较大的是：湖南的华兴会、湖北的科学补习所、浙江的光复会。

华兴会创建者是著名革命党人黄兴。

黄兴(1874—1916)，原名轸，字廑午。① 湖南善化县人。出生于一个地主家庭。黄兴早年就读于长沙岳麓书院，后转武昌两湖书院。受戊戌维新影响，关心时政，同情自立军起义。1902 年初，被选派留学日本，受革命思想影响，转向革命。黄兴先后参与创办《游学译编》和《湖北学生界》，积极参加“拒俄义勇队”和军国民教育会的活动。1903 年夏，受军国民教育会指派，回湖南策划起义。黄兴回到长沙后，于 1904 年 2 月 15 日正式成立革命团体华兴会。到会者有黄兴、宋教仁、刘揆一、陈天华等百余人，共推黄兴为会长。两湖革命知识分子先后有四五百人参加了华兴会。另设同仇

① 1904 年起义失败后，东渡日本，改名兴，又号克强。

会作为外围组织，以联络会党。黄兴与哥老会首领马福益商定，于是年11月16日西太后七十岁生日那天，趁全省高级官员集合祝寿之时举事，占领长沙。但事机泄漏，马福益被捕遇害，黄兴逃往上海，不久转赴日本。

1904年7月3日，湖北革命志士张难先、胡瑛、曹亚伯等在武昌正式成立革命团体科学补习所，举吕大森为所长，表面上以“研究科学”为宗旨，实则“以心记之宗旨‘革命排满’四字为主”。他们认为，“革命非运动军队不可，运动军队非亲身加入行伍不可”①。故多积极投入新军作革命宣传和组织工作。科学补习所与华兴会联络，积极准备响应后者的起义。华兴会事败，科学补习所受牵连被迫停止活动。刘敬安等利用合法的教会阅览室——日知会，继续联络同志进行革命活动。并于1906年2月重新组织起了革命团体，且即取名日知会。

1904年冬，江浙地区的革命团体光复会在上海成立。参加者有蔡元培、陶成章、龚宝铨等。蔡元培被推为会长。章炳麟在狱中曾参与其事。光复会通过陶成章与会党联络，谋与华兴会协同起义。但因后者先败，事不成。后来光复会在日本东京成立分部，参加者达数百人。

此外，同期各地还有其他一些革命小团体相继建立，如上海的福建学生会、安徽的岳王会、江西的自强会、贵州的科学会等。

## 三、资产阶级革命政党中国同盟会的成立

随着民主革命思想的广泛传播和革命团体的纷纷成立，为了推动革命形势进一步发展，实现资产阶级革命派大联合和最终建立全国统一的革命政党的任务被提到了议事日程上来。孙中山高瞻远瞩，为此进行了卓有成效的努力。

1900年惠州起义失败后，孙中山继续坚持革命的宣传和组织工作，但他“结识留学界志士及热心华侨无数，多未使之加入兴中会”。② 1903年孙中山在日本东京创建青山革命军事学校，第一次提出了“驱除鞑虏，恢复中华，创立民国，平均地权”16字誓词。此后，他赴欧美各国建立革命团体，一律用16字誓词，都不沿用兴中会的名字。孙中山后来回忆说：“乙巳春

① 张难先：《湖北革命知之录》，55页，上海，商务印书馆，1946。

② 冯自由：《兴中会时期之革命同志》，见《革命逸史》，第3集，32页，北京，中华书局，1981。

间，予重至欧洲……乃揭櫫吾生平所怀抱之三民主义、五权宪法以号召之，而组织革命团体焉。于是开第一会于比京，加盟者三十余人；开第二会于柏林，加盟者二十余人；开第三会于巴黎，加盟者亦十余人。开第四会于东京，加盟者数百人。”①显然，自惠州起义失败后，孙中山已无意于扩展兴中会，他的胸中已怀有一个大目标，即开始酝酿建立一个全国统一的革命政党。

1905 年 7 月 19 日，孙中山由欧洲回到日本横滨。他的到来受到了留日学生的热烈欢迎。孙中山首先会见了在留学生中享有盛誉的黄兴，共同作出了联络各革命团体建立全国性统一政党的决策。7 月 28 日，孙中山又亲赴《二十世纪之支那》杂志社，与宋教仁、陈天华等会谈，提出“视今之主义，总以互相联络为要”②，再次强调了建立全国性政党的必要性。

次日，各省革命志士 70 余人齐集东京，举行成立同盟会预备会议。会上，首先由孙中山讲演革命的形势和革命的方法。随后有人提议定会名为“对满同盟会”。孙中山指出，革命目标不专在排满，还要推翻君主专制，创建共和，应取名“中国革命同盟会”。经讨论，最后定名为“中国同盟会”。孙中山又提议以“驱除鞑虏，恢复中华，创立民国，平均地权”为同盟会宗旨。有人建议取消“平均地权”四字，后经孙中山耐心解释，众乃鼓掌通过。

8 月 20 日，中国同盟会在东京正式成立，与会者百余人。会议通过了《中国同盟会总章》，它规定：设总部于东京，按三权分立原则，在总理之下设执行、评议、司法三部。大会推举孙中山为总理，黄兴为执行部庶务总干事，相当协理，总理不在时，有代理会务之权。总章还规定：在国内外分设九个支部，直辖于总部。国内有东、南、西、北、中五个支部，分别设于上海、香港、重庆、烟台和武汉。国外有南洋、欧洲、美洲、檀岛四个支部，分别设于新加坡、布鲁塞尔、旧金山、火鲁奴奴。支部之下设立各省区分会，并先后推定了分会主盟人。这样，同盟会便制定了自己较为完备的领导机构和组织系统。

同盟会是一个有明确政治纲领的资产阶级革命政党。其总章确认：“本会以‘驱除鞑虏，恢复中华，创立民国，平均地权’为宗旨。”《军政府宣言》又宣布，此次革命“于驱除鞑虏、恢复中华之外，国体民生，尚当变更。虽经纬万端，要其一贯之精神，则为自由、平等、博爱。故前代为英雄革命，

① 《建国方略》，见《孙中山选集》，201 页。

② 《宋教仁日记》，90 页，长沙，湖南人民出版社，1980。

今日为国民革命”①。这即是明确表明，其最终目标是要结束封建君主专制，建立资产阶级的共和国。

同盟会的成员，据统计，1905—1907 年入会且出身可考者共 379 人。其中，留学生和学生 354 人，官吏及有功名的知识分子 10 人，教员、医生 8 人，资本家、商人 6 人，贫农 1 人。资产阶级小资产阶级知识分子占总数 98%以上。1905—1906 年担任同盟会各省主盟人者，先后共 45 人，均为具有鲜明的民主革命思想的知识分子。② 这说明，同盟会的主要成员是资产阶级小资产阶级知识分子，而其中坚领导力量则是以孙中山为代表的激进民主派。

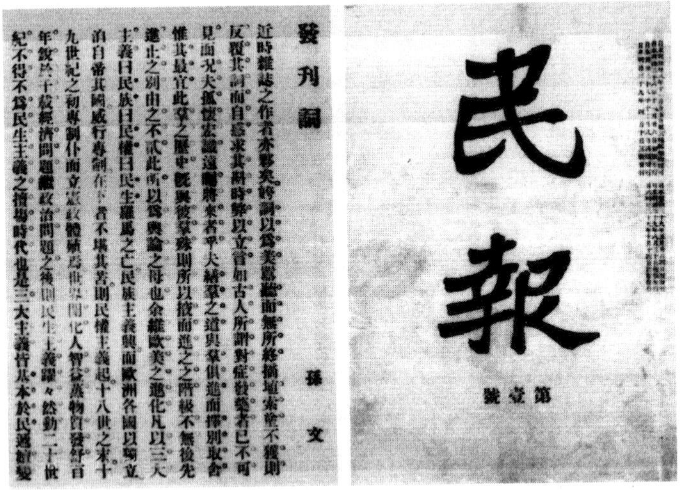
發刊詞　孫文

近時雜誌之作者亦夥矣姱詞以為美囂聽而無所終摘埴索塗不獲則反覆其詞而自惑求其斟時弊以立言如古人所謂對症發藥者已不可見而況夫孤懷宏識遠矚將來者乎夫繕群之道與群俱進而擇別取舍惟其最宜此群之歷史既與彼群殊則所以掖而進之之階級不無後先進止之別由之不貳此所以為輿論之母也余維歐美之進化凡以三大主義曰民族曰民權曰民生羅馬之亡民族主義興而歐洲各國以獨立洎自帝其國威行專制在下者不堪其苦則民權主義起十八世之末十九世紀之初專制仆而立憲政體殖焉世界開化人智益蒸物質發舒百年銳於千載經濟問題繼政治問題之後則民生主義躍々然動二十世紀不得不為民生主義之擅場時代也是三大主義皆基本於民遞嬗變

民報

第壹號

图 9.4 《民报》

1905 年 11 月，同盟会机关刊物《民报》创刊。孙中山在《民报发刊词》中，第一次将同盟会的 16 字政纲概括为民族、民权、民生“三大主义”，即三民主义，并要求将之“灌输于人心而化为常识”。次年，孙中山在为同盟会制定革命方略而写的《军政府宣言》和《民报》创刊周年纪念大会的演讲中，对此又作了进一步发挥。

民族主义的基本内容是“驱除鞑虏，恢复中华”，即推翻以满洲贵族为首的腐朽卖国的清朝政府，建立独立统一的民族国家。孙中山反对革命党

① 《辛亥革命》，第 2 册，7、14 页。

② 《中国同盟会初成立时主盟人统计》，见《近代史资料》，1957(6)。

内部存在的片面的“排满”宣传，他说：“民族主义，并非是遇着不同族的人，便要排斥他。”“惟是兄弟曾听见人说，民族革命是要尽灭满洲民族，这话大错。……我们并不是恨满洲人，是恨害汉人的满洲人。假如我们实行革命的时候，那满洲人不来阻害我们，决无寻仇之理。”①民族主义的目的在于推翻清朝反动政权，而非仇视满洲民族，经孙中山的引导，这渐成为革命党人的共识。

民权主义的基本内容是“创立民国”，即推翻以清政府为代表的封建君主专制制度，建立资产阶级共和国：“今者由平民革命以建国民政府，凡为国民皆平等以有参政权。大总统由国民公举。议会以国民公举之议员构成之，制定中华民国宪法，人人共守。敢有帝制自为者，天下共击之!”②孙中山将民族主义与民权主义紧密联系在一起，强调民权主义乃政治革命，它与民族革命互为表里。他指出，“我们推倒满洲政府，从驱除满人那一面说是民族革命，从颠覆君主政体那一面说是政治革命，并不是把来分作两次去做”。所以，推倒清政府后，是要结束千年帝制，“建立民主立宪政体”，断不容重建以汉人为君主的新王朝。

民生主义的基本内容是“平均地权”，即通过核定地价，按价收税，将革命后社会改良进步之增价，收归国有，“为国民所共享”，“俾家给人足，四海之内无一夫不获其所”。③ 孙中山认为，欧美各国所以出现贫富不均的社会弊端，积重难返，原因在于未能解决土地问题。中国社会文明程度尚不高，当未雨绸缪。他参考美国亨利·乔治的学说提出民生主义就是想避免此一社会隐患。其具体办法在实施“单一税”：由地主估报地价，政府照其报价征收地价税。将来国家征用土地时，照价收买，原价归地主，增价归国家，以此实现土地国有、地权平均享有的目的。由于征用土地在将来未定之日，照价收税一条，自可防止地主“以少报多”的流弊。孙中山对此十分自信，他说：“中国行了社会革命之后，私人永远不用纳税，但收地租一项，已成地球上最富的国。”④

以三民主义为标帜的同盟会纲领，是中国历史上第一个较为鲜明和完整的资产阶级民主主义纲领。它主张通过民族革命、政治革命和社会革命，

---

① 《孙中山选集》，79～80页。

② 《军政府宣言》，见《孙中山选集》，78页。

③ 《在东京〈民报〉创刊周年庆祝大会的演说》，见《孙中山选集》，82页。

④ 《在东京〈民报〉创刊周年庆祝大会的演说》，见《孙中山选集》，86页。

推翻腐朽卖国的清政府，结束中国千年的君主专制制度和建立资产阶级共和国，实现民族独立、国家富强。这不仅集中反映了资产阶级的利益和要求，而且是在较比更为完整的意义上，揭示了近代中国民族民主革命的时代主题。因此，它成了指导辛亥革命的纲领。

但它又不是一个彻底的民主主义纲领。它没有提出明确的反帝口号，反对封建主义也不彻底，尤其未能提出废除封建土地占有制，以满足广大农民阶级的利益和要求。这些弱点反映了中国民族资产阶级的软弱性和妥协性。同盟会会员对纲领的态度，也并不完全一致。有的人趋重民族主义，于民权、民生两主义表示淡漠；有的人则趋重民族、民权主义，而于民生主义不感兴趣。此外，同盟会设定的组织系统也始终未能完整地建立起来。它规划的国内五个支部，除了南支部外，其余都没能建立起来。各省区的支分会，不仅不健全，且互不联络，处于各自为战的状态。这些自然削弱了同盟会的整体力量。

尽管如此，同盟会的建立，终究是近代中国资产阶级革命中的一个重大事件。在此之前，兴中会、华兴会、光复会等革命团体，都不过是地区性的革命组织，不仅斗争的方法陈旧，其革命的宗旨也不甚鲜明。因之，其各自的影响也就十分有限。同盟会的建立及其三民主义政纲的揭出，标志着资产阶级革命派实现了大联合和建立起了全国统一的政党。从此，资产阶级革命派的斗争不仅有了一个统一的领导中心，而且提高到了一个新的境界。孙中山说，同盟会成立后，“予之希望则为之开一新纪元”，始信革命事业可及身而成。“于是乃敢定立‘中华民国’之名称而公布于党员，使之各回本省，鼓吹革命主义，而传布中华民国之思想焉。不期年而加盟者逾万人，支部则亦先后成立于各省。从此革命风潮一日千丈，其进步之速，有出人意表者矣！”①

## 第三节　同盟会领导的革命斗争

### 一、与改良派展开论战

同盟会成立后，即以高昂的革命热情领导了反清革命新的斗争。表现

---

① 《建国方略》，见《孙中山选集》，201页。

在政治思想战线上，便是积极主动地与改良派展开了大论战，通过思想批判，宣传民主主义的革命纲领，大造革命舆论。

在此之前，康、梁改良派虽受到部分革命党人的抨击，但其排拒革命的活动不曾收敛，却愈加猖獗。康有为致书梁启超说："吾向来不忧外国之吞并，而深惧革命之内乱"，"立宪与不立宪尚其次，而革与不革乃真要事"。梁启超讲得更明确："革党现在东京占极大之势力，万余学生从之者过半。""彼播种于此间，而蔓延于内地，真腹心之大患……今者我党与政府死战，犹是第二义；与革党死战，乃是第一义。有彼则无我，有我则无彼"。[①] 尽管改良派与清政府之间依然存在着矛盾，但他们明确地把"与革党死战"放在了第一位。这就使革命派与改良派间的斗争变得更加激烈。

早在1903年前后，孙中山就认识到了改良派的危害，并提出了肃清"保皇毒焰"[②]的任务。但限于历史条件，其时的革命党人还没有力量对改良派展开全面的批判。同盟会成立后，统一和壮大起来了的革命党人既认识到康梁诸人"为虎作伥，其反对革命，反对共和，比之清廷为尤甚"[③]，为推进革命发展，自然要把进一步肃清改良派"毒焰"的斗争，提到日程上来。

1905至1907年间，革命派与改良派在政治思想领域展开了大论战。前者的机关报《民报》与后者的喉舌《新民丛报》是两派论战的主要阵地。《民报》曾出第3号号外，郑重列出"《民报》与《新民丛报》辩驳之纲领"12条，声明所列各点为关系中国存亡之根本："然使如《新民丛报》所云，则可以立亡中国。故自第4期以下，分类辩驳，期与我国民解决此大问题。"双方在香港、新加坡、南洋、檀香山、美洲等地的报刊，也多加入了论战。这场论战规模之大、时间之长、斗争之激烈、影响之深远，为中国近代历史所仅见。

双方论战涉及的具体内容虽然广泛，但其核心问题主要有三。

其一，要不要以革命的手段推翻清朝政府。

改良派极力为清政府作辩护。他们说，"吾国久废封建，自由平等，已二千年"，并不存在贵族"压制平民"之事。"若圣祖薄税之制，尤为中国数

① 丁文江、赵丰田编：《梁启超年谱长编》，373页，上海，上海人民出版社，1983。

② 《孙中山全集》，第1卷，229页，北京，中华书局，1982。

③ 《建国方略》，《孙中山选集》，197页。

千年所无，亦为地球万国古今所未有。”[1]今日的清政府也正努力谋求改革，以使自己成为“良政府”，谓其“坐视人民之涂炭以为快”，实出于“相诬”[2]。因此，倡言革命，是“无病而学呻”。他们尤其攻击革命是恐怖残暴的行为，不仅会造成流血千里的惨剧，还将使中国陷于长期的内乱，从而引起帝国主义的干涉，招致瓜分。“小之则自取灭亡，大之则灭亡中国。”[3]

革命派对此作了针锋相对的反驳。他们指出，清政府是个祸国殃民的“恶劣政府”。对内，它残酷统治中国人民，于士、农、工、商各界人等，或“奴叱娼畜”，或诛求“厘金赔款”，或“重征浮收”，或“滥刑苛法”，终使“十室九空，来日方长，其曷堪此”；对外，则媚事列强，丧权辱国，“独有割让土地，委弃利权条约之签押为其成绩”。以至于“海外商民坐视其涂炭，内地商业设重出口税以困之，路权条约贪外贿以增敌”。于是可知，“满洲政府实中国富强第一大障碍”[4]，欲救亡图存，富国强兵，便不能不首先推倒它。

对于改良派以“不忍之心”为借口诋毁革命，革命派的回答是明快的。他们不否认革命会发生流血，但他们认为，“天下事，惟有所忍，乃能有所不忍，而大不忍之心即存于此须臾之忍之间也”。革命因救民而起，“革命即不能不杀人流血，杀人流血忍事也，忍而为之即将以达其舍身拯民不忍人之心也”。革命不可能不流血，这是残酷的(“忍事”)，但千百万人却因此得解脱专制之苦，可见它同时即包含着最大的仁慈(“不忍之心”)。因此，革命乃舍身拯民正义的伟业，又如何能诬之为洪流猛兽呢！从中外历史看，有道之士往往以“犹预不忍”而致败，而“悍毒之奸雄”却能“以凶恶捷疾胜”。[5] 所以，他们指出，改良派标榜“不忍人之心”而阻遏革命，就是助专制的清朝政府以虐民。

改良派关于革命将招致列强干涉和瓜分的说法，并没有吓倒革命派。他们回答说：“夫干涉亦何足惧?”只要使革命思想普及全国，人人挟一不自

---

① 康有为：《法国革命史论》，见张枬、王忍之编：《辛亥革命前十年间时论选集》，第2卷，上册，324、304页，北京，生活·读书·新知三联书店，1978。

② 《政闻社宣言书》，见《辛亥革命》，第4册，107页。

③ 梁启超：《暴动与外国干涉》，见《辛亥革命前十年间时论选集》，第2卷，上册，294页，北京，生活·读书·新知三联书店，1978。

④ 吴樾：《意见书》，见《辛亥革命前十年间时论选集》，第2卷，上册，392、393页。

⑤ 寄生：《正明夷法国革命史论》，载《民报》，第11号。

由毋宁死之主义，“与文明公敌周旋”，列强“未必能尽斩我种族”；不然，“奴隶唯命，牛马唯命，亦终蹈红夷棕蛮之覆辙而已”①。他们强调，只有推翻了清政府，才能真正避免列强的瓜分。

其二，要不要建立资产阶级共和国。

改良派反对建立民主共和政体。其理由有二：一是“不能躐等”。他们固守今文家“三世说”的庸俗进化论，以为“据乱世”须经“升平世”，才能进到“太平世”，即封建君主专制须经过君主立宪阶段，才能进到民主共和，“苟未至其时，实难躐等”②；二是“国民程度未逮”。他们强调中国国民程度太低，“未有共和国民之资格”，强行建立共和，势必煽起“莠民”暴动，为害天下。

对于改良派的“不能躐等”说，孙中山的反驳最为简括有力。他说：“又有谓各国皆由野蛮而专制，由专制而君主立宪，由君主立宪而始共和，秩序井然，断难躐等；中国今日亦只可为君主立宪，不能躐等而为共和，此说亦谬。”以修铁路为例，“铁路之汽车始极粗恶，继渐改良”，今天中国要修铁路，难道还要引进原始落后的汽车，而不直接采用“最近改良之汽车”吗？所以，“不能躐等”说是一种违反“进化之公理”，“不知文明之真价”的谬说。改良派不懂得，即便是立宪也须靠流血才能获得，而同一流血，“何不为直截了当之共和，而为此不完不备之立宪乎？”孙中山相信，只要淘汰了此种渐进的谬想，“从最上之改革着手”③，建立民主共和，中国在不远的将来，定能突驾日本，远追欧美。对于改良派的“国民程度未逮”说，革命派以天赋人权说立论，予以反驳。他们指出，自由、平等、博爱乃是人类的通性，我国民既具有此种民主的精神，也必能有民权立宪的能力。

其三，要不要改变封建土地制度。

改良派对革命派主张“平均地权”“土地国有”的社会革命论，反对尤为激烈。梁启超宣称：“虽以匕首吾胸，吾犹必大声疾呼曰：敢有言以社会革命即土地国有制，与他种革命同时并行者，其人即黄帝之逆子，中国之罪

---

① 章太炎：《驳革命驳议》，见汤志钧编：《章太炎政论选集》，上册，228页，北京，中华书局，1977。

② 康有为：《法国革命史论》，见《辛亥革命前十年间时论选集》，第2卷，上册，295页。

③ 《在东京中国留学生欢迎大会的演说》，见《孙中山选集》，73、74页。

人也，虽与四万万人共诛之可也。”[①]他们极力美化封建土地制度，强调中国社会经济组织优良，历来不存在贵族压制和贫富的对立，即便将来工业发展了，也不会出现欧美那样贫富悬殊的社会弊端。因此，“安辔循轨”，在原有基础上稍作补苴以求进化已足，社会革命是全然不必要的。他们攻击革命党人倡“平均地权”，无非想以此博下等社会的同情，但其结果必致煽动“下等社会”起而尽夺富人之田，祸乱天下。所以梁启超说，其他问题尚可让步，唯此土地制度问题，“则寸毫不能让”。

革命派以鲜明的态度对改良派的攻击作了有力的回击。他们以无可辩驳的事实说明，中国的社会经济组织久已弊病丛生。“地主之流弊，不特使贫民陷于地棘天荆之苦况，抑亦为商工界之一大障碍物，可断言也。”[②]今日中国社会的贫富对立虽不及欧美为甚，但长此以往，工业发展后，定然也要出现“富者资本骤增，贫者日填沟壑”的弊端。[③]“贫富已悬隔固不可不革命，贫富将悬隔则亦不可不革命。”为防患于未然，行社会革命，实现土地国有，是完全必要的。针对改良派攻击革命党无非是要利用下等社会夺富人之田，他们理直气壮地回答说：“今后革命，固不纯恃会党，顾其力亦必不出于豪右，而出于细民，可预言者也。”[④]更激进者且径直倡言：“豪富之田，不可不籍，然欲籍豪富，又必自农人革命始。”[⑤]

在论战中，革命派虽占据主动地位，有力地反驳了改良派的种种谬说，但也暴露出自身的弱点。

在反驳关于革命将招致列强干涉与瓜分的问题时，革命派虽然表示了干涉不足畏的态度，但他们毕竟有意无意地回避了帝国主义干涉和破坏各国的民族解放运动，乃是出自其侵略本性这一根本问题。他们强调唯有推翻满洲政府，才能避免列强瓜分，甚至认为中国革命反对封建专制，建立

---

① 《开明专制论》，见《辛亥革命前十年间时论选集》，第 2 卷，上册，189、173 页。

② 《录中国日报民生主义与中国政治革命之前途》，载《民报》，第 4 号。

③ 自由：《民生主义与中国政治革命之前途》，见《辛亥革命前十年间时论选集》，第 2 卷，上册，420 页。

④ 县解：《论社会革命当与政治革命并行》，见《辛亥革命前十年间时论选集》，第 2 卷，上册，442 页。

⑤ 刘师培：《悲佃篇》，见《辛亥革命前十年间时论选集》，第 2 卷，下册，754 页。

共和，符合世界各国潮流，“与各国无密切之利害关系”[1]，因而也绝不会引起帝国主义干涉，改良派的担心无非“杞人之忧也”。这些片面的见解，反映了革命派对帝国主义抱有不切实际的幻想。

革命派声言革命当依靠“细民”而非“豪右”，固然是可贵的；但他们对改良派关于革命将引起下层社会民众暴动，从而造成“内乱”的诘难，回应却十分乏力。他们承认“自然的暴动”“固亦吾人所深虑”，只是强调说中国的革命“为秩序之革命”，且“革命之范围，必力求其小，革命之期月必力促其短”[2]，因此上述的结局可以避免。这反映了革命派既希望借重民众的力量，但又惧怕其无法控制的矛盾心理。说到底，他们依然不相信民众。这也就是虽有个别革命党人提出了“农民革命”的重要见解，却始终不为人们所重视的原因了。

至于改良派攻击土地国有乃“欲夺富人所有以均诸贫民”，而革命派除极个别者外，都忙不迭地反复申明，“从吾人之政策”，非“损富者以益贫”，是欲使“富者愈富，贫者亦富也”，也无疑反映了他们对地主阶级的妥协态度。

尽管革命派存在自身的弱点，但他们所着力高扬的资产阶级民主主义的革命纲领，终究顺应了社会历史发展的潮流，代表了最广大中国人民的利益，所以它受到了更多人的热烈拥护和欢迎。随着大论战的展开，《民报》的发行量大增，虽一再重印，仍供不应求。同时，《复报》《云南》《鹃声》《汉帜》《河南》《夏声》等一大批革命派的新报刊应运而生，推波助澜，革命思潮风起云涌。1906 年 12 月 2 日，革命派在东京锦辉馆隆重庆祝《民报》创刊一周年。到会者多达六七千人，会场爆满，以至于后至者只能站在馆外，伏窗而望。孙中山从容登台，演讲同盟会的革命纲领，博得满堂热烈的掌声和喝彩，反映了革命已为人心所向。

改良派也不得不承认自己失败了。1907 年 8 月，《新民丛报》被迫宣布停刊。10 月，改良派在东京成立政闻社，约 200 人出席成立大会。革命派及同情革命的留学生千余人闻讯前往，将会场冲击得七零八落。一些革命党人登台演讲，台下掌声雷动，表明改良派的主张已不得人心。

总之，经过这场大论战，革命派沉重打击了改良派，有力地提高了革

---

① 精卫：《驳革命可以召瓜分说》，见《辛亥革命前十年间时论选集》，第 2 卷，上册，467 页。

② 陈天华：《中国革命史论》，载《民报》，第 2 号。

命的声望和影响，为辛亥革命高潮的迅速到来开辟了思想道路。

## 二、发动反清武装起义

同盟会在批判改良主义思想的同时，派遣会员纷纷回到国内，发动了一系列反清武装起义。

萍、浏、醴起义，是同盟会成立后发动的第一次武装起义。

1906 年初，正值江西、湖南交界的萍(乡)、浏(阳)、醴(陵)地区的会党谋举事之际，同盟会会员刘道一、蔡绍南从日本回到了湖南。他们很快便在萍、浏、醴地区联络会党，宣传革命，积极准备发动起义。12 月 4 日，起义正式爆发。起义军由龚春台任都督，蔡绍南、魏宗铨任左右统领。其基础是会党群众，安源煤矿的矿工、贫苦农民和部分防营兵勇也先后纷纷加入。不到 10 天时间，起义队伍便扩充至 3 万多人，形成了浩大的声势。起义军定名为“中华国民军南军革命先锋队”，并发布《中华国民军起义檄文》，宣布其宗旨不仅要推翻清王朝，“且必破除数千年之专制政体，不使君主一人独享特权于上；必建立共和民国，与四万万同胞享平等之利益，获自由之幸福。而社会问题，尤当研究新法，使地权与民平均，不至富者愈富，成不平等之社会”①。这说明，起义是在同盟会纲领的指导下发动的，它与传统的会党举事已有了根本的区别。清政府大为震惊，从湖北、湖南、江西、江苏四省调集大批军队进行围剿。起义军浴血奋战，坚持了一个多月，最终失败。

萍、浏、醴起义虽然失败了，但它不仅扩大了同盟会的社会影响，而且鼓舞了同盟会进一步发动武装起义的信心。其时，孙中山的战略思想是先夺取两广为根据地，进而北出长江，以定中原。在此一战略思想的指导下，1907 年 5 月至 1908 年 4 月间，孙中山在两广的沿海沿边地区亲自发动了 6 次武装起义：1907 年 5 月潮州黄冈起义，6 月惠州七女湖起义，9 月防城起义，12 月镇南关起义，1908 年 3 月钦州马笃山起义，4 月河口起义。这些起义虽然也均告失败，但它们传播了民主革命思想，推动了两广地区革命形势的发展。

与此同时，光复会也在安徽、浙江发动武装起义。

徐锡麟是光复会的领导人之一，他捐资为道员，得以分发安徽，借办

① 《辛亥革命》，第 2 册，477 页。

理巡警学堂，暗中进行革命活动。1907年初，女革命家秋瑾回到绍兴，则利用自己主持的大通学堂作掩护，积极训练会党，并与徐锡麟约定于7月19日同时起义。但6月间，清朝当局稍有觉察，开始搜捕革命党人。徐锡麟怕事泄漏，提前行动。7月6日，他乘安徽巡抚恩铭参加学生毕业典礼的机会将其刺杀，并率学生占领军械局，发动起义。但随即遭清军包围，虽经殊死奋战，终寡不敌众，遂败。徐锡麟被捕，惨遭杀害。

皖省起义既败，秋瑾的活动便暴露了。浙江巡抚张曾派兵包围了大通学堂。秋瑾临危不惧，从容指挥学生掩埋枪支，销毁名册，即时避开，自己却坚持不走。7月14日，秋瑾被捕。次日在绍兴轩亭口英勇就义，时年31岁。

受光复会起义的影响，1908年11月，革命志士安庆新军队官熊成基又率领马炮两营新军起义，进攻安庆城。起义军与清军激战一昼夜，未能得手。熊成基鉴于敌我力量悬殊，主动遣散部队，分头逃避。他本人赴日本，加入同盟会。后转长春、哈尔滨策划起义，不幸被捕，英勇牺牲。

这些起义的失败，并未使孙中山革命派后退。他们总结了以往失败的教训，决定将策反的重点由会党转向新军，并把起义的地点改在广州。1910年2月至1911年4月，同盟会在这里发动了两次著名的起义：

1. 广州新军起义

由于同盟会会员姚雨平、赵声、倪映典等人的艰苦工作，至1909年底广州新军已有3 000多人加入了同盟会，约占其总人数的一半。同盟会遂决定于1910年2月24日起义。但旧历除夕的2月9日，广州城里发生军警冲突，形势骤变，打乱了起义的原定计划。2月12日，倪映典率新军3 000余人提前起义。次日晨，倪映典率军攻省城，途中突遇清军，倪中弹牺牲。起义军经顽强抵抗后溃退，起义失败。

2. 黄花岗起义

广州新军起义失败后，同盟会干部多灰心丧气。“举目前途，众有忧色。询及将来计划，莫不唏嘘太息，相视无言。”①孙中山则相信革命的时机正日趋成熟，他鼓励大家说：“一败何足馁？吾曩之失败，几为举世所弃，比之今日，其困难实百倍。今日吾辈虽穷，而革命之风潮已盛，华侨之思想已开，从今而后，只虑吾人之无计划，无勇气耳!”他和黄兴决定在广州再次发动起义。

---

① 《建国方略》，见《孙中山选集》，206页。

1910年11月13日，孙中山在槟榔屿召集同盟会主要干部会议，商定具体起义计划。会后，革命党人全力以赴，分头加紧起义的准备工作。孙中山亲自在华侨中募捐，并派人购运枪械。1911年1月18日，黄兴、赵声在香港建立统筹部，二人分任正副部长，并在广州设立秘密机关38处。黄兴还组织了一支800人的敢死队，以为起义的中坚力量，同时联络了新军与会党。其构想是占领广州后，即分兵出湖南、江西、福建，与长江各省义军汇师北伐，推翻清廷。海内外革命志士，群情激昂，争相赴义，准备投入战斗。

统筹部定于4月13日发难，推赵声为起义军总司令，黄兴为副司令。但4月8日发生了温生才刺杀广州将军孚琦事件，同时，党人由香港运到广州的炸弹又被清军查获，清朝当局加强了戒备；而起义所需的款项和部分枪械尚未到齐。革命党人只好将起义日期推迟到4月27日。黄兴先期潜入广州，在两广总督衙门附近的小东营五号建立起义指挥部。其时广州城内已是风声鹤唳，两广总督张鸣岐、水师提督李准等防备愈严，形势危急。党人有主张缓期再举者，但黄兴以为不可，决定将原定十路进攻的计划改为合力进攻总督衙门。27日（阴历三月二十九日）下午4时，黄兴率敢死队120余人，毅然起义。他们臂缠白布，勇猛攻入督署。粤督张鸣岐先已逃往水师行台。黄兴等放火焚督署后复出，途遇大批清军，双方展开激战。革命党人虽重创敌人，但自己也伤亡惨重。黄兴多处受伤，后化装突围，返抵香港，起义失败。此役同盟会牺牲会员100多名，其中72人的遗骸被收葬于广州东郊黄花岗，故称“黄花岗起义”。

黄花岗起义虽然使同盟会的力量遭受重大损失，但它产生了巨大的影响。革命党人视死如归、前仆后继的大无畏精神，使清朝统治者尽成惊弓之鸟，惶惶不可终日；同时它又极大地鼓舞了各地的革命志士，有力地促进了武昌起义的爆发。孙中山后来说：“是役也，碧血横飞，浩气四塞，草木为之含悲，风云因而变色。全国久蛰之人心，乃大兴奋。怨愤所积，如怒涛排壑，不可遏抑，不半载而武昌之大革命成。则斯役之价值，直可惊天地，泣鬼神，与武昌革命之役并寿。”①

革命党人发动的一系列武装斗争所以均告失败，主要原因在于未能深入地去发动、组织民众，尤其是未能依靠广大的农民群众。他们主要依靠会党与新军的力量。会党群众虽然多出身农民，但由于长期游离于农村经

① 《孙中山全集》，第6卷，50页。

济生活之外，实成游民。他们不乏反清斗争的勇气，却缺少纪律性。新军也有部分来自农民，但它毕竟是清政府的统治工具，革命党人对新军也缺乏长期细致的争取、转化工作。革命党人与会党、新军联络，不等于与农民阶级结盟。而脱离了民主革命的主力军，他们依赖外部的款项、枪械和军事骨干力量，在沿边沿海城市发动武装起义，便成了单纯的军事冒险行动。此外，缺乏周密的部署、强有力的统一指挥和严格的组织纪律，也是造成历次起义失败的重要原因。

反清起义的不断失败，在革命派队伍内部产生了某些消极的影响。一是部分党人对艰苦的革命宣传组织工作已无耐心，转而从事暗杀活动。但是，暗杀统治阶级中的个别人物，不可能从根本上动摇清王朝的统治。此种看似勇敢的个人恐怖活动，实则反映了部分党人对革命失去了信心，铤而走险；二是加剧了同盟会内部的离心倾向。由于孙中山、黄兴把主要精力用在华南地区发动起义，东京的同盟会总部日趋涣散。1907 年 8 月，部分同盟会员成立了共进会，不仅将同盟会“平均地权”的纲领改为“平均人权”，而且在组织上独成系统。原属光复会的陶成章等人更公然与孙中山对立，并于 1909 年正式在东京成立光复会总部，与同盟会立异。1911 年 7 月，宋教仁等在上海成立同盟会中部总会，提出“以推覆清政府，建立民主的立宪政体为主义”，抛弃了孙中山的民生主义。中部总会虽然声称奉东京总部为主体，但实际上独成系统。同盟会内部的此种思想分歧、组织涣散的状况，严重地削弱了革命派的整体力量，对其后革命的发展产生了消极的影响。

## 第四节　立宪运动的开展和清朝统治危机的加深

### 一、清政府的“预备立宪”和立宪派势力的兴起

庚子之役后，清政府诏令推行新政，把戊戌时期维新派倡言的一套政治经济改革主张又一一实行起来，这不能不对海外的康、梁保皇党和国内主张君主立宪的人们产生鼓舞作用。从 1902 年起，他们开始重新提出立宪的问题。

1904 年前后，由于两种因素的刺激，立宪派要求立宪的声浪日高。一是 1903 年发生“苏报案”后，革命风潮日炽，立宪派惧怕革命的发生将危

及社会秩序，因之急切催促清政府实行立宪以消弭革命。其时一家立宪派的报纸大声疾呼："近今评论家有曰：'中国之专制一日不变，则革命之风潮一日不息。'旨哉言乎！诚救时之良箴而渡世之宝筏也。"[①]二是俄国在1904年爆发的日俄战争中败北，使立宪派相信"日俄之胜负，立宪专制之胜负也"[②]，因之愈益坚决地要求清政府效法日本，改行立宪，以求富国强兵。

清政府的一些内外大臣，包括督抚和驻外使节等，受革命力量的震撼和立宪派的影响，也纷纷奏请清廷为挽救危局，变通政体，改行宪政。1904年春，驻法公使孙宝琦上书政务处代奏称："倡论自下，恐为酿祸之阶；决议于上，乃为致治之本。……吁恳圣明，仿英、德、日本之制，定为立宪之国，先行宣布中外，于以团结民心，保存邦本。"[③]7月，直隶总督袁世凯、两江总督周馥、湖广总督张之洞也联衔奏请立宪。在这种情况下，1905年年底清政府决定派载泽、端方等五大臣分赴欧美日本各国考察政治。1906年载泽等先后归国，奏称立宪有"皇位永固""外患渐轻""内乱可弭"三大好处，力主颁定国是，预备立宪。经过御前会议的一番争论后，9月1日，清廷发布"仿行宪政"上谕，令从官制改革入手，重订法律，广兴教育，清理财政，整顿武备，普设巡警，以为"预备立宪基础"。

清廷"仿行宪政"的上谕发布后，国内外的立宪派欢欣鼓舞，他们起而组织各种立宪政治团体，以期推进立宪运动，敦促清廷及早建立君主立宪政体。

1906年12月，预备立宪公会在上海成立，举郑孝胥为会长，张謇、汤寿潜为副会长。据1909年该会会员题名录统计，它有会员358人。其中，工商企业界人士84人，约占总数的23%。[④] 人数虽不甚多，他们却是该会的主导力量。从1908年起，它出版机关报《预备立宪公会报》，还编印了《地方行政制度》《公民必读》等多种宪政书籍，设立了国会问题研究所。预备立宪公会是其时成立最早，实力与影响最大的资产阶级立宪团体。

1907年初，康有为将保皇会改名为国民宪政会。10月，梁启超等在东京成立政闻社，举马良为总务员，徐佛苏、麦孟华为常务员。翌年，其本部迁上海，并派员分赴北京、两湖、四川、福建、广西等开展活动。为取

① 《立宪法议》，载《时敏报》，1904-11-12。

② 沈祖宪：《容庵弟子记》，第3卷，18页，1913年铅印本。

③ 《内务》，载《东方杂志》，第1卷，第7号。

④ 李新主编：《中华民国史》，第1编下，46～47页，北京，中华书局，1982。

得合法性，政闻社特别声明："所执行之方法，常以秩序的行动，为正当之要求。其对于皇室，绝无干犯尊严之心，其对于国家，绝无扰紊治安之举。"[①]政闻社成立时，号称数百人，但实际活动分子不过数十人。1908年8月遭清廷查禁，但其骨干分子继续在国内活动。

此外，有影响的立宪团体还有：湖北的宪政筹备会、湖南的宪政公会、广东的自治会、贵州的宪政预备会等。据统计，在整个立宪运动中，国内外成立的各种大小不同的立宪团体约有85个。[②] 立宪团体的建立表明立宪派开始由分散走向联合，他们正迅速成为晚清政治舞台上一支举足轻重的力量。

但是，清廷的预备立宪从一开始便缺乏诚意。1906年年底，官制改革出台。内阁、军机处一仍旧贯，中央设的11个部，不仅徒具虚名，而且不顾满汉对等的"成例"，把主要权力公然集中到了满洲亲贵的手中。同时，新官制还在"以专责成"的名义下，把地方督抚的兵、财两权收归中央。清廷编制的外省官制虽然遭到了大多数督抚的抵制，仅成具文，但它却以明升暗降的办法，于1907年把汉官僚中最有势力的袁世凯、张之洞内调为军机大臣。

清廷一方面热衷于借官制改革行满洲亲贵和中央集权，另一方面于编纂宪法、开咨议局等其他"预备立宪"事宜，则只空列题目，不办实事。这引起了立宪派的强烈不满。清廷为表示预备立宪非徒空言，于1908年颁布了《钦定宪法大纲》及《逐年筹备宪政事宜清单》，明定以9年为立宪的预备期限。同年11月，西太后与光绪帝先后死去，不满3岁的溥仪继承皇位，改元宣统，由溥仪的父亲载沣为摄政王。载沣为了稳定风雨飘摇的清朝政权，继续借预备立宪笼络人心。他下令各地加紧筹备立宪的各项事宜，务必按时开办省咨议局。

于是，立宪派把主要精力投入了地方咨议局选举，以便以此为基础，进一步聚集力量，把立宪运动推向前进。

1909年10月14日，全国各省(除新疆暂缓外)咨议局同时成立。一些著名的立宪派人物，成了各省咨议局的议长、副议长、常驻议员。如江苏的张謇、奉天的吴景濂、四川的蒲殿俊、山西的梁善济、湖南的谭延闿等

---

① 宪民：《政闻社宣言书》，载《政论》，第1号。

② 张玉法：《清季的立宪团体》，90～98页，台北，"中央研究院"近代史研究所，1985。

当选为议长，湖北的汤化龙、福建的刘崇祐、四川的罗纶等当选为副议长。各省咨议局多为立宪派所控制。

各省咨议局的成立，为立宪派提供了参政议政的合法讲坛。他们在咨议局中力图监督地方政府，提出了改革弊政、维护与发展工商业的种种议案，揭露和抨击地方官吏的专制与腐败，如此等等，对于打破清朝的封建专制统治，传播民主宪政的知识和激发民众参政议政的热情，都起到了积极的作用。立宪派惧怕革命，力主以立宪排拒革命，是不可取的；但其努力推进立宪的实践，增强了人民的民主意识，削弱了清王朝统治的社会基础，在客观上又有利于革命运动的发展。

同时，各省咨议局的成立，又不仅使立宪派获得了代表民意的合法身份，提高了他们的社会地位；而且为立宪派进一步走向联合，提供了新的基础。例如，在咨议局基础上衍生出的国会请愿同志会、咨议局联合会等，都说明立宪派团体进一步打破了地域界限，正趋向全国性的大联合。立宪派愈益成为统一的社会力量，它对辛亥革命和民初政局都产生了深远的影响。

咨议局成立后，立宪派即着手发动大规模的国会请愿运动。

## 二、国会请愿运动的失败和反清力量的交汇

立宪派不满意清廷对预备立宪的敷衍，从 1907 年起便开始组织请愿活动，要求速开国会。是年，政闻社致电宪政编查馆："开设国会一事，天下观瞻所系，即中国存亡所关。……乞速宣布年限，期于 3 年，召集国会。"同时，预备立宪公会也两次致电宪政编查馆，强调时局堪忧，唯速开国会可"使举国之人，心思耳目，皆受摄以归于一途，则忧患可以潜弭，富强可以徐图"。它要求"决开国会，以 2 年为限"。各省立宪派还发起请开国会的签名活动，并派代表入京呈递签名请愿书。预备立宪公会、政闻社等，则在上海共同组织"国会期成会"，以为联络。受其影响，一些督抚和驻外使节也奏请召开国会。对此，清廷采取了两手策略：一方面指斥政闻社"内多悖逆要犯"，"阴图煽乱"，将其查禁，并将与它有关系的法部主事陈景仁革职，以为警戒；另一方面则推出《钦定宪法大纲》等，将立宪派的注意力引向开办各省咨议局。所以立宪派的请愿活动一时沉寂下来。但是，1909 年 10 月各省咨议局成立后，立宪派既获得了合法的地位，便不能不卷土重来。他们在 1910 年发起三次大规模的国会请愿运动，径将立宪运动推向了高潮。

1. 第一次国会请愿运动

1909年10月1日江苏咨议局成立后，议长张謇即通电各省咨议局，约请共同发动速开国会请愿运动。11月，16省咨议局代表55人齐集上海，举行“请愿国会代表团谈话会”。1910年1月16日，请愿速开国会同志会在北京将请愿书呈递都察院代奏。清廷以“国民智识程度”不足为由，加以拒绝。第一次请愿失败。

2. 第二次国会请愿运动

第一次请愿失败后，代表们即在北京着手组织国会请愿同志会，并致电各省，要求设立分会，发动绅、商、学各界广造声势，准备第二次请愿。同时，黎宗岳等在京成立国会期成会，作为国会请愿的后援组织。梁启超则在日本创立《国风报》，徐佛苏也在京主持《国民公报》，为之制造舆论。6月16日，立宪派组织了10个请愿团，向都察院上书。但清廷坚持9年期限，不容提前：“兹事体大，宜有秩序。宣谕甚明，毋得再行渎请。”①第二次请愿又告失败。

3. 第三次国会请愿运动

立宪派并不气馁。他们决定向资政院、摄政王上书，同时各地咨议局向地方督抚上书，双管齐下。立宪派还在京召开各省咨议局联合会，推汤化龙为会长，通过了向资政院提出的速开国会的议案。1910年10月7日，国会请愿代表团赴摄政王府上书，载沣拒不见。9日又向刚刚成立的资政院上书。资政院接受上书后，于22日通过了请速开国会案，并上奏清廷。与此同时，各地咨议局也组织了颇具声势的地方请愿活动，促使18省督抚将军于25日联名致电军机处，请代奏恳求“立即组织内阁，特颁明诏，定以明年开设国会”。② 第三次请愿由于得到了督抚和资政院的支持，清廷不得不做出让步，宣布缩短预备立宪期限，定于宣统五年(1913年)召开国会，并立即重定官制，设立内阁。这时，立宪派发生了分化，一部分人认为请愿已取得一定成效，停止请愿活动；另一部分人则坚持宣统三年(1911年)召开国会的原议，准备再行组织请愿。对此，清廷采取了强硬态度，令将赴京请愿的东三省代表押解回籍，宣布禁止请愿。至此，请愿活动走到了尽头。国会请愿代表团被迫宣布解散。

清廷推行预备立宪，巩固皇权是其既定方针。《钦定宪法大纲》关于“君

---

① 《谕旨》，载《东方杂志》，第7卷，第6号。

② 《中国大事记》，载《东方杂志》，第7卷，第11号。

上大权”，就规定皇帝有颁行法律、黜徙百司、设官制禄、宣战议和、解散议院、统帅陆海军、总揽司法权等至高无上的权力。载沣执政后，没有放松这一既定方针，相反，变本加厉，谋求皇族集权。他上台伊始，便将汉族大臣袁世凯罢免，将其驱逐回河南原籍。接着，载沣又自任代理陆海军大元帅职，并令其弟载洵为海军大臣，载涛任军咨大臣，实现了集军权于皇室。1911 年 5 月，清廷宣布以庆亲王奕劻为总理大臣的第一届责任内阁成立。在 13 位内阁大臣中，汉族 4 人，满族 9 人，其中皇族又占 7 人，被人讥为“皇族内阁”。载沣集权于皇族的用心于是暴露无遗。

立宪派愤懑已极，指斥清廷所为无非“名为内阁，实则军机，名为立宪，实则专制”①。立宪运动宣告完全失败了。

清廷的倒行逆施，促成了各种反清力量在 1910—1911 年的大汇合。

立宪派同样是代表资产阶级利益的一个政治派别。它领导立宪运动的目的，在于建立资产阶级的民主制度。这在本质上与借立宪之名行集权之实的清廷的预备立宪不同，而与革命派民主共和的主张相通。只是因惧怕革命将引起剧烈的社会震撼和相信清廷尚有可为，所以立宪派主君主立宪的取向。这也是它乐与清廷合作推进立宪运动的政治基础。立宪运动的失败既证明了清廷顽冥不化，无可救药，而革命在事实上已成无可阻挡之势，在这种情况下，他们决心舍去清廷，顺应潮流，投向革命，就是合乎逻辑的了。第三次请愿失败后，请愿代表中除了少数人还想等待清廷成立责任内阁外，大部分的代表即向各省咨议局报告对清廷已无可指望，决心将以各省独立要求宪政。“皇族内阁”成立后，清廷仍一意孤行，拒绝立宪派的最后忠告，少数人对其尚存的一丝温情，自然也消融在愤懑的冰水之中了。立宪派转向革命，资产阶级的两个派别终于汇通了。

与此同时，清廷出卖路权，引起铁路风潮，又进一步激化了社会矛盾，把各阶级、阶层的人民推向了反清革命的阵营。

1911 年 5 月，清廷借口铁路国有，将已归商办的粤汉、川汉铁路利权出卖给了英、法、德、美四国银行团，并任命端方为督办粤汉、川汉铁路大臣，派他南下强行接收川、粤、鄂、湘四省的商办铁路公司。这激起了包括革命党人、立宪派在内的四省各界人民的一致反对，酿成了铁路风潮。湖北、湖南、广东的农工商学各界，纷纷罢工、罢市、罢课，群情激愤。四川的反抗尤烈。6 月，川汉铁路股东在成都组织了保路同志会，参加人数

---

① 《咨议局联合会宣告全国书》，载《国风报》，第 24 卷，第 14 期。

达几十万。四川各界人民的保路斗争，由罢工罢课罢市发展为全省的抗捐抗税，最终又在革命党人的引导下，发展成了武装起义。9 月初，川督赵尔丰逮捕保路同志会和川路股东会负责人，并枪杀请愿群众数十人，制造了流血惨案。这成了引发全川武装暴动的导火线。革命党人龙鸣剑等组成保路同志军进攻成都；革命党人吴永珊、王天杰等则在荣县宣布起义，建立革命政府。清廷急令端方率兵由鄂入川，但全国革命之势已成，清廷顾此失彼。端方尚在西进途中，武昌城头却已高揭义旗。

## 第五节　辛亥革命的胜利与失败

### 一、武昌起义与各省响应

武昌成为革命首义之区，得益于天时、地利、人和诸多有利的因素。

武汉踞长江中游，为九省通衢之地，是当时仅次于上海的我国第二大工商业城市。张之洞长期督鄂，热心洋务，在这里建立了一大批近代化的工商企业和文化教育设置。因之武汉地区的民族资产阶级、小资产阶级及其知识分子的力量较为雄厚。同时，张之洞编练的湖北新军注意吸收知识分子参加，又是一支易于接受革命思想的近代化军队。这些都为革命的发生提供了客观的物质条件。

湖北革命党人长期坚持艰苦深入的宣传和组织工作，则使这些有利的客观条件得以进一步转化为现实的革命力量。从科学补习所、日知会、湖北军队同盟会、群治学社、振武学社，直到文学社、共进会，湖北革命党人先后组织了许多革命团体，表现了前仆后继、不屈不挠的斗争精神。为策反新军，他们中许多人长期投笔从戎，不惜从下级士兵做起。由于他们的努力，新军有 5 000 多人转向革命，约占湖北新军总数的 1/3。[①] 这为武昌起义的爆发奠定了基础。

1911 年的广州起义和四川保路风潮使全国革命形势迅速高涨，清王朝的统治愈加风雨飘摇。这在客观上又为武昌首义提供了良机。

9 月 24 日，共进会和文学社正式联合成立了统一的起义领导机构，推

---

① 政协湖北省委员会：《辛亥首义回忆录》，第 1 辑，12 页，武汉，湖北人民出版社，1979。

举文学社领导人蒋翊武为革命军总指挥，共进会领导人孙武为参谋长。两团体的重要骨干刘尧澂、彭楚藩等为军事筹备员。同时，拟订了详细的起义计划，推定了起义后军政府的负责人，并分别派人到上海迎接同盟会领导人来鄂主持大计，和到邻近各省联络策应。湖北革命党人为武昌起义作了较为周密的计划和部署。

这时孙中山正远在海外筹款。黄兴等人虽赞成湖北革命党人的起义计划，但却要求他们等待孙中山筹得巨款和购置大批军械弹药后再行发难。湖北革命党人不同意坐失良机，决计于10月6日起义。后因准备来不及而延期。10月8日，孙武在汉口俄租界宝善里制造炸弹不慎爆炸受伤，被送入医院。沙俄巡捕应声赶来，搜走了准备起义的旗帜、符号、文告、印信等物。次日，设在武昌小朝街指挥起义的秘密机关又遭破坏。蒋翊武逃脱，刘尧澂、彭楚藩等被捕。湖广总督瑞澂下令杀害刘尧澂、彭楚藩和杨洪胜三人。同时，全城戒严，按照查获的名单大肆搜捕革命党人。形势危急，而起义指挥系统又陷入群龙无首的状态。在这种情况下，湖北革命党没有束手待毙，而是积极自行联络，勇敢地发动了武装起义。

10月10日晚七时，新军工程第八营的革命党人在熊秉坤率领下杀死反动军官，首先发难。数十人直扑楚望台军械库，与内中革命士兵里应外合，一举占领了楚望台。随后，步兵、炮队、辎重各营和陆军测绘学堂的学生闻风响应，齐集楚望台，推举原日知会会员、队官吴兆麟为临时总指挥，向总督衙门发起进攻。瑞澂打穿督署后墙，仓皇逃命。经一夜激战，革命军攻克督署，占领了武昌，“18星旗高播于黄鹤楼上，临风飘扬”①。起义取得了胜利。接着，11日、12日，汉阳、汉口的新军也先后起义，武汉三镇全部光复。

起义胜利后，革命党人面临的首要任务是建立革命政权。

10月11日上午，革命党人聚集在咨议局，商讨组织军政府。大家都认为必须立即结束目前群龙无首的局面，推举一位德高望重的人物，以号令天下。但这时革命党的主要领导人孙武、刘公、蒋翊武等均避离武昌，与会者又“佥以资望浅，谦让未遑”②，于是决定与咨议局合作，并推举黎元洪为都督。

黎元洪(1864—1928)，字宋卿，湖北黄陂人。早年毕业于天津北洋水

---

① 杨玉如：《辛亥革命先著记》，70页，北京，科学出版社，1957。

② 张难先：《湖北革命知之录》，266页。

师学堂，甲午战争后，到湖北参与编练新军，得张之洞赏识，曾三次赴日本考察军事，由管带升至协统。10月10日晚，他亲手枪杀了两名响应起义的士兵，后即隐匿在一个参谋的家中。黎并不乐意归顺革命，他是被革命党人搜出，用枪逼着当上都督的，因此沉默、消极。革命党人设军令、参谋两部处理日常军务，尤其是参谋部实为军政府的权力中枢机构。原咨议局议长汤化龙，则被推为民政部长。湖北军政府是革命党、立宪派和旧官僚多种政治势力组合的产物。

军政府成立第二天，即通电全国，宣告光复。并宣布改专制为共和，废除清朝皇帝年号。在陆续颁布的文告中，宣布废除厘金等苛捐杂税，实行司法独立、整顿财政、保护工商业、安定社会秩序、革除社会陋习等政策。同时制定了具有资产阶级宪法性质的《鄂州临时约法》。这些情况表明，湖北军政府虽是多种政治势力的组合，却是具有资产阶级革命性质的政权。

随着革命胜利的形势日趋明朗，黎元洪的态度也由消极变为积极。他不仅剪去了辫子，且表示："自此以后，我即为军政府之一人，不计成败利钝，与诸君共生死。"①但他同时却开始与汤化龙等立宪派结合，排挤革命党人。汤化龙等人拉拢同盟会总部派来的居正，于16日晚正式通过了一个诡称是同盟会东京总部拟定的《中华民国军政府条例》。据此，改组了军政府，由都督兼总司令，改民政部为政事部，下设内务、财政、交通、外务、司法、编制、文书七个局，综揽政务。政事部仍由汤化龙任部长，以下七个局的正副局长，几乎成了清一色的旧派人物。改组后的军政府，大权集中于都督，立宪派地位大为上升，而革命党人却失去了实权。这引起子革命党人的不满。10月25日，他们凭借还掌握着的军事力量，推翻了这个条例，重新制定了《中华民国鄂军政府改订暂行条例》。新条例对都督的权力有所削弱，同时取消政事部，将各局一律改部。在新增的6个部部长中，同盟会员占了3名。只给汤化龙留下了一个编制部长的闲职。革命党人的权力得到了加强。

武昌起义后，各省纷起响应，革命浪潮迅速席卷全国。

首先响应武昌起义的是湖南、陕西两省。10月22日，湖南革命党人焦达峰、陈作新发动会党、新军在长沙起义，建立了湖南军政府，二人被推为正副都督。湖南独立巩固了武汉革命军的后方，并派遣军队有力支援了武汉的战斗。同一天，陕西革命党人钱鼎等也在西安发动起义，并于25日组成军政府。

---

① 张难先：《湖北革命知之录》，280页。

10月23日，江西九江新军起义，拥标统马毓宝为都督，成立九江军政府。31日，南昌新军起义，建立江西军政府。不久同盟会员李烈钧出任江西都督。

29日，山西新军起义，成立山西军政府，推举同盟会员、新军标统阎锡山为都督。

30日，云南革命党人李根源、罗佩金联络新军标统蔡锷在昆明起义，成立云南军政府，推蔡锷为都督。

11月3日，上海同盟会员陈其美、光复会员李燮和等发动工人、防营、会党起义。次日攻克江南制造局，成立上海军政府。陈其美被举为都督。

上海起义的胜利，直接推动了江、浙两省的光复。浙江革命党人攻占杭州。两天后，浙江立宪派首领汤寿潜由沪返杭任都督。5日，江苏巡抚程德全应革命党、立宪派和绅商的要求，也宣布独立，并出任都督。

4日，安徽革命党人起义，寿州等皖北各地先后光复。8日，巡抚朱家宝在咨议局支持下宣布独立，自为都督。

6日，广西咨议局中的革命党人和立宪派劝说巡抚沈秉坤宣布独立，并推其为都督，推布政使王芝祥和提督陆荣廷为副都督。后非广西籍的沈、王离去，由陆继任都督。

9日，福州同盟会员许崇智、孙道仁率新军起义，众举孙道仁为都督。

同日，广东独立，众举同盟会员胡汉民为都督。

武昌起义后不到两个月，内地18个省中已有14个省举旗独立。革命浪潮激荡全国，也带动了广大农村地区农民群众自发的反抗斗争的发展。农民起而反对土豪劣绅、贪官污吏，抗捐抗税。从武昌起义到1912年年底，全国农村较大规模的群众起事达150多次，有力地冲击了农村的旧秩序。各省纷纷独立和人民群众的自发斗争，汇成了资产阶级民主革命的高潮。清王朝的统治四面楚歌，陷于土崩瓦解。

但是，各省独立的进程也暴露出革命党人各自为政，缺乏协调行动、统一指挥的弱点。然而，革命党人未能随革命斗争形势的高潮，最终锻炼和形成一个足以驾驭全局的统一和坚强的领导核心。这样在其后愈加复杂的政治斗争中，自身的地位便被不断削弱。

在各省独立的过程中，立宪派以咨议局为依托，凭借丰富的政治经验和广泛的社会联系，积极参与或主动发动各省独立和组织共和新政权，有助于减少阻力，加速革命光复的进程。但是，立宪派转向革命，使革命光复更多地带上了“温和”色彩，减缓了革命震撼的力度，也是应当看到的。

不仅如此，立宪派与革命党存在隔阂，在政治上感情上更接近于旧官僚，它日益自觉地与后者携手排挤革命党人把持政权的消极倾向也已显露出来。以谭延闿为首的立宪派勾结旧军官，在湖南独立后十天便发动兵变，杀害焦达峰、陈作新，夺取政权，就是一个突出的例子。

同时，独立各省几乎无一例外地都极力压制工农群众运动，解除民军武装。这说明资产阶级革命政权脱离最广大的民众，也决定了革命党人不可能取得真正的革命胜利。

## 二、南京临时政府的成立

随着各省政权的相继建立，创设统一的中央政府问题被提到了日程上来。

建立全国性的革命政权是资产阶级革命的既定目标，也是独立各省为统一步调，进一步加强对清王朝作斗争提出的迫切要求。但是，因地方主义形成的江浙、湖北等地方集团，都力图控制中央政府。在湖北、上海两地，几乎同时都开始了筹建中央政府的活动。11 月 9 日，首义的湖北以都督黎元洪名义通电各省，请派代表赴鄂商议成立中央政府。同时，集中在上海的革命党人与立宪派已有在沪建立各省联合机构的成议。12 日，江苏都督程德全、浙江都督汤寿潜联合上海都督陈其美通电各省，要求派代表赴沪会议设立临时议会机关。15 日，上海召开第一次各省代表会，定名“各省都督府代表联合会”。联合会虽决议承认湖北军政府代行中央军政府职权，但是强调代表会应在上海召开。湖北方面表示异议，派居正等到上海，坚持代表会应移往武汉举行。同时，多数省代表已经抵鄂，黄兴、宋教仁等同盟会重要领导人也在武汉。上海方面只好同意各省代表赴武汉开会，但仍要求各省留一人在沪，以“联络声气”。

这时被清政府重新起用的袁世凯正耍两面派手法。他在北洋军队攻陷汉口、汉阳取得军事胜利后，即令停止进攻，以诱惑革命党人接受和谈。11 月 30 日，各省代表会在汉口英租界举行。汉口代表会成分十分复杂，革命派与立宪派几乎占相等的多数，另有少数旧官僚、封建士绅，甚至还有清方的密探在内。12 月 3 日，会议通过两项重要决议，一是《临时政府组织大纲》，二是决定“如袁世凯反正，当公举为大总统”。这表明，包括革命派在内，南方各派势力从一开始便对袁世凯抱有幻想。

会议期间，12 月 2 日江浙联军攻克南京。加之汉阳失守后，黄兴及其追随者自武昌返回上海，上海成了革命党人聚集的中心。这增强了江浙集团的地位。宋教仁、陈其美等人于是决定联合江浙立宪派迅速在南京成立临时政府，电催汉口代表速返上海。同时，由江苏、浙江、上海三个都督和留沪各省代表匆匆选举黄兴、黎元洪分别为大元帅、副元帅，并由大元帅负责筹组南京临时政府。湖北方面极表反对，通电要求取消黄兴的大元帅职位，汉口代表会也不认其选举为合法。这样，上海的选举只好作罢。

12 月 12 日，各省代表由汉口、上海齐集南京，决定于 16 日选黄兴为临时大总统。这时又传来袁世凯的议和代表唐绍仪已抵汉口和袁本人主张"共和"的消息，于是决定缓举总统，虚位待袁，暂时承认上海所举之大元帅与副元帅。但是，江浙军人以汉阳败绩为借口反对黄兴为大元帅，黄兴本人也执意不就。代表只好再议决由黎元洪为大元帅，黄兴为副元帅。21 日，黎元洪致电代表会，接受大元帅名义，并委黄兴代行大元帅职权。时黄兴获悉孙中山即将归国，遂推辞赴南京组织临时政府。

12 月 25 日，孙中山抵上海，革命派的声势大振。他们立即决定推举德高望重的孙中山为临时大总统。立宪派和旧官僚也认为在争取袁世凯反正以前，过渡总统"非孙莫属"。12 月 29 日，孙中山当选为临时大总统。

1912 年 1 月 1 日，孙中山在南京宣誓就职，宣告中华民国临时政府成立。次日，通电各省改用阳历，以 1912 年为中华民国元年。

临时政府的人选，经反复磋商，最后由孙中山、黄兴提出一个包括革命派、立宪派和旧官僚在内的九名国务员名单，1 月 3 日经代表会通过：陆军总长黄兴、海军总长黄钟瑛、外交总长王宠惠、司法总长伍廷芳、财政总长陈锦涛、内务总长程德全、教育总长蔡元培、实业总长张謇、交通总长汤涛潜。孙中山根据同盟会确定的"部长取名，次长取实"的原则直接任命的各部次长，除海军次长汤乡铭外，都是同盟会的重要骨干。

鉴于原《临时政府组织大纲》只有大总统而无副总统，宋教仁以湖南代表身份提议增设一名副总统，获代表会通过。1 月 3 日遂选举黎元洪为副总统。

1 月 28 日，在南京成立临时参议院。

南京临时政府成立后，由立宪派和旧官僚充任的实业、交通、司法、财政、海军六部总长均未到任。汤寿潜"力辞交通"，远走南洋；程德全认为革命派"一意孤行，颇难说话"，一直"养疴沪上"；张謇对实业部毫无兴趣，根本不去就职。他们不愿与革命派共事，主要原因是未能控制南京临时政府。各部几乎都由次长代理，即政府的日常事务实际上均由同盟会员主持。同时，参议院 43 名议员中，同盟会员占 33 名，立宪派占 8 名，其他

2名。可见，南京临时政府虽然包括革命派、立宪派、旧官僚三种势力，但革命派居主导地位，它是以孙中山为首的革命派领导的具有资产阶级共和国性质的政府。

孙中山在就任临时大总统发表的宣言书中宣布：将“尽扫专制之流毒，确定共和，以达革命之宗旨”①。临时政府的总方针是，对内实现民族、领土、军政、内政、财政的统一；对外“当尽文明国应尽之义务，以期享文明国应享之权利。满清时代辱国之举措与排外之心理，务一洗而去之，与我友邦益增睦谊，持和平主义，将使中国见重于国际社会，且将使世界渐趋于大同”。此种主张民族团结、国家统一和睦邻友好、维护民族尊严的内外政策，体现了现代文明国家的根本准则。尤其是强调团结与统一的对内政策，对于促进当时各自为政的独立各省同心同德、一致对敌，更具有重要的现实意义。

南京临时政府成立后，颁布了一系列有利于资产阶级政治、经济、文化发展的法令。在政治方面，根据天赋人权、自由平等博爱的资产阶级原则，规定中华民国主权属于人民，人民享有选举、参政权和居住、言论、出版、集会、信教的自由。通令保护华侨，禁止买卖华工。严禁人口买卖，禁止蓄奴，承认“蛋户”“惰民”等所谓“贱民”在政治经济各方面享有与其他人同等的权利。为保护人民权利，命令官府焚毁刑具，禁止刑讯；整顿吏治，严禁违法乱纪。同时，革除“大人老爷”的称呼，剪除辫子，禁止缠足、赌博、种植和吸食鸦片等。在经济方面，颁布了保护工商业的法规，废除清代的一些苛税，鼓励人民兴办实业，欢迎华侨在国内投资。在文化教育方面，宣布为资产阶级政治服务的教育方针，提倡男女同校，废除小学读经，教科书“务合于共和民国宗旨”，禁用清政府学部颁行的教科书。《大清会典》《大清律例》《皇朝掌故》等，一律废止。

一个政权的性质，不仅决定于它掌握在谁人的手中，更主要还在于它所推行的政策实际上代表哪个阶级的利益。南京临时政府的内外政策，集中体现了资产阶级的利益和要求，同样说明了它是资产阶级的革命政权。

但是，其局限也是明显的。同盟会“平均地权”的主张，在临时政府的所有法令中都没有反映。地主阶级的利益未受根本触动，广大农村封建生产方式依旧存在。南京临时政府既未能积极反映农民的利益和要求，它也就不可能获得最广大的农民阶级的支持。

① 《孙中山选集》，90页。

临时政府主张对外维护民族尊严，但它又承认清政府同列强缔结的一切不平等条约，及其所借的外债、所承诺的赔款和所让与的种种权益。它的目的是幻想得到帝国主义的承认与支持。它暴露了临时政府对帝国主义的严重妥协性。事实上，列强始终不肯承认南京临时政府。

南京临时政府从一成立便陷于严重的财政危机。原先清朝的许多苛捐杂税业已废除，帝国主义把持的海关税却拒不交付临时政府，地丁等常税又被独立各省截流，而军政用度浩繁，难乎为继。黄兴等拟向商界筹款，遭张謇等人阻挠；临时政府乞求帝国主义贷款，又遭冷落；孙中山甚至准备将汉冶萍公司改为中日合办，以求日本贷款，结果又引起反对的风潮，立宪派借题发挥，进行恶毒攻击，于是只好作罢。告贷无门，而军需孔亟，每日至陆军部索饷者不下数十起。驻扎南京周围的军队嗷嗷待哺，“日有哗溃之虞”，致使黄兴“寝食俱废，至于吐血”。[①]

南京临时政府更深刻的危机，还在于作为它的领导核心的同盟会软弱无力。同盟会早就处于涣散的状态。1912 年 3 月，同盟会改组，由秘密转为公开。其新纲领虽然规定“以巩固中华民国，实行民生主义”为宗旨，但由于放弃了“平均地权”的主张，较之旧纲领，却是后退了。改组后的同盟会将包括黎元洪在内的一大批官僚政客拉入组织，愈形涣散、庞杂。许多同盟会骨干为谋求个人利禄，又不惜分离出去，与立宪派、旧官僚组合成各色政治团体，反对同盟会，拆临时政府的台。孙中山等少数坚持革命初衷的革命党人，处境孤立。

南京临时政府由于在政治、经济上处于软弱的地位，和其主持者革命派的涣散无力，在中外反动势力的双重压力下，最终不能不归于夭折。但是，南京临时政府的成立，毕竟是中国近代史上的重大事件。它敲响了清王朝的丧钟，宣告了中国两千年封建专制制度的终结。它作为辛亥革命胜利的重要标志，有力地显示了中国的历史开始进入民主共和的新时代。

## 三、南北和谈与袁世凯窃取胜利果实

武昌起义的消息传到北京，引起了清廷和帝国主义的惊恐。清廷急派陆军大臣荫昌率军南下进行镇压，但北洋军队早被袁世凯控制，荫昌指挥不灵，难得作为。

---

① 张孝若：《南京临时政府成立》，载《辛亥革命》，第 8 册，55 页。

帝国主义试图干涉中国革命。它们迅速将大批军舰调到武汉江面和中国其他水域，向革命军施加压力。同时向沿海各口岸和北京使馆区增派军队，并出兵占领北京至山海关的铁路，以阻止革命在华北地区蔓延。日本和俄国还阴谋乘机出兵瓜分中国的蒙古与东北，只是因受英、美等国的牵制，未能如愿。革命形势迅猛发展和彼此间矛盾的制约，使帝国主义感到武装干涉革命并非上策，转而宣布“中立”，暗中破坏革命。为了维护在华的侵略权益和保护中国半殖民地半封建的社会秩序，帝国主义急需物色一个既能扑灭革命又能替代清政府的人物。它们以为最适合的人选就是袁世凯。因此，它们大造“非袁则亡”的舆论，扬言：“除非清朝政府再次召用袁世凯参与国事，没有任何行动能使清朝取得国内外的信任。”①英、美、俄公使甚至多次会见摄政王载沣，直接向他施加压力，催促起用袁世凯。

袁世凯的心腹也四处活动，极力散布“非袁不能挽救局势”的空气。载沣迫于内外压力，于10月14日任命袁世凯为湖广总督，要他率兵出征。袁世凯乘机勒索更大的权力，借口“足疾未愈”，故意拖延。继而又提出明年召开国会、组织责任内阁、宽容武昌事变诸人、解除党禁、授予军事全权、供给充足军费等六项条件。载沣因其要价太高，不肯答应。袁便逗留不出，并暗中指使在武汉前线的冯国璋等北洋部将“暂作守势”，消极观望。其间，不仅湖北革命党势力迅速扩大，而且湖南、陕西、江西等省相继独立。27日，载沣再次退让，授袁世凯为钦差大臣，节制湖北海陆各军及长江水师。袁得到了军事全权。这时独立省份愈多。29日，驻滦州第二十镇统制张绍曾等联名电奏“政纲12条”，要求速开国会、改定宪法、组织责任内阁、削除皇族特权、大赦国事犯等，给清廷施加压力。同时，驻扎石家庄的第六镇统制吴禄贞(同盟会员)正谋与张绍曾配合，直捣北京。清廷惊恐不已，只得下“罪己诏”，颁布宪法“十九信条”，开放党禁，任命袁世凯为内阁总理大臣，组织完全内阁。袁世凯独揽了清廷的军政大权，便自彰德南下，抵河南信阳接任钦差大臣。在指挥北洋军队于11月1日攻陷汉口后，即北上入京组阁。

野心勃勃而又富于政治权术的袁世凯，深知南方革命党的势力绝非单靠军事力量所能制服的，而其存在也实成自己要挟清廷有用的筹码。于是，他以南北调解人自居，设定了和谈圈套。11月27日北洋军队攻陷汉阳，他

---

① 《大陆报》，1911年10月15日，转引自章开沅、林增平主编：《辛亥革命史》，下册，235页，北京，人民出版社，1981。

即令停止进攻，同时请英国公使朱尔典电令汉口英领事出面，提议南北双方停战议和。革命党的领导人和黎元洪等果然妥协，签署了停战协议。

12月7日，清廷任命袁世凯为议和全权大臣，袁即日派唐绍仪为全权代表南下。9日，11省革命军政府公推伍廷芳为总代表与唐绍仪谈判。18日，唐、伍在上海开始正式谈判。

20日，即和谈开始后的第3天，英、美、日、俄、德、法六国驻沪总领事即向议和代表提出照会，说："目前在中国的战争如若继续下去，这不仅使中国本身，亦将使外国人的物质利益与安全遭受重大的危险。"因此提醒双方，"有必要尽速达成协议，使目前的冲突归于停止"①。照会表面上不偏不倚，实际上是要逼迫革命党人向袁世凯妥协。

南方革命派阵营中的立宪派和旧官僚，也极力为袁世凯张目。早在武昌起义爆发前夕，张謇就曾赴彰德拜访袁世凯，二人进行了长时间密谈，就未来政局和彼此的合作达成默契。在南北和谈过程中，袁、张互通信息，保持密切联系。伍廷芳与唐绍仪的公开谈判只是走形式，真正的政治交易，是经张謇居中安排，由唐绍仪和黄兴等在老官僚赵凤昌寓所"惜阴堂"中进行的。最后，双方约定，只要袁世凯逼迫清帝退位，即推他为民国大总统。交易既成，张謇电告袁："甲日满退，乙日拥公，东南诸公，一切通过。"所以，正是南北和谈为袁世凯窃夺辛亥革命的果实开辟了道路。

孙中山本不愿意与袁世凯妥协。他从国外回到上海时，曾公开声明："所带回者，革命之精神耳！革命之目的不达，无和议之可言。"②但是时革命派已与袁世凯达成用革命成果换取他承认共和的初步协议，尤其是新从清朝监狱中出来名噪一时的汪精卫，与袁氏父子正打得火热，极力为南北政治交易推波助澜。黄兴虽对袁世凯心存疑虑，但也曾通电表示若能赞成共和，"中华民国大总统一位断举项城无疑"③。因此，孙中山当选临时总统后，即致电袁世凯："虽暂时承乏，而虚位以待之心，终可大白于将来。望早定大计，以慰四万万人之渴望。"④不得不对革命党原有的成议表示尊重。但是，南京临时政府的成立和孙中山当选临时大总统，仍使袁世凯大为不

① 上海社会科学院历史研究所：《辛亥革命在上海史料选辑》，1195页，上海，上海人民出版社，1981。

② 《建国方略》，见《孙中山选集》，211页。

③ 《时报》，1911-12-18。

④ 《总理全书·文电》，17页，上海，大东书局编辑所，1934。

满。1 月 1 日，即孙中山就职这一天，他指使北洋将领冯国璋、段祺瑞等 48 人联名发出“誓死拥护君主立宪，反对共和政体”的通电，并撤销议和代表，以反击南京临时政府，迫使革命党人妥协。南北和谈局面为之一变。

北洋集团气焰嚣张，咄咄逼人，一时反而刺激南方北伐声浪的高涨。临时政府接受了孙中山的北伐建议。1 月 7 日，孙中山制定了六路北伐的方略。31 日，津浦路上北伐军首战告捷，败清军于宿州等地，重镇徐州不战而下。在安徽、河南、湖北战场，革命军也取得了一定胜利。但是，北伐没有继续下去。这时帝国主义亲自出马，支持袁世凯。它们调集兵舰和军队，对革命党进行军事恫吓，阻挠北伐，并扬言若中国“内乱”不止，就要实行武装干涉。南京临时政府中的立宪派和旧官僚，也乘机鼓噪，反对北伐。革命党只好再次妥协，重新作出让权的许诺，袁世凯也承诺共和与逼清帝退位，双方达成政治交易。

袁世凯虽然撤销议和代表，但上海赵凤昌住宅“惜阴堂”里的谈判并未停止。现在双方争执的中心，是如何结束南北政权的对立，建立以袁世凯为总统的统一中央政权问题。先是袁世凯要求清政府与南京临时政府同时解散，由他另组统一政府。这遭到革命党人的坚决反对，但革命党人也作出了让步，孙中山表示：“如清帝实行退位，宣布共和，则临时政府决不食言，文即可正式宣布解职，以功以能首推袁氏。”①争执的另一重要问题是如何“处置”清朝皇帝。北方代表遵照袁世凯的意见，提出皇室优待条件：皇帝称号不废；每年由民国政府给四百万元；暂居皇宫，以后移颐和园；原有私产由民国特别保护等。虽然孙中山、黄兴等人对此表示坚决反对，但是，妥协的舆论既占上风，2 月 6 日临时参议院还是通过了优待条件。

袁世凯得到南京临时政府让权的切实保证后，即转过身来，逼迫清帝退位。清王朝一部分满蒙贵族反对清帝退位。袁世凯指使原来通电反对共和政体的那批北洋将领，再次联名发表通电威胁清廷，要求立即同意共和，否则将带兵进京。2 月 12 日，清帝宣布接受优待条件，正式退位。至此，清王朝的统治寿终正寝。

2 月 13 日，清帝退位第二天，袁世凯正式声明“赞成共和”，孙中山向临时参议院辞临时大总统职。15 日，临时参议院选举袁世凯为临时大总统。21 日又选举黎元洪为副总统。美、英、法、德等国公使在袁世凯当选临时总统后，立即登门祝贺，并向袁世凯政府接洽借款，帮助解决财政困难。

---

① 《孙中山全集》，第 2 卷，23 页。

美国国会还特别通过一项祝贺中国"共和政体告成"的议案，支持袁世凯政权。这与它们先前始终冷落、排斥孙中山南京临时政府，形成了鲜明对照。

孙中山为了约束袁世凯，在辞职时提出了定都南京，新总统到南京就职和遵守《中华民国临时约法》三项条件。

孙中山坚持定都南京和新总统到南京就职，目的要将袁世凯调离北京。袁不愿南下，孙中山便派专使北上迎接。袁世凯表面上盛情欢迎专使，暗中却指使其亲信部队在北京、天津、保定等地制造兵变。南京临时政府得到北京等地兵变的消息，3 月 3 日至 4 日召开了一昼夜紧急会议，并接受了孙中山的建议，决定出兵平叛。但是立宪派、旧官僚，甚至多数革命党人和许多省都督都反对定都南京。孙中山只好再次退让。3 月 6 日临时参议院议决允许袁世凯在北京就职。

3 月 11 日，孙中山颁布了提请临时参议院通过的《中华民国临时约法》。它规定："中华民国之主权属于国民全体"；人民享有人身、居住、财产、言论、出版、集会、结社、通信、信仰等自由；人民有请愿、诉讼、考试、选举及被选举等权利；人民有纳税、服兵役等义务。在国家机构的体制上，它改变了原来临时政府组织法大纲的总统制，规定实行责任内阁制。内阁总理由议会的多数党产生。总理对总统要办的事情，如不同意，可以驳回；总统颁布命令须由总理副署才能生效。孙中山颁布临时约法是为了防范袁世凯独裁，维护民主共和制度。临时约法是革命的产物，带有鲜明的革命性、民主性。它不仅具有现实的进步意义，在中国宪政史上也占有重要的地位。其时，袁世凯信誓旦旦，表示拥护《临时约法》。

4 月 1 日，孙中山正式解除临时大总统职务。5 日，临时参议院议决临时政府迁往北京。

南京临时政府的夭折，标志着辛亥革命遭到了重大挫折，同时也预示了它归于失败的结局，但是，这场革命结束了两千多年的封建君主专制制度，开创了中国历史民主共和新时代的伟大功绩，并不因之逊色，并已永载史册。

辛亥革命是一场完全意义上的近代民族民主革命。它极大促进了中华民族的思想解放，传播了民主共和的理念，打开了中国进步潮流的闸门，撼动了反动统治秩序的根基，在中华大地上建立起亚洲第一个共和制国家，以巨大的震撼力和深刻的影响力推动了中国社会变革，为实现中华民族伟大复兴探索了道路。

# 第十章　北洋军阀的黑暗统治

## 第一节　袁世凯的独裁与复辟

### 一、“政党政治”的尝试与宋教仁遭暗杀

1912 年 3 月，袁世凯经南京临时参议院同意，任命唐绍仪为国务总理，在南京组织内阁。唐绍仪原为袁世凯的亲信，这时加入同盟会。唐内阁要害部门如陆军部等由袁控制，但其包括唐在内的 10 名阁员中，同盟会员占半数，故又有“同盟会中心内阁”之称。4 月参议院议决临时政府迁北京，于是“共和”胜利，南北也告“统一”。

这是袁世凯北洋军阀集团、资产阶级革命派、立宪派三种政治势力相互妥协、制约的结果。袁世凯虽窃得了政权，但慑于民主潮流方兴未艾的声威，还不敢公开反对共和制度，相反，只能信誓旦旦表示忠于共和，“谨守宪法”。同时，以孙中山为代表的资产阶级革命派让出了中央的主要权力，但仍控制着南方数省和参议院的多数，并且在人民中间依然具有较大的影响。他们是捍卫共和制度的中流砥柱。梁启超为代表的立宪派既依附于袁世凯，也要求改良政治，而且他们还直接或间接地控制着云、贵两省，故其在北洋军阀与革命派之间，隐然举足轻重。正是在此种政治格局下，从辛亥革命到“二次革命”的一年多时间里，中国的社会政治生活出现了前所未有的民主宽松的局面，它同时激发了时人尝试“政党政治”的热情。

武昌起义后，随着封建专制政权的土崩瓦解，国人久被压抑的政治热情和对新鲜事物的浓厚兴趣，犹如决堤的洪水，势不可挡。禁朋党、畏党祸的历史传统不复存在，入党结社以表达自己的政治向往，渐成时尚。各种社团、政党纷纷建立。时人描绘说：“集会结社，犹如疯狂，而政党之名

如春草怒生，为数几近百。”[①]与此相应，反映社会舆论的报纸的作用受到了普遍的重视，因而又出现了办报热。民国以来，“一时报纸，风起云涌，蔚为大观”。据统计，武昌起义后半年内，全国的报纸便由10年前的100多种陡增至近500种，总销数达4 200万份。其中，在北京出版的就有50多种。[②] 报刊不仅可以自由鼓吹包括社会主义、共产主义在内的各种学说，而且可以自由发表政见，批评时局，包括发表反袁的言论，无所避讳。

创办实业的热潮与民主政治的浪潮并兴，各种实业团体也接踵而起。1911—1913年，全国共成立实业团体72个，几乎遍及各省区。[③] 各政党多把发展实业列为政纲，许多政党领袖都兼有企业家的身份。辛亥革命推动了中国民族工业的发展，民初民间兴办厂矿的活动，无论规模、声势和范围，都是空前的。如湖南“几乎每天都有新公司注册”[④]。黑龙江“向无工业，经各地实业家前往提倡，近来颇有进步。自民国革新以来，有陈、朱、孟、徐诸君组织之惠通耀华各工厂，复继有磁业公司之组织，而光华火柴、兰海火磨各公司俱相继发现”[⑤]。1904—1911年，全国共设厂6 393家，平均每年设厂799家；而1912—1914年全国共设厂3 937家，平均每年设厂1 312家，约为前期的两倍。可见时人兴办实业热情之高涨。

文化教育也呈勃勃生机。各类学校的数目都有较快的增长。1912年在校学生数较1909年增长了近一倍。[⑥]

资产阶级文化教育事业的迅速发展，有力地促进了社会的移风易俗。民初中国社会在政治、经济、文化风习各方面，一时都呈现出崭新的气象。

与此同时，各派政治力量迅速分化和重组。为谋求议会席位，彼此展开激烈竞争，开始了“政党政治”的尝试。

从同盟会分裂出来的章太炎与江浙立宪派组成统一党。孙武、刘成禺等湖北部分同盟会员则拥护黎元洪，组成民社。1912年5月，统一党又联合民社等政团，组成共和党，推黎元洪为理事长，主张“保持全国统一，取

---

① 丁世锋：《民国一年来之政党》，载《国是》，1913(1)。

② 戈公振：《中国报学史》，第5章，181页，北京，生活·读书·新知三联书店，1955。

③ 张玉法：《民初政党的调查与分析》，见《中国现代史论集》(四)，台北，联经出版事业公司，1980。

④ 汪敬虞编：《中国近代工业史资料》，第2辑，下册，849页。

⑤ 《黑龙江大兴工业》，载《时事新报》，1913-1-27。

⑥ 陈景磐：《中国近代教育史》，271页，北京，人民教育出版社，1979。

国家主义”，实则拥护袁世凯。不久，章太炎等复退出共和党，重组统一党。此处还有蔡锷、王芝祥、孙毓筠等的统一共和党，林长民、汤化龙等的共和建设讨论会，江亢虎的中国社会党等大小政团300多个。政党林立固然反映了人们参政意识的增强，但当时大多数人对于政党政治的理解仍是很幼稚的，因之，党同伐异之风盛行。同时，政团数目虽繁，其背景皆未超出原有的革命派、立宪派、旧官僚三派势力的分合。就其政治倾向而言，又只有同盟会派和非同盟会派之分。其中，同盟会、共和党、统一共和党为三大党。同盟会在参议院居优势地位，共和党拥袁，统一共和党则接近同盟会。

同盟会希望通过责任内阁约束袁世凯，唐绍仪内阁在施政上也多少反映了同盟会的要求，但袁世凯对此十分不满。6月间，唐绍仪任命非袁嫡系的王芝祥为直隶都督，袁便指使北洋将领通电反对，并不经内阁副署径直发表了改任王为南方军宣慰使的命令。“责任内阁制”遭破坏，唐绍仪及同盟会的四个阁员被迫辞职。“同盟会中心内阁”遂告垮台。袁世凯先是提出由无党派却十分驯服的陆征祥组织“超然内阁”，但因参议院反对，终归流产。随后，袁任命亲信内务总长赵秉钧代理，从此内阁被袁直接控制。

对此，同盟会内部反应不一。以孙中山为代表的一部分人，主张放弃政治斗争，转向实业救国。孙中山辞去大总统后，对政治抱悲观态度。他希望由袁世凯维持现状，自己专意实业，为国家谋久远的利益；以宋教仁为代表的另一部分人，主张以“议会政治”和“政党内阁”为武器，与袁世凯作合法的政治斗争，以推进中国民主制度的最终确立。

宋教仁不仅是同盟会的一位具有非凡的组织与宣传才能的重要领导人，而且是一位通晓西方资产阶级社会政治学说的出色的政治家。他向往西方议会政治和政党内阁，并以此为终生的奋斗目标。武昌起义爆发后，宋教仁信心倍增，一心想把西方共和制度移植中国。但他过于迷信一纸宪法的威力和议会政治的形式，相信借此即可制服袁世凯。宋教仁一再动员孙中山将大总统的职位让与袁世凯。他主张通过改组同盟会，建立第一大党，进而组织责任内阁，以分取袁世凯的政治权力。他说：“以前，是旧的破坏时期；现在，是新的建设时期。以前，对于敌人，是拿出铁血的精神，同他们奋斗；现在，对于敌党，是拿出政治的见解，同他们奋斗。”①

1912年5月共和党成立后在参议院拥有了与同盟会抗衡的政治实力，

① 蔡寄鸥：《鄂州血史》，225页，上海，龙门联合书局，1958。

对革命派构成了威胁。在唐内阁风潮中，其同袁世凯狼狈为奸，更使宋教仁等感到同盟会有必要联合中间党派。

1912年8月25日，同盟会与统一共和党、国民共进会、国民公党、共和实进会等几个小党合并，在北京改组成国民党，推举孙中山为理事长，黄兴、宋教仁等为理事。但实际上整个党务由宋教仁代理，实权为宋所掌握。国民党宣布以“巩固共和，实行平民政治”为宗旨。国民党仍然是资产阶级的政党，但其政纲把“平均地权”改为含混的“采用民生政策”，又删除了体现反封建精神的“男女平权”的主张，革命精神显然大为减退。国民党在“新旧合作”的口号下，把大批官僚、政客、投机分子拉入党内，组织也更加涣散。同盟会改组为国民党，它自身也由一个革命党变成了鱼龙混杂和愈益脱离群众的议会政党。

袁世凯为了稳定时局和拉拢、麻痹革命党人，于1912年8月中邀请孙中山、黄兴入京“共商国是”。孙、黄到京后，袁百般逢迎，对孙中山提出的一切主张，包括“耕者有其田”在内，无不点头称是。孙、黄大受迷惑。前者慨然应允支持袁当总统十年，练兵百万，自己十年不入政界，全力筹办铁路。后者则表示愿主动解散南方军队，并帮助疏通，使参议院顺利通过了赵秉钧内阁。9月25日，袁发表所谓四巨头协定的“八大政纲”①，宣布“立国取统一制度”“收束武备”“整理财政”“维持秩序”等，为其进一步专制集权制造法律依据。孙、黄落入了袁世凯的圈套。他们主张信任袁世凯，麻痹了革命党人的思想，起了消极的影响。

1912年12月至1913年初，全国举行第一次国会选举。国民党在众参两院中获得了392个议席，共和党、民主党、统一党合计仅占223个议席。国民党取得压倒多数的竞选胜利，使宋教仁兴奋不已。他周游湖南、湖北、江西、安徽、江苏等省，沿途发表演说，抨击袁世凯政府，反复宣传国民党的政见，满怀信心地准备北上组阁，实行他的政治抱负。言论风采，倾动一时。

深感威胁的袁世凯决心除掉宋教仁。1913年3月20日，宋教仁在上海车站遇刺，22日逝世。时年32岁。

宋教仁为建立资产阶级民主制献出了自己的生命，值得后人景仰。时人哀挽曰：“作民权保障，谁非后死者；为宪法流血，公真第一人。”②但宋

① 指孙、黄、袁、黎(元洪)四巨头。

② 陶菊隐：《六君子传》，144页，北京，中华书局，1981年。

教仁至死对袁世凯心存幻想，他临终寄语说："望总统开诚心，布公道，竭力保障民权。"宋教仁的悲剧，再次暴露了中国资产阶级的软弱性，同时也宣告了资产阶级政党政治幻想的破灭。

## 二、"二次革命"失败与袁世凯独裁统治的建立

刺杀宋教仁的案件很快水落石出，原来其幕后的操纵者正是现任总统袁世凯。

宋案真相震惊全国。袁世凯冒天下之大不韪，公然向共和制度发起进攻，激起了全国一致的声讨。"全国人心鼎沸，国贼国贼之声，震于寰宇。"①《民权报》发表《胆大妄为之袁世凯》《大总统之叛逆》等文，痛斥袁乃"专制魔王"，提出了"以暴易暴，惨无人道，欲真共和，重为改造"的口号。4 月 13 日上海举行宋教仁追悼大会，与会者达 4 万多人，群情激愤。

宋案的发生使许多革命党人从对袁的幻想中惊醒，重新走上了积极的反袁斗争的道路。其中最先觉悟并主张武力讨袁的是孙中山。他在日本惊悉宋教仁被刺，当即返国。3 月 26 日抵上海，当晚就在黄兴寓所召集紧急会议。孙中山指出，"事已至此，只有起兵。因为袁世凯是总统，总统指使暗杀，则断非法律所能解决，所能解决者只有武力"②。他认清了袁的本性，以为"非去袁不可"，力主兴师讨袁。

其时，国民党内部涣散已甚，孙中山的正确主张难以得到贯彻。黄兴强调"南方武力不足恃，苟或发难必致大局糜烂"③。他认为，"民国元气未复，仍不如以法律解决之为愈"④。主张静待法律解决。孙中山指令陈其美先在上海独立讨袁，陈以"上海弹丸地，难与之抗"相推诿。广东的胡汉民、福建的孙道仁，也托词按兵不动。孙中山大愤，欲亲赴广东和南京主持战事，冒死冲锋陷阵，复为党人所阻。虽经过 3 个月的发动和组织工作，孙中山终未能将国民党的力量真正集中起来。

但是，袁世凯却利用这一段时间采取一系列措施，加紧准备镇压南方国民党人的革命力量。为了筹集战争经费，袁不经国会同意，于 4 月 26 日

---

① 谭人凤：《石叟牌词叙录》，见《近代史资料》，69 页，1956(3)。

② 《孙中山选集》，542 页。

③ 《孙中山选集》，109 页。

④ 谭人凤：《石叟牌词叙录》，见《近代史资料》，69 页，1956(3)。

深夜，以全部盐税收入作为抵押，与英、法、德、日、俄五国银行团非法签订一项 2 500 万英镑的所谓“善后大借款”。袁又授意梁启超、汤化龙等组成进步党，形成对抗国民党的国会中第二大党。同时，国民党议员在袁世凯的威迫利诱下，多被收买和分化。在这种情况下，所谓议会政治自成空话，国会实为袁世凯所控制。

4 月 7 日袁发布秘密动员令。5 月 1 日起用段祺瑞代理国务总理，确立“战时内阁”体制。在作了周密的军事部署之后，5 月 21 日袁传语国民党人，发出最后通牒：“现在看透孙、黄，除捣乱外无本领。左又是捣乱，右又是捣乱。我受四万万人民付之重，不能以四万万人之财产生命听人捣乱。自信政治军事经济、外人信用不下于人。……彼等若敢另行组织政府，我即敢举兵征伐之。”①旋即下令免去国民党人江西都督李烈钧、广东都督胡汉民、安徽都督柏文蔚的职务，并派遣北洋军队南下。

国民党在重兵压境的情况下，被迫仓促应战。7 月 12 日，李烈钧奉孙中山命，从上海回到江西湖口，宣布独立，组织讨袁军，发布《讨袁檄文》。所谓“二次革命”，于是正式爆发。黄兴宣告：“法律解决，既经无效，仍不得不诉之于武力，作最后之解决。”②15 日他至南京组织讨袁军，并迫使江苏都督程德全宣布独立。随后，安徽、广东、福建、湖南、上海和重庆也相继宣告独立。

但是，革命派的行动为时已晚。袁在帝国主义支持下羽翼已丰，他不仅有一支较比强大的北洋军队，且掌握着全国的政权。而革命派的力量已大大削弱。更重要的是，他们将同盟会改组为国民党，放弃了原先的革命纲领，严重脱离民众，内部涣散无力。宣布独立的七省，互不统属，缺乏统一的部署和指挥。除江西、江苏外，各省内部多不巩固。此外，辛亥后资产阶级热衷于发展实业，厌倦和惧怕新的革命震荡，因而拒绝支持武力讨袁，在客观上也削弱了革命派的力量。袁世凯集中兵力进攻江西和南京。战争主要在这一带进行，故“二次革命”又称赣宁之役。

7 月 25 日湖口失守。8 月 18 日南昌陷落。江苏方面，7 月 28 日黄兴因军事失利出走，程德全通电取消独立。9 月 1 日冯国璋军和张勋“辫子军”占领南京，烧杀淫掠，无所不为。其他各省孤军难支，也相继取消独立。9 月 12 日熊克武被迫放弃重庆。至此，“二次革命”仅持续两个月便以失败而告

---

① 白蕉：《袁世凯与中华民国》，49～50 页，上海，人文月刊社，1936。

② 《江苏讨袁军总司令黄兴致上海各西报电》，载《民立报》，1913-7-22。

终。资产阶级掌握的地方政权全部丧失，北洋军阀势力扩张到了整个长江流域。孙中山、黄兴、李烈钧、胡汉民等相继逃亡日本。

在“二次革命”期间，各地也发生了许多自发的群众反袁斗争。其中河南白朗起义军活跃于豫西、鄂北广大地区，影响颇巨。但由于革命派未能与之建立起联盟，这些群众的反抗斗争也相继被各个击破。

“二次革命”是维护共和制度的一次武装反袁斗争，实为辛亥革命的继续。它的失败使民国初年的历史进入一个新的阶段，即北洋军阀黑暗统治的时期。

袁世凯在镇压南方“二次革命”的同时，在北京还保留着国民党议员占多数的国会。因为，他暂时还需要国会作自己的垫脚石。为了给自己的专制装饰门面，他于 1913 年 7 月又任命进步党人熊希龄组织内阁。9 月内阁正式成立，其成员除主要仍是北洋军阀官僚外，也包括进步党的梁启超、张謇等人，号称“第一流人才内阁”。

袁既以武力实现了“统一”，他首先便急于要使自己由临时大总统变为正式大总统。本来国会应先制定宪法，然后依据宪法选举总统。但袁迫不及待，指使党徒发表通电，要求先选总统，后制宪法。国会议员唯命是从，居然先炮制出一个《大总统选举法》。袁要求在武昌起义两周年时登上总统宝座，国会便在 10 月 6 日匆匆投票选举。选举这一天，袁派便衣军警、地痞、流氓数千人，打着“公民团”旗帜，把国会围住，扬言“非将公民所瞩望的总统选出，不许选举人出会场一步！”从早 8 时到晚 10 时，议员们忍饥挨饿，连续投票 3 次，最后被迫选出袁世凯为正式大总统。“公民团”心满意足，在高呼“大总统万岁”声中散去，议员们始得退出会场。

次日，国会又选黎元洪为副总统。英、法、俄、日、德等 13 国继美国之后(4 月 8 日国会召开时美国首先承认了中华民国)，先后承认了中华民国，表示支持袁世凯政府。

现在对袁来说，国会已无用。10 月 10 日，他就任大总统即公然宣称“议会政治之万不宜于今日之中国也”①。11 月 4 日，袁借口国民党议员与“二次革命”有牵连，下令解散国民党，撤销国民党议员资格，派出军警连夜追缴他们的议员证书、徽章，使国会不足法定开会人数，名存实亡。12 月，袁制造了一个御用机构“政治会议”。1914 年 1 月 10 日，经“政治会议”议决，由袁正式宣布命令，解散国会。随后，袁又下令撤销各省议会，

---

① 白蕉：《袁世凯与中华民国》，122 页。

停办地方自治。为袁副署上述命令的熊希龄内阁，至此也已无用，遂于2月同样被袁一脚踢开。

国会解散后，袁世凯的下一个目标是废除《临时约法》。他授权“政治会议”召集御用的造法机构“约法会议”。“约法会议”按照袁的旨意，炮制了一个所谓《中华民国约法》，并于5月1日公布施行。“袁记约法”规定，大总统总揽统治权，改责任内阁制为总统制。并在总统府内设立政事堂，由国务卿主持，作为协助总统掌管行政的办事机构。袁下令恢复祭天祀孔，又恢复文武官员的封建职称，如各省都督改称将军，民政长改称巡按使，道称道尹，县称县知事。按“袁记约法”规定，成立“参政院”代行立法之权，参政由总统直接任命。12月，约法会议通过《修正大总统选举法》，规定总统任期改为10年，并可无限期连任，继承人也由现任总统推荐。这样，袁世凯不仅可以终身做总统，而且可以传之子孙。至此，袁世凯建立起了自己的专制独裁统治；辛亥革命的成果丧失殆尽，中华民国仅具虚名。

## 三、洪宪帝制与护国运动

袁世凯虽实成为终身总统，但他还不满足，想恢复帝制，当皇帝。

英、美、德、俄、日等国为了加强袁世凯的统治，扩大各自在华的侵略权益，也都先后怂恿袁称帝。1914年8月，第一次世界大战爆发，英、美等西方列强陷入欧战，无暇东顾，于是日本便企图乘机独占中国。它借口对德宣战，派兵在中国的山东半岛登陆，夺得了德国在山东的侵略地位。接着，便于1915年1月18日向袁世凯秘密提出灭亡中国的“二十一条”。日本驻华公使日置益对袁说：“若开诚交涉，则日本希望贵大总统再高升一步。”[①]露骨地暗示，只要袁世凯接受“二十一条”，日本政府就可以支持他称帝。

“二十一条”分为5号，其主要内容：第1号，中国承认日本接管德国在山东所享有的一切权利，并加以扩大；第2号，中国延长日本租借旅顺、大连及南满、安奉两铁路的期限为99年，并承认日本在南满及内蒙东部的特殊权利；第3号，中日合办汉冶萍公司，附近矿山未经公司同意，不准他人开采；第4号，中国沿海港湾及岛屿，不得租借或割让与他国；第5号，中国中央政府须聘用日本人为政治、军事、财政等顾问；中国警政及兵工厂

① 白蕉：《袁世凯与中华民国》，290页。

由中日合办；日本在武昌到九江、南昌至杭州、潮州间有铁路修筑权；在福建有投资修建铁路与开矿的优先权，等等。日本提出“二十一条”的目的是要变中国为其独占的殖民地，此乃显而易见的；但袁世凯称帝心切，急于争取日本的支持，不惜卖国求荣。他派外交总长陆征祥、次长曹汝霖与日本公使秘密谈判。经过数月交涉，日本以最后通牒方式，迫使袁世凯于5月9日接受了除第5号外的全部要求。

日本提出“二十一条”和袁世凯政府签约的消息一传开，立即在全国人民中激起了强烈的愤慨。各地各阶层的群众纷纷走上街头，游行示威，抵制日货，发起了声势浩大的反日爱国运动，并愤怒谴责袁世凯的无耻卖国。由于全国人民的坚决反对，“二十一条”最终未能付诸实行。

袁世凯在接受“二十一条”，获得日本支持后，便自以为万无一失，开始放手推进帝制活动。

1915年8月，首先由袁的洋顾问古德诺(美)和有贺长雄(日)出面，先后发表《新约法论》《共和与君主论》等文章，诬蔑中国人民知识低下，“无研究政治之能力”，说什么中国实行共和“断无善果”，“如用君主制，较共和制为宜”。[①] 甚至公然鼓吹，中国应由袁世凯做皇帝，统揽大权。

紧接着，袁的亲信杨度[②]纠合孙毓筠、严复、刘师培、李燮和、胡瑛等人组织“筹安会”，以“研究共和政治得失”为名，公开倡言复辟帝制，正式拉开了帝制丑剧的序幕。筹安会先是通电各省派代表到京讨论国体问题，后又改为以各省旅京人士组成各地公民请愿团，由筹安会统一代草请愿书，径直向参议院要求“变更国体”。袁的另一员干将梁士诒，后来居上，于9月19日成立“全国请愿联合会”，主张以国民会议解决国体问题，以加快帝制进程。10月2日，参议院议决由“国民代表大会”来“决定国体”。随后，袁氏党徒便操纵各地的“国体投票”。11月20日，全国各省区投票结束，一致“恭戴今大总统袁世凯”为皇帝。12月11日，参政院又以“国民代表大会总代表”名义上“总推戴书”。袁世凯故作姿态，“谦让”一番之后，于次日宣布接受“民意”，承认帝位。13日，受百官朝贺，大加封赏。成立帝制大典筹备处，下令改1916年为中华民国洪宪元年，元旦举行登极大典。复辟帝制

---

① 白蕉：《袁世凯与中华民国》，171～172页。

② 杨度(1874—1931)，字皙子，湖南湘潭人。早年留学日本，主张君主立宪。辛亥后，追随袁世凯组织筹安会，策划复辟帝制。后来倾向革命。1927年李大钊被捕，曾奔走营救。晚年居上海。1929年秋加入中国共产党，做了许多有益的工作。

的丑剧，至是达到高潮。

袁世凯完全错误地估计了形势。复辟帝制丑剧刚登场，他便陷入了全国人民愤怒声讨的汪洋大海之中。一场具有全国规模的讨袁运动迅速兴起。

最早举起讨袁旗帜的是孙中山为代表的少数资产阶级革命派。"二次革命"失败后逃到日本的孙中山，"不以挫抑而灰心，不以失败而退怯"①，于1914年7月8日另组织中华革命党，宣布"以实行民权、民生两主义为宗旨"，"以扫除专制政治、建设完全民国为目的"②，继续进行武装斗争。他重新举起了资产阶级民主派的旗帜。但是，中华革命党认为民族主义已经完成，没有提出反帝的纲领。在组织上，为避免过去革命党内部良莠不齐、涣散无力的弊端，孙中山规定了严格的入党条件和纪律，但却陷于严重的宗派主义。他将党员按参加时间的先后，分为首义、协助、普通三类，规定在政治上各有不同的待遇，这使中华革命党脱离了广大群众。

袁世凯称帝时，中华革命党是资产阶级各派中反袁斗争最坚决的力量，曾在上海、广东、江苏、安徽、湖南、江西、福建、山东、陕西、湖北、东北等地发动武装起义。但由于它未能提出明确的反帝反封建的纲领和缺乏群众基础，这些起义成了单纯的军事冒险。中华革命党未能在国内政治生活中发挥重要影响，它也没有取得这场讨袁运动的领导权。以黄兴为首的部分国民党人组成"欧事研究会"，此期也进行了反袁斗争，但在群众中的影响更为有限。

以梁启超为首的进步党，先是袁世凯的追随者，后来遭到袁的遗弃。他们看到了袁复辟帝制不得人心，早晚必将垮台，也注意到了中华革命党已在西南等地策动反袁，深恐自己在即将发生的变局中落伍、被动。梁在一封信中说："当此普天同愤之时，我若不自树立，恐将有煽而用之假以张义声者，我为牛后，何以自存？"③于是决心转向反袁，争取这场讨袁斗争的领导权。

筹安会成立后，梁启超便与其学生蔡锷密商反袁，决定分头并进，文字鼓吹与武力讨袁双管齐下。1915年8月20日，梁拒绝袁20万元的收买，毅然在《大中华》杂志发表长文《异哉所谓国体问题者》，指斥筹安会鼓吹帝

---

① 《致黄兴书》，见《孙中山选集》，110页。

② 《中华革命党总章》，见邹鲁：《中国国民党史稿》，《邹鲁全集》，第三卷，161页，台北，三民书局，1976。

③ 梁启超：《致藉亮侪等书》，见《饮冰室合集》(三十三)，28页。

制乃“阴谋家之所为”，表示“在现行国体之下，而思以言论鼓吹他种国体，则无论何时皆反对之”。是文传诵一时，对动员人们起来反袁产生了重要的影响。

武力讨袁则由蔡锷主持。蔡锷(1882—1916)，字松坡，湖南宝庆(今邵阳)人。曾留学日本学军事，是具有民主思想的爱国将领。武昌起义后，策动云南独立，被推为云南都督。他既不参加国民党，也未参加进步党，但在思想上与梁启超接近。袁氏复辟帝制，蔡锷极为愤慨。11 月 7 日，在梁的帮助下，他设计摆脱袁的监视，绕道日本，潜回云南。是时，云南的部分军官和士兵，在中华革命党人吕志伊和原国民党将领李烈钧等人的策动下，正酝酿起兵讨袁。蔡锷到来后进一步协调了各派力量。12 月 25 日，唐继尧、蔡锷、李烈钧等联名宣布云南独立，发布讨袁檄文，组成护国军政府，以唐继尧为都督。随即组织讨袁护国军，分三路向四川、贵州、广西进军。护国战争全面爆发。

护国军得到了全国人民的热烈支持，进展迅速。1916 年 1 月 26 日，护国军入贵阳，次日贵州宣布独立。同时，蔡锷率部入川，夺取泸州、叙府等地，全川为之震动。李烈钧部也在广西得手，并开始向粤、赣挺进。护国战争推动了全国讨袁形势的迅猛发展。3 至 5 月，广西、广东、浙江、陕西、四川、湖南相继独立。5 月初，滇、黔、粤、桂四省在广东肇庆共组军务院，以为西南“临时政府”，指挥全国军事，与洪宪政权对峙。军务院以唐继尧、岑春煊为正副抚军长，以梁启超为政务委员长。此外，中华革命党还在福建、山东、安徽、奉天等未独立各省，不断策动武装起义。讨袁斗争已成燎原大火，袁氏陷于四面楚歌。

随着形势的变化，帝国主义对袁世凯的态度也有了变化。日本见袁世凯的统治已不稳固，难以保护自己的在华利益，开始加紧与反袁势力联络，物色新的代理人。它几次邀同英、俄等国就帝制问题向袁提出警告。1916 年初，日本拒绝接待袁派往乞援的特使，并表示不承认洪宪王朝。这对袁世凯是一沉重的打击。袁的亲信也开始离心离德，各谋出路。段祺瑞托病退隐西山，借观风向；坐镇南京的冯国璋，密电江西、浙江、山东、湖南等省将军联名发动其他未独立的各省，共同要求袁世凯取消帝制，乘机逼其交出权力。密电被转到袁的手中。袁在众叛亲离的情况下，被迫于 3 月 22 日宣布取消帝制，废除“洪宪”年号。袁的 83 天皇帝梦，至此破灭。

袁世凯取消了帝制，却还想当总统。但是，全国人民已不容许他继续窃踞总统位置。西南各省组成的广东肇庆军务院发表宣言，不承认袁为总统，宣布继续进行讨袁战争。孙中山在《讨袁宣言》中号召“除恶务尽”，指出“保持民国，不徒以去袁为毕事”，“决不肯使谋危民国者复生于国内”[①]。海外华侨也纷纷通电，要求审判袁世凯。

袁还企图作垂死挣扎。5 月底，袁自认最可靠的亲信四川将军陈宧、湖南将军汤芗铭，也先后宣布独立。这使他真正成了孤家寡人，陷入绝望。6 月 6 日，袁在全国人民的唾骂声中死去。

袁世凯复辟帝制，逆历史潮流而动，激起了全国人民的反抗，最终落得身败名裂的下场，是不可避免的。

护国运动是一场具有资产阶级民主主义性质的运动。参加讨袁的各派政治势力，无论其抱有怎样的动机，都不能不以恢复民国、拥护民主共和制度号召人心。这说明辛亥革命推动的民主思潮在整个护国运动中起了重要作用。

但是，护国运动只是恢复了资产阶级的共和制形式，中国社会并未因此摆脱北洋军阀专制独裁的黑暗统治。

## 第二节　帝国主义支持下的军阀割据

### 一、军阀割据与张勋复辟

袁世凯死后，中国出现了军阀割据纷争的局面。

北洋军阀和西南军阀，是其时两大军阀割据势力。在北洋军阀系统中，段祺瑞为首的皖系军阀，以日本为后台，控制着北京中央政权和安徽、陕西、山东、浙江、福建等省，势力最大；冯国璋为首的直系军阀，以英美为靠山，占据长江流域的江苏、江西、湖北等省，势力仅次于皖系；张作霖为首的奉系军阀，得到日本的支持，控制着东北地区，在直、皖两系之间举足轻重。在西南军阀中，以唐继尧为首的滇系和以陆荣廷为首的桂系，势力最大，前者占据云南、贵州两省和四川的一部分，后者则占据了两广的地盘，但二者均接近直系军阀，同属亲英美的势力。此外，还有山西的阎锡山、徐州的张勋等许多军阀。在帝国主义支持下，各派军阀不仅独霸一方，而且都力图扩展自己的实力和地盘，进而统治整个中国。因此，中

① 《孙中山选集》，111、114 页。

国社会长期陷入了军阀的黑暗统治和割据混战的局面。

北洋政府内部权力之争的加剧，是军阀割据纷争的集中反映。袁世凯死后，黎元洪继任大总统，恢复了《临时约法》和国会，任命段祺瑞为国务总理兼陆军总长，补选冯国璋为副总统。但是政府的实权却操纵在段祺瑞的手中。亲英美的黎元洪集团与亲日的段祺瑞集团之间，便展开了争夺权力的斗争，这就是所谓"府(总统府)院(国务院)之争"。1917 年，围绕着"参战"问题，"府院之争"达到了尖锐化。

是年 2 月，美国宣布与德国断交，准备参加第一次世界大战，要求中国与它采取一致行动。亲美的黎元洪接受美国的要求，国会也通过对德绝交。日本不甘落在美国之后，也想通过唆使北洋政府参战，进一步控制中国。段祺瑞则企图以参战为名，向日本借款练兵，扩充皖系势力，因此积极主张参战。美国见中国参战将促进日本与段祺瑞的勾结，反而不利于自己，又转而指使黎元洪等抵制参战。所以，"府院之争"反映了美、日在中国的争夺；黎、段矛盾的实质，也不在于是否参战，而在于由谁主持参战，因而得以乘机扩大自己派系的实力。4 月，段祺瑞在北京召开以皖系军阀为骨干的"督军团会议"，通过对德宣战案，迫使黎元洪在提案上盖印。5 月 10 日，段又效法袁世凯的故伎，派大批便衣警察打着"公民团"旗号，包围国会，殴打议员，强迫国会通过参战案。段祺瑞的暴行在国会内外引起极大的不满，议员停议对德宣战案；非皖系的内阁阁员也都辞职以示抗议。黎元洪在国会的支持下，于 5 月 23 日下令将段祺瑞免职。段则指使皖系 8 省督军宣布脱离中央，并在天津设立"独立"各省总参谋部。黎元洪陷入困境，邀请张勋调停，这就给张勋复辟提供了良机。

自清政府被推翻时起，清朝复辟活动就未曾停止过。张勋曾被清廷任命为江苏巡抚兼署两江总督、南洋大臣。辛亥革命后，委身袁世凯，成为"民国"的"上将军"。他统率的军队一直拖着辫子，以示不忘清朝，被称为"辫子军"。在短短几年内，他将"辫子军"扩充到两万多人。张勋以徐州、兖州为巢穴，这里成为阴谋复辟的罪恶渊薮。

清末任陕甘总督的升允，在辛亥革命中曾负隅顽抗，后逃窜哈尔滨，勾结沙俄和日本，招收马贼和旗军残部，组织"勤王军"和"满蒙举事团"等复辟武装。升允盘踞的哈尔滨，成为清朝复辟的另一策源地。

王公贵族复辟势力以恭亲王溥伟、肃亲王善耆为代表。当年清廷举行"让国御前会议"时，溥伟等人即坚决反对逊位，拒绝"优待清室条件"，同时也反对把最高权力让与袁世凯。清朝垮台后，他们逃亡青岛、大连，投靠俄国、德国、日本帝国主义，从事复辟活动。他们奔走在故宫小朝廷与徐、兖、满、蒙复辟势力之间，成为清朝复辟的一支活跃力量。

以康有为、劳乃宣、胡思敬为代表的封建遗老，是清朝复辟势力中人数最多、分布最广的一支。他们散居在上海、青岛、天津、徐州、北京、南昌、苏州等南北各大城市。这些人顽固不化，与民主共和格格不入，高叫“思恋故主，当每饭不忘”；为“复辟”“雪仇”，“愿忍泪加餐”。[①] 他们或成立“孔教会”“读经会”各色团体，或著书立说，上书建白，无非攻击民主共和，为帝制复辟制造舆论，在社会上产生了颇大的影响。

日本是复辟势力的一个主要支持者。日本侵华的一种策略就是极力制造中国“内乱”，以便从中取利。为此，它与清朝复辟势力的各派力量建立了密切的联系。在北方，它帮助善耆编练“勤王军”，策动所谓“满蒙独立运动”的武装叛乱，幻想“进占东三省”，然后“在全国实行复辟”[②]；在南方，则特派其驻津司令赴徐州见张勋，“力劝速办复辟，且谓该国陆军，亟愿设法援助”[③]。随后，寺内首相也接见张勋“特使”升允，为其撑腰打气。日本支持复辟的真实目的，是妄图“使满蒙独立，并将其置于日本的保护之下”[④]，进而逐步控制整个中国。

德国是支持复辟势力的另一个主要国家。1912 年溥伟逃到青岛后，就曾乞求德皇帮助恢复清王朝。10 月，德皇之弟亨利亲王至青岛，向溥伟当面表示，“他的皇兄陛下和他本人将竭力支持清朝的复辟”[⑤]。后来，德国不断向张勋提供军火和财政援助，助长了他的反动气焰。

沙皇俄国同样是复辟势力的后台。沙俄曾与升允暗订密约，助“皇上复辟”。并帮助制订了武装叛乱的计划，拟由“俄蒙之兵”与“满蒙联兵”“旗兵”等分路进攻，夺取北京，“仍奉宣统皇上复位”。[⑥]

清朝复辟势力在民初策划过一系列复辟活动，但因袁世凯欲帝制自为，自不容拥清倒袁势力得逞，故其多次阴谋终归流产。然而到了 1917 年，张勋之流却得以利用黎元洪集团和段祺瑞集团间的矛盾，公开上演了“丁巳复

① 胡思敬：《退庐笺牍》，《退庐文集》。

② 《张勋与佃信夫》，见《近代史资料》，1964(2)。

③ 孙毓筠：《复辟阴谋纪实》，载《中华新报》，1917-7-17。

④ 《张勋与佃信夫》，见《近代史资料》，1964(2)。

⑤ 孙瑞芹译：《德国外交文件有关中国交涉史料选译》，第 3 卷，255 页，北京，商务印书馆，1960。

⑥ 《专电》，载《民立报》，1913-7-14。

辟”的丑剧。

1917 年 6 月 7 日，张勋以调停“府院之争”为名，率 3 000 辫子军北上。他先到天津会见段祺瑞，段表示只要解散国会，赶走黎元洪，“复辟一事，自可商量”。① 于是张勋致电黎元洪，迫其于 13 日解散了国会。14 日，张勋率部入京。各地王公贵族和封建遗老喜出望外，纷纷涌入北京。7 月 1 日凌晨，张勋率文武官员 300 余人，入清宫拥年仅 12 岁的溥仪登极，宣布清朝复辟，改民国六年七月一日为宣统九年五月十三日，恢复清末旧制，大封百官。一时间，北京城里三角龙旗翻飞，封建余孽个个粉墨登场，弹冠相庆，一片乌烟瘴气。

张勋复辟引起了全国反对。北京市民纷纷拒挂龙旗，许多报纸自动停刊，以示抗议。湖南、广东、上海等地人民举行集会，愤怒声讨张勋的复辟罪行，要求“护法讨贼”。在张勋老家江西，声讨愈加激烈。江西张氏同宗斥张勋为破坏共和的“不肖子孙”，通告全国决不认国贼为“赣省张氏子孙”②。孙中山时在上海，得知张勋复辟，异常愤慨，表示“誓不与共天日”，立即着手筹划兴师讨伐，并发表了《讨逆宣言》。

段祺瑞借助张勋解散国会，赶跑黎元洪，达到了自己的目的。他看到全国人民一致声讨复辟，便乘机组织“讨逆军”，自任总司令，宣布讨伐张勋。7 月 2 日，即复辟第二天，段祺瑞在天津马厂“誓师”。此时张勋不仅在政治上完全陷于孤立，而且仅带 3 000 辫子军入京，在军事上也无招架之力。12 日，“讨逆军”攻入北京，辫子军溃散，张勋逃入荷兰使馆，其他复辟分子也如鸟兽散，溥仪再次宣布退位。这次复辟前后只维持了 12 天就宣告破产了。

## 二、段祺瑞卖国独裁和孙中山领导护法运动

张勋复辟失败后，黎元洪通电下野，由冯国璋代理大总统。段祺瑞获得了“再造共和”的桂冠，重新继任国务总理。北京政府不仅依旧由北洋军阀当政，而且大权仍然操纵在段祺瑞的手中。

1917 年 8 月 14 日，段祺瑞政府对德宣战。在参战的名义下，它向日本大借外债，以扩充皖系军阀的实力，总额高达 5 亿日元。这些借款大都由日

---

① 《张勋致电》，见《复辟始末记》卷上，17 页，上海，文艺编译社，1917。

② 《全赣张氏同宗通告》，载《国民日报》(长沙)，1917-7-29。

本政客西原龟三经办，所以通称西原借款。段祺瑞政府为了获得这些借款，不惜向日本大量出卖国家权益：承认日本继承德国在山东的侵略权益，并将东北的吉长、吉会铁路以及所谓满蒙五铁路和吉林、黑龙江两省的金矿、森林以及印花税、常关税、交通银行等抵押给日本；允许日本派遣军官训练中国军队。俄国十月革命爆发后，段祺瑞政府又与日本订立反苏的军事协定，允许日本在中国驻军，战时日本可以向中国军队派遣“联络主任”，实际上使日本得以指挥中国军队。日本也正是通过这些对华贷款，进一步控制了中国的政治、经济和军事大权，达到了它在袁世凯时期所未能达到的侵略目的。日本首相寺内下台后，曾恬不知耻地自我夸耀说：“大畏内阁向中国要求二十一条，惹中国人全体之怨恨，而日本却无实在利益。本人在任期间，借与中国之款，三倍于从前之数，实际扶植日本对于中国之权利，何止十倍于二十一条。”①

这时美国已经参加了第一次世界大战，无力东顾，在中国问题上转而求与日本妥协。1917 年 11 月，美国国务卿兰辛与日本外务相石井菊次郎在华盛顿签订了《兰辛石井协定》，规定美国承认日本在中国有“特殊利益”，日本也重申尊重美国的“门户开放”政策。这个协定以牺牲中国的利益为前提，暂时实现了美日两国间的妥协，但它同时又为日本独占中国提供了有利的机会。

段祺瑞对外卖国，对内则谋专制独裁。国会和约法是共和国的象征。当张勋复辟、解散国会时，孙中山就发出了“护法”的号召。张勋复辟失败后，孙中山又致电段祺瑞，要他恢复《临时约法》，实行资产阶级民主制度。但是段祺瑞等置之不理，且公开宣布：“一不要约法，二不要国会，三不要总统。”②他们试图另行组织“临时参议院”，目的是要抛弃国会和约法，实现皖系军阀的独裁统治。孙中山看到了在段祺瑞等北洋军阀的统治下，中华民国依然有名无实，因此，他明确提出要打倒假共和，建立真共和，号召拥护临时约法，恢复国会。1917 年 7 月 17 日，孙南下广州，举起了护法的旗帜。海军总长程璧光拥护孙中山的主张，率第一舰队南下参加护法。同时，原国民党议员也纷纷到达广州。西南军阀想借助孙中山的政治威望对抗段祺瑞，以求保存和扩大自己的实力，所以暂时也支持孙中山的护法主张。8 月 25 日，国会非常会议在广州举行。9 月 1 日，成立护法军政府，选

① 刘彦：《帝国主义压迫中国史》(下)，139 页，上海，太平洋书店，1928。

② 觉民：《天津通讯》，载《民国大新闻报》，1917-7-22。

举孙中山为中华民国军政府大元帅，唐继尧、陆荣廷为元帅。9 月 10 日，孙中山宣誓就职，宣布段祺瑞等人为叛逆，并出师讨伐。护法战争于是开始。

段祺瑞政府决心推行“武力统一”政策，也对西南用兵。10 月，命令直系军队进攻湖南，借以消耗双方实力。冯国璋反其道而行之，力谋与西南军阀联手，排挤皖系势力。他一方面指示进入湖南的直系军队消极怠战，同时又指使曹锟等人发出和平通电，反对“武力统一”，迫使段祺瑞辞去国务总理职务。但是段祺瑞并不甘休，旋即指使部将徐树铮勾结奉系军阀张作霖派兵入关，对冯国璋进行武力威胁。1918 年 3 月，他又唆使皖系督军团通电要求段祺瑞复职。冯国璋只好再度任命段为国务院总理。段祺瑞上台后，继续推行“武力统一”的政策，并以扩大地盘为诱饵，拉拢直系军阀曹锟、吴佩孚为其卖力。4 月，曹、吴在湖南得手，连下岳州、长沙、衡山、衡阳诸城，但段却任命皖系亲信张敬尧为湖南督军。这引起了曹、吴的极大不满，促使其转与西南军阀联合。6 月，吴佩孚等通电主张和平，南方护法军政府也发表通电赞成和平。在直系与西南军阀的联合反对下，段祺瑞被迫于 8 月下旬命令前线部队停止进攻。其“武力统一”的政策归于失败。

与此同时，南方护法军政府内部也起变故。西南军阀参加护法既是对付段祺瑞以求自保的权宜之计，而非真正拥护孙中山的护法主张，他们在与直系军阀有了勾结之后，便开始多方排斥孙中山。1918 年 1 月，唐继尧、陆荣廷等成立“中华民国护法各省联合会”，推岑春煊为议和总代表，加紧谋求与北洋军阀妥协。2 月，西南军阀刺杀拥护孙中山坚持护法的海军部长程璧光。5 月，他们又改组军政府，废元帅制为总裁制，迫使孙中山辞去大元帅职。改组后孙中山虽被推为七总裁之一，但实际权力已为唐继尧、陆荣廷等西南军阀所篡夺。孙中山见事不可为，便于 5 月 21 日愤而离开广州，前往上海。护法运动失败了。

孙中山领导的护法运动与“二次革命”、护国运动一样，是一场反对军阀专制统治、挽救民主共和制度的斗争，在性质上同样属于资产阶级民主主义革命的一部分。孙中山倡导护法，以旧国会和约法为武器，反对北洋军阀的专制统治，虽然十分软弱无力，但在当时的历史条件下，他所高揭的护法旗帜仍不失为一面战斗、进步的旗帜。所以，护法运动得到了人民的拥护。

但是，孙中山领导的护法运动既没有革命的武装和坚强的革命组织，也不懂得去“唤起民众”，主要依赖与北洋军阀有矛盾的西南军阀的力量。这就使得护法斗争缺乏可靠的基础，在西南军阀阻挠破坏下，它难以避免失败的结局。孙中山在辛亥革命后为挽救民主共和，进行了“二次革命”“护国”“护法”等重大的斗争，但无不以失败而告终，国事且每况愈下。他沉痛地回忆说：“夫去一满洲之专制，转生出无数强盗之专制，其为毒之烈，较前尤甚。于是而民愈不聊生矣！溯夫吾党革命之初心，本以救国救种为志，欲出斯民于水火之中，而登之衽席之上也。今乃反令之陷水益深，蹈火益热，与革命初衷大相违背……午夜思维，不胜痛心疾首！”[①]孙中山认识到，南北军阀乃是一丘之貉。护法运动失败后，他回到上海，开始著书立说，检讨过去，决心探索继续革命的道路。

南北军阀的争斗仍在继续。段祺瑞在“武力统一”的政策受阻后，便转过身来，集中整治直系势力。他通过收买政客，一手制造了御用的“安福国会”，选举徐世昌为下届大总统，迫使冯国璋下野。但这也迫使直系和西南军阀建立更加密切地联系，在英美帝国主义支持下，继续与皖系军阀抗衡。

由于第一次世界大战即将结束，帝国主义重新加强了对中国的争夺。1918 年 7 月，美向英、法、日提议组成四国银行团统揽对华的一切借款，其目的在打破日本独占中国的局面。日本迫于三国压力，同意停止对段祺瑞政府的单独借款。10 月，美国又联合英法向南北军阀施加压力，要求它们停战议和。1919 年 2 月，南北代表在上海开始议和。双方讨论的问题，表面上是所谓停战范围及借款，实际上是如何划分地盘和分配四国银行团的贷款。由于美、英、日各国竞争激烈和各派军阀间的利害冲突，和谈争吵不休，无所进展。5 月谈判破裂。次年 6 月，虽重开谈判，但不久即爆发了直皖战争，西南军阀也发生粤桂战争，和谈已成泡影。中国进一步陷入了大小军阀连年混战的局面，广大人民也愈益陷入了水深火热之中。

## 三、帝国主义趁火打劫

帝国主义不仅操纵中国各派军阀连年混战，而且还趁火打劫，利用民国初年中国政局大变动的混乱时期，在西藏、蒙古、新疆等地区加紧进行分裂中国的侵略活动。

---

① 《建国方略》，见《孙中山选集》，116～117 页。

1. 英国阴谋分裂西藏

进入 20 世纪后，英国加紧收买西藏上层分子，阴谋策划所谓“西藏独立”。1910 年初，英国策动达赖十三世与少数分裂分子逃往由它统治的印度。武昌起义爆发后，英印总督托明以为有机可乘，暗助饷械，唆使达赖的亲信达桑占东等潜回西藏，组织军队，策动各地反动分子叛乱，试图使西藏脱离中国。1912 年上半年，西藏叛军进犯川边地区。7 月，川督尹昌衡率军出击，滇督蔡锷也遣师来会，在昌都、巴塘等地重创叛军，并拟乘胜追击，入藏平叛。

但是，英国却出面阻挠。它照会袁世凯政府，否定中国对西藏的主权，蛮横地提出中国必须停止干涉西藏内政和派兵入藏，西藏问题当由中、英两国另立条约，否则，“对于中华民国不予承认，且当以实力助藏独立”①。袁世凯政府屈服于英国的压力，同意举行所谓中、英、藏三方会议。1913 年 10 月至 1914 年 7 月，“中英藏会议”在印度北部的西姆拉召开(又称“西姆拉会议”)。中国代表西藏宣抚使陈贻范、副宣抚使王海平，英国代表英印政府外交大臣麦克马洪和西藏地方代表夏扎等出席会议。麦克马洪一手操纵了“西姆拉会议”。他抛出了事先准备好的条约草稿，将西藏、西康、青海全部和云南、新疆、甘肃部分地区都划归“西藏”范围，进而又险恶地提出所谓“内藏”“外藏”的谬说，叫嚷要使“外藏”有完全“自治权”。草约共 11 条，主要规定“所有外西藏之内政(原注：选举达赖喇嘛事在内)，应由拉萨政府掌理，中英政府均不得干涉”。“中国于西藏不派军队，不驻文武官员。”②这就是妄图在“自治”的名义下，将西藏从中国分裂出去。草约遭到了中国人民的坚决反对，中国代表也拒绝签约。1914 年 7 月 3 日，英国勾结西藏分裂分子私自签订了非法的《西姆拉条约》。中国政府于当天发表正式声明：“凡英国和西藏地方本日或他日所签订的条约或类似的文件，中国政府一概不能承认。”③同时，又指示驻英公使两次照会英国政府，作了同样的声明。此后中国历届政府都始终没有承认《西姆拉条约》。

西姆拉会议期间，并没有讨论中国和印度的边界问题。但是麦克马洪却背着中国政府，勾结西藏地方代表夏扎，以秘密签约的方式划了一条中

---

① 朱绣：《西藏六十年大事记》，见《西藏地方历史资料选辑》，288 页，北京，生活·读书·新知三联书店，1973。

② 《西藏地方历史资料选辑》，297～298 页。

③ 《西藏地方历史资料选辑》，300 页。

印边界线，把中国西藏东南部面积达 9 万平方公里的一块领土划归英属印度，这就是所谓“麦克马洪线”。当时和其后的中国历届政府都不承认“麦克马洪线”，它是完全非法与无效的。

2. 沙俄策划外蒙“独立”与分裂内蒙

早在武昌起义爆发前夕，沙俄就已开始精心策划，要使外蒙古脱离中国。1911 年 7 月，在它的策动下，一些反动的封建王公和活佛在库伦秘密开会，讨论叛离祖国。会后，派出以杭达多尔济亲王为首的代表团前往彼得堡，乞求沙俄出兵援助外蒙“独立”。沙皇接见了代表团，保证全力支持。沙俄积极向库伦叛国集团提供武器，并乘机派遣军队进抵库伦。武昌起义爆发后，各省纷纷独立，沙俄以为肢解中国的时机已到，更公开导演了“外蒙独立”的丑剧。1911 年 11 月，在沙俄军队的配合下，一小撮封建王公活佛强行驱逐清朝驻库伦的办事大臣三多及全体官兵出境。12 月 1 日发表“独立宣言”，成立“大蒙古国”，以哲布尊丹巴为“皇帝”。1912 年 11 月，这个傀儡政权又与沙俄订立《俄蒙协约》和所附《商务专条》，以及有关开矿、借款、铁路、银行、电线等一系列条约，几乎将外蒙古所有的主权与资源都出卖给了俄国。

外蒙“独立”激起了全中国人民的强烈反对。孙中山首先致电外蒙古王公活佛，劝他们不要上沙俄的当，取消“独立”。同时，又致电参议院，主张坚决否认《俄蒙协约》。全国各地的群众团体和报刊，也发表电文愤怒谴责沙俄分裂中国的侵略罪行。蒙古各界爱国人士纷纷集会，同样强烈反对《俄蒙协约》，要求取消外蒙“独立”。北京的蒙古王公联合会发表通告，指出：“中华民国建设以来，内蒙全部六盟及科布多、乌梁海、青海、新疆各盟，均经赞成共和，协同汉、满、回、藏人民共建新国。惟外蒙库伦活佛哲卜尊丹巴，勾结图什业图（即土谢图）部落、车臣汗部落内三数王公，妄称独立，伪立政府，实则外蒙四部落其迤西两部落各旗并未赞同。”①他们宣布库伦傀儡当局与外国订立的一切条约，“自应一律无效”。② 1912 年 11 月 7 日，中国外交部发表严正声明：俄国与外蒙所订任何条约，“中国政府概不承认”。③

在中国人民的坚决抗争下，沙俄被迫与中国政府谈判。但是，1913 年

① 《时事日志》，载《庸言》，第 1 卷，第 1 期。

② 《民立报》，1912-11-19。

③ 陈崇祖：《外蒙古近世史》，44 页，上海，商务印书馆，1926。

4月，袁世凯政府不顾全国人民的反对，与沙俄妥协，竟签订了《中俄声明》。《声明》虽然承认外蒙是“中国领土的一部分”，但又承认其“自治”，中国政府不得在外蒙驻军设治。它在实际上还是肯定了沙俄对外蒙的控制。

外蒙“独立”后，1912年1月，沙俄又在我国黑龙江的呼伦贝尔地区策动额鲁特旗总管胜福、陈巴尔虎旗总管车和扎等叛乱，攻占海拉尔、胪滨(今满洲里)等城市，宣告“独立”。随后，胜福派人前往库伦请求支持。外蒙当局封胜福为贝子，封车和扎为辅国公。1915年11月，袁世凯政府屈服于沙俄的压力，与之订立《呼伦贝尔条约》划该地区为“特区”，规定中国军队非经沙俄同意不得入内，沙俄在该地区有修筑铁路、借款的优先权。

沙俄不仅侵占外蒙，而且还妄图分裂内蒙，1912年8月，沙俄策动内蒙哲里木盟科尔沁右翼前旗扎萨克图郡王乌泰叛乱，宣告“独立”。但北京政府派兵进剿，很快就平息了叛乱。沙俄不甘心失败，于同年10月派遣由它训练和装备起来的数千外蒙傀儡军，分三路侵入内蒙地区，所到之处，烧杀抢掠，无所不为。在各族人民的强烈要求下，北京政府出兵讨伐，到次年9月，收复内蒙全境。这帮傀儡军被歼殆尽，残部逃窜外蒙。

3. 沙俄侵略新疆

沙俄除了在中俄接壤的北部和东北策动外蒙和内蒙的所谓“独立”外，还在我国新疆地区进行了颠覆和分裂的罪恶活动。

武昌起义后，新疆地区革命党人和哥老会先后在乌鲁木齐、喀什噶尔、伊犁等地起义。沙俄以保护侨民为借口，乘机派兵于1915年6月侵入伊犁和喀什噶尔。与此同时，沙俄侵略者在和田县策勒村(今策勒县城)，煽动居民加入俄籍，并开枪打死打伤4人。群众奋起反击，打死侵略者及其走狗20余人。事后，沙俄增调500俄兵进入喀什噶尔，向中国地方当局施加压力，提出处死中国官绅、群众180人和赔款道歉等蛮横要求。喀什各族人民同仇敌忾，在哥老会领导下组成新军，并在城里举行示威游行，显示自己誓死维护祖国统一，准备与侵略者血战到底的决心。面对这种局势，沙俄侵略者不得不放弃它的无理要求，并撤出喀什噶尔。但是，急待帝国主义支持的袁世凯政府，却对沙俄侵略者采取屈辱妥协的立场，最终将数十名群众判了徒刑，并做了赔款。

1912年8月，沙俄伙同外蒙傀儡军入侵阿尔泰地区。次年7月，沙俄军与外蒙傀儡军连续两次向中国军队驻地察罕通古发动进攻。中国军队在各族人民的支持下，英勇抗击，歼敌300余人，残敌逃窜。沙俄见武装侵犯未能得逞，便转而收买阿尔泰地区旧土尔扈特亲王帕勒塔，由他盗用“阿尔泰办事大臣”的名义，非法与沙俄驻阿尔泰领事签订所谓《临时停战条约草案》和《中俄军队停战条约》，规定俄军可以赖在阿尔泰地区，而中国军队必须撤离察罕通古。消息传开，全国舆论哗然。北京政府不得不下令将叛国分子撤职，宣布帕勒塔与沙俄所订立的条约一律无效。

沙俄迭遭失败，仍不死心，又派兵侵入阿尔泰地区西北部的承化寺(今阿勒泰县)、哈巴河、布尔津等地，并非法移入俄国农民300户，在冲后、铁列子河一带滥伐森林，垦荒种地，企图侵占这一地区。后因中国人民的强烈反对，沙俄虽撤走了部分军队，但仍有一些俄军赖着不走。十月革命爆发后，新疆各族人民奋起截击沙俄侵略军和外蒙傀儡军，解除了他们的武装，将其驱逐出境。新疆各族人民英勇抗击沙俄侵略，为维护祖国神圣领土和民族团结，作出了杰出的贡献。

## 第三节　中国的曙光

### 一、民族工业的进一步发展和无产阶级的壮大

辛亥革命后，特别是第一次世界大战期间，中国的民族工业得到了进一步发展，出现了短暂的繁荣。这固然与此期自然经济进一步解体，商品市场和劳动力市场愈益扩大有关。但以下的因素同样是重要的：其一，辛亥革命提高了资产阶级的社会地位和影响，激发了人们投资近代工业的热情；其二，西方各主要资本主义国家忙于第一次世界大战，不能不暂时放松了对中国的经济掠夺，从而为中国民族工业的发展提供了一个有利时机；其三，辛亥革命后群众性的反帝爱国运动，尤其是1915年反对日本灭亡中国的“二十一条”所掀起的大规模的抵制日货运动，有力地推动了民族资本的发展。

中国的资本主义近代工业，从19世纪六七十年代开始到1911年的50年间，投资万元以上的厂矿约700个，资本总额仅1.3亿多元；而1912—1919年的8年间，新建厂矿470多个，投资近1亿元，加上原有企业的扩充投资，新增资本也达1.3亿多元，足见其速度和规模是空前的。

民族工业的发展以纺织和面粉等轻工业为最迅速。纺织业，1912—1922年，纱机由50余万锭增至近160万锭，平均年增长率为12.1%；布机由2 616台增至6 675台，平均年增长率为11%。民族纺织业在此期的发展

过程中已初步形成几个资本集团，如张謇创办的南通大生纱厂到1915年已设3厂；荣宗敬、荣德生创设的申新纱厂到1921年也已设4厂，到1922年，申新共有纱机134 907锭，布机1 615台，资产总值达1 591万元；周学熙创办的华新纺织公司，1918—1922年先后开设4厂，资本达836万元，纱机108 000锭，成为北方的一大棉纺织集团。

面粉业的发展仅次于纺织业。1911年全国面粉厂约40家，资本600多万元。1919年增至120多家，资本约4 500万元。在大战期间，中国面粉畅销英、法、美、俄、日本及东南亚各国。我国原为面粉入超国，1915年起变为出超，1919年出超达24 203万担。

此外，火柴、造纸、榨油、玻璃、制革、碾米、卷烟、肥皂等轻工业，也都有显著的发展。

重工业在半殖民地半封建的中国发展最为缓慢。此期随着轻工业的发展，也得到了一定的增长。

钢铁冶炼业，1914年开始建立大冶铁厂等6个钢铁厂。1916—1919年还相继出现了龙关(后改名龙烟)铁矿公司、北京石景山钢铁厂、上海和兴钢铁公司等。

机器制造业，以上海一地统计，即由1913年的91家增至1920年的222家。

电力和电机工业，1912—1920年，全国华商电厂由约33家增加到70余家，发电容量由12 000余千瓦增加到29 000余千瓦。

机器采煤业，1912—1920年，全国华商煤矿产量由41.7万吨增至328万吨，年均增长率为29.4%。

轮船航运业，1913年华商轮船数目为964只，吨位29 263吨，到1920年则为1 477只，吨位110 447吨，分别增长了153%和277%。中国邮船公司、中华航业公司、三北轮埠公司等，都是其时资本雄厚的华商轮船公司。

银行业，1912年全国华商银行37家，实收资本2 712.2万元，到1920年则增到97家，实收资本8 782.9万元。一些著名的私营银行集团，如所谓“北四行”(指盐业、金城、大陆、中南四银行)、“南三行”(指浙江兴业、浙江银行和上海商业储蓄银行)，都已在此期出现。

中国民族工业虽有了较大的发展，但由于没能摆脱封建主义和帝国主义的双重压迫，仍然带有半殖民地半封建的明显特征。

首先，民族工业的发展主要在轻工业方面，重工业基础十分薄弱，还未形成自己独立的工业体系。其次，民族资本与封建经济相比较，依然十分微弱。1920 年，我国工农业和交通运输业的总产值中，新式产业只占 7.84%，而传统产业占 92.16%。其中，新式工业(包括矿冶)的总产值为 9.89 亿元；按人口 4.45 亿计，人均只有 2.22 元。新式交通运输业的总产值约为 6.1 亿元，人均只有 1.37 元①。其三，民族工业是趁列强忙于欧战暂时放松了对华压迫的空隙而获发展的。待到欧战结束，帝国主义卷土重来，中国民族工业便很快又归于停滞。因此，所谓"黄金时代"，仅是昙花一现。同时，即便是在欧战期间，中国民族工业也未曾摆脱列强的控制和压迫。在一些主要的工业部门，外资仍然超过本国资本。外资控制了全国机器采煤量的 75%，拥有全国纱锭总数的 46.7%、布机的 59%。日本资本则控制了全国钢铁生产能力的 94%。

这种情况决定了此期随着民族工业的发展，中国民族资产阶级的力量虽然有新增长，但也仍然是软弱的。辛亥革命后，几次反帝反封建军阀斗争的失败，表明中国民族资产阶级已无力领导反帝反封建的中国革命。这个领导者的重任，历史地落到了中国无产阶级的肩上。

辛亥革命前，中国近代产业工人约 60 万人，其后随着中国资本主义进一步发展，工人阶级队伍迅速壮大，到 1919 年五四运动前，已达 200 万人左右。他们大多数集中在上海、武汉、广州、天津、青岛、济南、哈尔滨等工业城市和铁路、矿山、纺织、面粉等企业中。这种高度集中使中国工人阶级易于形成强大的政治力量。他们中的大多数出身于破产的农民，和广大农民有天然的联系，又使中国工人阶级便于在斗争中与农民结成亲密的联盟。

中国工人阶级在帝国主义、封建主义和资本主义的三重压迫下，经济地位非常低下，生活极端困苦。其工资之低，劳动时间之长，为世界所罕见。1920 年前后，中国工人每天工资不过 2～3 角，仅相当英国同类工人的 1/7。女工、童工工资，则只有几分到一角钱。但是，他们每天的劳动时间却长达 12 小时，甚至 14～16 小时。星期日一般不得休息。工人劳动条件差，毫无人身安全保障。如日本控制的抚顺煤矿，1913 年就发生安全事故 2 918 起，死伤工人 3 184 人，几及全部矿工的一半。1917 年 1 月 11 日，一次爆炸事件就造成 924 名工人死亡。

在政治上，中国工人没有任何民主权利。北洋军阀政府先后颁布了《中

---

① 许涤新、吴承明主编：《中国资本主义发展史》，第 2 卷，1052 页。

华民国暂行新刑律》《治安警察条例》《治安警察法》，明令严禁工人的集会和罢工。但是资本家、工头对工人却可以任意打骂处罚以至于残杀。中国工人遭受的压迫和剥削，其严重性和残酷性，同样为世界所仅见。因此他们在革命斗争中比任何别的阶级都更为坚决和彻底。

中国工人阶级从诞生时起，就不断进行着反抗斗争。此期工人运动愈加蓬勃发展。1912—1919 年 5 月，工人罢工达 130 多次，比辛亥革命前 7 年多了一倍。工人阶级在斗争中逐渐提高了自己的阶级觉悟。它开始以积极的姿态参加反帝反封建的政治斗争。1915 年，在反对日本“二十一条”的爱国运动中，全国许多地方的工人都举行了罢工和示威游行。上海日本企业中的中国工人几乎全部参加了斗争。哈尔滨工人成立“爱国储金会劝说团”，推动了抵制日货运动在黑龙江的发展。1916 年 2 月天津法租界工部局强占老西开即海光寺洼，天津人民奋起反抗。天津法租界和法国企业中的中国工人也闻风而动，决议实行同盟大罢工。包括巡警、男女用工，“亦全体告退”。天津工人大罢工鼓舞了社会各阶层，学生罢课，商人罢市。北京等地工人也举行声援罢工。这次罢工斗争坚持了五六个月，取得了一定的胜利。工人阶级在反帝反封建政治斗争中充当中流砥柱的巨大作用，正日益显示出来。

这一时期工人的斗争，越来越多地采取联合行动和同盟罢工的形式，并开始成立近代工会组织。这是工人运动的一个重要进步。1912—1913 年间，上海、广州、武汉、南京、香港等地已组织了一批初级的工会，但不久都遭破坏。1916 年后，又重新成立了一些工会。在 1917 年上海商务印书馆的罢工中，工会组织曾代表工人向资本家提出复工的条件，其中一条就是资本家不得干涉工会的活动。

在第一次世界大战期间，工人运动的高涨及其政治觉悟的日益提高，表明中国工人阶级正在迅速成长。虽然在五四运动前中国工人阶级仍然是一个自在的阶级，还没有作为一个独立的阶级力量登上政治舞台，但其迅速成长壮大，为马克思主义在中国的广泛传播和中国共产党的建立，以及旧民主主义革命向新民主主义革命的转变，准备了阶级基础。

## 二、新文化运动的兴起与马克思主义开始在中国传播

辛亥革命后，与政治上反动势力的复辟倒退相呼应，在思想文化领域也出现了一股尊孔复古的逆流。

袁世凯政府公然下令尊孔读经，倡导复古。对辛亥革命后“举国礼坏乐崩”的局面极端仇视的康有为，1913 年年底刚回国即致电袁世凯说：“尊圣卫道，想公同心，冀出援手，圣教幸甚。”①他设立孔教会，发行《不忍》杂志，攻击共和，鼓吹尊孔复古尤力。在华的帝国主义侵略分子也大力支持尊孔活动。美、英传教士李佳白、李提摩太，都为孔教会头目陈焕章的《孔教论》一书作序。李佳白说，中国要想改良政治，唯有遵从“孔道”。有中外反动势力撑腰，当时除了孔教会外，孔道会、圣教会、孔社等名目繁多的各种尊孔反动团体，在各地纷纷出现。

尊孔复古逆流的猖獗，带动了封建沉渣泛起。各种迎神拜佛、鬼怪迷信之风复炽。到 1915 年前后，中国的思想文化界已被闹得一片乌烟瘴气。

复古阴霾满天，共和徒具虚名，国人多有未得自由复入樊笼之感，任运委命，悲观之思弥漫于国中。尤其是青年知识分子，如坠五里雾中，彷徨无主。当时记者报北京青年的现状说：“大部分之青年，既辗转沉沦于消极坠落烦闷之中，蜒蜿而蝉蜕，欲求一中心点而不可得。”②

一些激进的资产阶级、小资产阶级知识分子，力图为中国思想文化界指出新的方向。他们反省过去，在思想文化领域发动了一场反对封建复古主义和专制主义的斗争，即新文化运动。

1915 年 9 月，陈独秀在上海创办《青年杂志》，是新文化运动肇端的标志。《青年杂志》从第 2 卷起改名《新青年》，1916 年年底由上海迁到北京出版。陈独秀、胡适、李大钊、鲁迅、钱玄同、周作人、刘半农、高一涵、沈尹默等人，都是其主要撰稿人。其时，著名的教育家蔡元培正出任北京大学校长。他循“思想自由，兼容并包”的原则，对北大进行整顿和改革，聘请了一大批具有新思想的学者到北大任教，使北大气象一新。1917 年 1 月，陈独秀受聘为北大文科学长。稍后，上述“新青年”的主要撰稿人，也先后进入北大任教或兼课。北京大学因此成了新文化运动的中心。

新文化运动的主要内容是提倡民主和科学。陈独秀在《青年杂志》创刊号上发表《敬告青年》一文，历数当时中国社会的黑暗，号召青年人当勇于解放思想，以求实进取的精神奋起自救。他说：“国人而欲脱蒙昧时代，羞为浅化之民也，则急起直追，当以科学与人权并重。”他响亮地提出了“民主”和“科学”的口号，高举起了新文化运动的旗帜。

① 汤志钧编：《康有为政论集》(下)，923 页，北京，中华书局，1981。

② 《远生遗著》，第 4 卷，上册，108 页，北京，商务印书馆，1984。

新文化运动倡导的民主指的是资产阶级民主政治。新文化运动的倡导者们认为，辛亥革命并没有在中国真正建立起民主制度，国人在“共和政体之下”，却依然“备受专制政治之痛苦”。因此，他们大力宣传民主主义，反对封建军阀专制。他们指出：“吾国欲图世界的生存，必弃数千年相传之官僚的专制的个人政治，而易以自由的自治的国民政治”；而要实现真正的国民政治，不能寄希望于“良善政府”“伟人大老”的恩赐，要依靠大多数国民的政治自觉，积极参加社会的政治生活，“自居于主人的主动的地位”①。

新文化运动倡导的科学是指自然科学和对待事物的科学态度。新文化运动的倡导者们大力宣传科学。他们在《新青年》上发表了许多文章，运用科学的知识，力斥鬼怪迷信的诬妄，宣传了无神论思想。他们尤其强调当以科学的态度重新评判一切，破除虚假的偶像，以及“宗教上、政治上、道德上，自古相传的虚荣，欺人不合理的信仰”，以科学的精神去探求“宇宙间实在的真理”，和建立“真实合理的信仰”②。

其时，尊孔复古的宣传甚嚣尘上，尤其是 1916 年秋康有为等人上书北洋军阀政府，要求定孔教为“国教”并列入宪法，正引起激烈的争论。所以，批孔进而批判以孔孟之道为代表的封建礼教，便成了新文化运动的一个突出问题。为此，陈独秀、李大钊、鲁迅、吴虞等都先后发表了许多文章。陈独秀在《孔子之道与现代生活》《宪法与孔教》等文中指出，“孔子之道”与现代的社会生活格格不入，定孔教为“国教”，本身也违反了信仰自由的原则。他强调，“平等人权之新信仰”，是现代社会的基础，中国既要建设民主共和的现代国家，“对于与此新社会新国家新信仰不可相容之孔教，不可不有彻底之觉悟，猛勇之决心；否则不塞不流，不止不行！”③李大钊也撰有《孔子与宪法》《自然的伦理观与孔子》诸文，他说，道德随时代进化而进化，“孔子为数千年前之残骸枯骨”，孔子之道已不足以规范现代社会。孔子所以被历代君主奉为至圣先师，是因为“孔子为历代帝王专制之护符”。故今日而倡尊孔教，“此专制复活之先声也”。同样，今日而倡反孔，也非掊击孔子本身，而是“掊击专制政治之灵魂”。鲁迅的反封建思想愈显深刻与彻底。1918 年 4 月，鲁迅发表了第一篇小说《狂人日记》。它无情地揭露了封

---

① 《吾人最后之觉悟》，见《独秀文存》，第 1 卷，38、40 页，合肥，安徽人民出版社，1987。

② 《偶像破坏论》，见《独秀文存》，第 1 卷，154、156 页。

③ 《宪法与孔教》，见《独秀文存》，第 1 卷，79 页。

建礼教的吃人本质，大胆地提出中国几千年来封建社会的历史就是吃人的历史。鲁迅还写了许多杂文，尖锐地指斥尊孔复古派是“现在的屠杀者”，他说，而“杀了‘现在’，也便杀了‘将来’”。[①] 此外，吴虞的《吃人与礼教》等文，对孔子及旧礼教也作了十分激烈和精彩的批判。新文化运动的倡导者们高举“打倒孔家店”的大旗，掀起声势浩大的批孔浪潮，其实质是对封建思想大本营的一次有力的冲击。

新文化运动还提出了“文学革命”的口号，提倡白话文，反对文言文，提倡新文学，反对旧文学。新文化运动的倡导者们力图通过文学革命，把宣传封建思想的旧文学改造为适合传播民主和科学的新文学。1917 年 1 月，胡适在《新青年》上发表《文学改良刍议》，提出了不用典、不用陈套语、不讲对仗、不避俗字俗语、须讲求文法之结构、不作无病呻吟、不模仿古人、须言之有物等八条改革文学的主张，提倡以白话文代替文言文，还主要是涉及文学改革的形式问题。随后陈独秀发表《文学革命论》，才明确地举起了文学革命的旗帜。他主张文学不仅在形式上，而且在内容上要进行一次革命，并提出了文学革命的“三大主义”：一曰“推倒雕琢阿谀的贵族文学，建设平易的抒情的国民文学”；二曰“推倒陈腐的铺张的古典文学，建设新鲜的立诚的写实文学”；三曰“推倒迂晦的艰涩的山林文学，建设明了的通俗的社会文学”。鲁迅在《新青年》上先后发表的《狂人日记》《孔乙己》和《药》等小说，出色地把反封建的革命内容和白话文的形式结合起来，则为新文学树立了真正的典范。

新文化运动是辛亥革命在文化思想领域中的延续。它大力宣传了民主和科学，在政治上和思想上给封建主义以沉重的打击，对于中国人民，尤其是广大青年的觉醒，起了巨大的启蒙作用。新文化运动是我国历史上一次空前的思想解放运动，它激励先进的人们继续探求救国的真理，从而为马克思主义在中国的广泛传播开辟了思想道路。

五四前的新文化运动，是由小资产阶级激进民主主义者发动和领导的，它同时又存在严重的缺点。新文化运动的倡导者们忽视人民群众的作用，只把运动局限在少数知识分子的圈子里，而未能与广大人民群众反对军阀统治的现实斗争结合起来，这就限制了它的影响力。同时，他们认为中国文化一切皆坏，西洋文化一切皆好，此种形式主义看问题的方法和民族虚无主义的倾向，对后来产生了消极的影响。

---

① 《鲁迅全集》(一)，420 页，北京，人民文学出版社，1987。

正当新文化运动蓬勃兴起之时，俄国爆发了伟大的十月社会主义革命。十月革命后的第三天，即1917年11月10日，上海《民国日报》就在要闻专栏里，以《突其如来之俄国大政变》为题报道了这一消息。十月革命启示了中国人民解放斗争的新道路，极大地鼓舞了中国人民革命的精神和信心。

一部分激进的民主主义者受到十月革命胜利的鼓舞，开始认真学习和传播马克思列宁主义，从而使由1915年肇端的新文化运动起了根本的变化，即由一个资产阶级文化运动转变为一个广泛宣传马克思列宁主义的运动。《新青年》也逐渐变成宣传马克思列宁主义的刊物。李大钊则是推动这一历史性转变的伟大先驱者。

李大钊于1918年先后在《新青年》上发表了《法俄革命之比较观》《庶民的胜利》《布尔什维克主义的胜利》等文，开始运用马克思主义的观点，正确分析第一次世界大战的帝国主义性质，并阐明了十月革命的伟大历史意义和世界无产阶级革命的必然前途。他热情地写道："由今以后，到处所见的，都是布尔什维主义战胜的旗。到处所闻的，都是布尔什维主义的凯歌的声。……试看将来的环球，必是赤旗的世界！"①1919年5月，李大钊为《新青年》主编《马克思主义研究专号》。他在专号上发表长文《我的马克思主义观》，第一次系统地向国人介绍了马克思主义的唯物史观、阶级斗争理论和政治经济学的基本观点。李大钊由激进的民主主义者转变为共产主义者，及其对马克思主义的热情宣传，成了中国革命由旧民主主义向新民主主义转换的鲜明征候。

① 《李大钊选集》，117页，北京，人民出版社，1959。

# 第十一章　20世纪初年的科学与文化

## 第一节　资产阶级新史学的兴起

20世纪初年，是近代中国资产阶级新史学肇端的重要时期。1901—1902年，梁启超发表《中国史叙论》《新史学》两篇文章，揭出了“史界革命”的旗帜，是其崛起的标志。此期鼓吹新史学的代表人物，除了梁启超外，还有夏曾佑、章太炎、刘师培等人。他们的政治立场虽有改良与革命的分野，但于新史学的主张却大体相同。

新史学的兴起，是19世纪末20世纪初登上政治舞台的资产阶级反对封建主义的斗争及其鼓吹合群进化、救亡图存在史学领域延伸的结果。梁启超在《新史学》中说：“今日欲提倡民族主义，使我四万万同胞强立于此优胜劣汰之世界乎？则本国史学一科，实为无老无幼无男无女，无智无愚无贤无不肖所皆当从事，视之为渴饮饥食，一刻不容缓者也。”他大声疾呼：“史界革命不起，则吾国遂不可救，悠悠万事，惟此为大。”①翼天氏的《中国历史出世颂》则谓：史家的天职本当记录国民群体的运动，“指点批判帝王官吏之罪恶”，使后人得以感奋，从而敢于“破坏”“改造”和“进化”；但旧史家反其道而行，孜孜于正统，维护君权而压抑了民气。他主张打破千年陈腐的旧史体系，以恢复“我国自古以来血脉一统之庞壮国民显独不羁活泼自由之真面目”②，使中国睡狮惊醒，重振雄风。在这里，作者热情颂扬旨在恢复国民独立自由“真面目”的新史学“出世”。其目的显然在为现实的民权与革命作论证。

新史学的兴起也受到了西方史学思想的影响。1903年西方实证主义史

---

① 《饮冰室合集》(九)，7页。

② 《政艺通报》，1903年第9号。

学的泰斗博克尔的巨著《英国文明史》译成中文出版。它集中体现了作者的史学思想：主张把民族、社会以及文化作为历史的主体，“历史家的责任就是显示一切民族的活动都是有规律的”[①]。1902年留日学生汪荣宝在《译书汇编》上发表的《史学概论》和1903年另一位留日学生李浩生翻译出版的日本著名史学家浮田和民著的《史学通论》，也都较具体地介绍了西方史学的某些理论和方法。所有这些，都令时人耳目一新。他们积极汲取西方史学的新理论、新方法，反思传统旧史学“既难当意”，继之以倡言批判与改造，就是合乎逻辑的了。

新史家猛烈批判封建旧史学。梁启超认为，旧史学有“四弊”：“知有朝廷而不知有国家”，“知有个人而不知有群体”，“知有陈迹而不知有今务”，“知有事实而不知有理想”。“四弊”又生“二病”，即“能铺叙而不能别裁”，“能因袭而不能创作”。[②] 他大胆指斥封建旧史学为“帝王将相家谱”“相斫书”“墓志铭”“蜡人院”，确有振聋发聩的作用。章太炎更进了一步抨击清朝统治者“欲褒扬其祖考”，焚史隐恶，大行文化专制，迫使史家作“浮虚之颂”，“卒使一家之史，焉以斩，遗美往恶，黯而同尽”。[③]

新史家倡导新史学，主要强调了以下的问题：

1. 以西方进化论的历史观为指导

新史家们指出：自从有了达尔文的进化论，人们知道了一切事物的发展皆循进化之公理，日趋文明，包括政治法制、宗教道德、风俗习惯在内，整个人类的文明历史，都是“进化之历史”。以此为基础的西方社会学理论，不仅指出了“人类举止悉在因果律之范围”，其本质是进化的；而且借助归纳法和演绎法，形成了人们可据以正确认识人类社会历史内在规律的一整套理论。“斯学既昌，而载籍所诠列，均克推见其隐，一制一物，并穷其源……可谓精微之学矣。”[④]中国旧史学所以满足于侈陈往迹，无所发明，归根结底，是史学“不明社会学之故”，而陷于循环论的历史观不能自拔。新史学不能不改弦更张，接受西方社会学的指导，以确立进化论的历史观。

---

① 转引谭英华：《试论博克尔的史学》，见《英国史论文集》，279页，北京，生活·读书·新知三联书店，1982。

② 梁启超：《新史学》，见《饮冰室合集》(九)，3～4页。

③ 章太炎：《哀清史》，见《章太炎全集》(三)，328页，上海，上海人民出版社，1984。

④ 刘师培：《论中土文字有益于世界》，载《国粹学报》，1908(9)。

2. 写“民史”

新史学必须打破仅为封建帝王修家谱的旧史学的格局，转而以修民史为己任。社会的进化既是群体的进化，历史的本质就是“群体的现象和影响”，而非少数帝王将相的行为。史学自然当以国民全体为自己研究的主要对象，要在阐明社会兴亡盛衰之理，以增进文明，造福社会。章太炎说，他拟著《中国通史》，就是要“发明社会政治进化衰微之原理”，“以鼓舞民气，启导方来”①。邓实也说：“是故，所贵乎民史者何？贵其能叙述一群人所以相触接相交通相竞争相团结之道，一面以发明既往社会政治进化之原理，一面以启导未来人类光华美满之文明，使后之人食群之幸福，享群之公利。”②史家写民史，既是要反映历史的本来面目，同时也是为了充分发挥史学作为“天下公器”的社会功能。

3. 扩大史学研究的领域

新史家认为，于“史”的概念理解和实际研究领域过于狭隘，是中国传统史学终归偏枯衰微的一个重要原因。为此，马叙伦提出了“析史”之名，实现“史学大同”的主张。他认为，史乃群籍的总称，可析史之名于万殊，以求史界的开拓，不必斤斤于政治、教育、宗教、学术四部分的传统划分而作茧自缚。史学并不神秘，凡历史上的事物能引起今人的研究兴趣，且能成一家之言者，莫不可谓之“史”。“若是析史，则何必二十四史而为史？何必三通、六通、九通而为史？更何必六经而为史宗？凡四库之所有，四库之未藏，通人著述，野叟感言，上如老庄墨翟之书，迄于水浒诸传奇，而皆得名之为史。于其间而万其名，则饮者饮史，食者食史，文者文史，学者学史，立一说成一理者，莫非史。若是观史，中国之史亦夥矣，而史界始大同。”③马叙伦的所谓“析史而万其名”，实现“史学大同”，说到底，就是要求打破中国传统的史学观念和偏枯僵硬的旧史体系，使史学研究从内容到形式都多样化，从而大大扩充其堂庑，建立起近代意义的中国史学新体系。梁启超拟撰《中国通史》，从已确定的目录看，其书计划分为三大部：一为政治之部，包括朝代、民族、地理、军政、藩属、国际、清议、政党等12篇；二为文化之部，包括语言文字、宗教、学术思想、文学、美术、

---

① 章太炎：《致梁启超书》，见汤志钧编：《章太炎政论选集》，上册，167页，北京，中华书局，1977。

② 邓实：《史学通论》(四)，载《壬寅政艺通报·史学文编》，第1卷。

③ 马叙伦：《史学大同说》，载《政艺通报》，1903，第16号。

音乐剧曲、图籍、教育等8篇；三为社会及生计之部，包括家族、阶级、乡村都会、礼俗、商业、货币、通运等13篇。可见其治史视野之开阔。

4. 创立新的史书编写体例

新史家以为中国传统的编年、纪传、纪事本末三大编史体例都有局限性，新史书当创立新的体例。在这方面，多数人主张在继承我国历史传统写法的基础上，吸收西方史学编撰法的优点，“折衷贵当，创成史例”①。即以“上古”“中古”“近世”三段来划分时代，将分时与分类结合起来，篇、章、节架构体例。

此外，对于治史方法，新史家也有所论列。他们强调史家当开阔视野，善于吸收西方现代科学的“新理新法”，别开史学研究的新生面。例如，章太炎说：“今日治史，不专赖域中典籍”，西人的“心理、社会、宗教各论，发明天则，人所同，于作史尤为要领”②。

许多人不仅倡言新史学，而且身体力行，撰著出版了一批反映新史学观点的历史著作。近代著名史学家夏曾佑，于1904—1906年由商务印书馆分三册陆续出版了自己的新著《最新中学中国历史教科书》(1933年改名《中国古代史》，作为大学丛书之一重新出版)。是书影响颇巨，被誉为新史学的佳构。1905年刘师培出版的《中国历史教科书》(三册)，从内容到形式，也新人耳目。除了通史著作，还出版了一批专史著作，如柳诒徵的《中国商业史》《中国教育史》等。此外，梁启超的《论中国学术思想变迁之大势》、章太炎的《诸子学略说》、刘师培的《周末学术史序》等，也是研究中国古代学术史有影响的著作。新史家以自己丰硕的研究成果，为近代中国资产阶级新史学的最终确立奠定了基础。

此期新史家的弱点也是明显的。这不仅表现在他们对中国传统史学的否定有失于简单化，和其所服膺的进化论的历史观并不能给历史现象以科学的说明；而且还表现在他们吸纳西方“新理新法”，发凡起例有余，但细密严谨的学术研究却嫌不足。因此，不少新史学著作便难免牵强附会，失之于肤浅。

---

① 陈黻宸：《独史》，载《新世界学报》，1902(2)。

② 章太炎：《哀清史》，见《章太炎全集》(三)，331页，上海，上海人民出版社，1984。

## 第二节　小说与戏曲

“小说界革命”发生于鸦片战争后，其时传统小说领域呈现出衰落趋势。

中日甲午战后，维新运动兴起。新兴资产阶级十分重视小说在传播新思想，启迪民智方面所起的巨大作用，因而不遗余力地加以提倡，成为近代小说由衰转盛的重要推动力。同时，近代都市的繁荣，职业小说家队伍的形成，广大市民阶层对小说的浓厚兴趣，以及新闻印刷事业的发达等，也都是促成20世纪初年小说繁荣的重要客观因素。

19世纪末20世纪初出现了专门阐述小说社会作用，鼓吹“小说界革命”的理论文章。1897年，严复、夏曾佑在天津《国闻报》上发表《本馆附印说部缘起》，首发其端；而梁启超于1903年撰《论小说与群治之关系》一文，则更具有代表性。这些文章着重阐述了以下几方面的内容：

(1)批驳贬斥小说的传统偏见。历来的封建士大夫总是贬斥小说“诲淫诲盗”“有伤风化”。《红楼梦》《水浒传》《金瓶梅》等几部优秀小说都曾经蒙受这类罪名。王无生撰《中国三大小说家赞》《中国历代小说史论》诸文则指出：这些优秀古典小说皆是有为而作，或“愤政治之压制”，或“痛社会之混浊”，或“哀婚姻之不自由”。小说作者也非潦倒文人，“皆贤人君子”①，是足以与柏拉图、巴枯宁、托尔斯泰、狄更斯相媲美的艺术大师。他们主张应全然抛弃鄙视小说的陈腐观念，把小说从“稗官野史”的卑下地位中解放出来，尊为“文学之最上乘”②。

(2)充分肯定了小说的社会作用，强调“小说界革命”与资产阶级政治斗争的密切联系。在梁启超等人看来，小说是开发民智的最佳艺术形式，具有“改良社会”，促进立宪政治形成的重要作用。梁启超说：“欲新一国之民，不可不先新一国之小说。故欲新道德，必新小说；欲新宗教，必新小说；欲新政治，必新小说；欲新风俗，必新小说；欲新学艺，必新小说；乃至欲新人心，欲新人格，必新小说。”③陆绍明的《月月小说发刊词》则谓：预备立宪之诏已下，但多数国民却于民权自由学说瞢然无知。为此，“小说

① 王无生：《中国历代小说史论》，见《中国近代文论选》(上)，220～223页，北京，人民文学出版社，1959。

② 狄平子：《论文学上小说之位置》，见《中国近代文论选》(上)，228页。

③ 梁启超：《论小说与群治之关系》，见《饮冰室合集》(十)，6页。

当为开通智识之一助，而进国民于立宪资格”。许多文学刊物也都以“小说救国”立论。这些见解视小说为救国的根本，也存在着过分夸大小说社会功能的偏颇。

(3)探讨了小说创作的某些原则与方法。许多论者指出，振兴小说既要继承和发扬本国文学的优秀传统，同时也要注意吸收外国文学中的营养。王无生说：“吾以为欲振兴吾国小说，不可不先知吾国小说之历史。”《水浒》《三国演义》《金瓶梅》《红楼梦》等，都是“吾国小说界之足以自豪者也”①。他们提倡译介外国文学作品，以借鉴其创作的长处，但同时也指出，译介内容的选择，要考虑到中国社会的实际情况，不能盲目从事。夏曾佑在《小说原理》中强调，小说不同于科学著作，写的是“肉身之实事”，因此要有艺术虚构，注重故事情节的生动描写。这便涉及小说的审美情趣和艺术创作的方法论问题。梁启超讲得更具体。他认为，小说创作就是要通过人物事件的生动描写，道人之欲道而未能道，从而把作者对人生世事的理解，即情感，传达给读者，以情感人。他说：人在生活中，“往往有行之不知，习矣不察者，无论为哀、为乐、为怨、为怒、为恋、为骇、为忧、为渐，常若知其然而不知其所以然。欲摹写其情状，而心不能自喻，口不能自宣，笔不能自传。有人焉和盘托出，彻底而发露之，则拍案叫绝”②。梁启超在《论小说与群治之关系》中提到的小说四种“神力”：“熏”“浸”“刺”“提”，讲的就是一部好的小说应具备的艺术感染力。他们还看到了小说所以为广大民众所喜闻乐见，还在于它通俗易懂。因此，他们十分强调小说语言的通俗性，倡导用白话写通俗小说。

上述新小说理论虽然尚嫌幼稚，但对于提高小说的社会地位，促进其创作发展起到了积极的作用。以此为起点，新小说成为中国近代文学大潮中的主流。

在新小说理论的推动下，早在戊戌维新时期就出现了一批兼刊文艺的小报，为小说创作开辟了园地。著名小说家李伯元、吴趼人等正是在此期开始了他们的创作生涯。进入 20 世纪后，专刊小说的刊物大量问世，如《新小说》《绣像小说》《月月小说》《小说林》等，形成近代小说创作的第一个高潮。据统计，仅 1900 至 1911 年间创作的小说便在一千种以上。故有人称

① 王无生：《中国历代小说史论》，见《中国近代文论选》(上)，220～222 页。

② 梁启超：《论小说与群治之关系》，见《饮冰室合集》(十)，6～7 页。

“晚清小说在中国小说史上是一个最繁荣的时代”①。此期的小说创作不仅数量多，而且反映社会生活内容广泛，使一批成就卓著的小说作家脱颖而出。李伯元、吴趼人便是其中的佼佼者。

李伯元(1867—1906)，名宝嘉，别署南亭亭长，江苏常州人。少擅制艺诗赋，累试不第，曾在上海编辑《指南报》《游戏报》等小报。自1901年起，致力于小说创作，后创办《绣像小说》。他创作的小说主要有《官场现形记》《文明小史》《活地狱》《中国现在记》《海天鸿雪记》等及弹词多种。《官场现形记》是其代表作，写于1901—1905年。全书60回，由许多相对独立的短篇蝉联而成，主题是抨击晚清腐败的吏治。小说描写了形形色色的封建官僚，从军机大臣、尚书、督抚直至知县、典史，虽然职有高低，权有大小，但共同的特点就是嗜钱如命，以权敛财。作者用漫画式的夸张手法描绘了他们的贪婪、无耻、媚外，及对百姓的残暴，有力地鞭笞了没落的封建制度。

吴趼人(1866—1910)，名沃尧，又名宝震，广东南海人。早年到上海谋生，创办过《采风报》《消闲报》等小报，曾远游日本。自1903年起开始创作长篇小说，1906年创办《月月小说》。他的大部分作品都发表在这个刊物上。他是一位富于探索的多产作家，在不到10年的创作活动中，对长、短篇小说，包括讲史、公案、写情、家庭、社会、历史大事等类型的小说创作都作过尝试，有“小说巨子”之称。他所写的作品有30多种，主要有《二十年目睹之怪现状》《痛史》《恨海》《九命奇冤》《新石头记》《最近社会龌龊史》《两晋演义》等。其中影响较大的是《二十年目睹之怪现状》。全书108回，是一部自传性质的作品。小说通过“九死一生”(即作者的影子)在20年中耳闻目睹的大量社会怪现状，描绘了晚清时期的社会图景。它不仅写官场人物、洋场才子，而且旁及三教九流，反映的内容广于《官场现形记》，淋漓尽致地暴露了晚清政治的腐败和统治阶级思想道德的堕落，具有进步性。从写作技巧来讲，小说以“我”为主人公，用“我”的事迹作布局纲领，贯穿全书，形成统一的结构，克服了《官场现形记》等书在体例上的散漫。

此期的小说创作数量虽多，但一般质量都不太高，没有出现像《水浒》《三国演义》《红楼梦》《儒林外史》那样伟大杰出的作品。这与其时中国社会步入近代时间较短，新小说形成未久，缺乏必要的创作积累、艺术理论积累有关。晚清时期只是播下了新小说的种子，而其收获则有待于来日。

20世纪初年，翻译外国文学作品也取得了可观的成绩，以至翻译小说

---

① 阿英：《晚清小说史》，1页，北京，人民文学出版社，1980。

的数量超过创作小说。英、法、俄、德、美、日等国的小说大量被译成中文，许多著名的外国作家开始被中国读者所了解。清末最著名的小说翻译家是林纾。林纾(1852—1924)，字琴南，号畏庐，别号冷红生，福建闽侯人。光绪举人，曾任京师大学堂教习，文宗桐城古文，并精于散文、诗词、绘画，作品丰富，但主要成就在翻译小说。他从19世纪90年代末开始翻译《巴黎茶花女遗事》起到逝世的20多年中，共译外国小说183种，约1 200多万字，介绍了大量世界文学名著。他不懂外文，全凭别人口述，再予润色。常与他合作翻译的人有王寿昌、魏易、陈家麟、曾宗巩等人。译作全用古文，译笔生动、流畅、传神。世界大文豪莎士比亚、狄更斯、托尔斯泰、易卜生、雨果、塞万提斯等人的名著，都是由林纾第一次译成中文介绍给国人的。至今流传的《伊索寓言》《鲁滨孙漂流记》《茶花女》《唐·吉诃德》《莎士比亚故事集》等书的第一个中文译本，都出自林纾的手笔。林纾为中国文学翻译事业及中外文化交流做出了重要的贡献。

戏曲改良。明清时期，昆腔一度是影响最大的戏曲剧种。乾隆末年，三庆、四喜、春台、和春四大徽班把二黄戏带进北京。二黄戏在原有基础上吸取其他剧种的优点，形成了京剧，并逐渐取代了昆腔的地位。道光以后，京剧蓬勃发展，涌现出一批艺才出众的演员，其中以程长庚为最著名。谭鑫培是继程长庚之后涌现出的一代巨匠。由于他勤学苦练，自创新声，独成影响深远的谭派京剧艺术。

中日甲午战后，维新变法运动兴起。维新派很重视戏剧的社会教育作用，大力提倡戏剧改良。到20世纪初，戏剧改良进入高潮。1904年9月，陈去病、柳亚子等人在上海创办了《二十世纪大舞台》，作为鼓吹戏剧改良的重要宣传阵地。这也是中国近代最早的以戏剧为主的文艺刊物。这个时期的戏剧改良主要表现在两个方面：一是改良传统剧目，一是引进新剧种。

编演时事新剧和历史新剧是改良传统剧目的重要方面。汪笑侬为此做出的贡献最突出。汪笑侬(1855—1918)，满族人，举人出身，当过知县，被劾罢官后改学戏曲。他在现有唱腔的基础上另创新腔，形成“汪派”。为了宣传爱国思想，教育民众，他用新观点改编、创作了许多传统剧本，如《党人碑》《马嵬驿》《哭祖庙》《博浪椎》等，给这些传统题材的剧目赋予反封建的意义。他与其他京剧艺人曾经上演《波兰亡国惨》《桃花扇》《长乐老》等新戏，直接表现了救亡图存，反抗封建统治的时代主题，受到广大观众的欢迎。除了京剧外，戏剧改良还波及川剧、粤剧等剧种，从中涌现出不少新派艺术家，上演了大量思想内容进步的新剧目。

引进新剧种方面的主要成果是话剧的推广。1907年，以留日学生曾存谷、李叔同、欧阳予倩为骨干的春柳社在日本东京上演了话剧《茶花女》(第三幕)和《黑奴吁天录》。这是中国人组织的正规话剧首次公开演出。此后，进步艺人王钟声在上海组织春阳社，上演宣传革命的新剧，又将新剧播及于北方。上海的职业新剧团体进化团也演出了《共和万岁》《黄鹤楼》等新剧目，收到较好的社会效果。至此，话剧便伴随着近代社会的变革扎根于中国大地上。

辛亥革命后，民主革命处于低潮。戏剧界因受此影响，多数新剧剧团或者被迫解散，或者颓废堕落。北京的京剧改革则富有生气。1915年汪笑侬由沪赴京，加入翊文社，排演了不少时装戏。剧界新星梅兰芳积极参加戏剧改革实践，观摩、学习时装戏、新剧，并创编排演了《孽海波澜》《一缕麻》等戏，推动了戏剧改革运动的深入发展。

## 第三节 教育与科学

鸦片战争后，中国传统教育制度受到有识之士日益猛烈的抨击。龚自珍、魏源都对科举考试禁锢人心的弊端作过激烈的批判。太平天国则一度废止了清王朝推行的教育制度，代之以适应起义者需要的一套教育铨选体制。洋务运动兴起后，清政府为了培养办洋务的人才，创办了一些与传统官学有所不同的各类洋务学堂，并向欧美派出留学生。这是中国教育史上发生的新变化，但因受洋务派“中体西用”指导思想的束缚与限制，这些洋务学堂的影响不大。

中国封建传统教育的真正解体，及近代教育制度的形成，是从戊戌维新运动开始的。康有为等维新派痛斥洋务派标榜的“中体西用”论，强烈要求“废科举，兴学校”，主张效仿欧美教育制度，制定中国的新式学制。他们把自己的主张付诸实践，在一些省份设立新式学堂。据梁启超《戊戌政变记》的统计，1895年后的两三年间，各省设立的学堂有19所。其中最著名的是由黄遵宪、谭嗣同、梁启超等人在长沙设的时务学堂。在“百日维新”中，光绪帝采纳维新派的主张，颁布了一系列改革旧教育的上谕，要求各地广设学堂，提倡西学，废除八股文，改革科举制度。但是，随着维新运动的失败，除了京师大学堂硕果仅存外，维新派变革旧教育体制的努力大都付诸东流。

经庚子之役后，清廷宣布实行“新政”。教育制度的改革是“新政”的重要内容之一。从1901年至1905年，清廷先后诏令开经济特科，废除八股文，各省设立学堂，颁布“奏定学堂章程”即“癸卯学制”，及废除科举制度从学校中选取人才等。“癸卯学制”移植自日本，吸收了许多近代教育的因素，是中国第一个近代学制。它的确立标志着中国沿袭两千多年的封建学校教育制度的结束。1905年废除科举后，学堂得到蓬勃发展。据当时学部的统计，1907年各省有学堂37 888所，学生1 024 988人。1908年学堂数达到47 995所，学生数1 300 739人。一年当中学堂增加26.7%，学生增加26.9%。1909年学生数达到1 626 720人，比上年又增长25.1%。①

留学运动的兴起和发展是中国近代教育变革的重要方面。1901年以前，中国学生出国留学数量不多，自费者更是寥若晨星。20世纪初，由于封建旧教育的衰落和资产阶级政治运动的影响，许多青年学子争相负笈海外，形成了出国留学热潮。在此以前，留学生主要赴欧美，到20世纪初，赴日留学则成为留学浪潮中的主流。1904年留日学生达1 300多人，1906年激增至8 000多人。按省籍统计，以江苏、浙江、湖北、湖南、广东、四川等省为多。在全部留学生中，自费生占绝大多数。所学专业包括军事、警察、法政、师范、工业、商业、蚕业、土木、铁道、测绘、物理、医药、外语、音乐、美术等，凡认为有用的新知识，皆在所求之列。清末的留学运动不仅引进了大量的国外新知识、新思想，促进了中外思想文化的交流，而且为中华民族造就了一大批新型人才。他们中的一些人归国后曾有突出的建树。

然而，清政府实行的教育改革仍以“中体西用”为宗旨，保留了大量的封建因素，同近代资本主义国家的教育制度形似而神非，依然不能适应中国社会的发展需要。

1912年1月，南京临时政府成立以后，以孙中山为首的资产阶级革命派对教育体制作了新的改革。孙中山委任著名教育家蔡元培为教育总长，发布《民国教育部官职令》，规定了教育部的机构、官职设置，又颁布了《普通教育暂行办法》《普通教育暂行课程标准》及其他教育法令，对清末的教育体制进行了重要的改革。同年2月，蔡元培发表了《对于教育方针的意见》，作为改革教育的理论依据。在这一文件中，他提出了实行“五育”的教育方针，即军国民教育、实利主义教育、公民道德教育、美育、世界观教育，并批判了清末旧教育倡导的忠君、尊孔，为封建王朝服务的教育宗旨。随

① 参见王笛：《清末新政与近代学堂的兴起》，载《近代史研究》，1987(3)。

后，教育部制定"壬子癸丑学制"，对初小、高小、中学、大学教育的学制、年龄、权利、义务作了明确的规定。该学制废除了清末旧教育的种种不合理规定，真正确立了近代教育的宗旨和制度。但是，袁世凯窃取辛亥革命的果实后，即于1915年以大总统的名义发布命令，公布"七项教育要旨"，即"爱国、尚武、崇实、法孔孟、重自治、戒贪争，戒躁进"，又公布《复学校祀孔令》《整饬伦常令》，强化学校的封建教育，企图利用教育阵地为其复辟帝制的活动制造舆论。这表明资产阶级革命派推行的教育改革遭到了挫折。

20世纪初，中国的科技界也呈露了新世纪的曙光。这集中表现为我国出现了第一批现代意义的科学团体和科学研究机构。

1909年，著名的地理学家及地理学教育家张相文在天津成立了中国地学会。这是我国成立最早的一个科学学会。张相文(1866—1933)，字蔚西，江苏桃源(今泗阳县)人。自幼研习自然科学，尤精地理学，曾在上海南洋公学、寿州阜丰商业学校、两广师范讲习所、天津北洋女子高等学堂等学校任教。他编写的《初等地理教科书》和《中等本国地理教科书》(1901年)，是我国自编地理教科书的嚆矢，印行总数在200万部以上，影响很大。"教科书"一词，也创行于此时。张相文以其在学界的威望被推为中国地学会会长。参加者还有白毓昆、张伯苓、陶懋立、韩怀礼等共百余人。当时许多地理、地质学专家，如邝荣光、白眉初、章鸿钊、丁文江、翁文灏、白月恒、徐炳旭等，都被吸收入会。1910年学会出版会刊《地学杂志》。这是一个反映我国近代地理学早期研究成果的学术刊物，发表过不少重要的学术论文，如《论地质之构成与地表之变动》《中国大地体之构造与历史》《钱塘江沿岸之地质》《中国之生物地理》等，反映出当时我国地理学研究的水平。

在地质学研究方面，毕业于日本东京帝国大学地质系的章鸿钊于1913年在北京成立了地质研究所。研究所设于原京师大学堂地质学门旧址，招收中学毕业生就读，学制三年。这是我国第一个培养地质专门人才的高等学府。尽管困难重重，章鸿钊还是竭尽全力支撑。研究所在成立后的三年中培养出22名毕业生，其中有不少人后来成为我国知名的地质学家，如叶良辅、谢家荣、王竹泉、谭锡畴、李学清、朱庭祜、李捷等。研究所还绘制了河北、河南、山东、山西、江苏等省的地质图，开展了一系列的地质调查工作，取得卓越的成绩。1916年，由于经费无着，地质研究所被迫停办。

1914年夏，留美中国学生任鸿、赵元任、胡刚复等在美国发起成立了中国科学社。1915年1月，学社创办的《科学》杂志出版。同年10月，学社制定了会员新章程，当时共有70名会员，分属农林、生物、化学、机械、电气、土木、物理、数学、采矿、冶金等门类。1918年中国科学社总部从美国迁回国内，会员发展到600余名。学社还开办了图书馆、科学仪器公司、博物馆及生物研究所等附设机构。在学社的组织下，会员开展了一系列科学研究活动，例如，定期举行学术报告会，翻译外国科学论著，审定科学名词，制作标本，印刷刊物，参加国际会议等。在国立科学研究院成立前，中国科学社对推动我国现代科学的发展起了重要作用。

第一批现代意义的科学团体和科学研究机构的相继出现表明，近代中国科技移步换形于20世纪初年，已开始摆脱传统的旧轨，逐渐转到了现代科技的基点上。但遗憾的是，由于旧中国国衰民穷，社会动荡，我国科技的发展终难摆脱举步维艰的困境，因而也无法迅速赶上世界科技发展的潮流。

# 后　记

为了教学的需要，我们编写了这本《中国近代史》。

本书分工：

孙燕京：第一章第一、二节。

王开玺：第一章第三节(四)、第二、六章。

史革新：第一章第三节(一、二、三)、第三、四、八、十一章。

李志英：第五章。

房德邻：第七章第一、二、三节。

张守常：第七章第四、五节。

郑师渠：第九、十章。

全书由郑师渠负责统稿。龚书铎教授审阅了部分书稿，张守常教授审阅了全部书稿，并都提出了宝贵的修改意见。

本书在编写过程中广泛借鉴和吸收了史学界许多专家学者的研究成果，限于篇幅，未能一一注明，这里一并谨申谢意。

北京师范大学出版社的部分同志，为本书的编辑出版付出了辛勤的劳动。

编写中国近代史教材是一个难度很大的工程，我们自感水平有限，书中疏漏之处，定属不少，敬祈读者批评。

**编者**

**1993 年 11 月**

# 再版后记

本教材初版于 1994 年，迄今已 20 余年。20 年间，我们进行了 2 次修订，共印刷了 16 次。2015 年再次修订，本次出版的《中国近代史》第 4 版，除了供北京师范大学历史学院本科生使用外，其他兄弟院校也有选用本教材者。此次再版，只作个别的文字变动。全面的修订，有待他时。

**编者**

**2015 年 12 月**